KRÖNERS TASCHENAUSGABE BAND 431

PETER PÖRTNER / JENS HEISE

DIE PHILOSOPHIE JAPANS

Von den Anfängen bis zur Gegenwart

ALFRED KRÖNER VERLAG

Peter Pörtner / Jens Heise
Die Philosophie Japans – Von den Anfängen
bis zur Gegenwart
Stuttgart: Kröner 1995
(Kröners Taschenausgabe; Band 431)
ISBN 3-520-43101-7

Satz: Knipp Medien und Kommunikation
Druck und Einband: Friedrich Pustet, Regensburg

Inhaltsverzeichnis

Konfuzius sprach: »Lernen ist wie das Anhäufen von Erde. Ist der Hügel fast fertig, bis auf einen einzigen Korb Erde, und ich höre auf, so ist das ein Stillstand, den ich selbst verschuldet habe. Wenn ich aber erst beginne und gerade einen einzigen Korb Erde hingeschüttet habe, mich aber weiterhin abmühe – das ist ein Fortschreiten, das ich selbst zuwege bringe.«

(Konfuzius)

9,19

Piece out our imperfections with your thoughts.

(William Shakespeare)

Vorwort

Die Philosophie Asiens wurde und wird in Europa verschieden bewertet. Als ihr Mangel gilt, daß sie sich von Mythos und Religion nicht grundsätzlich emanzipiert habe; zugleich kann sie als Programm einer Vernunftkritik auf dem Niveau der Moderne erscheinen und sogar als postmodernes Denken auftreten. Hegel hat die orientalische Philosophie als religiöse Weltanschauung bestätigt, »der es sehr nahe liegt, für Philosophie gehalten zu werden«.[1] Weil östliches Denken das Sein nicht als Subjektivität auslegt und an das Individuum bindet, bleibt es stehen zwischen maßloser Erhabenheit, die alles Besondere zerstört, und einer bloß verständigen Trockenheit, die ohne spekulative Kraft ist, »ein Versenktsein in die Andacht und dann eine ungeheure Menge von Zeremonien, von religiösen Handlungen, und auf der anderen Seite die Erhabenheit des Maßlosen, worin alles untergeht«.[2] Schopenhauer steht für einen anderen Umgang mit den Ergebnissen orientalischer Philosophie. In den buddhistischen Ausdrücken »Nichts« oder »Leere« sieht er ein Denken jenseits der begründenden Vernunft, das auf dem Stand seiner eigenen Philosophie ist. »Wir bekennen es vielmehr frei: was nach gänzlicher Aufhebung des Willens übrig bleibt, ist für alle Die, welche noch des Willens voll sind, allerdings nichts. Aber auch umgekehrt ist Denen, in welchen der Wille sich gewendet und verneint hat, diese unsere so sehr reale Welt mit allen ihren Sonnen und Milchstraßen – Nichts [...] Dieses ist eben auch das Pradscha-Paramita der Buddhaisten, *das Jenseit aller Erkenntniß*, das heißt der Punkt, wo Subjekt und Objekt nicht mehr sind.«[3]

Als Text einer anderen Kultur ist auch die Philosophie des Ostens den Vorurteilen des Ethnozentrismus und den Projektionen des Orientalismus ausgesetzt. Was wir heute über Japan wissen, ist seiner philosophischen Form nach durch den Relativismus des historischen Bewußtseins gegangen: es weiß, wie es in der Bestimmung Gadamers heißt, »um die Andersheit des Anderen«.[4] Gadamer zeigt, wie sehr historisches Bewußtsein an das Ideal vollendeter Aufklärung gebunden bleibt: Es stützt sich auf die Objektivität seines Verfahrens und verleugnet dabei seine eigene geschichtliche Bedingtheit. Erst ein Bewußtsein, das sich selbst als Wirkung von Überlieferung weiß, ist offen für ein Verstehen des Anderen.[5]

Gadamer sieht den Relativismus des historischen Bewußtseins in einer Form aufgehoben, die er wirkungsgeschichtlich nennt: das Selbst und das Andere sind an die Gemeinsamkeiten gebunden, die im »tragenden Einverständnis« der Überlieferung liegen. Als Zugang zur Philosophie in Japan können wir uns auf diesen gemeinschaftlichen Sinn nicht ohne weiteres berufen; es ist offenkundig, daß Gadamer hier das Einverständnis meint, das die abendländische Kultur trägt. Und doch ist unser Verstehen der fremdem Texte auf einen gemeinsamen Horizont angewiesen. Wir entnehmen dieser Konstellation die Möglichkeit, das tragende Einverständnis abendländischer Philosophie in Frage zu stellen, um daraus Perspektiven für eine Pluralität philosophischer Kulturen zu gewinnen: Geprägt ist unser Welt- und Selbstverständnis nicht nur durch die eigene Kultur, sondern auch durch die Interpretationsmöglichkeiten anderer Kulturen.

Für unsere Darstellung japanischer Philosophie können wir uns an die Unterscheidung von historischem und wirkungsgeschichtlichem Bewußtsein durchaus halten. Historisches Bewußtsein stellt die Aufgabe, japanische Philosophie als das andere zu verstehen; wirkungsgeschichtliches Bewußtsein enthält die Verpflichtung, das Gemeinsame im Unterschied philosophischer Kulturen wahrzunehmen.

In diesem Sinn können wir z. B. nach der Erfahrung fragen, die einer Philosophie zugrunde liegt, die nicht vom Individuum her denkt oder die sich wesentlich im Verhältnis zur Religion auslegt. Antworten ergeben sich nur aus dem Ganzen der philosophischen Kultur, die hier orientalisch genannt wird. Hegel hat sich diese Fragen nicht gestellt, weil er die Philosophie der einen, der abendländischen Kultur zurechnet und deswegen auch keinen Begriff für die Pluralität philosophischer Sprachwelten hat. Schopenhauer hat für seine Vernunftkritik Ähnlichkeiten mit zentralen Begriffen östlicher Philosophie festgestellt. Sein Pessimismus ist gegen den Optimismus der begründenden Vernunft gerichtet, daß alles, was ist, begründbar und insofern vernünftig ist. Die Kategorie des Nichts, die Schopenhauer aufnimmt, ist im Mahâyâna-Buddhismus zwar auch nicht ohne den Streit der Schulen formuliert worden; sie richtet sich jedoch nicht gegen eine ganze Kultur begründender Vernunft. Die orientalische Philosophie hat von Anfang an ihre Aufgabe darin gesehen, den unzureichenden Grund der Welt zu denken. Weil sich in den Kulturen des Ostens der optimistische Satz vom zureichenden Grund nicht als metaphysisches Prinzip etablieren konnte, ist es allerdings sinnlos, den Buddhismus z.B. als pessimistische Philosophie auszulegen. Und doch bleibt diese Kennzeichnung zugleich sinnvoll, wenn wir darin eine Weltansicht begreifen, die in allen Kulturen philosophisch interpretierbar ist.

Unsere Darstellung bewegt sich zwischen der historischen Einstellung, Philosophie in Japan als das andere zu verstehen, und dem Bewußtsein einer Wirkungsgeschichte, das sich nicht nur auf eine, sondern auf alle philosophischen Kulturen richtet. Dort liegen die Schwierigkeiten und die Möglichkeiten unseres Projekts. Wir hoffen, auf diese Weise einen Grundsatz hermeneutischer Erfahrung einzulösen, den Gadamer als Offenheit ausgelegt hat: Sie soll nicht nur im Einverständnis abendländischer Überlieferung gelten, sondern auch für das Verstehen einer anderen philosophischen Weltansicht. »Die eigene Sprachwelt, in der einer lebt, ist nicht eine Schranke, die die Erkenntnis des Ansichseins verhindert, sondern umfaßt grundsätzlich alles, wohinein sich unsere Einsicht zu erweitern und zu erheben vermag [...] Als sprachlich verfaßte ist eine jede solche Welt von sich aus für jede mögliche Einsicht und damit für jede Erweiterung ihres eigenen Weltbildes offen und entsprechend für andere zugänglich.«[6]

Einige Hinweise

Für das Vokabular der orientalischen Philosophie beziehen wir uns in der Regel auf die japanische Terminologie; entspechende Ausdrücke auf Chinesisch oder Sanskrit lassen sich dem Glossar entnehmen.

Japanisch transkribieren wir nach Hepburn; Chinesisch nach Wade-Giles; Sanskrit nach einem vereinfachten Schema ohne diakritische Zeichen, c steht für englisch *ch*.[7]

Wir folgen der Tradition in China und Japan, den Familiennamen an erster Stelle zu nennen.

Die Übersetzungen aus den Originalsprachen ins Deutsche stammen – wenn nicht anders angegeben – von uns.

Einleitung

Die geographischen Grundlagen der Kultur

In den *Vorlesungen über die Philosophie der Geschichte* hat Hegel die geographischen Grundlagen der Kultur als bloß äußere und verschwindende Gestalt bestimmt, die ohne nachhaltige Wirkung auf die geistigen Formen bleibt. An der Geographie Japans lassen sich jedoch Merkmale ablesen, die zu außerordentlich wirksamen Konstanten der japanischen Kultur geworden sind: vor allem die Nähe zu China, der die Insellage Japans eine zusätzliche Signifikanz verleiht. Diese geographische Konstellation hat eine ungewöhnliche Beziehung zwischen beiden Ländern ermöglicht und erzwungen. China hat Japan, wie fast alles, was jenseits der chinesischen Welt lag, mit wohlwollendem Desinteresse betrachtet. Japan konnte sich die Überlieferungen und Techniken einer alten, überlegenen Kultur aneignen, ohne dafür mit politischer Abhängigkeit bezahlen zu müssen. Die Lage am Rand des asiatischen Kontinents erlaubte Japan, seine Distanz zu China nach dem Maßstab eigener Bedürfnisse zu regulieren. Bis in die Mitte des 19. Jahrhunderts blieb zudem die Möglichkeit erhalten, die Insellage als selbstgewählte Isolation zu verstehen.

Auch die innere Topographie Japans weist Merkmale der Isolation auf, z.B. die Aufteilung in drei Hauptinseln, die starke Gliederung nach Landschaftsformen, die vielen Gebirge. Hier befördert die geographische Grundlage die Neigung, das Gewicht auf Örtlichkeiten zu legen, und behindert die Ausbildung zentraler politischer oder gesellschaftlicher Instanzen. Das hat Formen dezentraler Machtausübung über einen langen Zeitraum getragen. Mit dem Beginn der Moderne verlieren die geographischen Konstellationen an Zwangsläufigkeit, und doch bleibt das Bewußtsein virulent, isoliert zu sein und auch in der Moderne eine Randlage einzunehmen. Bis heute hat sich die Vorstellung erhalten, die Insellage bedeute mehr als nur Willkür der Natur; waren es der Mythologie nach doch die Götter, die Japans »geographische Grundlagen« geschaffen haben. Die Integration des Fremden konnte sich in Japan weitgehend nach den Regeln des Eigenen vollziehen. Das Fremde blieb deutlich markiert als das Andere, vor dem und durch das sich das Eigene profiliert.

Bis zur Moderne haben die geographischen Umstände im Verhältnis zu China die Kultur Japans geprägt. Das ›Chinesische‹ war in der Kultur Japans nicht zuletzt deswegen so manifest anwesend, weil die Japaner die chinesischen Schriftzeichen (*kanji*) übernahmen, um ihre eigene Sprache aufzuschreiben. Im Wechsel von der mündlichen zur schriftlichen Überlieferung erhielt sich die Vorstellung, die eigene Sprache mit einer fremden Schrift zu schreiben. In China sah Japan die kulturellen Techniken der Repräsentation am Werke, Techniken, die überwunden, genauer: zurückgenommen werden mußten. Dagegen richten sich die zahlreichen, für die Kulturgeschichte Japans charakteristischen Versuche, jenseits des Chinesischen eine ursprünglich japanische Sprache zu suchen – und sie in der Sprache der Götter zu finden. Die Mythologie des *Kojiki* (*Bericht über alte Begebenheiten*) aus dem 8. Jahrhundert ist ebenso ein Beispiel dafür wie die »Nationale Schule« (*kokugaku*) tausend Jahre später. In dieser Konstellation hat David Pollack einen »Bruch der Bedeutung« (fracture of meaning) gesehen, einen Bruch, der die Kultur Japans bestimmt: zwischen der Form (*kotoba*), die willkürlich, oberflächlich und chinesisch ist, und der Bedeutung (*kokoro*), die motiviert, tiefgründig und japanisch ist. Japan habe über Jahrhunderte in der Form einer »konstruktiven Dialektik« mit sich selbst einen japanischen Monolog über China geführt.[8]

Spätestens mit dem Wechsel von der mündlichen zur schriftlichen Überlieferung ändert sich die Stellung des

Mythos in einer Kultur: Die Schrift tritt in Konkurrenz zu den Formen, in denen der Mythos von der Welt erzählt. Die westliche Philosophie kritisiert den Mythos, weil er Sein und Bedeutung nicht voneinander trennt. Sie unterstellt, daß es ein wahres Sein gibt, das sich in einer vernünftigen Sprache darstellen läßt. Hier verläuft der Bruch der Bedeutung nicht zwischen der Repräsentation und einer Bedeutung, die nicht sagbar wäre, sondern zwischen verschiedenen Formen der Darstellung. Das philosophische Denken in Ostasien teilt jedoch die Voraussetzung nicht, daß die Welt im Kern vernünftig sei und daß sie sich repräsentieren ließe in einer Sprache, die selbst vernünftig ist. Aus dem Bruch zwischen Form und Bedeutung, den Pollack für die Kultur Japans diagnostiziert hat, geht hervor, daß Bedeutung immer nur als konkretes Sein in der sinnlich-anschaulichen Welt erscheinen kann. Deswegen kann es auch keine zweite, intelligible Welt jenseits der sinnlichen geben; es gibt nur die eine Welt der Erscheinungen, die das Wesen sind.[9]

Wenn die Erscheinungen den Begriff von Realität ausschöpfen sollen, müssen sie selbst als Sein und zugleich als Bedeutung bestimmt sein. Weil die sinnliche Welt als in sich gegliedert verstanden wird, kann sie als Sprache auftreten, die keine andere Welt repräsentiert, sondern nur sich selbst ausdrückt. Daraus wird verständlich, daß sich Philosophie in Japan an symbolischen Formen orientiert, in denen Bedeutung und Sein konkret aufeinander bezogen bleiben wie in der Kunst oder der Religion.

Brüche und Orte

Philosophische Kultur in Japan schließt an die Traditionen vor allem des Konfuzianismus und des Buddhismus an; jedoch unter dem generellen Vorbehalt, die philosophische Sprache Chinas als Fremdes zu markieren und unter dieser Bedingung in die eigene Kultur zu integrieren. In der chinesischen Philosophie äußert sich ein kulturelles Selbstverständnis, das China in der Beziehung zum

Himmel sieht: Zwischen den beiden Polen »Oben« und »Unten« spannt sich eine umfassende Ordnung, die in sich gegliedert ist. Oben und Unten verbindet ein integratives Verhältnis, das alle Teile des Seins einschließt: Konsubstantialität im Verhältnis von Himmel und Natur, Konsanguinität im Verhältnis von Mensch und Natur.[10] Dem entspricht ein Stil integrativen Denkens, das stets die Harmonie des Weltganzen im Auge haben und Verfestigungen vermeiden muß. Es ist eine Philosophie nicht des Diskreten, sondern des Konkreten, der es um das Nicht-Trennbare geht, ein Denken in Entsprechungen. »Alle Dinge – gedacht in einem Netz von Interdependenzen und zueinander in ein Echo-Verhältnis gesetzt – erhielten in diesem holistischen Weltbild Verweis-Charakter; indem sie auf die Harmonie des Ganzen verweisen, verweisen sie aufeinander.«[11] Daraus geht eine »intrinsische Verhaltenslogik« hervor, die alle Elemente des Weltganzen als konkrete Dinge und als Zeichen für anderes nimmt. Deswegen richtet sich das Interesse auch nicht auf die Konstruktion formaler Sprachen, sondern darauf, die konkrete Wirklichkeit selbst als Text auszulegen.

Es sind diese Positionen der chinesischen Tradition, an die sich philosophisches Denken in Japan anschließt. Dessen Stil ist aber zugleich geprägt durch den Bruch der Bedeutung. Das macht sich vor allem darin bemerkbar, daß die kosmologische Dimension zurückgenommen wird. Hier ist weniger das Verhältnis des Menschen zur universellen Ordnung des Himmels das Thema, sondern die Bindung an Orte konkreter Existenz. Das Mißtrauen in die Möglichkeiten sprachlicher Repräsentation schlägt sich philosophisch in der Suche nach einem Prinzip nieder, das jenseits des reflexiven Bewußtseins liegt. Noch Nishida Kitarôs »reine Erfahrung« (*junsui keiken*) ist ein Beispiel dafür. Für die Konstitution des Denkens ist der Körper der konkrete Ort; er bildet schon im 9. Jahrhundert bei Kûkai, dem Begründer der buddhistischen Lehre vom »wahren Wort« (*shingon*), die eine, die vertikale Achse der Selbstbeziehung, die in Beziehung steht zur horizontalen Achse der Phänomene in der Welt. Es ist der Kreuzungspunkt der beiden Achsen, an dem sich Selbsterfahrung manifestiert. An Kûkais Gleichsetzung der Dimensionen von Rede, Körper und Geist in seiner Auslegung der Lehre von den drei Buddha-Leibern wird ein Modell von Selbstbeziehung sichtbar, das noch für Nishida gilt: Das Selbst bleibt der diskursiv nicht einholbare Hintergrund von Erfahrung. Deswegen kann das Wissen nur in einem Prinzip begründet werden, das jenseits des reflexiven Bewußtseins liegt.

Nach Augustin Berque ist die »japanische Selbstidentität« im zeitlichen und im räumlichen Sinn durch einen zyklischen Prozeß bestimmt, der die Realität zu Sets schematisiert, die die Japaner mit dem Begriff *kata* bezeichnen, wörtlich: Form, Gestalt. Darunter lassen sich »formende Formen« (phenomenal matrices) und »geformte Formen« (physical imprints) verstehen, die einander überblenden. Diese überschreiten das individuelle Selbst und binden es fest an seine physische Umgebung, um so mehr, als diese Formen von der Kultur institutionalisiert und kodifiziert seien: Das japanische Individuum sei – sozial und physisch – durchlässig für seine Umgebung – aber nur in dem Maße, in dem diese Umgebung gegliedert ist und sich den Japanern als Realität anbietet.[12] Diese die ›japanische‹ Realität formierenden Formen (*kata*) sind – am entschiedensten freilich in ihrer buddhistischen Deutung – kaum mehr als ein »luftiger Austausch« (Rilke, *Duineser Elegien*) zwischen »Zeichen des Nichts«, wie sie Lyotard mit dem Blick auf das Nô-Theater Zeamis beschreibt: »Hier hat der Semiologe den Werkstoff seiner Träume: alles ist bemessen und kodiert, jede Einheit einer bestimmten Ordnung verweist auf eine Einheit einer oder aller anderen; das ganze Spiel scheint auf die beiden Prinzipien Vorrang der Bedeutung (*iware*) und Suche nach größtmöglichem Einklang (*sôô*) ausgerichtet zu sein. Um das Zeichensystem zu vervollkommnen, tritt der Schauspieler selbst in seiner Präsenz zurück.[...] Das extrem Nihilistische am Buddhismus treibt diese Semiotik auf die Spitze, da es diese Zeichen alle zu Zeichen des Nichts macht, des Nichts, das zwischen den Zeichen, zwischen A und B, liegt.«[13]

Philosophie in Japan ist im Kern nicht an theoretischer Weltkonstitution interessiert: die Welt soll nicht begründet, sondern aufgezeigt werden. Deswegen finden sich auch keine formalen Modelle zur Begründungsrationalität. Die Gegenstände, die hier zum Thema werden, sind an Situation und Kontext gebunden und deswegen immer schon auf ein Sinnganzes bezogen. Ziel ist nicht die Zerlegung des Seins in diskrete Elemente, sondern die Gliederung konkreter Orte. In der philosophischen Kultur Japans liegt das philosophische Potential nicht nur in den Aussageformen der Sprache, sondern schließt auch die nichtdiskursiven Formen des Symbolischen ein; die Nähe zu religiösen oder ästhetischen Erfahrungen japanischer Philosophie findet darin eine Erklärung. Diskursiver Sprache und logischer Urteilsfunktion, deren Geltung gleichwohl nicht geleugnet wird, kommt kein Privileg zu; vielmehr geht es um die ständige Grenzüberschreitung zwischen symbolischen Formen. Vorausgesetzt bleibt dabei stets, daß die Welt nicht ohne Zeichen denkbar ist. Allerdings stehen die Zeichen nicht für Objekte, sondern für Situationen, Kontexte, Perspektiven, kurz: Konstellationen, die jeweils den Sinn von Gegenständen bestimmen.

Das Sein der Gegenstände liegt in den »Orten«, an denen es erscheint: Am Leitfaden einer solchen Topologie können wir unsere Darstellung philosophischer Kultur in Japan orientieren. Es ist aber gerade die enge Bindung des Denkens an solche Konstellationen, die der Darstellung Schwierigkeiten bereitet. Charakteristisch für das philosophische Denken in Japan ist die Kontinuität, in der ein Bestand an Begriffen, Bildern und Symbolen immer wieder und in ganz unterschiedlichen Kontexten erscheint. Allerdings ist diese Kontinuität des Denkens kaum als Begriffsgeschichte gegliedert, so daß die Ausdrücke im allgemeinen unscharf bleiben und erst im konkreten Gebrauch Konturen gewinnen. Das gilt auch für die japanische Rezeption chinesischer Philosophie: Japanisch wird die chinesische Philosophie durch ihren Gebrauch unter den Bedingungen der philosophischen Kultur Japans. Deswegen läßt es sich nicht vermeiden, ausführlich auf chinesische Kontexte einzugehen.

Übersicht

Die Kapitel 1 bis 8 stellen Grundpositionen der philosophischen Kultur Japans dar: Shintôismus, Konfuzianismus, Neokonfuzianismus, Buddhismus. Eingefügt in diese Darstellung sind Abschnitte zu Begriff und Geschichte von Topologie (1), zur frühen Geschichte (2) und zum Korrelationismus (6) – diese Einschübe sind als Ergänzung und Verallgemeinerung der Grundpositionen zu lesen. Die Kapitel 9 bis 12 nehmen das philosophische Material auf, indem sie der Geschichte bis zum Beginn der Moderne folgen, ohne in einem strengen Sinn historisch orientiert zu sein. Die letzten beiden Kapitel behandeln den Übergang in die Moderne und das 20. Jahrhundert.

Leitfaden – Topische Philosophie (1. Kapitel): Unsere Darstellung der philosophischen Kultur in Japan orientieren wir am Modell topischer Philosophie. Darunter verstehen wir ein philosophisches Interesse, das nicht auf ein Wissen nach allgemeinen Prinzipien zielt, sondern auf ein Wissen des Konkreten, das in den sozialen und symbolischen Formen begründet ist. Die topische Philosophie der Neuzeit schließt an die antike Rhetorik an, vor allem aber an den römischen Begriff des *sensus communis*. Den Hauptsatz der Topik sehen wir im Prinzip des unzureichenden Grundes. In der europäischen Philosophie haben sich seit Plato Modelle kritischer Philosophie durchgesetzt; die Einsprüche dagegen haben sich immer auch auf die rhetorische Tradition der Topik berufen. Die östliche Philosophie ist topisch: Sie will die Welt nicht begründen, sondern interpretierbar und zugänglich machen.

Die Anfänge der Geschichte (2. Kapitel): Entscheidend für die Kultur Japans ist die Begegnung mit China in den ersten Jahrhunderten n. Chr. geworden. Für das historische

Gedächtnis bedeutsam ist die Übernahme der chinesischen Schrift: Diese Zäsur, die eigene Sprache mit einer fremden Schrift zu schreiben, hat auch die philosophische Kultur Japans geprägt und immer wieder die Frage entstehen lassen, in welcher Sprache sich das Eigene darstellen läßt und was das Eigene überhaupt ist. Auf dieses ständige Motiv in der Philosophie Japans sollen die wenigen Daten zu den Anfängen der Geschichte aufmerksam machen.

Der Shintôismus (3. Kapitel): Der Shintôismus gilt als die einzige auf autochthone Überlieferung gründende Weltansicht in Japan, allein schon deswegen ist er in der philosophischen Kultur von Gewicht. Zwar hat der Shintôismus kein diskursiv auslegbares System ausgebildet; seine Botschaft läßt sich jedoch als eine Art fröhlicher Pragmatismus verstehen, der durchaus philosophische Einstellungen in Japan geprägt hat. Und schließlich ist der Shintôismus das vermeintlich Nicht-Chinesische in Japan, auch darin liegt seine Relevanz für das japanische Denken.

Der Konfuzianismus (4. Kapitel): Der Konfuzianismus ist gleichzeitig mit dem Buddhismus rezipiert worden. Seine politischen Implikationen, die auf einen Zentralstaat zielten, konnten sich in Japan langfristig nicht durchsetzen; auch deshalb ist es fraglich, ob er die sozialen Formen in Japan tiefgreifend beeinflußt hat. Der Konfuzianismus ist eine Philosophie des *sensus communis* und der Bildung, durch die gemeinschaftlicher Sinn entwickelt werden muß: Für diese Themen steht er in der philosophischen Kultur Japans.

Der Neokonfuzianismus (5. Kapitel): Der Konfuzianismus verfügte über kein begrifflich ausgearbeites Programm und konnte deswegen mit dem systematisch ausgerichteten Weltbild des Buddhismus nicht konkurrieren. Im 11. und 12. Jahrhundert erhielt der Konfuzianismus in China ein geschlossenes System, das vom Buddhismus, vor allem aber von der Yin-Yang-Lehre beinflußt ist. Der Neokonfuzianismus bleibt einem Denken in Entsprechungen verpflichtet; Schauplatz für das Ähnliche ist jetzt allerdings das Sein im Ganzen. Insofern erweitert sich das topische Spektrum und erfaßt von der Ethik aus Anthropologie, Psychologie, Kosmologie. In Japan wird der Neokonfuzianismus seit dem 12. Jahrhundert rezipiert und im Laufe der folgenden Jahrhunderte erheblich modifiziert; vom 17. Jahrhundert an tritt er als Staatsdoktrin auf. Trotz seiner globalen Ausrichtung zielt auch der Neokonfuzianismus nicht auf ein Wissen aus abstrakten Prinzipien, er bleibt am Wissen des Konkreten interessiert, das aus den symbolischen Formen des gemeinschaftlichen Sinns hervorgeht. Wir beschränken uns hier weitgehend auf die Chu-Hsi-Philosophie, die in Japan als Shushi-Schule wirksam geworden ist.

Der Korrelationismus oder die Sprache der Dinge (6. Kapitel): Der Korrelationismus beruht auf den Prinzipien topischer Philosophie. Das Denken trifft auf eine Welt, für deren Existenz sich kein Grund angeben läßt und die deswegen als Faktum bewältigt werden muß. Die Gliederung der Welt ist selbst ein System von Verweisungen, in das der Mensch integriert ist. Das philosophische Interesse zielt nicht auf eine transzendentale Idealität, aus der sich ein System wahrer Sätze ableiten ließe; es ist an einer konkreten Allgemeinheit orientiert, die sich auf ein gemeinschaftliches Wissen stützt. Im Korrelationismus sehen wir ein Modell, das ganz unterschiedliche Formen ostasiatischen Denkens verbindet und zu der erstaunlichen Kontinuität beiträgt, die Philosophie dort auszeichnet. In Europa läßt sich die Mantik als Beispiel für ein entsprechungssystematisches Denken verstehen.

Der Buddhismus (7. Kapitel): Topische Philosophie beruht auf dem Satz vom unzureichenden Grund: daß sich das Sein nicht begründen läßt. Im Buddhismus, inbesondere im Mahâyâna-Buddhismus, hat dieser Satz eine radikale Fassung gefunden. Die buddhistische Skepsis richtet sich gegen ein Wissen aus abstrakten Prinzipien und bestreitet die Möglichkeit einer vernünftigen und rational konstruierbaren Welt. Das Ziel der Erleuchtung ist an einen gemeinschaftlichen Sinn rückgebunden, der allerdings unter dem einen Gebot steht, umzukehren und das Unwissen zu überwinden. Daß der Satz vom unzureichenden Grund eine Philosophie ebenso trägt wie der Satz vom zureichenden Grund, macht der Mahâyâna-Buddhismus deutlich. In der philosophischen Kultur Japans steht der Buddhismus für die Einsicht in die Grundlosigkeit der Welt und des Subjekts; aber auch dafür, daß diese Einsicht keineswegs eine Philosophie des Schweigens bewirkt, sondern ethische und ästhetische Einstellungen ermöglicht, wie sie z. B. Shingon oder Zen hervorgebracht haben.

Buddhismus in Japan (8. Kapitel): Der Buddhismus war vermutlich seit dem 4. Jahrhundert in Japan bekannt; bereits 594 wurde er neben Shintôismus und Konfuzianismus zur Staatsdoktrin erklärt. In der Nara-Zeit hatten sich sechs Schulen etabliert, die den historischen und den aktuellen Stand der buddhistischen Lehre repräsentierten. Zunächst war der Buddhismus keine Volksreligion, er blieb auf den Hof und die Adeligen beschränkt, vom 8. Jahrhundert an gewann er Einfluß auch außerhalb des Hofs. Die buddhistische Szene der Heian-Zeit wurde vor allem durch die beiden Tantra-Schulen Shingon und Tendai beherrscht, die offen für Verbindungen mit den mythisch-magischen Traditionen Japans waren. Der Kamakura-Buddhismus setzte dagegen auf klare Botschaften und eine religiöse Praxis, die sich nicht an Diesseitigkeit hält. Charakteristisch für die Kamakura-Zeit sind der Amida- und der Zen-Buddhismus. Der philosophischen Kultur in Japan stellt der Buddhismus ein Vokabular zur Verfügung, das die Welt als grundlos erschließt und den Verzicht auf jede Metaphysik der Begründung nahelegt. Der Buddhismus ist in Japan vor allem ethisch und ästhetisch wirksam geworden, am besten läßt sich das am Zen demonstrieren. Trotz solcher Tendenzen zu Reduktion und pragmatischer Auslegung sind in Japan Werke entstanden, die sich ganz und gar auf der Höhe buddhistischer Philosophie bewegen.

Das Mittelalter – Hoher und lebensweltlicher Diskurs (9. Kapitel): In der Mitte des 11. Jahrhunderts zerfielen die gesellschaftlichen Institutionen, die nach chinesischem Vorbild auf einen Zentralstaat gerichtet waren; die Herrschaft der vielen Regenten löste sie ab. Am Ende wechselte die Macht vom Hofadel zum Militäradel. Das Mittelalter hat ein starkes Geschichtsbewußtsein ausgebildet, das von der buddhistischen Endzeiterwartung geprägt, zugleich aber unter dem Einfluß des Shintôismus pragmatisch offen für die Zukunft ist. Die Verschränkung von Heils- und Weltgeschichte, von Exoterischem und Esoterischem ist überhaupt charakteristisch für das Mittelalter. Dem entspricht, daß Hofadel und Klerus die Formen des Wissens tragen und bestimmen. Die eigentümliche Spannung entstand jedoch aus den Mischformen des Wissens zwischen Ästhetik und Religion. Diese Konstellation blieb auch für den Militäradel verpflichtend.

Die Tokugawa-Zeit (10. Kapitel): Die Tokugawa-Zeit war geprägt zum einen durch die Isolierung Japans, zum anderen durch den Aufstieg des Bürgertums. Die politische Macht lag weiterhin beim Adel, die Gesellschaft stellte sich als streng gegliedertes Feudalsystem dar. Das Denken in der Tokugawa-Zeit war konfuzianisch ausgerichtet und entfaltete sich an einem der zentralen Widersprüche des Neokonfuzianismus: die Verpflichtung zur Tradition führte dazu, in der Realität den »ewigen Wandel der Dinge« zu bestätigen; die Verpflichtung zum Wissen forderte dazu auf, die »Dinge (wie sie sind) zu erforschen«. Auf der einen Seite war philosophisches Denken ein Teil des Machtdiskurses und diente zur Absicherung der Adelsherrschaft; auf der anderen Seite war es ein Teil des Wissens, das seit dem 17. Jahrhundert autonomer und systematischer zu werden begann. Allerdings blieb das Wissen im Grundsatz ethisch ausgerichtet; konfuzianisch geprägt war es in der Suche nach normativ wirksamen Bildern der Tradition. Charakteristisch für die Tokugawa-Zeit ist, daß die Begündung von Ethik verbunden wird mit der Frage nach einem autochthonen, nichtchinesischen Denken wie in der »Nationalen Schule« (*kokugaku*). Die Verknüpfung von Wissen und Ethik löste sich erst in der zweiten Hälfte des 18. Jahrhunderts, als Anschlüsse an die europäischen Wissenschaften möglich werden. In den »Holland-Wissenschaften« (*rangaku*) zeichnete sich ein neuzeitlicher

Begriff von Empirie ab. Insofern waren die Japaner schon am Ende der Tokugawa-Zeit auf westliche Wissenschaft vorbereitet. Der philosophische Pragmatismus der Meiji-Zeit verabschiedete die konfuzianische Ausrichtung von Wissen auf Ethik und profilierte sich auch durch seine Kritik am Konfuzianismus.

Übergänge – Japans Weg in die Moderne (11. Kapitel): Mit der Öffnung Japans in der Mitte des 19. Jahrhunderts wurde mit einem Schlag der gesamte Wissensstand des Westens zugänglich. Sichtung und Übersetzung dieser gigantischen Textmenge waren bis zum Anfang des 20. Jahrhunderts im wesentlichen abgeschlossen. Allerdings ist die Aneignung westlichen Wissens stark von pragmatischen Interessen geleitet. Die Texte des Positivismus, Utilitarismus oder des Evolutionismus entsprachen dem Elan für eine neue schöne Welt. Die Fragen nach dem Subjekt, die sich nach und nach stellten, konnte der Pragmatismus nicht befriedigend klären, deswegen wurde der Deutsche Idealismus zunehmend rezipiert. Allerdings sind hier Verkürzungen im Verständnis besonders eklatant. Die Übergänge in die Moderne erlauben kaum einen eigenständigen Umgang mit philosophischen Texten; erst zu Anfang des 20. Jahrhunderts gelingt der Anschluß an die westliche Philosophie und verändert damit die philosophische Kultur Japans nachhaltig.

Das 20. Jahrhundert (12. Kapitel): Nach einem halben Jahrhundert intensiver Lektüre beginnt sich zu Anfang des 20. Jahrhunderts moderne Philosophie in Japan zu formieren. Nishida Kitarôs *Studien über das Gute* (*Zen no kenkyû*) von 1911 gelten als philosophischer Anschluß japanischen Denkens an die europäische Tradition. Schon für die Rezeption dieser frühen Arbeit war die Vermutung bestimmend, daß Nishida im Begriff der »reinen Erfahrung« der buddhistischen Vorstellung einer nicht-dualistischen Wirklichkeit Ausdruck verschaffen wollte. Die Frage nach dem Bezug auf die vormoderne Philosophie prägt das philosophische Denken der Gegenwart; die originellsten Beiträge japanischer Philosophie lassen sich auch als Antworten auf diese Frage verstehen. Zwischen den Autoren und Schulen der modernen Philosophie finden sich Gemeinsamkeiten, die auf ein topisches Interesse verweisen: Sie liegen z. B. in der Absicht, den Vorrang des Raums vor der Zeit zu begründen, in der Zurückweisung des Individuums oder formaler Sprachen. Die topische Ausrichtung des Denkens gehört zu den Merkmalen philosophischer Kultur in Japan und ermöglicht eine Kontinuität zwischen moderner und vormoderner Philosophie. Die Darstellung des 20. Jahrhunderts beschränkt sich darauf, solche topischen Formen in der modernen Philosophie zu benennen.

1 Leitfaden – Topische Philosophie

1.1 Der unzureichende Grund

Programm und Begriff einer »topischen Philosophie« (*filosofia topica*) hat Giambattista Vico in das neuzeitliche Denken eingeführt.[14] Die topische Philosophie ist zunächst von der »kritischen« abgesetzt und formiert sich gegen den Rationalismus Arnaulds und Descartes'. Vico will den methodischen Ausschluß der Rhetorik aus der Begründung moderner Philosophie rückgängig machen. Der Rationalismus schließt an die traditionelle Unterscheidung zwischen rhetorischem und rationalem Verfahren an und behauptet im Medium der Bewußtseinsphilosophie den Vorrang des Logos. Vico hat deutlich gemacht, daß die kritische Philosophie nicht nur mit der Tradition brechen muß, um zu einem unbezweifelbaren Grund des Wissens zu kommen, sondern auch den »gemeinschaftlichen Sinn« (*sensus communis*) in Frage stellt, über den alle Menschen verfügen.[15] Deswegen muß Descartes sogar die Möglichkeit bedenken, die Begründung des Wissens könne in den Wahnsinn führen.

Die Rhetorik dagegen bricht nicht mit den Traditionen des Wissens, um zu einem ersten Prinzip zu kommen, aus dem alle Formen des Wissens ableitbar wären. Sie rechnet nicht mit der vollständigen Begründbarkeit der Welt aus einem allgemeinen Prinzip. »Der Hauptsatz aller Rhetorik ist das Prinzip des unzureichenden Grundes (*principium rationis insufficientis*). Er ist das Korrelat der Anthropologie eines Wesens, dem Wesentliches mangelt. Entspräche die Welt des Menschen dem Optimismus der Metaphysik von Leibniz, der sogar den zureichenden Grund dafür anzugeben können glaubte, daß überhaupt etwas und nicht eher nichts existiert (*cur aliquid potius quam nihil*), so gäbe es keine Rhetorik, denn es bestände weder das Bedürfnis noch die Möglichkeit, durch sie zu wirken«.[16]

Der methodische Zweifel soll in der Philosophie Descartes' ein »erstes Wahres« (*primum verum*) hervorbringen, das die Philosophie dann deduktiv erschließt und den Wissenschaften zugänglich macht. Der Geltung des ersten Wahren gemäß sind die Aussagen, die sich daraus ableiten lassen, nur »zweite Wahrheiten« (*vera secunda*); noch weniger als die zweiten Wahrheiten gilt das bloß »Wahrscheinliche« (*verisimile*). Um die Rehabilitierung des Wahrscheinlichen geht es Vico. »Zunächst nun, was das Rüstzeug der Wissenschaften betrifft, so beginnen wir heute die Studien mit der Erkenntniskritik, die, um ihre erste Wahrheit nicht nur vom Falschen, sondern auch vom bloßen Verdacht des Falschen frei zu halten, alle sekundäre Wahrheit, sowie alles Wahrscheinliche genau so wie das Falsche aus dem Denken entfernt wissen will.«[17]

Der rationale Diskurs ist durch Anonymität gekennzeichnet. Er sieht von den besonderen Bedingungen ab, unter denen er zustande kommt. Die Subjekte treten hier als bloß formal bestimmt auf. Zum anderen sollen die Ergebnisse rationaler Verfahren allgemein gelten, charakteristisch ist deswegen ihre Ungeschichtlichkeit. Der rhetorische Diskurs dagegen zielt auf affektive Einstellungen, auf das Pathos der Beteiligten. Er bleibt notwendig bezogen auf die konkreten Bedingungen, unter denen gesprochen wird: »jedes pathetische Moment erweist sich als subjektiv, relativ, gebunden an eine einzelne Persönlichkeit, an einen bestimmten Ort, an eine bestimmte Zeit«.[18] Der rhetorische oder pathetische Diskurs muß sich offen halten für Zeichen und Funktionen, die jenseits des Diskurses liegen – für Bilder, für außersprachliche Bedingungen von Sprecher und Hörer, für affektive Mittel in der Sprache wie Rhythmus oder Akzent.

Vico hat die Rhetorik als Topik ausgelegt und vom Verfahren rationaler Deduktion abgegrenzt. Grundlegend für die topische Philosophie ist der Rückgriff auf den altrömischen Begriff des *sensus communis*.[19]

Der »gemeinschaftliche Sinn«, der in der Hermeneutik Gadamers zum »tragenden Einverständnis« ausgebildet ist, stellt kein Wissen aus allgemeinen Prinzipien dar, erlaubt es jedoch, das Wahrscheinliche oder Einleuchtende (*verisimile*) aufzufinden. Der *sensus communis* ist aber nicht darauf beschränkt, Gemeinsames nur zu finden, entscheidender ist, daß er es auch hervorbringen kann. »Was dem menschlichen Willen seine Richtung gebe, meint Vico, sei nicht die abstrakte Allgemeinheit der Vernunft, sondern die konkrete Allgemeinheit, die die Gemeinsamkeit einer Gruppe, eines Volkes, einer Nation oder des gesamten Menschengeschlechts darstelle. Die Ausbildung dieses gemeinsamen Sinnes sei daher für das Leben von entscheidender Bedeutung«.[20]

Die topische Philosophie greift der Deduktion noch voraus, indem sie die Prinzipien auffindet, die in den rationalen Verfahren logisch bestimmt werden.[21] Deswegen ist das topische Verfahren früher als das kritische: »denn wie die Auffindung (*inventio*) der allgemeinen Beweisgründe naturgemäß früher ist als das Urteil über die Wahrheit, so muß die Lehre der Topik früher sein als die Kritik«.[22] Durch diese Bestimmung erhält die Topik eine genuin philosophische Aufgabe. Sie liegt vor allem darin, dem Wissen, das sich auf die logische Urteilsfunktion stützt, Wissensgründe (*archai*) zu benennen. Dazu muß sie ein logisches Jenseits erschließen, das sie im semantischen Potential kultureller Traditionen aufsucht. »Die Vorsehung hat die menschlichen Dinge gut eingerichtet, indem sie im menschlichen Geist erst die Topik und danach die Kritik erweckt hat, ebenso wie die Erkenntnis der Dinge vor dem Urteil über diese kommt. [...] Die Topik findet und sammelt; die Kritik teilt das Gesammelte auf und gliedert es; deswegen sind die topischen Geister reicher und weniger wahr, während die kritischen wahrer, aber trockener sind.«[23]

Jenseits des ersten Prinzips liegen die Orte (*topoi*), aus denen das Wahre und das Wahrscheinliche ihren Sinn beziehen. Vico nimmt einen Grundbestand an semantischem

Potential an, der sich in den frühen Phasen der Kultur gebildet hat und nicht ausgeschöpft werden kann.

Topisch ist dieser Sinn an Zeichen gebunden, die auf das »Archaische« verweisen. »Da die Problematik des Humanismus sich vom Problem der rationalen Struktur der Wahrheit auf das ›Finden‹ der Archai des Wahren und des Wahrscheinlichen [...] verlegt, so erhalten sämtliche Probleme, die zur ›Erweckung‹ der Sicht des Ursprünglichen dienen, eine zentrale Bedeutung: das Fragen, Sichwundern, die zwischenmenschlichen Beziehungen, die pathetischen Momente wie Glauben, Hoffen, Ort und Zeit der Einsicht.«[24]

Topisch offenbart sich Sinn auch in der Sprache. Das humanistische Denken schließt jede konventionalistische Sprachtheorie aus: *res* und *verba* bilden eine Einheit, die durch den gemeinschaftlichen Sinn garantiert ist. Die topischen Zeichen sind nicht arbiträr, sie gliedern nicht bloß das Wißbare, sondern sind Ausdruck der Orte, auf die sie verweisen. Deswegen müssen die antiken Texte immer aufs neue ausgelegt werden. Die topische Philosophie soll die Orte erschließen, an denen die Zeichen angesiedelt sind, die wir interpretieren müssen, um uns und die Welt zu verstehen. Von diesem Modell einer topischen Philosophie her können wir uns auch einige Bedingungen verständlich machen, unter denen das philosophische Denken in Japan steht.

Die philosophisch relevanten Instanzen in Japan haben einen radikalen Bruch mit der Tradition nicht nahegelegt. Die Skepsis an der Wahrheitsfähigkeit der Menschen führt hier nirgendwo zu einem systematischen, methodisch ausgewiesenen Zweifel, der sich nur in der Selbstbegründung von Wissen aufheben ließe. Auch die Einsicht in das Nichtwissen (*mumyô*), von dem der Buddhismus ausgeht, zielt nicht auf die Konstruktion eines Wissens, das auf der logischen Urteilsfunktion beruht. In der philosophischen Kultur Japans fand der Optimismus vom zureichenden Grund keinen Halt, aber auch ein kritisches Denken, mit der Vico vor allem die Reflexionsphilosophie Descartes' meint, hat sich in Japan nicht entfaltet. Dagegen waren Möglichkeiten einer topischen Philosophie von Anfang an gegeben und haben sich bis in die Moderne erhalten.[25] Die Koordinaten topischer Philosophie in Japan unterscheiden sich jedoch in mehrfacher Hinsicht von den Traditionen der Antike und des Humanismus, die Vico zu Anfang des 18. Jahrhunderts aufnimmt und aktualisiert. Die topischen Eigenschaften der Philosophie in Japan sind weder an die gesellschaftliche Instanz der Polis noch an die politische Rolle des Redners gebunden. Die römische Rechtskultur und deren Rationalismus haben in Japan keine Entsprechung. Offenkundig ist vor allem, daß Topik in Japan nicht aus dem Unterschied zu kritisch-rationalen Verfahren hervorgeht. Sie ist statt dessen durch ihr Verhältnis zum Mythos bestimmt.

Die japanische Kultur schließt an die Überwindung des Mythos durch die Kultur Chinas an. Dort führten die gesellschaftlichen Veränderungen seit dem 8. Jahrhundert v. Chr. dazu, das Selbstverständnis einer Konsubstantialität von Natur und Gesellschaft reflexiv zu sichern und wiederherzustellen. Dabei geht es nicht um einen Prozeß vom Mythos zum Logos, der das mythische Denken als defizient ausweisen soll. Zum Problem wird vielmehr, daß die kosmische Ordnung sich nicht selbst trägt, sondern in Korrelation zu Subjekten gedacht werden muß. Moritz spricht von »soziomorpher Subjektbezogenheit« als einem Merkmal chinesischer Kultur und schreibt, daß in der chinesischen Philosophie des Subjekts mythische Formen in Kraft bleiben. Das gelte vor allem für die Kategorie der Ähnlichkeit, die zum Kern einer intrinsischen Logik gehöre. »Als Basis-Beziehung zwischen den Dingen wird ein Entsprechungsverhältnis angesehen, dessen denkmethodische Konsequenz die Zuordnung der Dinge nach dem Muster einer auf Ähnlichkeit beruhenden Entsprechung ist.«[26]

In dieser fortwährenden Geltung des Mythos im Medium einer nicht-mythischen Entsprechungslogik liegen Bedingungen für eine topische Philosophie: Die Orte, in denen traditioneller Sinn abgelagert ist, entziehen sich dem Diskurs nicht, aber sie begründen auch keine diskursiv-rationalen Verfahren. Im Diskurs spielen sie die Rolle von Zeichen, die über den Diskurs hinaus verweisen. Daher muß die intrinsische Logik die nichtbegriffliche Dimension von Sprache erfassen und sich auf den gemeinschaftlichen Sinn stützen. Hier gelten Bestimmungen, die Grassi von der humanistischen »Lehre der *inventio*« gegeben hat: »Damit tritt die ganze Metaphorik der Sprache, die im Humanismus eine so große Rolle spielt, in den Vordergrund, denn das Archaische kann nicht erklärt, sondern nur analogisch aufgezeigt werden (Christo Landino): Analogie und Metapher, die vom Idealismus als ungenügende Formen des Philosophierens beurteilt wurden.«[27]

An die Bedingungen intrinsischer Logik kann das Denken in Japan anschließen und sich philosophisch als Topik ausbilden. Allerdings verschieben sich die Gewichte im Modell japanischer Topik. Hier geht es nicht wie in China um die Auslegung der kosmischen Ordnung von Himmel und Erde, über die der Mythos zuerst berichtet hat. In der Kultur Japans kommt den Mythen die Rolle zu, von der Zeit zu erzählen, die vor der Etablierung chinesischer Kultur in Japan liegt. Darin konkretisiert sich in Japan der Begriff des Archaischen. Auf diese Weise bezieht sich das philosophische Denken von Anfang an auf den Unterschied zu China, woraus sich zwangsläufig mannigfaltige Formen von Synkretismus ergeben. Anders als in China und in der humanistischen Tradition Europas steht der Mythos in Japan für das, was in der Sprache diskursiv nicht mehr bezeichnet werden kann. Gerade dieser ›Riß (in) der Bedeutung‹ macht das Besondere in der philosophischen Kultur Japans aus und hat sich in den verschiedenen Epochen unterschiedlich stark geäußert.

In seinem Bezug auf die Subjekte unterscheidet sich topisches Denken in Japan vom humanistischen Modell. Grassi hat das Ziel der Topik darin gesehen, die affektiven Einstellungen der Individuen zu treffen. Dagegen richtet sich das Pathos in der japanischen Kultur nicht an das affektive Potential der Individuen, sondern an das Rollenverständnis der Subjekte. Hier gilt, was Novalis als die andere Seite der Subjektivität gesehen hat: »Das ächte Dividuum ist auch das ächte Individuum«. Daß die Individuen teilbar erscheinen, offenbart ein topisches Verständnis von Subjektivität. Tatsächlich findet sich die Rede vom »Dividuum« in der Analyse von Subjektivität in den ostasiatischen Gesellschaften.[28] Im Konfuzianismus steht dafür das Modell der fünf idealtypischen Beziehungen: zwischen Vater und Sohn, Herrscher und Untertan, Mann und Frau, älterem und jüngerem Bruder, zwischen Freunden. Die topische Einstellung auf die Welt gehört zu den zentralen Themen der Interpretation japanischer Kultur und Gesellschaft, darauf verweist der Ausdruck *ba* oder *basho*, »Ort«: Subjektivität konstituiert sich in der Bindung an einen symbolisch artikulierten Ort. Sie zeichnet sich weniger durch Selbstbezug als durch den Bezug auf andere aus, sofern sie den gleichen Ort teilen. »Locozentrismus« ist ein anderes Stichwort für diese topische Einstellung: »In der japanischen Tradition ist weder der Logos noch das Subjekt unabhängig von der Welt denkbar. Es gibt kein Prinzip, das die Realität transzendierte. Und die Realität ist die Welt der Erscheinungen, die wir nehmen müssen, wie sie ist, kontingent, am vorgegebenen Ort, *basho,* wie der Philosoph Nishida Kitarô (1870–1945) bekräftigte, und zur vorgegebenen Zeit.«[29]

1.2 Sinn und Funktion der ›Örter‹

Spätestens seit dem Ende des 19. Jahrhunderts hat das okzidentale Denken das Vertrauen in seine eigenen Prinzipien verloren; seit dem sogenannten Tod der Metaphysik ist die Hauptbeschäftigung der westlichen Philosophie eine Art geistiges Krisenmanagement – steht sie doch noch immer im Bann der Forderung, daß eine übergreifende Vernunftordnung für alle denkbaren Gesellschaften, Staaten und Gruppen gleichermaßen verbindlich sein muß.

Aber obgleich auch im Abendland mit der Aussage, Vernunft garantiere Universalität, kein Staat mehr zu machen ist, fungiert die Unterstellung eines Mangels an Universalität noch immer als ein ernster philosophischer Einwand gegen das ›östliche‹ Denken: Die nicht-okzidentale Vernunft erscheint hier als defizient, als Nicht-Vernunft oder, in der Sprache Hegels, als blinde Substantialität: die »orientalische Anschauung der substantiellen Einheit bildet nun zwar die Grundlage aller wahrhaften weiteren Entwicklung, allein es kann dabei nicht stehengeblieben werden; was derselben noch fehlt, das ist das abendländische Prinzip der Individualität«.[30]

Aristoteles, einer der Gründungsväter der okzidentalen Philosophie, kannte noch zwei Möglichkeiten eines »ordnungsgemäßen« Umgangs mit dem *logos*; beide unterscheiden sich voneinander in ihrer Grundausstattung und -ausrichtung.[31] Die eine basiert auf wissenschaftlicher Überlegung und versucht, mittels universell wahrer Prämissen Wahrheiten aufzufinden – die Tautologie ist hier Teil des Raisonnements. Die andere benutzt Argumentationstechniken mit dem nur scheinbar schlichten Ziel: zu überzeugen. Ihr Ehrgeiz ist auf das gerichtet, was plausibel ist (*endoxon*). Diese letztere Art nicht-universellen, aber methodologischen Denkens wird von Aristoteles als rhetorische oder topische Form der Dialektik gekennzeichnet und beschrieben. Sie fragt nach dem, was möglicherweise wahr sein könnte und dem wir möglicherweise zustimmen könnten.

Nach bündigen Definitionen müssen wir jedoch bei Cicero suchen, da Aristoteles sie uns nicht nur vorenthält, sondern ein Labyrinth von Topoi entwickelt. Cicero definiert Topoi in seiner *Topica* als »sedes, e quibus argumenta promuntur«, als »Wohnsitze, aus denen man sich Argumente holt«[32]. Und Quintilian spricht im 10. Abschnitt seiner *Insitutio Oratoria* von den »geheimen« Wohnsitzen der Argumente. Argument definiert Cicero als *ratio*, d. h. als vernünftigen Satz, »quae rei dubiae faciat at fidem«, »der einen angezweifelten Sachverhalt absichern soll«.[33]

Noch Francis Bacon folgt in seinem *Advancement of Learning* von 1605 den antiken Definitionen, jedoch in der Sprache der beginnenden Neuzeit. Für Bacon ist ein Topos »a place where a thing is to be looked for, marked and indexed.« Heinrich Lausberg schließlich kennzeichnet Topoi kühl-formal als »Suchformeln für das Finden von Argumenten«. Denn: »Wer etwas sucht, muß nämlich im groben wissen, wo er überhaupt suchen soll [...] Es gibt durch die Suchpraxis (*empeiria*) bekannte und in der Praxis vielfach bewährte ›Örter‹, wo sich das Suchen empfiehlt. Die rhetorische *techne* hat diese ›Örter‹, wo man tunlichst suchen soll, um zu finden, in ihrer *doctrina* erfaßt und systematisiert. Die ›Örter‹ (*topoi*, *loci*) bestehen in rahmenmäßigen Such-Formeln, die zum Finden eines passenden Gedankens führen können.«[34] Topos oder Locus bedeutet in der Rhetorik darüber hinaus aber auch den »mit Hilfe dieser Suchformel gefundenen Gedanken« selbst und – prägnant-allgemein – eine »Stelle in einem Phänomenganzen«.[35]

Mit dem Blick auf die Bedeutung der Topik für die europäische Renaissance schreibt Lechner – wobei sie ohne Absicht Verfahrensweisen ostasiatischen Denkens benennt –, Topik könne auch definiert werden als »[a] subject heading under which ideas, images, maxims, or excerpts of all sorts could be stored, a heading such as virtue, government, or gardening«. Topik ist semantisch vielstrahlig; kontrolliert wird ihre Polysemantik dadurch, daß sie auch »allgemeine Klischeekunde, allgemeine Schematakunde, allgemeine Umrißkunde von Sinnendingen, Arche- und Prototypen, allgemeine Form- und Musterkunde« ist.[36]

Entsprechend reich und für Topiker verpflichtend ist auch Roland Barthes' Ausbeute an definitorischen Metaphern für das, was ein Topos sein (können) soll: »eine Region (in der man Argumente finden kann), eine Erzader, ein Kreis, eine Sphäre, eine Quelle, ein Brunnen, ein Arsenal, ein Schatz und sogar ein Taubenloch«.[37] Topoi sind Gesichtspunkte, Argumentationsgesichtspunkte, die allen einsichtig sind oder einsichtig sein sollten. Sie sind (einerseits) Fixpunkte (Standpunkte, Ausgangspunkte, Bezugspunkte), welche die Kommunikation insofern beherrschen, als sie sie ermöglichen. Sie bereiten die Bühne für ein möglicherweise endloses topisches Spiel. Insofern die Topik ein Speicher von Topoi ist, besteht zwar die Gefahr der Stereotypisierung; als Raster hat Topik schon die Bedeutung eines »Formennetzes, eines gleichsam kybernetischen Programms«.[38] Aber Topoi besitzen eine interpretatorische Polyvalenz, sie sind auch funktionale Konzepte, die einen thematischen Kontext zugleich ermöglichen, aufbauen und klären. Sie sind in einem radikalen Sinne pragmatisch und somit andererseits »dynamische Konzentrationspunkte eines sinnkonstitutiven Horizonts«.[39]

Ausgehend von solchen Begriffsklärungen versuchte Wolfgang Wieland in seiner 1962 veröffentlichten Studie *Die aristotelische Physik* zu demonstrieren, daß im Grunde alle aristotelischen Kategorien und Konzepte als Topoi fungieren, das heißt »als bloß funktionale ›Einteilungsgesichtspunkte‹, ›Reflexionsbegriffe‹, ›Hilfsmittel der Forschung‹. [... Der] aristotelische Topos-Begriff [ist] in der Übersetzung ›Argumentationsgesichtspunkt‹ generell weder ein rein formallogischer noch ein ontologischer Begriff [...], sondern ein komplexer Funktionsbegriff, der sowohl formale wie thematische Ableitungszusammenhänge eröffnet und zudem die Problemlage jeweils aus ihrem pragmatischen Situationsbezug heraus beleuchtet.«[40] Topoi sind zugleich konventionell und flink; im topischen Denken können Konvention und Invention höchst schöpferisch miteinander interagieren, auf eine Weise, welche die topischen Elemente nicht nur variiert, um- oder neuordnet. Die funktionale Komplexität topischen Denkens eröffnet dem Denken und der Argumentation – wir wollen beide unter dem Namen des Diskurses zusammenfassen – ein virtuell unbegrenztes Feld. »Den Topiker leitet der Geist der Invention: velox und agilis, nicht ölig und nicht hüftsteif. Es ist eher der Geist des Igels als der des Hasen. Wegen dieser Verwandtschaft des Topikers mit dem Rhetor besteht die Gefahr, daß alle Rhetorik-Vorurteile aufs topische Philosophieren übertragen werden. Aber Topik zerbricht keine Systeme, Topik macht Systematik gelenkig.«[41]

Die Rede von Text, Textur, Intertextualität und *écriture* verweist auf radikal topische Verfahren, die auch die nur vermeintlich extra-textuelle Realität als ein Set von Texten wahrnehmen, als ein Tableau von Orten außer denen es, wortwörtlich, nichts gibt: »Of course, reality is posited as if it were somewhere outside the text, independent of all signifiers, or a meaning without inscription. In the final analysis, however, this kind of common sense must be considered an idealist fancy«.[42]

Die Rede von den Topoi als Örter in Thesauri und Lagerhäusern bindet sie schon in einem oberflächlichen Sinne an die Überlieferung: Sie müssen immer schon gesammelt und gelagert sein. Dennoch erschöpft sich ihre Bedeutung nicht darin, nur aufgefunden zu werden. Ein Topos »ist die Quelle und zugleich die Resultante verschiedener historisch-gesellschaftlicher Kräfte, ein erlerntes, prägendes, aber zugleich auch flexibles, veränderbares Bildungsmedium. Ein Topos ist der Konzentrationspunkt eines Bedeutungs-›Horizonts‹ und daher prinzipiell nur ›im Umriß‹ beschreibbar. Er ist das tragende Bauelement jedes sprachlich-sozialen Kommunikationsgefüges, Umschlagplatz zwischen Kollektiv und Individuum, Bewußtsein und Unbewußtem, Konvention und Spontaneität, Tradition und Innovation, Erinnerung und Imagination.«[43] Als solche tragenden Bauelemente müssen Topoi eine gewisse Universalität besitzen; schon die griechischen Rhetoriker gingen davon aus, daß Topoi »concerned general and universal ideas, that these universal ideas or ›arguments‹ were amplified and used as a kind of ›Speech-within-a-speech‹«.[44]

Bornscheuer unterscheidet mit Habitualität, Potentialität, Intentionalität und Symbolizität vier Strukturelemente im Konzept des Topos: Die »kollektiv habituelle Vorprägung (Habitualität)« bezieht sich auf die Tatsache, daß Topoi den Kommunikationsstandard einer Gesellschaft verkörpern, die Art und Weise, in der die Gesellschaft sich beobachtet und über sich reflektiert. Habitus (die japanischen *kata*) können in diesem Zusammenhang als verinnerlichte Muster verstanden werden, die in einer bestimmten Kultur bestimmte Gedanken, bestimmte Wahrnehmungen und bestimmtes Verhalten ermöglichen (und orientieren), also durchaus im Sinne Bourdieus als Summe der (gesellschaftlich erworbenen) Reaktionsdispositionen.

Der »Charakter der Fülle«, die »polyvalente Interpretierbarkeit (Potentialität)«, bezieht sich auf die Offenheit, den Reichtum und die Komplexität topischen Denkens: In der Rhetorik meinte man beispielsweise mit *adynata* oder (in Anlehnung an die aristotelische *reductio ad impossibile*) *impossibilia* Topoi, die es erlaubten, Dinge, die sich widersprachen, miteinander zu identifizieren; so wurde es möglich, sogar unmögliche Transformationen und/oder Metamorphosen hinzunehmen. Der Buddhismus, das sei hier schon vermerkt, reizt die Polyvalenz topischer Bestimmungen mit Vorliebe und aufs äußerste aus.

Die »problemabhängige, situativ wirksame Argumentationskraft (Intentionalität)« bezieht sich auf die Fähigkeit topischen Denkens, mehr zu sein als Wiederholung und sich gleichsam selbst zu transzendieren, indem es neue Diskurs-Horizonte erschließt. Topoi können ›interpretiert‹, ›erweitert‹ werden. Amplifikation ist eines der produktivsten rhetorischen Instrumentarien; überdies sind »Aussagbarkeit (Prädikabilität) und Auslegbarkeit (Amplifikation) [...] Grunddimensionen des topischen Instrumentariums.«[45] Roland Barthes faßt dieselbe Aussage in einen maieutischen Ausdruck: »die Topik ist die Geburtshelferin des Latenten: eine Form, die Inhalte artikuliert und dadurch Sinnfragmente, intelligible Einheiten hervorbringt«[46]. Obgleich Topoi manchmal einer ›Hüpflogik‹ folgen oder frei miteinander assoziierbar sind – darin liegt eine Gefahr von Beliebigkeit –, verändert sich die habituelle topische Basis nur sehr langsam, nur evolutionär; denn das »radikal Neue, schlechterdings Unerhörte, ist im logischen Sinne nicht konstruierbar, sondern nur historisch erfaßbar. Die Bedingung der Wahrnehmung der Möglichkeit des Neuen ist das Neu-Arrangement von alten Topoi zur Problembewältigung. Das Neue zeigt sich im Glücks- und Unglücksfall.«[47]

Die »sich gruppenspezifisch konkretisierende Merkform (Symbolizität)« bezieht sich auf die verschiedenen symbolischen Ebenen, auf denen Topoi Gestalt gewinnen, auf denen sie lernbar und erfaßbar sind – Gesichtsausdruck, Gesten, Gewohnheiten, Religionen, Ideologien, jegliche Art symbolischer Interaktion.

1.3 Sinn und Funktion der Orte im östlichen Denken

Wir gehen davon aus, daß kennzeichnende Merkmale der japanischen wie der chinesischen Philosophie im Sinne topischen Denkens beschrieben und erklärt werden können. Während die chinesischen Legalisten[48] Topiker des Verfahrens, der Methode waren – mit den zentralen Topoi Gesetz, Herrschaft, auch Strafe – und die Taoisten Topiker der Natur – Ursprung, Spontaneität –, waren die Konfuzianer Topiker der Sozialethik und die Buddhisten Topiker der Leere, des Nichts und seiner Verfahrensweisen.[49]

Konfuzius selbst bekannte sich mittelbar zum topischen Verfahren: »Ich übermittle, aber ich schaffe nichts Neues. Ich glaube an das Alte und liebe es.«[50] Die ganze konfuzianische Welt ist topisch strukturiert; und die konfuzianischen Denker nähern sich ihrer Welt mit den Mitteln einer topischen Strategie. Wesentliche Ziele der konfuzianischen intellektuellen und spirituellen Verfahren sind, auf einige Formeln gebracht:

(1) die richtigen Orte (Topoi) zu beschreiben und vorzuschreiben; ein Vorgang der Rektifikation, Korrektur und Korrektion (dies wird besonders deutlich in der konfuzianischen »Richtigstellung der Namen/Bezeichnungen«, *seimei*);

(2) Dinge und Personen richtig zu plazieren, angemessen zu verorten, oft gnadenlos und nicht immer ohne Gewalt. Geschieht dies, wie zumeist, unter einem moralischen

Gesichtspunkt, dann ist die maßgebliche Tugendskala vorgegeben. »Every moral value is assigned its proper place [!] on a scale, and all substances and claims are arranged according to a strict ›order of merit‹.«[51]

(3) das Ungeordnete neu- oder wiederzuordnen, indem das, was fehl am Platz ist oder zu sein scheint, an seinen richtigen Ort zurückgebracht wird. »Ultimately through the moral principle of Tao, Heaven and Earth man will attain their proper order; all things will flourish in the harmonious universal operation of the trinity.«[52]

Diese Strategien, die alle primär der Durchsetzung und Absicherung von Orthodoxie dienen, gelten in der makrokosmischen Dimension nicht weniger als in der mikrokosmischen, im äußeren Bereich der Staatsordnung nicht weniger als im inneren Bereich der Selbstkultivierung und Selbstdisziplinierung. Heideggers Ausdruck vom Menschen als dem »Hirten des Seins« müßte im Blick auf den konfuzianischen Gelehrten zum »Hirten der Orthodoxie« werden. Die konfuzianische Welt kann als eine topische Ordnung, als ein topischer Kosmos vorgestellt werden. Im Konfuzianismus figuriert der Kosmos als ein wohlgeordnetes Aggregat von Topoi. Die Art und Weise, wie diese Topoi organisiert, strukturiert und einander korreliert sind, kann in der Terminologie der Rhetorik beschrieben werden. Ebenso funktioniert auch der oft beschworene chinesische Korrelationismus, den die Japaner in einem gewissen Umfang übernommen, ererbt haben, nur als eine topische Maschine – kann nur als solche funktionieren.

Topisches Denken bedient sich einerseits zwar des Repertoires des Mythos, es transzendiert ihn andererseits aber auch: Mythisches Denken besteht darauf, das hat Ernst Cassirer gezeigt, daß es Ordnung auch jenseits der diskursiven Logik gibt. Topisches Denken hat dieses Prinzip übernommen, zu einer *techne* transformiert und generalisiert. Insofern läßt sich behaupten, daß topisches Denken generalisiertes mythisches Denken ist. In diesem prägnanten Sinne ist japanische Philosophie »Philomythie«, ordnungsschaffendes topisches Erzählen; »Erzählen verhindert die Frage nach dem Warum.«[53] Erzählen nimmt für sich in Anspruch, unangreifbar zu sein. Erzählen erspart sich das Begründen; und das Nichtbegründenwollen hatten wir schon oben als eine Eigenschaft des ›östlichen‹ Denkens beschrieben.

Innerhalb der Sphäre und auf dem Feld topischen Denkens und Erzählens ist nie etwas endgültig entschieden. Die topische Bühne bietet die besten Lebensbedingungen für eine Hermeneutik. Chinesisches und japanisches Denken fällt seine diskursiven Entscheidungen mit Vorliebe zugunsten der Architektonik, der topischen Figuration. Topisch sind auch die Verwerfungen und Verschiebungen seines philosophischen Potentials quer durch die – für moderne Augen – diversesten Schichten, metaphorische, symbolische, metaphysische. Es herrscht ein geradezu kunstförmiger Umgang mit der Welt als einem Organon der Philosophie. Damit verbunden ist eine Neigung zum ungezügelten Analogisieren von Situationen, die einem kollektiven Erfahrungsschatz entnommen werden, Sprichwörtern, Bruchstücken aus klassischen Texten, kurrenten Parabeln und Gleichnissen, die auf eine zugleich innovative und konservative Weise unaufhörlich ›kontextuiert‹ werden.[54] Ein virtuell endloser Prozeß des Interpretierens, Reinterpretierens, Reorganisierens, Kommentierens und Revidierens häuft Bedeutungsschicht auf Bedeutungsschicht und formt so die intellektuelle Landschaft einer Kultur. In diesem Sinne war die Werktagsarbeit japanischer Denker: Philosophieren als topische Transformation, orten und verorten, schieben und verschieben, fundieren und diffundieren, rangieren und derangieren, umordnen und verordnen.

Auch Maruyama Masao beschreibt in seinem Buch *Denken in Japan* (*Nihon no shisô*) das »Umarrangieren«, also eine topische Prozedur und Praxis, als einen spezifischen Zug des japanischen Denkens.[55] Der japanische Kontextualismus verfährt durch und durch topisch, und auch noch zeitgenössische Konzepte wie Takeo Dois *amae*, »an einen bestimmten psychischen Ort gebundenes Anlehnungs-

oder Abhängigkeitsbedürfnis«, oder Nakane Chies *tate-shakai*, »vertikal strukturierte Gesellschaft«, sind ihrem Wesen nach topisch.[56] Topik zielt nicht auf ein Wissen aus abstrakten Prinzipien, sondern auf ein Wissen des Konkreten, auf ein praktisches Wissen, das der Phronesis näher ist als der Sophia. »Das praktische Wissen, die Phronesis, ist eine andere Art Wissen. Das bedeutet zunächst: es ist auf die konkrete Situation gerichtet. Es muß also die ›Umstände‹ in ihrer unendlichen Varietät erfassen.«[57] Konzepte wie Dois *amae*, »Freiheit in Geborgenheit«, und Nakanes *tate-shakai*, »vertikale Gesellschaft«, sind solche »Wohnsitze, aus denen man sich Argumente holt«, wie es bei Cicero heißt.

Der topische Blick auf die philosophische Landschaft Japans erlaubt es, hinter den rhetorisch-pathetischen Verfahren ein kritisch-rationales Potential wahrzunehmen. Zwar hat sich dieses Potential nicht zu den Formen reiner Reflexionsphilosophie verdichtet, es bildet aber einen Bestand, über den das Denken in Japan verfügen kann. Gregor Paul hat in einer Reihe von Arbeiten Philosophie in Japan vor der immer wiederholten Vermutung in Schutz genommen, Rationalität spiele dort eine vergleichsweise geringe Rolle. An der *17-Artikel-Verfassung*, die Shôtoku taishi zugeschrieben wird, und an der Sprachphilosophie Kûkais hat er dargestellt, daß auch philosophisches Denken in Japan Universalien verpflichtet ist: »Daß Universalien benutzt werden, die aus anderer Zeit und anderem Raum kommen als etwa die heimischen Shintôismus-Vorstellungen, verdient zusätzliche Beachtung. Beides – die Verwendung von Allgemeinbegriffen und die damit vollzogene Übernahme ›fremder‹ Begriffe – indiziert, daß mit der 17-Artikel-Verfassung versucht wird, Mythos durch Philosophie zu ersetzen; staatsphilosophischen Ansätzen etwa von Thales ähnlich, die auf eine Überwindung des Polis-Mythos zielten.«[58]

An der Sprachphilosophie Kûkais soll deutlich werden, daß buddhistischen Grundsätzen verpflichtete Symbolsysteme wahrheitsfähig sind und Kriterien der Überprüfung standhalten können. Symbolische Formen, vor allem aber die »wahren Wörter« (*shingon*) des Dharmakâya, sind Teil und Zeichen des Buddha-Gesetzes. Paul sieht im Vorrang der *shingon* nicht nur ein theologisches, sondern auch ein ästhetisches Programm wirksam, für das er Übereinstimmungen mit Heidegger und Adorno konstatiert.[59] Als »Musterbeispiel an Rationalität« führt Paul die Schrift *Die zehn Stufen des Geistes* vor. Im Anspruch auf Erlösung vom Leiden findet er die »universale Gültigkeit einer regulativen Idee [...] formuliert.«[60] Allerdings sieht Paul sich genötigt, vom Rationalismus, den er bei Kûkai rekonstruiert, einen zentralen Bereich auszunehmen: Die *shingon* rechnet er zugleich einer Sprachmagie zu. Daß sie magisch sind, läßt sich aber durchaus bezweifeln, weil sie nicht auf die Verwandlung der Dinge, sondern auf die Veränderung von Subjekten abzielen. Die wahren Wörter sollen im esoterischen Buddhismus auf die affektiven Einstellungen einwirken, das gibt ihnen eine rhetorische und pathetische Dimension. Paul blendet diese Momente aus; im esoterischen Buddhismus kommt ihnen aber eine zentrale Funktion zu, die nicht weniger rational ist als die Sprachlehre. Daß Kûkais Philosophie an das Ziel von Erleuchtung gebunden ist, macht den Vorrang des Topischen plausibel. Und gerade bei Kûkai ließe sich lernen, daß topisches Philosophieren Begründungsverfahren nicht ausschließt, sondern erst ermöglicht.

1.4 Parva Topica Sino-Japonica

Zentral für die philosophische Kultur Japans ist der *soku*-Topos, der Topos der paradoxen Identität.[61] Er bezeichnet, im Buddhismus mehr als im Konfuzianismus, die Funktion der Unverwundbarkeit; er installiert etwas als Axiom, das sich nicht beobachten läßt – und insofern unmöglich ist. Dies Verfahren macht das Argument selbst nicht unlogisch. Es fungiert als der blinde Fleck, auf dem das Argument aufbaut. Das hartnäckige Mißverständnis, daß damit der Satz vom Widerspruch im östlichen Denken gleichsam ausgehebelt würde, beruht auf einer Verwechslung der Ebenen. Der Topos der paradoxen Identität scheint in einer Art Primärprozeß verankert, in dem eine Logik des Gegensinns herrscht.[62] Diesem ursprünglichen Gegensinn eignet – psychoanalytisch gesagt – ein prägenitales Moment, in dem auch utopisches Potential abgelegt ist: als unerfülltes kann es jederzeit beschworen, eingefordert oder inszeniert werden. Der Topos der paradoxen Identität kann entsprechend auch die Form des Topos der Nicht-Dualität, *fu-ni* oder *mu-ni*, annehmen.[63]

Schon Chou Tun-i (1017–1073) beschreibt die Etappen der Weltentstehung, das bekannte Modell des *Ekikyô* modifizierend, auf proto-neokonfuzianische Weise: Aus dem Allumfassenden entstehen durch Ruhe und Bewegung die beiden Ur-Substanzen/Aspekte Yin (*in*) und Yang (*yô*), aus deren Vermischung gehen die fünf Elemente (Feuer, Wasser, Erde, Holz, Metall) hervor, diese bilden einerseits den Himmel und andererseits die Erde, die als Geschlechtswesen aufgefaßt werden; aus dem Zusammenwirken des männlichen Himmels und der weiblichen Erde entspringen schließlich alle Dinge. Dieses Bild der Weltschöpfung ist neokonfuzianisches Gemeingut; Chou Tun-i weicht von der orthodoxen Doktrin allerdings entschieden ab, indem er, möglicherweise vom Taoismus[64] inspiriert, behauptet, das Allumfassende (*taikykoku*) sei mit dem Nicht-Sein identisch, *mukyoku* sei zugleich *taikyoku*. Ein früher Übersetzer, E. V. Zenker, gab diese Stelle im Anschluß an Jakob Böhme mit »Ungrund und doch Urgrund« wieder.[65]

Chou Tun-i bedient sich oft des Topos der paradoxen, zumindest aber dichotomischen Identität. In seiner Schrift über die *Wandlungen* identifiziert er Ruhe und Bewegtheit: der Geist (*shin*) »ist nicht bewegt, auch wenn er bewegt ist, und er ruht nicht, auch wenn er ruht.« Und weiter: »was nicht bewegt ist, obwohl bewegt, und nicht ruhend, obwohl ruhend, ist nicht unbewegt und nicht nichtruhend.«[66] Es ist bekannt, daß Chou Tun-i sich an einem Diagramm (*zu*) orientierte, das als Plan des Allumfassenden (*taikyoku-zu*) bezeichnet wird. Dieses Diagramm versucht, eine Topographie der verschiedenen Aspekte des Allumfassenden zu geben, die es erlaubt, die Paradoxalität des Konzepts in verschiedene Lesarten auflösbar zu machen. »Oben im ersten Kreis in seiner noch ungeschiedenen Form, sodann trotz der Aufspaltung in Yin und Yang als zentraler weißer Punkt im zweiten Kreis (der allerdings in einigen Überlieferungen auch entfallen kann, so daß der gesamte zweifarbige Kreis die Qualität des [*taikyoku*] als eines in diesem Zusammenhang dichotomischen darstellt); weiterhin im äußersten unteren Punkt in der Kette der fünf Elemente; darauf als den Prinzipien [*ken*] und [*kon*] innewohnendes ›Allumfassendes‹ und schließlich als das, woraus die Dinge entstehen. Wiederum sind zeitliche Aspekte räumlich dargestellt, statische und finale Lesart müssen einander ergänzen.«[67]

Bei Hayashi Razan (1583–1657) lautet der ausgereifte neokonfuzianische Topos der Welt- und Menschenentstehung: »Bevor Himmel und Erde [*tenchi* entspricht *kenkon*] waren und nachdem sie sind, das immer und beständig daseiende [*itsu mo tsune ni aru*] Ordnungsprinzip [*ri*] nennt man das Allumfassende [*taikyoku*]. Bewegt sich dieses Allumfassende, so erzeugt es das Yang, ruht es, so erzeugt es das Yin. Obwohl dieses Yin und Yang ursprünglich eine einzige Materie-Energie sind, werden sie in ihrem Wechselspiel [*wakarete*] zwei. Und aus ihrem Wechselspiel [*wakarete*] entstehen die fünf Wandlungsphasen [*gogyô*]. Die fünf Wandlungsphasen sind Holz, Feuer, Erde, Metall und Wasser. Teilen sich diese fünf Wandlungsphasen weiter auf, so entstehen die zehntausend Dinge [*yorozu no mono*]. Bei der Verbindung [*aiatsumarite*] und Manifestation [*katachi o nasu toki*] dieser fünf Wandlungsphasen entsteht auch der Mensch [*hito mo shuttai suru*].«[68]

Die topische Verwendung von *soku*[69] oder *sunawachi* legt das Denken eines spezifischen Verhältnisses nahe, das dem okzidentalen Verständnis keine geringen Schwierigkeiten bereitet; *soku* kann bedeuten: (1) einer Stelle, einem Ort angehören, (2) unmittelbar einer Sache entsprechen,

(3) an gerade diesem Ort, zu gerade dieser Zeit, (4) auf eben diese Weise.

In seiner Funktion als Konjunktionspartikel markiert es die Identität von Sachverhalten: im Sinne von, nicht anders als, mit anderen Worten, nämlich, das heißt; in der buddhistischen Terminologie bezeichnet *soku* das »differente Selbigsein« zweier Phänomene an derselben Zeit-Stelle und im selben Ereignis-Raum; *soku* fungiert als Shifter, als »metaphorische Kopula« im Sinne Paul Ricoeurs, die gleichzeitig »ist (wie)« und »ist nicht« aussagt.[70] Ausgesprochen topisch umschreibt Tanabe Hajime die Bedeutung von *soku* mit »Wechsel«, »Austausch der Plätze«, »Wechselstrom-Einheit« oder »Ineinanderwenden«.[71] *Soku* wahrt das Moment der Differenz in der Einheit von Identität und Nichtidentität. Es sorgt für den ontisch-ontologischen Bruch[72] in der buddhistischen Zentralformel (aus dem *Herz-Sutra*, *Hannya shingyô*) »*shiki SOKU ze kû kû SOKU ze shiki*«, »die Welt der Erscheinungen (gerade) ist die Leere, die Leere (gerade) ist die Welt der Erscheinungen«.

Der Topos der notwendigen Verkettung ersetzt Kausalität durch eine besondere Logik des ›Und dann‹. Er ersetzt Kausalität durch verordnete Notwendigkeit. Auf sprachlicher Ebene tritt dieser Topos auf Chinesisch als *erh hou*, in der sino-japanischen Hybridlesung (*kanbun*) als sogenannte *te*-Form, vergleichbar der englischen »continous form«, mit nachfolgendem *nochi* in Erscheinung. Ein vielzitierter Abschnitt des *Daigaku* lautet – die Parallelismen verschärfen die Autorität der Aussage – in Kanbun:

mono itat-te nochi chi itaru
chi tat-te nochi i makoto nari
i makoto nish-ite nochi kokoro tadashi
kokoro tadashiku shi-te nochi mi osamaru
mi osamat-te nochi ie totonau
ie totonoi-te nochi kuni osamaru
kuni osamat-te nochi tenka tairaka nari.

Wenn die Dinge verstanden sind, (dann) ist das Verständnis vollkommen.

Wenn das Verständnis vollkommen ist, (dann) sind die Gedanken wahr.
Wenn die Gedanken wahr sind, (dann) ist der Geist in Ordnung.
Wenn der Geist in Ordnung ist, (dann) ist die Person kultiviert.
Wenn die Person kultiviert ist, (dann) ist das Haus wohlbestellt.
Wenn das Haus wohlbestellt ist, (dann) ist der Staat gut regiert.
Wenn der Staat gut regiert ist, (dann) herrscht Ruhe in der Welt.

So einfach ist das, wenn ein Topos zur Verfügung steht, der Kausalität verordnet: »Die Dinge sind verstanden ›und dann‹ ist das Verständnis vollkommen ›und dann‹ sind die Gedanken wahr ›und dann‹ ist der Geist in Ordnung ›und dann‹ die Person kultiviert ›und dann‹ das Haus wohlbestellt ›und dann‹ der Staat gut regiert ›und dann‹ herrscht Ruhe in der Welt.«

Unter den mehr qualitativ konzipierten Topoi nimmt der *wa*-Topos, der Topos der Harmonie, eine Sonderstellung ein. »Ähnlich wie der Gedanke der ›Mitte‹ wird (die Harmonie) mit Vorliebe zum Inbegriff chinesischer ›Weisheit‹ erhoben [...] Was aber soll überhaupt miteinander harmonieren, und um welchen Preis? Für Konfuzius' Schüler You Rou ist die Harmonie [...] den sozialen Schranken, die die Etikette setzt, untergeordnet. Es bedurfte einer leichten Wendung dieses Gedankens, um aus der Harmonie ein ideologisches Konzept der Zementierung sozialer Ungleichheit und des Machterhaltes zu machen [...] Harmonie bedeutet hier, den Punkt zu treffen, bis zu dem die Reichen gehen dürfen, ohne über die Stränge zu schlagen, und bis zu dem die Armen strapazierbar sind, ohne aufzubegehren, so daß der Zusammenhalt des Ganzen gewahrt bleibt.«[73] Als Garanten der Harmonie und der Einklangs, als Agenten des Bewahrens und der Kontinuität gelten die Riten (*rei*). »Die Gesellschaft wird als ausbalancierter Organismus betrachtet, dessen Harmonie dadurch gewährleistet sein soll, daß alle entsprechend ihrem Rang auf das gesellschaftliche Ganze bezogen denken und handeln.«[74] Fast eine Definition des Begriffes Harmonie (*wa*) findet sich im *Klassiker der Mitte* (*Chûyô*), auch wenn sie der Deutung große Freiräume läßt.

»Wenn Wohlgefallen und Ärger, Trauer und Freude nicht hervortreten, das nennt man die Mitte. Wenn sie hervortreten und alle das mittlere Maß einhalten, das nennt man Harmonie. – Die Mitte ist die große Wurzel der Oikumene (= *tenka*, ›Himmel und Erde‹). Die Harmonie ist der allgemeine Weg der Oikumene. Sind Mitte und Harmonie erreicht, so kommen Himmel und Erde ins Gleichgewicht und die zehntausend Dinge gedeihen.« (Übersetzung: Weber-Schäfer)

Roetz übersetzt: »Wenn Freude und Zorn, Melancholie und Frohsinn noch nicht geweckt sind, das nennt man die Mitte. Sind sie geweckt und treffen sie doch das Maß, so nennt man dies Harmonie. Die Mitte ist das große Fundament der Welt. Die Harmonie ist der von der Welt erreichte Weg. Läßt man Mitte und Harmonie [zur Entfaltung] kommen, dann finden Himmel und Erde darin ihren festen Stand, und alle Dinge gedeihen dort.«[75]

Legge gibt in seiner Übersetzung den letzten Abschnitt so wieder: »This equilibrium is the great root from which grow all the human actings in the world, and this harmony is the universal path which they all should pursue. Let the states of equilibrium and harmony exist in perfection, and a happy order will prevail through heaven and earth, and all things will be nourished and flourish.« Dies legt die Deutung nahe, daß zwischen *chû*, Mitte, Equilibrium, und *wa*, Harmonie, eine Beziehung herrscht wie zwischen Latenz und Aktualisierung, Potenz und Akt oder eine Beziehung wie zwischen Substanz und Funktion. Eine pragmatische Wendung erhält der Topos der Harmonie bei Hsün-tzu, der gerade der Harmonie die Aufgabe zumutet, in einer (aus Notwendigkeit) stratifizierten Gesellschaft den Zusammenhalt zu garantieren: »Wodurch aber vermögen die Menschen sich zu organisieren? Ich sage durch Rollenteilung, *fen*. Und wodurch funktioniert die Rollenteilung? Ich sage: durch die Gerechtigkeit. Werden also gemäß der Gerechtigkeit die Rollen verteilt, dann herrscht Harmonie. Harmonie bedeutet Einheit, Einheit bedeutet große Kraft, große Kraft bedeutet Stärke, und Stärke bedeutet, die Dinge unterwerfen zu können.«[76]

Der Topos des Zählens und der Zahl gewinnt seine Prägnanz dadurch, daß im östlichen Denken Zahlen ein pythagoräisches Flair besitzen, qualitativ wahrgenommen werden. Die Zahl signifiziert eine spezifische Teilhabe am Sein; sie verleiht Dingen und Verhältnissen eine eigene *dignitas entis*. Gezählt sein meint hier auserwählt sein: *shiki*, die vier Jahreszeiten, *shishi*, die vier Gliedmaßen des Menschen, *shitoku*, die vier Tugenden, *shitan*, die vier Begabungen, die vier (alten) klassischen Bücher des Konfuzianismus; die fünf Wandelzustände, die fünf Weltgegenden (Himmelsrichtungen mit Zentrum/Mitte), *gojô*, die fünf (konfuzianischen) Grundbeziehungen, *gorin*, die fünf (konfuzianischen) Normen oder Grundtugenden, die fünf Töne, Geschmacksarten, inneren Organe, die fünf (neuen, seit der Sung-Zeit, 960–1279) klassischen Bücher des Konfuzianismus; *shichijô*, die sieben Affekte etc.

Einen extremen Gebrauch vom Topos der Zahl machte der chinesische neokonfuzianische Kosmologe Shao Yung (1011–1077), der wie Chou Tun-i (1017–1073) und Ssuma Kuang (1019–1086) sich – bezeichnenderweise – gerne der diagrammatischen Darstellungsweise bedient hat. Shao Yung ging davon aus, daß das Höchste Prinzip, das den Kosmos beherrscht, in Zahlen dargestellt werden kann; er glaubte, daß die wesentlichen Aspekte der verschiedenen Ordnungen der Wirklichkeit in einem System repräsentiert werden könnten, das so komplett wäre wie der Kosmos selbst, quasi ein Double, ein Simulakrum des Kosmos. Die universale Funktionsweise des Kosmos, der Wechsel (konzipiert als Wechsel von Öffnen/Expansion und Schließen/Kontraktion), erzeugt den Geist (*shin*); der Geist schafft die Zahlen, Zahlen bringen Formen hervor, und Formen formen Dinge. Im Anschluß an das *Buch der Wandlungen* sieht auch er in der Zahl 4 die Basis für die Klassifikation aller Erscheinungen, gibt es doch 4 Arten von Himmelskörpern, 4 Erdsubstanzen (Wasser, Feuer, Erde, Stein),

4 Arten von Lebewesen (Tiere, Vögel, Gräser, Pflanzen), 4 Sinnesorgane, 4 Typen von Herrschern, 4 Arten von Himmelsmandaten (*tenmei*) – und 4 Arten, verändernd in das Weltgeschehen einzugreifen: durch Wahrheit, Tugend, Arbeit oder Anstrengung. »Die Zahl des Himmels, heißt es, ist 5, die der Erde auch 5, zusammen 10, die Vollendung der Zahlen. Der Himmel ist 1 und seine Wandlungen sind 4. Die 1 ist körperlos, die 4 haben Körper. Davon sind 3 Betätigungen, 1 Nicht-Betätigung. Die körperlose 1 führt auf die Spontaneität, die nicht tätige auf Tao, die 3 Betätigungen auf Himmel, Erde, Mensch.«[77] Chan meint: »The whole scheme is neat and systematic but also mechanical and arbitrary.«[78] Zweifellos pervertierte in Shao Yungs Numerologie die Topik der Zahlen, die im Grunde ein wichtiger, ja unverzichtbarer Beitrag des chinesischen Denkens zu einer Proto-Wissenschaft war, zu einem Mechanismus von Permutationen; so kombinierte er in seiner topische Zahlenmagie auch vier der ursprünglich fünf konfuzianischen Klassiker mit den vier Jahreszeiten: »Wir beobachten den Frühling, und wir wissen, woraus das ›Buch der Wandlungen‹ besteht; wir beobachten den Sommer, und wir wissen, woraus das ›Buch der Dokumente‹ besteht; wir beobachten den Herbst, und wir wissen, woraus das ›Buch der Lieder‹ besteht; wir beobachten den Winter, und wir wissen, woraus die ›Frühlings- und Herbstannalen‹ bestehen.«[79] In seinem mathematischen Weltsystem dauerte ein Zeitalter 126.600 Jahre lang. Auch wenn Shao Yungs Idee, das kosmische Geschehen mittels mathematischer Kalkulation revolutionär war, verliert topisches Sortieren und Klassifizieren hier seine Bedeutung und wird ununterscheidbar von einem Verfahren der Beliebigkeit: anything goes. Dennoch hat Chu Hsi[80] sehr viel von ihm gelernt – und übernommen.

Im folgenden ein kurzer Überblick über einige Topoi, die als Ecksteine sino-japanischen Philosophierens gelten können, etwa:

– Der *shizen-(onozukara-)Topos*, der Topos des natürlich-spontanen Hervortretens. Alles, was Anspruch auf natürlichen Ursprung erheben kann, bedarf keiner weiteren Rechtfertigung. Das Natürliche, das spontan aus sich selbst (*onozukara*) hervorgetreten ist und nur auf seiner eigenen Spontaneität gründet, besitzt das höchste Prädikat – und bedarf keiner weiteren Prädikationen.

– Der *tai-yô-Topos*, der Topos von Substanz und Funktion. Was als ein *yô*, als Funktion/Variable eines *tai* beschrieben wurde, gilt als ausreichend bestimmt.

– Der *eki-Topos*, der Topos des Wandels im Sinne des *Ekikyô*: Wandel bedeutet Schaffen und Umschaffen; Wandel ist die unhintergehbare Verfahrensweise des Kosmos. Der Wandel ist das einzige, das sich seit Anbeginn nicht verwandelt hat.

– Der *hon-Topos*, der Topos des Urspungs: seine Aufgabe ist es – durch Rückbindung an den Ursprung –, Argumente (epistemologisch) und Dinge (ontologisch) zu immunisieren, denn Teilhabe am Ursprung bedeutet unantastbare Legitimation.

– Der *chû-Topos* (I), der Topos der reziproken Inklusivität: gegenseitiger Einschluß ratifiziert epistemologisch und ontologisch beide beteiligten Elemente, sie geben sich gegenseitig, was sie sich selbst nicht hätten geben können, weil sie es, bevor sie es sich gegenseitig gegeben hatten, nicht besaßen; der Buddhismus kennt dafür die Formel »ein Buddha denkt den anderen«.

– Der *chû-Topos* (II), der Topos der Mitte qualitativ gewendet: des Maßes: »Maß und Mitte bewahren – das ist die höchste Tugend« (*chûyô no toku, sore itareru ka*) (*Rongo*), ein Edler »steht in der Mitte und neigt nicht zur Seite« (*chûritsu shite yorazu*) (*Chûyô*).

– Der *sugiru/oyobazu-Topos*, der Topos des Zuviel oder des Zuwenig, denn »Zuviel ist ebenso falsch wie zuwenig.« (*sugitaru wa nao oyobazaru ga gotoshi*) (*Rongo*).

– Der *seijin-Topos* des Heiligen/Weisen oder genialen Kulturheroen:[81] der Weise verkörpert zugleich auch den Topos der Freiheit in der Ordnung, der Weise erfüllt alle topischen Standards, indem er sie sich aneignet. Er wird von ihnen gleichsam getragen, und er trägt sie – wie Waffen. Er unterwirft sich den Topoi, um ihr Meister zu werden: »sageliness within and kingliness without«, auch dies eine topische Formel, präformuliert bei dem Taoisten Chuang-tzu und zentral im Neokonfuzianismus.

2 Die Anfänge der Geschichte

Sicher hat es schon vor der Jômon-Periode (bis 250 v. Chr.), nach den Ornamenten der aus dieser Zeit stammenden Tongefäße Streifenbandkultur genannt, in Japan eine eigentümliche Steinzeitkultur gegeben, über die aber nur wenig Detailliertes gesagt werden kann; wann und von woher die ersten Bewohner Japans den Archipel erreichten, ist noch immer umstritten; sicher ist jedoch, daß sie aus verschiedenen Gegenden Asiens und des Südpazifiks stammten: der überwiegende Teil gehörte zum mongoloiden Typus. Es scheint aber auch beachtliche Einwanderungsströme malaiischen Urspungs gegeben zu haben. Möglicherweise bewohnten schon vor über 200.000 Jahren paleolithische Menschen die japanischen Inseln, unter ihnen die Vorfahren der Ainus, eines Volks protokaukasischer Herkunft, das im Laufe der Geschichte in den Norden, auf Hokkaidô, abgedrängt wurde. Ihre Geschichte und ihre Verbindungen mit der neolithischen Bevölkerung Japans sind noch unbekannt.

Während der möglicherweise 10.000 Jahre dauernden neolithischen Jômon-Periode gab es keinen Ackerbau und keine Viehzucht, Pflanzen wurden gesammelt und Fische gefangen, die Menschen lebten in »pit-dwellings«. Da es zudem keine Besitzakkumulation gab, hatten sich wohl noch keine eigentlichen Herrschaftsformen ausgebildet, und folglich gab es – anders als in späteren Epochen – auch keine Auseinandersetzungen um Gebietshoheiten. Immerhin läßt der Variantenreichtum der Tongefäße vor allem aus der späteren Jômon-Zeit auf einen relativ hohen Stand der Handwerkstechnik schließen. Die japanische Steinzeitkultur hat sich im Vergleich zu anderen Kulturen erstaunlich lange gehalten, wenn man bedenkt, daß in Mesopotamien die Metallkultur schon etwa 4000 Jahre vor der Zeitenwende begann.

Es herrschten magische, stark sexuell determinierte Vorstellungen vom inneren Zusammenhang der Welt, die in entsprechenden Kultgegenständen ihren Niederschlag fanden. Schwierig ist es, zu bestimmen, wieviel aus dieser prähistorischen, magischen Periode in den Volksglauben der späteren Zeit übergegangen ist, wieviel davon z.B. in Shintô-Ritualen konserviert worden ist oder überlebt hat. Innerhalb dieses stark magisch geprägten Kontexts stellten wohl die Sippenältesten, als erfahrene Kultfunktionäre, die Spitzen der sozialen Ordnung dar. Da alle überlieferten Kultfiguren zudem größtenteils weiblichen Geschlechts sind, darf man wohl auf einen hohen Rang der Frauen innerhalb der archaischen Lebensgemeinschaften schließen. Da eigentlicher Besitz fehlte und folglich auch keine differenzierten Besitzstände sich ausgebildet hatten, war wahrscheinlich die blutsverwandtschaftliche Mutter-Kind-Beziehung das wesentliche Fundament der Familien- und damit auch der Gemeinschaftsordnung.

Im 3. Jahrhundert vor der Zeitenwende, also erst zu einer Zeit, in der sich in China die Han-Dynastie etablierte, verbreiteten sich von Kyûshû aus neue, vom Festland übernommene Produktionsmethoden. Metallwerkzeuge und -geräte kamen in Gebrauch, und der Reisanbau auf Naßfeldern setzte sich nach seiner Einführung nach Kyûshû noch zum Ende der Jômon-Zeit durch. Parallel dazu veränderten sich natürlich auch die Lebens- und Herrschaftsformen. Die meisten Ansiedlungen fanden – naturgemäß – auf Plateaus in der Nähe des Meeres und entlang der Flüsse statt. Dieser späte Beginn der Metallkultur in Japan ist verantwortlich dafür, daß hier – anders als in anderen Metallkulturen – Bronze und Eisen gleichzeitig in Gebrauch kamen.

Die bald nach der Übernahme der Metallkultur anbrechende Yayoi-Zeit (ca. 250 v. bis 300 n. Chr.) verdankt ihren Namen ebenfalls ihren Töpferwaren, von denen die ersten 1884 im Bunkyô-Distrikt von Tôkyô wiederentdeckt wurden. Diese Keramik war auf Töpferscheiben hergestellt und unterschied sich sehr prägnant von denen der Jômon-Zeit: technisch raffinierter (und bei höherer Temperatur gebrannt), war sie zugleich schlichter, ausgewogener und nicht so vielfältig wie die Produkte der Jômon-Zeit. Vielleicht waren die Yayoi-Leute Einwanderer, die sich das Jômon-Volk unterwarfen, dann aber – wenn auch diese prägend und verwandelnd – in die autochthone Jômon-Bevölkerung integriert wurden. Auch die religiösen Vorstellungen der Yayoi-Menschen scheinen sich nicht unwesentlich von denen der Jômon-Menschen unterschieden zu haben. Während in der Jômon-Zeit Tote mit verschränkten Armen, in Hockstellung und mit Steinen beschwert (um ihnen ihre Rückkehr in die Welt der Lebenden zu erschweren?) begraben wurden, entwickelten die Yayoi-Menschen eine Zweitbeerdigung: Die Knochen eines Toten wurden wieder ausgegraben, gewaschen, unter Umständen rot und weiß bemalt, in Urnen gefüllt und – oft in einem Kollektivgrab – erneut bestattet. Auch begann jetzt erst die Sitte, Grabbeigaben mitzubestatten.

Die Einführung des Reisanbaus in der Yayoi-Zeit hat das ganze Gefüge des Sozialen, das Gerüst der Gemeinschaft revolutioniert. Die Anlage von Reisfeldern erforderte Kollektivleistungen, die vorher schlichtweg unbekannt waren; ein sich allmählich entwickelndes Vorratswesen führte zu Urformen des Besitzes; der Besitz führte zu unterschiedlichen Besitzständen, und unterschiedliche Besitzstände führten zu gesellschaftlichen Ungleichheiten – und schließlich zur Ausbildung verschiedener gesellschaftlicher Strata. Die chinesischen *Han-Shu-Annalen*, entstanden im letzten Jahrhundert vor der Zeitenwende, behaupten, daß es zu dieser Zeit im Reiche Wo über 100 Länder (*kuni*) gab; worunter wohl hierarchisch gegliederte Verbände mit spezifischen Herrschaftsformen zu verstehen sind. In späteren chinesischen Annalen ist die Rede von Königen (*ô*), die diesen Ländern vorstanden; was darauf hindeutet, daß die Herren der *kuni* mit offensichtlicher Machtbefugnis ausgestattet waren; freilich kann das sehr relative Bedeutung gehabt haben: »König« bedeutet hier wohl kaum mehr als Sippenältester mit Machtbefugnis über einen Sippenverband, etwa in der Form von Dorfgemeinschaften. Andere Hinweise wiederum lassen darauf schließen, daß diese Könige durch eine Art Orakel (*uranai*) gekürt wurden; was nahelegt, daß sie noch weit entfernt waren von der absoluten Machtbefugnis der Könige der nachfolgenden Zeit der – wegen ihrer Form so genannten – Schlüssellochgräber (*kofun-jidai*).

In dieser Zeit änderte sich auch die Bedeutung der Magie als eines Mediums der Weltverständigung: Zwar durchdrang bis zum Beginn des organisierten Ackerbaus ein magisches Weltverständnis alle Lebensbereiche, aber gerade die durch die neuen Methoden der Agrikultur gesteigerte Abhängigkeit vom Wohlwollen der Natur und von der Verläßlichkeit ihres zyklischen Verlaufs machte die Magie zu einem Integrationsfaktor der unter den neuen Bedingungen geschaffenen und unverzichtbar gewordenen Dorfgemeinschaften. Hier liegt der Ursprung der das bäuerliche Leben skandierenden und ordnenden Feste, in denen der Magier (*fushuku*) – ohne es zu wollen, vielleicht auch ohne es zu wissen – plötzlich auch eine vermittelnde, den sozialen Frieden sichernde Funktion übernehmen mußte. Die eigentliche Zeit des magischen Denkens war damit schon vorbei; die Zeit, von der die Heutigen gerne annehmen, daß gewissermaßen alles von einem magischen Fluidum (einem *mana* oder dergleichen) völlig durchdrungen war, nach der »Seite ihrer höchsten Bestimmung« (Hegel) vergangen, als die Magie im prägnanten Sinn des Wortes eine Funktion übernahm, eine Funktion die letztlich außerhalb ihrer eigentlichen und ursprünglichen Aufgabe lag, den Kosmos auf eine dem Menschen irgendwie verständliche Weise zu interpretieren. Mit der Funktionalisierung der Magie beginnt letztendlich die Entzauberung von Welt, als Entfremdung. Etwas wird zu Zwecken eingesetzt, die seinem ursprünglichen Wesen fremd sind. Immerhin stammen aus der Yayoi-Zeit noch sogenannte *dôtoku*, glockenförmige Gebilde aus Bronze, über deren Verwendung man nichts weiß; sie scheinen weder zu Musikinstrumenten noch zu Handwerkzeugen irgendwelcher Art geeignet und sollen als Kultgegenstände oder Herrschaftssymbole gedient haben. Auf welche Weise bleibt indessen ungeklärt.

Das *Gishiwajiden*, die amtliche Geschichte des Königreichs Wei in Nordchina (221–265), geschrieben 297 nach der Zeitenwende von Ch'en Shou (233–297) und um 445 kompiliert, berichtet von der ersten, noch halbmythischen Herrscherin Yamatos, Himiko oder Pimiko, der in der wissenschaftlichen Retrospektive Ethnologen, Religionswissenschaftler und auch Historiker den Titel »Schamanin« geben und deren Verhalten sie im Kontext der nordasiatischen Frühreligionen zu deuten und zu verstehen versuchen. In ihr zeigt sich auf eine aparte, fast makabre Weise, wie Herrschaft und Magie eine Alliance – oder Mesalliance – auch zum Schaden ihrer Trägerin eingehen. Ein japanischer Psychopathologe und Historiker der Psychopathologie, Nishimaru Shihô, sieht in dem geschlossenen und bewachten Raum, in dem Himiko, nach Auskunft des *Gishiwajiden*, lebte oder genauer: verwahrt wurde, einen Prototyp der heutigen psychiatrischen Kliniken. Im *Gishiwajiden* heißt es: Himiko »beschäftigte sich mit dem Weg der Dämonen und vermochte die Menge zu betören. An Jahren war sie erwachsen, doch nahm sie keinen zum Mann. Sie besaß einen jüngeren Bruder, der ihr beim Regieren des Landes beistand. Seit man sie zur Königin gemacht hatte, gab es nur wenige, die sie zu Gesicht bekamen. Tausend Mägde warteten ihr auf, aber es gab nur einen einzigen Mann, der brachte ihr Essen und Trinken und übermittelte die Worte nach draußen und drinnen. Sie bewohnte einen Palast mit Türmen; Wall und Palisaden waren auf das genaueste errichtet, und unentwegt hielten Bewaffnete Wacht.«[82] Die Nachfolger Himikos haben sich die Machtfülle wirklicher Könige mühsam und kriegerisch erringen müssen, bis im frühen 7. Jahrhundert der erste Himmelssohn (*tennô*) auf dem japanischen Thron saß.

Der Tennô blieb seit jener Zeit, trotz vieler geschichtlicher Konvulsionen, ein merkwürdes Mischkonstrukt aus

Staatssouverän, sakralem Oberhaupt, lebender Gottheit (*ikigami*) und Garanten lebensstiftenden und lebenserhaltenden Gedeihens. In der Zeit vom 4. bis zum 6. Jahrhundert konsolidierte sich – gespiegelt in den ein Höchstmaß an kollektiver Arbeit erfordernden Hügelgräbern mit reichen Grabbeigaben (Bronzesiegel, Bronzeschwerter, Jadeschmuck, *haniwa*-Tonfiguren) – die Machtfülle des großen Herrn von Yamato, der sich die anderen ehemaligen Könige der zahlreichen *kuni* unterworfen und selbst eine Art absoluten Monarchentums errichtet hatte; gestützt auf eine dreischichtige Sozialordnung: Grundbesitzer, Bauern, Sklaven.

Vom 5. Jahrhundert an war Japan ständig dem Einfluß chinesischer und koreanischer Kultur ausgesetzt, die zahlreiche Immigranten aus diesen Ländern mitbrachten. Dieser Import materieller und nicht-materieller Kultur vom Festland war spätestens seit dem 6. Jahrhundert ein entscheidender Faktor der Konsolidierung der zeitgenössischen Herrschaftsformen. Im 6. Jahrhundert werden die Schriften des Konfuzius nach Japan überliefert; vorher waren schon Schrift, Wahrsagekunst und Astronomie aufgenommen worden. Und schließlich, eine neue geistige Epoche einläutend: der Einbruch des Buddhismus, der Ansätze universalistischen Denkens, auch wenn dies hier nur sehr modifiziert, wenn nicht gar verfremdet Wurzeln fassen konnte, nach Japan brachte.

Der Buddhismus kam für Kronprinz Shôtoku (574–622), den Neffen der Kaiserin Suiko, im richtigen historischen Augenblick: mit seiner Hilfe konnte er versuchen, einen zentralistischen, ›universalistischen‹ Staat zu errichten und zu sichern und den letzten Resten frühjapanischer Vielstaaterei ein Ende zu machen. Der Buddhismus hatte in den 50er Jahren des 6. Jahrhunderts die japanische Bühne betreten: in Form von Geschenken des koreanischen Kaisers, darunter eine bronzene Buddha-Statue und eine Anzahl von Sutrenschriften. Es ist gewiß kein Zufall, daß der japanische Hof gerade diesen Geschenken große Aufmerksamkeit widmete, gleichsam aus der instinktiven Vermutung heraus, daß einem hier etwas entgegenkam, was man gerade gut gebrauchen konnte. Einen bezeichnenden Ausdruck findet dies in der Überlieferung, daß Kaiser Kinmei, der von 539–571 regierte, von einer geradezu jubilatorischen Freude über diese Geschenke gepackt wurde. Es brach zwar ein durchaus entschieden geführter Kampf zwischen den Befürwortern der Einführung der nun bekanntgewordenen Religion und den Befürwortern einer Reinhaltung und Verteidigung der eigenen, nativen Religion aus; rückblickend kann man jedoch sagen, daß gegen den allgemeinen, ›katholischen‹ Charakter des Buddhismus kein ernsthafter Gegner aus dem autochthonen Repertoire ins Feld zu führen war. Immerhin haben sich die *kami*, die heimischen Götter, und die, die sich mit ihrer Hilfe zu legitimieren versuchten, vergleichsweise tapfer gehalten. Die interfamiliären Hegemonie-Kämpfe der sogenannten Asuka-Epoche waren erbittert und von romanhafter Dramatik. Erst in der Regierungszeit Suikos (592–628) galt die Vorherrschaft des Buddhismus als unbestritten. Im Jahre 594 wurde der Buddhismus zur Staatsreligion erklärt. Shôtoku unterwarf die letzten lokalen Kriegsherren, die sich einer Zentralisierung noch widersetzten oder selbst Anspruch auf größere Machtbefugnis anmeldeten, und mit der nach Shôtokus Tod im Jahre 646 proklamierten Taika-Reform wurde der neu entstandene Staat sozusagen legislativ festgeschrieben – mit durchaus brutalen Eingriffen in die Macht- und Besitzstände der lokalen Herren, bis zu radikalen Konfiszierungen privaten Eigentums durch die öffentliche Hand des Staates.

Die Shôtoku taishi zugeschriebene sogenannte *17-Artikel-Verfassung*, *Kenpô-jûshichi-jô* – überliefert im *Suiko-ki* des *Nihon shoki* –, wird als eine gewaltige historische, politische und geistesgeschichtliche Zäsur betrachtet. Sie sei Japans erste Gesetzesschrift, stark zwar vom Geist des Buddhismus geprägt, zugleich aber ein originelles und schöpferisches Beispiel authentischen japanischen Denkens, die »Magna Charta der Nation«, wie Nakamura Hajime sagt. Gesetzesschrift kann sie freilich nur in einem sehr weiten Sinne genannt werden, insofern sie nur eine Art sozial-ethischen Rahmen setzt, innerhalb dessen sich künftig ein geordnetes gesellschaftliches Leben abspielen soll. Vielleicht ist die Behauptung nicht zu gewagt, daß die *17-Artikel-Verfassung* gerade ihrer unnachahmlichen Vagheit ihre Wirkung verdankt. Die Taika-Regulierungen, die 40 Jahre später formuliert wurden, nachdem Nakatomi no Kamatari (614–669), der Gründer der Fujiwara-Familie, die Macht an sich gerissen hatte, hatten hingegen einen realpolitischen Charakter; sie verpflanzten politische Institutionen und Taktiken – wie auch das Steuersystem – der Chinesen (d.h. der T'ang und der Nördlichen Wei) nach Japan.

Das entscheidende Moment der *17-Artikel-Verfassung* ist vielleicht, daß hier zum erstenmal in der japanischen Geschichte die Rolle des einzelnen, wenn auch nicht im Sinne eines ›Individuums‹, zwar anerkannt, aber zugleich auch wieder fest in das allgemeine, öffentliche und staatliche Gefüge eingebunden wird. Mit anderen Worten: die Verfassung schreibt dem einzelnen geistige und moralische Verhaltensweisen in bezug auf dessen Teilnahme an Belangen des Staats vor. Hiermit ist eine Grundformel gegeben, die als Folie der Beschäftigung mit der Geschichte des Denkens und der Geschichte der Mentalität in Japan genutzt werden kann: Es scheint sinnvoll, die jeweils akuten und mächtigen Gedanken und Ideen zu bestimmten Zeiten unter dem Aspekt zu betrachten und zu analysieren, was sie über die Beziehung des einzelnen zum Allgemeinen, des Individuums zum Staat aussagen; welche Punkte des möglichen Kontinuums von Vorstellungen, von einer Überbetonung des einzelnen bis hin zu seinem völligen Verschwinden im Allgemeinen, jeweils bedeutsam werden. Zu Shôtokus Zeit gab es bereits eine etablierte und starke Bürokratie; daraus erklärt sich die unmittelbar didaktische Funktion der *17-Artikel-Verfassung*: den Beamten der kaiserlichen Regierung Maßregeln für ihre Geschäftsführung zu geben. Daher die diffuse und fast noch mythische Bedeutung der Harmonie (*wa*): die Harmonie erscheint in dieser Verfassung gleichsam als Joker. Auf die Frage, was Harmonie denn sei, erhält man jedoch keine Antwort. Harmonie wird nur beschworen, aber das rhetorisch sehr effektiv: »Über allem hat die Harmonie zu stehen; die erste Pflicht ist, Disharmonie zu vermeiden.« (Artikel I) Statt einer Definition bietet Shôtoku nur Anmerkungen zur Verfahrensweise und zur Grundlegung von Harmonie: Vermeidung von Zorn in jeglicher Kommunikation; das permanente Bewußtsein von der Relativität menschlichen Erkennens und Verhaltens – also Ansätze einer Art rationalen Diskurses. Die Grenzen jedoch sind durch die hierarchischen Machtverhältnisse gesetzt, die jeweils in den fünf konfuzianischen Grundbeziehungen fixiert sind: Herr – Untertan, Mann – Frau, Eltern – Kinder, älteres Geschwister – jüngeres Geschwister, Freund – Freund. Gehorsam soll innerhalb dieser Beziehungen durch Harmonie ersetzt werden. Es ist sehr schwer zu entscheiden, ob hier ursprünglich nur reale, brutale Machtkonstellationen kaschiert werden sollen oder ob es sich tatsächlich um eine frühe Utopie eines machtfreien Diskurses, wenn auch nicht zwischen Gleichen, handelt. Was Shôtokus eigentliches, ihm selbst bewußtes Motiv war, wenn er überhaupt der Autor der *Verfassung* ist, bleibt zwangsläufig verschlossen. Es scheint fraglich, ob eine Differentialanalyse des Textes der *Verfassung* selbst viel weiter bringen würde, weil das, worum es eigentlich geht, bewußt ausgelassen ist. Insofern gehört er in die lange Reihe von mißlungenen – und immer wieder mißlingenden – Versuchen, das Allgemeine zu erfassen. Dennoch war bis zum Beginn des 8. Jahrhunderts die politische Um- und Neugestaltung Japans zum Abschluß gelangt. »Die japanischen Gesetzgeber haben sich weitgehend an das im China der Sui- und T'ang-Zeit geltende Recht gehalten, besonders was die Verwaltung anbetrifft. Dem Großkanzleramt unterstanden acht Ministerien, das Reich war schließlich in 66 Provinzen mit 592 Distrikten eingeteilt. Fast alle Bereiche des öffentlichen Lebens waren geregelt: Steuern, Erbschaften, Landwirtschaft, Heerwesen, Bestattung, Trauer, Marktordnung etc.«[83]

3 Der Shintôismus

Der Shintôismus ist eigentlich ohne dogmatische Grundsätze, die sich diskursiv auslegen und kommentieren ließen. Seine Wirkung bezieht er aus der engen Bindung an den Schrein (*jinja*) und die Praxis der Rituale. Der Sinn ist hier auf eine Schicht von Topoi gerichtet, die keine Argumente hervorbringen, sondern Gemeinsamkeiten jenseits der Sprache beschwören, wie sie z.B. aus dem Reisanbau und den bäuerlichen Festen hervorgehen. In der philosophischen Kultur Japans kommt dem Shintôismus die Rolle zu, Ausdrücke für das Vorsprachliche, das Unvordenkliche bereitzustellen; zugleich aber auch für das, was noch vor der Begegnung mit der Kultur Chinas liegt, für das ›Japanische‹ selbst.

Der Shintôismus – der Weg der Götter (*kami*) – war ursprünglich eine Art animistischer Religion. Zentral waren Verehrung und Anbetung der Berge, des Wassers und der Sonne. Der frühe Shintô wird auch als pandämonistisch charakterisiert. Ein Seelenstoff bewohnte die Naturerscheinungen. Die alten Japaner nannten ihn *chi*; so hieß die Seele des Wassers zum Beispiel *mizu-chi*. Der Kern des Shintô-Rituals, das, worauf sich alle Shintô-Rituale – ausschließlich – beziehen, ist die Reinheit. Der Kern des Shintô-Glaubens ist die Fruchtbarkeit, im Sinne der Hervorbringungskraft der Natur.

In Shintô vermischten sich im Laufe der Zeit ein seinem Wesen nach ungeschichtlicher Natur- und Seelenkult und eine in gewisser Weise Geschichte generierende Ahnen- und Heldenverehrung; bis sich die Vorstellung herausgebildet hatte, daß am Anfang der Kette von Ahnen Urpaare standen. Daß schließlich den Göttern die Position von Urahnen der Japaner zugewiesen wurde, ist ein politisches Konstrukt; der *kami*-Kult hatte sich bis zum

4. Jahrhundert konsolidiert und entwickelte sich dann – auch unter dem Einfluß des chinesischen Taoismus – weiter. Ende des 7. Jahrhunderts wurde eine Wahrsage- und Orakelbehörde am Kaiserhof etabliert, deren Bedienstete, Yin-Yang-Meister, auch bei Shintô-Feiern mitwirkten.[84] Die chinesische Wahrsagekunst und Geomantik kollidierte durchaus nicht mit den autochthon japanischen Traditionen.

Der Shintôismus der frühen historischen Epoche war polytheistisch, seine Götter wurden sehr menschenähnlich gedacht, der Umgang mit ihnen war äußerst theatralisch: Die Beziehung zu den Göttern wurde ausagiert im Tanz-Spiel und im Gesang, im Kult- und Ritualtheater: *kagura*. Im frühen Shintôismus spiegelte sich die agrarische Struktur des alten Japan und zugleich ein proto-ideologisches Bewußtsein von der Sonderstellung Japans und der Japaner im Kosmos: die wichtigste und herrlichste Göttin im Hohen Himmelsgefilde ist die Sonnengöttin, Amaterasu-ô-mikami, und die japanischen Kaiser sind ihre direkten Nachfahren. Die Machtinteressen des herrschenden Yamato-Klans verstärkten, flankiert von taoistischen Ahnenkultvorstellungen und buddhistischem Kontinuitätsdenken, die Vertikalisierung des ursprünglich horizontalen Shintôismus mit seiner von Berg-, Baum- und Flußgottheiten geradezu wimmelnden Welt. Schon auf dieser frühen Stufe zeigt sich eine japanspezifische Tendenz zum Synkretismus; sie liegt im Mischungsverhältnis, das einem verborgenen Kalkül unterliegt. So war die eng mit konfuzianischen Moralvorstellungen verknüpfte Verpflichtung zum Sturz eines Kaisers, der sein »himmlisches Mandat« (*tenmei*) verfehlt, in Japan schlichtweg undenkbar. Der Tennô als Nachfahre der Sonnengöttin ist *per definitionem* unantastbar, unabhängig davon, was er tut, unabhängig auch davon, was er etwa selbst davon denkt. Er ist aller Moralkategorien überhoben und deswegen unangreifbar.

Vom Shintôismus wird auch das traditionelle Familiensystem getragen. Das *ie* war im vormodernen Japan – rudimentär noch heute – die Familieneinheit des japanischen Dorfes überhaupt; *ie* konnotiert jedoch mehr als Familie im herkömmlichen (westlichen) Sinne: darüber hinaus meint *ie* eine korporierte Gruppe, die durch eine Vielzahl von Funktionen gekennzeichnet ist, die das häusliche, ökonomische, politische und religiöse Leben seiner Mitglieder betreffen. Dem Komplex *ie* werden dabei nicht nur die lebenden Mitglieder zugerechnet, sondern auch die Toten, die auf ihre Weise noch eine wesentliche Rolle in dem und für den Familienverband spielen. Ein *ie* ist, nach einer Definition Shimizu Akitoshis, dessen idealtypischer Darstellung wir hier folgen, ein »multidimensionales soziokulturelles Phänomen«, dessen Struktur sich folgendermaßen umreißen läßt: Seiner einfachsten, funktionalen Definition nach ist das *ie* die Einheit, nach der die Bevölkerung eines Dorfes klassifiziert wird. Jedes *ie* hat einen eigenen Besitzstand (Häuser, Felder, Gärten und Parzellen auf dem öffentlichen Friedhof). Die einzelnen können nur als Mitglieder eines *ie* am Besitz und am Management dieser Fundamentalien teilhaben. Ein Dorf besteht aus einem Arrangement von verschiedenen *ie*, und die einzelnen nehmen an der Dorfverwaltung und Dorfpolitik immer nur als Vertreter eines *ie* teil. Es ist unmöglich, sagt Shimizu, sich auch nur ein Individuum vorzustellen, das nicht einem *ie* angehört, weil es im gesellschaftlichen Leben mit unüberwindlichen Problemen konfrontiert würde. Alle sozialen Attribute eines Individuums gewinnen – quasi unilateral – ihre Bedeutung aus der Referenz auf ein *ie*. Das *ie* ist die Folie, der Hintergrund, vor dem der/die einzelne erst Kontur, ja Wirklichkeit gewinnt. Diese Tatsache wird so extrem erfahren, daß sich im Bewußtsein der einzelnen das *ie* gewissermaßen reifiziert: Es erscheint als eine selbständige Einheit. Dies bezeichnet den Moment, in dem das *ie* symbolisch wird, eine symbolische Valenz gewinnt. Als symbolische Einheit ist es etwas mit einem eigenen Ursprung und einer eigenen Geschichte; es wird als etwas Dauerhaftes betrachtet, und die Aufrechterhaltung seiner Dauer ist die höchste Pflicht seiner lebenden Mitglieder. Selbst wenn ein *ie* einmal, im Falle des Ablebens aller seiner Mitglieder, als reale, korporierte Gruppe zu existieren aufhört, bleibt es nominell existent, wenn ein *ie*, das zu dem erloschenen in enger Beziehung stand, weiterhin die religiösen Kulte für dessen Tote ausführt. Ein erloschenes *ie* kann sogar wieder zum Leben erweckt werden, wenn ein zu ihm in Beziehung stehendes *ie* es wieder mit lebenden Mitgliedern bestückt. Shimizu spricht von einem diachronischen Wesenszug des symbolischen *ie*, sogar von einer transzendentalen Natur, die diese merkwürdigen Phänomene ermöglicht und dirigiert.

Es gibt drei *ie*-Ränge (oberer, mittlerer, unterer); der jeweilige Rang wird das Gesicht (*kao*) eines *ie* genannt. Das Gesicht entscheidet über Prestige und Ansehen. Der Rang bestimmt die Standards, nach denen das einzelne *ie* seine sozialen Aktivitäten einzurichten und zu regulieren hat. Die Toten eines *ie* werden in zwei Klassen eingeteilt, *sedai* und *ko*; die *sedai* sind die, denen die buddhistischen Totenriten zuteil werden, die je nach Landstrich mehr oder weniger strikt und kompliziert sind. Zu den *sedai* gehören Ehepaare ihrem Status von Hausvorständen gemäß, den sie während ihres Lebens einnahmen. Die zeitliche Entfernung zwischen zwei aufeinanderfolgenden Paaren (qua Hausvorständen) wird als eine Maßeinheit zeitlicher Dauer verstanden, die *dai*, Generation, genannt wird. Die Geschichte eines *ie* beginnt mit dem ersten Paar, das schlicht die Ahnen (*senso*) heißt; die folgenden Paare der Linie werden dann einfach durchnumeriert, so daß die Linie der toten *dai*, *sedai* genannt, einerseits die Geschichte des *ie* repräsentiert und andererseits gleichsam die Achse ist, auf die sich die lebenden Mitglieder beziehen (und somit in ihrer Bedeutung innerhalb ihrer Kommunität evaluieren). Zu wirklichen Toten im Sinne der *sedai*, die im *ie*-Verband das identitätsstiftende Zentrum darstellen, können nur die *dai*-Paare werden; alle anderen Mitglieder eines *ie* werden als *ko* qualifiziert, als die Jugend, deren Schicksal es ist, dem Vergessen anheimzufallen, wenn ihre nahen Verwandten, die rituell-kultisch für ihr Nachleben sorgen, selbst sterben.

Der eigentliche Kern des realen, verkörperten *ie* ist sein Statussystem, in dem jedes lebende Mitglied verortet wird. Das Statussystem, das die Lebenden positioniert, ist dem Statussystem, das den Toten ihren Ort zuweist, homolog strukturiert: Die Status sind immer paarig und chronologisch geordnet. Der wichtigste paarige Status ist der eines erwachsenen Mannes und einer erwachsenen Frau, die das organische und organisierende Zentrum des *ie*-Gemeinschaftlebens ausmachen, und sie sind es auch, die das *ie* nach außen repräsentieren. Die Status anderer Paare bestimmen sich nach deren zeitlicher Beziehung zu dem jetzigen Hausvorstand: ob sie auf dem Altenteil sind oder in Wartestellung, um den Hausvorstand zu übernehmen. Das Statussystem eines *ie* stellt sich als ein Mechanismus dar, der ein räumliches Arrangement in Dauer konvertiert. Um diesen Mechanismus zu sichern, besteht die Hauptaufgabe der Hausvorstände darin, ein verheiratetes Paar bereitzustellen, das den Hausvorstand übernehmen wird: Zunächst wird eine Person im eigenen *ie* ausgewählt, dann wird dieser Person eine andere Person aus einem anderen *ie* zur Heirat zugeführt. Dabei gibt die Person, die heiratet, den kritischen Ausschlag: Sie ist der Träger/die Trägerin der *ie*-Substanz, sie perpetuiert das *ie*. Wenn es irgend möglich ist, versuchen die Hausvorstände, den Perpetuierer des *ie* selbst zu erzeugen; gelingt das nicht, ist das *ie* jedoch noch nicht verloren; andere Kinder können – ersatzweise – einspringen; wenn diese aber als Ersatz nicht gebraucht werden, müssen sie ihr angestammtes *ie* verlassen und einem anderen *ie* mittels Heirat oder Adoption beitreten, oder sie müssen ein eigenes *ie* gründen. Bei allen diesen Prozessen müssen komplizierte Regeln eingehalten werden.

Der Shintôismus hat keine philosophischen Formen hervorgebracht und enthält dennoch Potentiale, auf die das philosophische Denken in Japan immer wieder zurückgekommen ist. Bedeutsam ist seine Stellung in der Kultur Japans allein schon deswegen, weil er die einzig für autochthon erachtete Weltansicht bietet und so für das ›Japanische‹ im Unterschied zur chinesischen und später zur europäischen Kultur steht. Seine philosophische Affinität liegt in der Einstellung zu einer pragmatischen Diesseitigkeit. Nakamura hat den Shintôismus ausdrücklich in das Realismusprinzip einbezogen, an dem er Philosophie in Japan vorrangig orientiert sieht: »the phenomenal is actually the real.«[85] Die Nähe dieser Sentenz zur scholastischen Position eines (gemäßigten) Realismus ist nur vordergründig, weil es – jedenfalls im Shintôismus – nicht um die universelle Geltung von Begriffen oder Gottes geht. Ziel der Rituale ist die Einbettung des Menschen in eine Welt, in der das Göttliche ganz in den Einzeldingen präsent ist. Das ist der außerordentlich pragmatische Kern des Shintôismus. Kreiner hat auf diese »enorm dynamische Lebenshaltung und Erfolgsethik« hingewiesen; tatsächlich ist sie weit entfernt von den kontemplativen Haltungen, die wir im allgemeinen für östlich halten. »Da der Mensch an der kami-Natur teilhat, ist er grundsätzlich gut und benötigt auch keinen Moralkodex, um zu wissen, wie er sich gut = sittlich zu verhalten habe. Weil sich die Dinge dieser Welt stets im Fluß befinden – sie ›leben‹ ja –, gibt es keine absolut gültige Ethik. Nur das Erleben und Ausleben einer konkreten Situation in Übereinstimmung mit der Natur der Dinge (*makoto*) wird den Erfolg bringen, an dem das Handeln gemessen wird.«[86]

Weil der Shintôismus nicht über ein diskursiv bestimmtes Dogma verfügt, ist die Botschaft, für die er steht, auf ganz verschiedene Weise sagbar. Das eröffnet auch die Möglichkeit zu einem starken Synkretismus. Formen des Nebeneinander von Buddhismus und Shintôismus etablieren sich seit dem 9. Jahrhundert und finden Ausdruck in der Lehre von »Urstand und herabgelassener Spur« (*honji-suijaku*): die Buddha-Gestalten bilden den Urstand (*honji*), die Shintô-Gottheiten werden als herabgelassene Spur (*suijaku*) verstanden und als Teil der Buddha-Wirklichkeit ausgelegt. Allerdings verschwindet in diesen Mischlehren das Bewußtsein darüber nicht, daß Shintôismus für das Japanische steht und Buddhismus (später der Konfuzianismus) für das Fremde. Diese Zuordnung der Weltansichten zum Eigenen und zum Fremden bot stets die Möglichkeit, den Synkretismus zurückzunehmen. So richtete sich seit dem 15. Jahrhundert das Interesse wieder stärker auf ›reine‹ japanische Formen, die ohne chinesischen Einfluß sein sollten. Mit der Reetablierung des Kaisertums in der Moderne wird der Shintôismus zur Staatsreligion, die den Nationalismus des 20. Jahrhunderts bis zum Ende des Zweiten Weltkriegs mitträgt.

Als Lehre ist der Shintôismus in Japan nicht bedeutsam geworden; seine Wirkung für die philosophische Kultur liegt aber darin, daß er den Stoff für eine Reihe von konstanten Themen abgab, die vor allem der Neokonfuzianismus seit dem 17. Jahrhundert bearbeitet hat: Eigenes und Fremdes; Diskurs und Ritual; Herrschaft und Legitimation; Mythos und Aufklärung. Jenseits dieser Themen, die philosophisch auslegbar sind, ist es aber die pragmatische Weltansicht, die auf alle Bereiche der Kultur Japans gewirkt hat. »Alles Glück dieser Erde wird im Diesseits gesucht durch Erfüllung des Einzellebens in der Gesellschaft, wobei Arbeit wie Vergnügen, Körper und Geist, Mensch und Natur niemals als Antipoden gesehen, sondern als Kontinuum gefühlt werden.«[87]

4 Der Konfuzianismus

4.1 Die Lehre

Der Konfuzianismus geht aus der Erfahrung hervor, daß in der Krise der altorientalischen Gesellschaft die alte Ordnung zerbrochen war. Vorrangig behandelt Konfuzius die Frage, wie der Gemeinsinn wiederherzustellen ist und wie Gemeinsinn überhaupt herzustellen ist. Antworten darauf gibt z.B. das Verfahren zur »Richtigstellung der Namen«, das politisch gemeint ist und am Ende auf die »Richtigstellung der Verhältnisse« hinausläuft.[88] Die Bildung eines gemeinschaftlichen Sinns ist nicht auf ein Wissen nach allgemeinen Prinzipien ausgerichtet, sondern hält sich an die konkrete Allgemeinheit des gesellschaftlichen Lebens; und sie ist auf die Bilder einer Sprache angewiesen, die überzeugen kann. Deswegen ist die Lehre des Konfuzius wesentlich topisch: Sie muß die Grundsätze auffinden, die noch vor dem Urteil über die Wahrheit liegen. So hatte Vico das Verfahren einer topischen Philosophie bestimmt.[89] In Japan ist der Konfuzianismus seit dem 6. Jahrhundert n.Chr. in seiner politischen Dimension aufgenommen worden und hat als Impuls für die Ausbildung eines Zentralstaats nach chinesischem Vorbild gewirkt. Aber auch jenseits staatlicher Organisation haben die konfuzianisch ausgelegten Topoi des Gemeinsinns erheblichen Einfluß gewonnen. Der Konfuzianismus stellte für die philosophische Kultur Japans ein Register von Ausdrücken bereit, das die Rolle von Gesellschaft, Tradition und Gemeinsinn erschließt.

Die Lehre des Konfuzianismus (*jugaku*) gründet sich auf die Schriften des Konfuzius, K'ung Ch'iu, auch Chungni genannt, der von 552 bis 478 v.Chr. gelebt haben soll, in einer Zeit des Zerfalls, des Umbruchs und des Neubeginns.

Seine Lehre trägt die Züge des Interims und des Übergangs, zudem betont sie »die Rolle und die objektive Interessenlage der niederen Aristokratie [der Konfuzius selber angehörte] in jenem großen gesellschaftlichen Umbruch. [...] In der objektiven Widersprüchlichkeit der sozialen Stellung der niederen Aristokratie im damaligen China liegt die Ursache für die innere Widersprüchlichkeit der Lehre des Konfuzius, vor allem für ihre beiden grundlegenden Widersprüche, den Widerspruch zwischen Konservatismus und Innovation sowie den Widerspruch zwischen Hierarchie und Gleichheit.«[90] Diese Widersprüche spiegeln sich in ihren Qualitäten und Schwächen. Die Lehre des Konfuzius ist flexibel und ideologisierbar, sie ist reaktionär und fordert doch das Neue, wenn es auch nur dem für gut erachteten Alten zur Wiedergeburt verhelfen soll; sie stellt die alten Hierarchien, die alte gesellschaftliche Rang- und Ständeordnung nicht in Frage, über die soziale Bewertung und Einstufung der Menschen soll jedoch nicht mehr der Zufall der Geburt, sondern der durch Selbstdisziplinierung und -kultivierung erreichte Grad moralischer Vollkommenheit entscheiden. Das Gesellschaftsbild des Konfuzius ist starr-hierarchisch: »der Herrscher muß Herrscher sein, der Untertan muß Untertan bleiben. Der Vater sei Vater, der Sohn Sohn« (*kimi wa kimi tari, shin wa shin tari, chichi wa chichi tari, ko wa ko tari*);[91] und sieht doch in der reziproken Verpflichtung ein Axiom der Menschlichkeit.[92]

4.2 Lernen, Wissen

In seinem Kern ist der Konfuzianismus eine praxisorientierte Sozialethik, sein Wissens- oder Weisheitsideal ist nicht erkenntnistheoretisch, sondern ethisch konzipiert. Entsprechend zielt Denken im Konfuzianismus auf die Maximierung bestehender Möglichkeiten und die Verwirklichung innerweltlicher Bedeutung. Lernen (*gaku/manabu*) bedeutet in diesem Rahmen eine nichtkonzeptuell vermittelte Weise des Bewußtwerdens der

Optionen, die die Welt sind. Lernen ist eine Lebensweise und als solche ein Selbstzweck, Erwerb und Aneignung des Repertoires überlieferter Bedeutungen. Zugleich wird der Mensch beim Lernen sozialisiert. Indem er – lernend – eintritt in die Welt tradierter Bedeutungen, wird er gesellschafts-, kommunikations- und interaktionsfähig. Lernen ist die Voraussetzung dafür, daß sich ein Mensch zur moralischen Person entwickeln kann.[93] »Lernt, als hättet ihr Angst, nichts zu erfassen, als fürchtetet ihr, Wissen zu verlieren.«[94] Wissen (*chi*) bedeutet zu wissen, wie der einzelne sich richtig verhält; wissen bedeutet, die sittlichen Imperative der Gesellschaft verinnerlicht zu haben und zu befolgen, d.h. zu verwirklichen. Wissen scheint auch an Sprache und Kommunikation gebunden zu sein: Das Schriftzeichen für *chi* ist zusammengesetzt aus den beiden Bestandteilen »Mund« und »Pfeil«. Einige Hinweise in späteren konfuzianischen Schriften legen nahe, daß *chi* darüber hinaus eine mantische Dimension hat. *Chi* bedeutet: Zeichen sehen und wissen, was geschehen wird; *chi* wird hier dargestellt als Fähigkeit zur Vorhersage aufgrund eines kohärenten Sets von Vorzeichen.[95]

Obgleich sich bei Konfuzius auch Spuren egalitären Denkens finden, zumindest im Sinne einer Chancengleichheit unter Privilegierten, sind die am vollkommensten, die von Geburt an im Besitz des Wissens sind: »Die Idee vom angeborenen Wissen (von angeborener Moral) ist wie eine Nabelschnur, die Konfuzius mit der vorangehenden Religion verbindet. Ein Mensch, der über angeborenes ›Wissen‹ verfügt, heißt im Konfuzianismus [*seijin*], was allgemein mit ›Heiliger‹ übersetzt wird. Besser ist es, [*seijin*] als einen Menschen von höchster moralischer Perfektion zu verstehen, als wirklich moralisch vollkommenen Menschen, der im Sinne der konfuzianischen Identifizierung von Moral und ›Wissen‹ ein ›Weiser‹ ist. Fakt ist, daß der [*seijin*] eine überirdische, himmlische Qualität hat. Insofern verdeutlichen [*seijin*] und ›angeborenes Wissen‹ die religiöse Komponente in der Lehre des Konfuzius.«[96]

4.3 Kosmische Ordnung und Verhaltensnorm

Im Konfuzianismus vereinigen sich verschiedenartige Ideenstränge, Weltsichten, Lebenshaltungen und Kulttraditionen. Die Schlüsselwörter der Lehre des Konfuzius »sind stark aufeinander bezogen, und nur in dieser Beziehung sind sie zu verstehen. Man muß das System aufeinander bezogener Kategorien vom richtigen Punkt aus erschließen und zugleich im weiteren Prozeß der Aneignung des gesamten Begriffsgefüges das Verständnis jeder Kategorie immer wieder überprüfen.[...] Dabei ist zu beachten, daß Konfuzius kein eigentlich definitorisches Verhältnis zu den Zentralbegriffen seiner Lehre hat.«[97] Jeder seiner Begriffe markiert ein Begriffsfeld, das – zumal auf der Suche nach einer angemessenen Übersetzung – immer wieder nach der jeweils gemeinten Nuance abgeschritten werden muß. Konfuzius sah die Welt, in der er sich vorfand, als ›verkehrte Welt‹, sie hatte sich aus der umfassenden Ordnung des Kosmos, des Tao, gleichsam ausgeklinkt, sichtbar in der allgemeinen Ignoranz der richtigen Verhaltensformen und -normen: *rei* (oder *rai*) der »Riten«.

Konfuzius sagte vom Haupt der Familie Chi: »Er hält sich acht Gruppen für rituelle Tänze und Musik. Wenn er das fertigbringt, was ist ihm dann nicht zuzutrauen?«[98] Die Chi-Familie war zwar eine der drei machtvollen Familien im Staat Lu. Aber nur dem König durfte sich, den Riten gemäß, acht Gruppen für Tänze und Musik halten, der Sippe Chi hingegen standen nur vier solche Gruppen zu. – Es war eine Welt »ohne Tao«, wenn unter Tao »an all-encompassing state of affairs«[99] verstanden wird, der die äußere soziopolitische Dimension genauso umfaßt wie die innere moralische Organisation des einzelnen. Die Welt war aus den Fugen, und Konfuzius entwarf einen Plan, sie wieder zu richten. Am Vorbild der mythisch überhöhten Könige der Chou (seit 1027 v. Chr.) verdeutlicht der Konfuzianismus ein an Leistung und ethischer Vollkommenheit orientiertes Herrscherbild vom »wahren König« (*ô*), das Max Weber als »Cäsaropapismus« charakterisierte. »Konfuzius sprach: Die Chou-Dynastie folgt den beiden vorangegangenen Dynastien der Hsia und Shang. Wie vornehm und kultiviert! Ich folge Chou.«[100] Signaturen des guten Königs sind Gerechtigkeit, Sittlichkeit und väterliche Milde, die das Volk durch freiwillige Unterwerfung beantwortet. Gemäß der konfuzianischen Herrschaftstheorie entscheidet über den moralischen Wert eines Königs, Erfüllung oder Nichterfüllung seines Auftrags, das »Mandat des Himmels« (*tenmei*). »Konfuzius sprach: Wer nach sittlichen Grundsätzen regiert, gleicht dem Polarstern; er behält seinen Platz, und die anderen Sterne umkreisen ihn.«[101] Erfüllt der König das himmlische Mandat nicht, sei es aus Nachlässigkeit, sei es bewußt und mit böser Absicht, wird es ihm entzogen (*kaku*). Dieser Begriff der Auftragsentziehung (*kakumei*) dient heute in China und Japan als Bezeichnung für Revolution.

Die im europäischen Hochmittelalter heftig diskutierte *imbecillitas regis* zeigt sich nach konfuzianischem Verständnis unmißverständlich im Versagen eines Herrschers vor seinem himmlischen Auftrag. Umgekehrt bewirkt die Ausstrahlung eines guten Herrschers gleichsam naturnotwendig, daß ihm immer auch gute Helfer, gute Minister (*shin*), zur Seite stehen. Sie sind die Intermediäre zwischen Herrscher und Volk, Botengänger der ethischen Norm, Relais der Tugend und der Harmonie, die vom Herrscher ausströmen und für die der Herrscher bürgt.[102] Wo Erziehung nicht ausreicht, das Volk an die Herrschernorm anzupassen, geschieht es durch Strafen. Unter dem Exponenten der Harmonie werden Kosmos und Gesellschaft in Einklang miteinander gebracht. Sachwalter und Garant des Einklangs und der Einheit von Himmel (*ten*), Erde (*chi*) und Mensch (*jin*) ist der Herrscher, in dessen Hände die Sorge für die Aufrechterhaltung der Weltordnung gelegt ist. Zum Zentrum des Kultes wird er, weil nur sein Eingreifen Ordnung zu erhalten und (wieder)herzustellen vermag.[103] In gehöriger Distanz zu ihm finden auch die anderen Menschen ihren vorgeschriebenen und schicksalhaft verpflichtenden gesellschaftlichen Ort, der zugleich ein bestimmter Ort in der natürlichen Ordnung ist: Die Natur wird zu einem Ort des politischen Rollenspiels, der Kosmos wird politisiert. Unter dem Namen Riten – das Schriftzeichen setzt sich zusammen aus den Bestandteilen »Opfervase« und »Adorant« – verleihen Kultformen und Verhaltensnormen der Gesellschaft Halt und Gestalt; die Riten gestalten, formieren und fesseln zugleich.[104]

Die Riten fungieren als soziopolitisches und zugleich religiöses Bindemittel: *rei* bedeutet das ganze Korpus idealer Verhaltensschemata im Netzwerk aller potentiellen – konkret-zwischenmenschlichen, spirituell-religiösen – Beziehungen und Kontexte, in die ein Mensch eintreten kann: Im Rahmen einer durchgängig stratifizierten Gesellschaft, in der der einzelne durch Rolle, Status und Rang definiert ist. »Ursprünglich hatte [*rei*] eine rein sakrale Bedeutung; es meinte das Verhalten bei Opferzeremonien und bei der Ahnenverehrung, die Totenbräuche, die Zeremonien bei Begräbnis und Trauer. Eine Opferhandlung, eine kultische Zeremonie, war aber stets auch ein Staatsakt.«[105] Die Riten umfassen den komplexen Ahnenkult, die Etikette – die allgemeinen Regeln der Höflichkeit in einer strikt hierarchisch geordneten Gesellschaft – und staatliches Protokoll (als Spiegel kosmischer Ordnung). Im Zeremoniell der Riten verschmelzen kultische und ethische Intentionen zu einem eigentümlichen Dritten. Als Formen eignet ihnen überdies eine ästhetische Qualität. Mittels der Riten konturiert sich die Person als Adressat: »given that a necessary and definig condition of ritual action is that it be personalized, there is a closer relationship between rituals and persons than between principles and individuals.«[106] Die Riten verkörpern die Bedeutungen und Werte, welche die Tradition akkumuliert hat und die weitergegeben werden sollen. Riten schaffen Gemeinschaft, regeln ihr Funktionieren, garantieren ihren Bestand und sind zur selben Zeit in einen Entwicklungsprozeß eingebunden. Die Fähigkeit, die Riten zu beherrschen, ersetzt im gesellschaftlichen Kontext das, was die Griechen *phronesis* und die Römer *prudentia* nannten: die Fähigkeit des einzelnen, konkrete Situationen zu erkennen und zu beurteilen. Sie bildete im antiken Europa die Grundlage für die Rhetorik.

Einige Konfuzius zugeschriebene Äußerungen erlauben die Interpretation, daß ein nur äußerliches, nur korrekt choreographiertes Anstandszeremoniell wertlos ist. Möglicherweise sah schon Konfuzius, daß Formen leicht zu Formalitäten verkommen. Dennoch bleibt es schwer abzuschätzen, welche Bedeutung er der inneren Einstellung, einem Wissen um den Geist der Riten zugemessen hat: »Konfuzius sprach: ›Einen Staat regieren und damit die Menschen so behandeln, wie es ihnen zukommt (*rei-jô o motte kuni o osamen*) – was dürfte denn das für Schwierigkeiten machen? Ein Herrscher, der das nicht vermag – was gelten dem Anstand, Höflichkeit und herkömmliche Umgangsformen? (*rei o ihan sen*)«.[107] Wenn *rei* in seinem allgemeinsten Sinne das dem eigenen Ort (im Kosmos und in der Gesellschaft) angemessene Verhalten meint, markiert es damit auch das schicksalhaft Zugemessene, dem die Griechen den Namen *dike* gegeben haben. Wortspielend läßt sich vermuten, daß das Geschick sich in den von dem Ort, an dem der einzelne sich vorfindet, diktierten Formen der Schicklichkeit verdeutlicht. Konkret-lebensweltlich heißt das auch: *rei* »war – seinem objektiven Wesen nach – die moralische, rituelle Verbrämung der Unterdrückung und Ausbeutung; es wurde zum Inbegriff der sozialen Bindung, der Einbindung des Individuums in das gesellschaftliche Ganze«.[108] Die konfuzianischen ethischen Grundforderungen und Grundbeziehungen sind imperativ formuliert und gesellschaftlich fest verortet; vermittelt werden sie, beispielhaft in den *Gesprächen* des Konfuzius selbst, durch konkrete Beispiele und Situationen. Dabei hat das Konkrete »die Bedeutung des allgemeinen Modells: Es ist das Vorbild, das zu analogem Verhalten auffordert, also imperative Funktion hat.«[109] Die habituelle und ideologische Formierung durch die Riten wird auch unmittelbar-körperlich vermittelt und sichtbar. Mit *rei* ist auch »eine bestimmte Art der Mimik, der Kopfhaltung, des Ganges, des Grüßens, der Kleidung und so weiter verbunden – das wieder entsprechend dem jeweiligen gesellschaftlichen Rang des betreffenden Individuums.«[110]

4.4 Namenszauber

Die Herkulesarbeit bei der Rückführung der aus dem Tao ausgescherten Welt in ihr angestammtes Gefüge soll ein Verfahren leisten, das Konfuzius die »Richtigstellung der Namen« nennt. Ungewöhnlich ausführlich heißt es dazu im *Lun-yü*: »Tzu-lu sprach zu Konfuzius: ›Wenn Euch der Herrscher des Staates Wei die Regierung anvertraute – was würdet Ihr zuerst tun?‹ Der Meister antwortete: ›Unbedingt die Namen richtigstellen.‹ (*kanarazu na o tadasan*) Darauf Tzu-lu: ›Damit würdet Ihr beginnen? Das ist doch abwegig. Warum eine Richtigstellung der Namen?‹ Der Meister entgegnete: ›Wie ungebildet du doch bist, Tzu-lu! Der Edle ist vorsichtig und zurückhaltend, wenn es um Dinge geht, die er nicht kennt. Stimmen die Namen und Begriffe nicht, so ist die Sprache konfus (*gen shitagawazu*). Ist die Sprache konfus, so entstehen Unordnung und Mißerfolg (*koto narazu*). Gibt es Unordnung und Mißerfolg, so geraten Anstand und gute Sitten in Verfall (*rei-gaku okorazu*). Sind Anstand und gute Sitten in Frage gestellt, so gibt es keine gerechten Strafen mehr (*kei-batsu atarazu*). Gibt es keine gerechten Strafen mehr, so weiß das Volk nicht, was es tun und was es lassen soll. Darum muß der Edle die Begriffe und Namen korrekt benutzen und auch richtig danach handeln können. Er geht mit seinen Worten niemals leichtfertig um.‹«[111]

Konfuser Gebrauch der Sprache löst eine die Gesellschaft insgesamt bedrohende Kettenreaktion aus, die nur durch eine Korrektur der Sprache aufgehalten und wieder rückgängig gemacht werden kann. »Indem man ausspricht, benennt und bezeichnet, beschreibt und unterscheidet man nicht bloß ideell. Das Wort bewertet und verunreinigt, fordert das Schicksal heraus und läßt Wirklichkeit werden. Als emblematische Wirklichkeit gebietet das Wort über die Erscheinungen.«[112] Hinter Sympathiezauber oder Entsprechungsmagie verbirgt sich hier eine Haltung, die noch zutiefst dem mythischen Denken im Sinne Cassirers verpflichtet ist. »Die mythische Anschauung der Sprache, die der philosophischen überall vorausgeht, ist durchgehend durch diese Indifferenz von Wort und Sache gekennzeichnet. Für sie ist im Namen jedes Dinges sein Wesen beschlossen. An das Wort und seinen Besitz knüpfen sich unmittelbar magische Wirkungen. Wer sich des Namens bemächtigt und ihn zu gebrauchen weiß, der hat damit die Herrschaft über den Gegenstand selbst gewonnen, – der hat sich ihn mit all seinen Kräften zu eigen gemacht. Aller Wort- und Namenzauber beruht auf dieser Voraussetzung, daß die Welt der Dinge und die der Namen eine einzige Wirklichkeit, weil ein einziger in sich ungeschiedener Wirkenszusammenhang ist.«[113] Hier wird die Sprache als eine kosmologische Ordnungsmacht vorgestellt, die über Bestand oder Zerfall des natürlichen und menschlichen Universums entscheidet. Für die gesellschaftliche Realität bedeutet das: »Die ›Richtigstellung der Namen‹ lief am Ende auf eine ›Richtigstellung der Verhältnisse‹ hinaus, der Name wurde zur Vorschrift für die Wirklichkeit. Die ›Richtigstellung der Verhältnisse‹ war dabei Hauptziel von Politik.«[114]

4.5 Der Kitt der Gesellschaft: Mitmenschlichkeit

Für den Konfuzianismus besitzt die Mitmenschlichkeit (*jin*) die höchste moralische Qualität, die alle anderen Einzeltugenden (*toku*) übergreift und begrenzt: Treue/Loyalität (*chû*), Aufrichtigkeit, Vertrauen und Vertrauenswürdigkeit (*shin*), Achtsamkeit, Achtung, Aufmerksamkeit (*kei*), Höflichkeit (*kô*), Geradheit (*choku*). Im Begriff der Ehrfurcht und der pietätvollen Fügsamkeit (*kô*) sieht Konfuzius den Ursprung der Mitmenschlichkeit. Der Begriff *jin* beinhaltet die innere Disposition zur Mitmenschlichkeit und das sichtbare tugendhafte Verhalten, innere Ausgeglichenheit und Selbstgenügsamkeit und deren Evidenz in harmonischen Beziehungen zu den anderen Menschen.

Im 25. Abschnitt des *Chûyô* wird die Kategorie des *sei/makoto*, die Kategorie der Ernsthaftigkeit, Wahrhaftigkeit, Aufrichtigkeit, auch der Treue zu sich selbst, die später im chinesischen und japanischen Neokonfuzianismus eine zentrale Rolle spielen wird, gleichsam zum Nährboden von Wissen (*chi*) und Mitmenschlichkeit (*jin*): *sei* ist Selbst-Vollendung; Tao ist Selbst-Hervorbringung; *sei* ist der Dinge Anfang und Ende. Was nicht *sei* ist, ist nichts. Daher ehrt der Edle das *sei*. *Sei* vollendet nicht nur sich selbst. Es ist das, womit man die Dinge vollendet. Sich selbst zu vollenden bedeutet *jin*; die Dinge zu vollenden bedeutet *chi*.

Konfuzius selbst war noch weit von einer solchen Ontologisierung seiner Termini entfernt. Ihm ging es primär um eine Skizze der gesellschaftlichen Dynamik. Einerseits materialisieren sich in *jin*, von Legge mit »true manhood« und »perfect virtue« übersetzt, die Forderungen der Riten; und die Riten brauchen die Mitmenschlichkeit, um sich zu verkörpern, um zum Leben erwachen zu können. »Sich selbst überwinden, die eigenen Wünsche und Begierden bezwingen, sich von Anstand, Höflichkeit und guten Sitten (*rei*) leiten lassen, das ist sittliches Verhalten (*jin*).«[115] Ohne die Riten gehen die Tugenden in die Irre: »Höflichkeit, die weder Norm noch Grenze (*rei*) kennt, wird lästig. Ohne Norm und Grenze (*rei*) wird Vorsicht zur Furcht, Mut zu Auflehnung und Unordnung. Aufrichtigkeit, die keinen Anstand (*rei*) kennt, wirkt verletzend.«[116] Andererseits kompensiert die Mitmenschlichkeit die zentrifugalen Kräfte der Riten; denn diese schaffen soziale Distanz, die durch Mitmenschlichkeit gemildert, wenn nicht gar verdeckt werden soll: »[*rei*] soll durch [*jin*] zu [*wa*] (Einheit, Harmonie) führen. [*rei*] ohne [*jin*] trennt nur, vereint jedoch nicht. [*jin*] ist damit zugleich [*shu*] (›gegenseitige Rücksichtnahme‹).«[117] Als Maßstab für *jin* und *rei* im konkreten Verhalten erweist sich die »verpflichtende Angemessenheit« (*gi*); sie hat zur Folge, daß die Handlung zugleich die Person prägt.[118] Nach der Deutung von Hall und Ames ist *gi* das bedeutungsverleihende Moment («the capacity to significate«). Wenn ein einzelner Mitmenschlichkeit praktiziert, ist es die Angemessenheit (*gi*), die dem den Riten gemäßen, formalen Verhalten seinen spezifisch-jeweiligen Sinn verleiht und dem konformen Agieren einen Anflug von Eigensinn schenkt. »The [*jin*] person, by exercising his own judgement, sense of appropriateness, and capacity to invest selectively his importance in the world, that is, his [*gi*], finds and appropriates meaning from the formal behaviors, customs, and institutions of his cultural legacy [*rei*]. By enacting the formal structures of his tradition, he assumes the authority of consensus. At the same time, his personal *gi* is the capacity to adapt the tradition to his novel circumstances and intentions, and to recover these formal structures as an apparatus for developing and disclosing his own significance.«[119]

Das Modell für gesellschaftliches Verhalten überhaupt bleibt die Familie, als Modell für Bindung, Subordination und Verantwortung. »Der Staat ist Fortsetzung, gleichsam Ausdehnung der Familie. [...] Die Idee von der Kongruenz oder Symmetrie von Staat und Familie kommt auch in der chinesischen Bezeichnung [*kokka*] zum Ausdruck; dieser Terminus bezeichnet den Staat und das Staatsvolk, ist aber aus [*kuni/koku*] (Land/Staat/Reich) und [*ie/ka*] (Familie) zusammengesetzt.«[120]

4.6 Die Einführung des Konfuzianismus nach Japan

Einige Hinweise in chinesischen Geschichtswerken lassen vermuten, daß schon vor der Zeitenwende chinesische Immigranten konfuzianisches Gedankengut nach Japan brachten; die ältesten japanischen Geschichtswerke, das *Kojiki* (*Bericht über alte Begebenheiten*, 712) und das *Nihon shoki* (*Japanische Annalen*, 720), berichten, daß der koreanische Gelehrte Wani im Jahre 285 (verifizierte Zeitrechnung: 375) *Rongo*, die *Erörterungen und Gespräche des Konfuzius* nach Japan gebracht hat; Wani folgten andere Koreaner, wie Dan Yôni (Tuan Yang-erh) im Jahre 513 und

Kô An-mô (Kao An-mou) im Jahre 516, die als Vermittler konfuzianischen Denkens in Japan wirkten. Durch den regen Austausch mit dem China der T'ang-Epoche (618–907) wuchs und konsolidierte sich die Kenntnis der kontinentalen Kultur, und die Methoden der Aneignung wurden komplexer. Anfang des 8. Jahrhunderts war die Exegese der konfuzianischen Klassiker – vor allem des *Rongo* und des *Kôkyô*, des *Klassikers der kindlichen Pietät* – unter dem Namen *myôgyôdô* ein Hauptfach an der zentralen Universität (*daigaku*) und den Provinzschulen (*kokugaku*).

Anders als in China war Bildung in Japan Privileg des Hofadels (*kuge*); die konfuzianische Doktrin wurde innerhalb einer Schicht gelehrter Aristokraten (*hakase-ke*, die Doktoren-Sippe) vererbt. Die Dekadenz der politischen Macht der Hofaristokratie im Laufe des 10. Jahrhunderts – und verbunden damit der Abbruch der politisch-kulturellen Beziehungen zu China – nahm auch der konfuzianischen Forschung in Japan ihre Grundlage. »Die Gelehrten widmeten sich nur noch der Textanalyse und -kritik und damit begann die Stagnation des Konfuzianismus.«[121] Neue Impulse gewann die Lehre des Konfuzius in Japan durch den Import des sung-zeitlichen (960–1278) Neokonfuzianismus seit dem Ende des 12. Jahrhunderts, als die Militäraristokratie, der Schwertadel (*buke*), sich das politische Erbe des Hofadels angeeignet hatte.

Der Konfuzianismus zählt in China zu den Reaktionen auf die Krise des 8. Jahrhunderts v. Chr., als sich die altorientalische Gesellschaft aufzulösen begann. Konfuzius wollte ein ›goldenes Zeitalter‹ wiederherstellen durch die Erziehung des Menschen. Sein Programm ist an eine kosmologische Dimension gebunden, die sich in der Entsprechung von Himmel und Erde ausdrückt. Die Erde, das war ›China‹, und dort lieferte der Konfuzianismus die theoretischen Grundlagen für die Errichtung eines bürokratisch organisierten Zentralstaats. Für das Japan der ersten Jahrhunderte n. Chr. ging es nicht um die Rekonstruktion verlorener Ideale, sondern um den Aufbau einer Gesellschaft, die sich ihrer Vergangenheit durchaus nicht sicher war, ihre Zukunft aber im chinesischen Vorbild sah. Dennoch sind es in Japan die ›alten Zeiten‹, von denen der Mythos erzählt, die auf die Rezeption des Konfuzianismus einwirkten. Der japanische Kaiser berief sich auf seine Blutsverwandtschaft mit den Göttern und ließ sich deswegen auf ein Mandat des Himmels nicht verpflichten. Diese Leerstelle in der Funktion des Himmels ist nur eines der vielen Zeichen dafür, daß Philosophie in Japan wenig an übergreifenden Modellen des Allgemeinen interessiert ist.

Der Konfuzianismus war seit der *17-Artikel-Verfassung* Shôtokus an die Idee eines japanischen Zentralstaats nach chinesischem Vorbild gebunden. Mit dem Scheitern dieser Idee verlor auch der Konfuzianismus seit dem 9. Jahrhundert an Einfluß. Dennoch blieb das sozialphilosophische Vokabular in Japan stets konfuzianisch geprägt. Mit dem Ende des Hofadels setzte seit dem 12. Jahrhundert das Interesse an Konfuzius erneut ein, jetzt allerdings im Kontext des Neokonfuzianismus.

5 Der Neokonfuzianismus

5.1 Präfigurationen

Auch der Neokonfuzianismus zielt nicht auf ein Wissen aus theoretischen Gründen, sondern auf den gemeinsamen Sinn für das konkrete Allgemeine. Er ist deswegen ebenso topisch ausgerichtet wie der Konfuzianismus des klassischen Altertums. Allerdings erweitert der Neokonfuzianismus den topischen Bereich um die Dimension des Kosmos, an die er die orthodoxe Sozialethik anschließt. Dem gemeinschaftlichen Sinn kommt hier vor allem die Aufgabe zu, Entsprechungen zwischen den verschiedenen Seinsbereichen aufzufinden. Auch für den Neokonfuzianismus bleibt die konfuzianische Grundbedingung bestehen, daß die Normen des Altertums für die Gegenwart gelten sollen. Das Problem der Erneuerung blieb eine ständige Herausforderung des Konfuzianismus. Für diese Konstellation steht jetzt die Formel vom ›ewigen Wandel‹: Das System des Neokonfuzianismus entfaltet sich in bezug auf diesen paradoxen Ausdruck. Die Ausformulierung des Konfuzianismus zu einem geschlossenen Welt- und Menschenbild setzt im 11. Jahrhundert ein und ist wesentlich durch die Absicht motiviert, mit der Philosophie des Buddhismus zu konkurrieren. Dennoch sind im Neokonfuzianismus auch buddhistische Vorstellungen wirksam geworden, besonders deutlich ist jedoch der Einfluß der Yin-Yang-Lehre und des Taoismus. Der Neokonfuzianismus ist durchaus an der Formulierung allgemeiner Grundsätze interessiert, so daß sich in der Topik kritische Momente entfalten und das Wissen selbst zum Thema werden kann. Es sind aber gerade diese kritischen Momente, die in der japanischen Rezeption des 17. Jahrhunderts in Frage gestellt werden. In Japan sind insbesondere die Schriften Chu Hsis (1130–1200) wirksam geworden, sie bilden die Grundlage der Shushi-Lehre.[122]

Der Neokonfuzianismus deutet die Welt mittels Kategorien der ›Ähnlichkeit‹ und der ›Entsprechung‹. Er folgt dem Paradigma einer durchgängigen Homologiebeziehung zwischen Makrokosmos und Mikrokosmos. Alles einzelne ist hierarchisch organisierter Bestandteil eines Ganzen, das mehr und etwas anderes ist als die Summe seiner Teile. Die Prinzipien der kosmischen Ordnung fungieren nicht als Gründe, sondern als Präfigurationen der in ihr ablaufenden Prozesse. Das philosophische Hauptinteresse gilt dem Nachweis der Gleichheit in der Ungleichheit, der Einheit in der Vielfalt. Dies zwingt den Neokonfuzianismus zu einem reduktionistischen Umgang mit den Erscheinungen der Welt und einer Vernachlässigung von Unterschieden zugunsten einer Betonung von Nähe und Kontiguität. Die Verfahren des Neokonfuzianismus zeigen eine entsprechend starke metaphorische Tendenz. Der Blick auf die Welt ist ahistorisch; die Identität von Natur und Geschichte gilt ihm als Axiom.

5.2 *Das Prinzip*

Die urkonfuzianische Lehre war noch frei von ontologischer Spekulation. Der »Himmel« (*ten*) des Konfuzius fungierte zwar schon als ein regulatives Prinzip des Seienden, war aber noch mit stark religiösen Konnotationen belegt. Trotz seiner sozialpraktischen Ausrichtung muß die frühe konfuzianische Lehre wohl dem religiösen Denken im Sinne Lévi-Strauss' zugerechnet werden, denn manches deutet daraufhin, daß sie mit der Vorstellung zweier »getrennter Welten« vertraut war. Anschluß an das korrelationistische Konzept der Yin-Yang-Schule fand der Konfuzianismus erst in der Han-Zeit (206 v.–220 n. Chr.). Im übrigen hat Chen bemerkt, daß sich kein Aspekt der chinesischen Kultur dem Einfluß der Yin-Yang-Schule entziehen konnte.[123] Für den Konfuzianismus heißt das, daß erst durch die Fusion mit der Yin-Yang-Lehre, mit taoistischen Traditionen und – tausend Jahre später – durch die neokonfuzianische Ausflaggung der Lehre mit dem Topos des ›ewigen Wandels‹ eine konfuzianische Ontologie entstand, die mit der buddhistischen rivalisieren konnte.

Chu Hsi und seine Nachfolger schlossen zur Beschreibung des höchsten Seinsprinzips zwei Begriffe zusammen:

(1) das »Ordnungsprinzip« (*ri*): normatives Prinzip, das alles regelt, »wie es sein soll« (*tôzen no ri*), Vernunft im Sinne eines Strukturprinzips, immanentes Formans alles Seienden;

(2) das »Allumfassende« (*taikyoku*): wörtlich große Angel, große (Gravitations)-Achse des Kosmos bzw. alles Seienden. Chu Hsi schreibt zum Begriff des *taikyoku*, auf weitere Bedeutungen von *kyoku* zurückgreifend: »Das *taikyoku* ist nichts anderes als das *ri*; weil man dabei bis zum Ende/Äußersten (*kyoku*) gelangt, heißt es das ›Große Äußerste‹ [...] Das *taikyoku* ist wie der First (*kyoku*) eines Hauses.«[124] Und schließlich interpretierten die Neokonfuzianer *taikyoku* im Anschluß an die Lehre Chou Tun-is (1017–1073) paradox als das »äußerste Nichts« (*mukyoku*).

Die Brüder Ch'eng Hao (1032–1085) und Ch'eng I (1033–1107), auf die Chu Hsi sich bezog, hatten das Ordnungsprinzip *ri* als universellen Lebens- und Produnktionsprozeß (*seisei*) beschrieben, der sich ununterbrochen selbst erzeugen kann . »According to Ch'eng I, in the universal production and reproduction the process of daily renewal never ceased. This was a principle to make new things possible. But all principles were basically one, called the Great Ultimate [*taikyoku*]. It was the cooperative functioning of principle [*ri*] and material force [*ki*] that made the universe a cosmos and the fullest realization of central harmony. Centrality was the order of the universe and harmony was its unalterable law. [...] Every creation was [...] a new creation, and the universe was perpetually new.«[125]

Das chinesische Schriftzeichen für Prinzip (*ri*) stand ursprünglich für die Maserung in Steinen, der beim Bearbeiten besondere Aufmerksamkeit geschenkt werden muß; *ri* bezog sich somit auf die natürliche Textur eines Dinges oder eines Ereignisses. In den Schriften Ch'eng Is vertritt der Terminus *ri* das, wie es bei Chu Hsi heißt, »über alle Formen erhabene« (*keijijô*) Regulativ geordneter Transformation und die Grundlage der Klassifikation der Dinge; jeder Klasse von Dingen und Lebewesen eignet ein spezifisches *ri*: »Das *taikyoku* ist nichts anderes als das *ri* von Himmel und Erde und von allen Dingen. Spricht man von Himmel und Erde, dann ist das *taikyoku* schon in ihnen; spricht man von allen Dingen, dann ist das *ri* schon in einem jeden einzelnen von ihnen. Noch ehe es Himmel und Erde gab, gab es schon *ri*.«[126]

Die von der Schule Chu Hsis vollzogene Gleichsetzung von *ri* und *taikyoku*, womit zugleich der altkonfuzianische Begriff des Himmels abgelöst wurde, fungiert als Axiom auch bei japanischen Neokonfuzianern. Hayashi Razan (1583–1657) schreibt, im Abschnitt *Ri-ki no ben* seines *Santokushô*, *Abriß der Drei Tugenden* (1628): »*itsu mo tsune ni aru ri o taikyoku to nazuku*«, »Das immer und ewig seiende Prinzip (*ri*) hat den Namen ›das Allumfassende‹ (*taikyoku*)«.[127]

Wenn die Neokonfuzianer der Chu-Hsi-Schule das Allumfassende mit dem äußersten Nichts zu einer paradoxen Einheit verschmelzen, schaffen sie damit eine universelle Matrix, die jeden Zustand an allen Orten des Kosmos bestimmt. Die »Materie-Energie« (*ki*) übernimmt die Funktion, diese Matrix in die mannigfaltigen Formen des Seienden zu übersetzen. *Ki* gehört wie *ri* und *taikyoku* zu den zentralen Ausdrücken des Neokonfuzianismus. Wir können darunter die gestaltbare Substanz verstehen; *ki* meint das Prinzip der Dinge, in dem das Allgemeine (*ri*) gegenwärtig ist. Auch hier bilden Allgemeines und Besonderes das Verhältnis einer Entsprechung, die im Allumfassenden (*taikyoku*) ihren Grund und ihren Horizont hat. Obgleich *ri* (Weltprinzip) und *ki* (Gestaltungskraft) der neokonfuzianischen Doktrin entsprechend nicht getrennt voneinander existieren können, scheint schon Chu Hsi dem Prinzip *ri* eine höhere Dignität zugesprochen zu haben: Eine überraschende, fast neuplatonisch anmutende Bevorzugung des Geistig-Immateriellen.

Chu Hsi glaubte an ein Korpus zentraler Wahrheiten, zu denen nur noch wenige seiner Zeitgenossen Zugang hätten. Eine dieser Wahrheiten war, daß der Geist eine eingeborene Fähigkeit besitzt, die wirkliche Ordnung der Natur zu erkennen; eine andere, daß die Einheit des Geistes durch die Gegenstände, auf die er sich richtet, entzweit wird, in ein höheres und ein niederes Selbst. Da jeder Mensch ein höheres Selbst besitzt, ist er zur Vervollkommnung begabt und kann sein niederes Selbst im Konflikt unterwerfen. Daraus gehen die Bildungsimpulse der neokonfuzianischen Ethik hervor.

5.3 *Mensch und Kosmos*

Im Verhältnis von Ordnungsprinzip und Materie-Energie ist eine Relation von Allgemeinem und Einzelnem mitgedacht, deren logische Bestimmung wiederum als Ähnlichkeit verstanden wird. Diese Konstellation erlaubt es, das konkrete Einzelne im Verhältnis zur abstrakten Regel zu bezeichnen und damit Unterschiede zu benennen. Jedes Einzelne ist auf die Regel verwiesen und mit dem Ganzen durch Entsprechung verbunden. Im Verhältnis dieser Relation sind Mensch und Kosmos nach dem gleichen Grundsatz vom ewigen Wandel bestimmt. In seiner Psychologie insistiert Chu Hsi darauf, daß die menschliche Natur doppelt registriert ist. Der Mensch hat Teil am Ursprung (*honnen/honzen*) und an der Pneuma-Materie, Pneuma-Qualität (*kishitsu*). Das im Himmel verankerte Prinzip des Menschen ist seine Natur (*sei*).

Kishitsu bezeichnet die Materie-Energie (*ki*) in ihrer Beschaffenheit: Die Pneuma-Qualität der Dinge unterscheidet sich von dem der Menschen und die eines Heiligen/Weisen dem Grade nach von der eines Durchschnittsmenschen. Massiv und augenfällig tritt die Qualität im Körper in Erscheinung. Die Materie-Energie verleiht dem Menschen seine Leiblichkeit, seine sichtbare Form. Als das vom

Himmel ihm Verliehene, Aufgegebene ist es sein Auftrag, seine Bestimmung (*mei*). Insofern der Mensch ein Aggregat ist aus Ordnungsprinzip und der Materie, die ihn mit ›Form und Knochen‹ versorgt, ist er gleichen Ursprungs mit den zehntausend Dingen (*banbutsu*). Wie diese erhält er seine Gestalt durch Yin und Yang und die fünf Elemente (*gogyô*), wobei seine Art und sein Charakter aus deren jeweils spezifischem Mischverhältnis resultieren.

Der Begriff *honzen no sei*, »ursprüngliche Wesensnatur«, bezieht sich auf diesen Aspekt der Gleichursprünglichkeit des Menschen mit allen Dingen. Als Träger dieser Wesensnatur unterscheidet sich der Mensch nicht von den Dingen, unterscheidet der Heilige/Weise sich nicht vom Durchschnittsmenschen. Die Materie-Energie eines Weisen ist rein, weil sich die sieben Bestandteile der Materie bei seiner Geburt – ein höchst unwahrscheinlicher Fall – in ihrem wahren Ursprung treffen; diejenige eines Durchschnittsmenschen aber, der immerhin von den eminenten Qualitäten der Elemente soviel erhalten hat, daß er als Mensch geboren wurde, ist trüb. Den Dingen und den Tieren ist ihrer Materielastigkeit wegen die Rückwendung zum Prinzip verwehrt.

In der Beziehung zwischen eigentlicher Wesensnatur und Pneuma-Materie wiederholt sich – in einer gemilderten Form – die gegenseitige Dependenz, die schon das Verhältnis von Ordnungsprinzip und Materie-Energie auszeichnet. Ein Bild dafür ist: die Wesensnatur ist wie Wasser, die Pneuma-Qualität wie ein Gefäß. Das Gefäß hält das Wasser, verleiht ihm seine Form zu sein, im Sinne des Thomas von Aquin: *forma fit esse*. Diese Analogie darf hier jedoch nur als illustrative Hilfskonstruktion verstanden werden; schon Forke bemerkt, jede »aristotelische Vorstellung liegt den Chinesen sehr fern.«[128]

In der eigentlichen Wesensnatur ist das Ordnungsprinzip im Menschen präsent: Hier kann der Mensch als allgemeines Wesen bestimmt werden. Er muß zugleich aber als konkretes Wesen in seiner jeweiligen Qualität als Individuelles verstanden werden. Dafür steht der Ausdruck des

»stofflichen, konkreten Wesens« (*kishitsu no sei*), das die einzelnen als Individuen ausmacht. Spae bedient sich einer Metaphorik der Infusion, um den Charakter dieses stofflichen Wesens zu verdeutlichen, das dem eigentlichen Wesen entgegengesetzt ist: »Chu Hsi introduced a concept which he possibly considered the greatest contribution of his system to Chinese philosophy: the concept of the Physical Nature ›kishitsu no sei‹, i.e. the Nature insofar as it is conditioned by the physical element wherein it is as if it were infused and moulded and by the capacity of which it is consequently limited.«[129] Mit Chu Hsis eigenen Worten: »Zwischen Himmel und Erde gibt es das Ordnungsprinzip *ri* und die Materie-Energie *ki*. Das *ri* ist das über alle Form erhabene Prinzip Tao, der Ursprung des Hervorkommens aller Dinge. Das *ki* ist das der Form unterworfene Gefäß, das Werkzeug/Instrument des Hervorkommens aller Dinge. Die Menschen und die Dinge erhalten bei ihrem Hervorgehen dieses *ri* – daraus wird ihre Wesensnatur (*sei*), und sie erhalten das *ki* – daraus wird ihre Gestalt/Form.«[130] Wäre die Materie ohne bestimmte Qualität, fehlte der eigentlich-allgemeinen Wesensnatur (s)eine Form, um in Existenz zu treten. Die Pneuma-Qualität (ver)leiht dem ursprünglichen Wesen die Form, die ihm überhaupt erst ermöglicht zu »sein«. Das Wasser im Gefäß, um im Bild zu bleiben, heißt folgerichtig das »Wesen der Pneuma-Materie« (*kishitsu no sei*): Das ursprüngliche Wesen füllt die Pneuma-Materie, und die so gefüllte Pneuma-Materie trägt jetzt zurecht den Namen »stoffliches Wesen«. Dieses ist das konkret Erscheinende, Seiende.

Die Pneuma-Materien aller einzelnen Menschen sind verschieden. Jeder einzelne besitzt ein eigenes und eigentümliches stoffliches, konkretes Wesen. Der japanische neoklassische Denker Ogyû Sorai wird im Jahr 1714 die Wesenslehre Chu Hsis folgendermaßen referieren: »Bei der Geburt wird die materielle Beschaffenheit des Wesens (*kishitsu no sei*) festgelegt. Was bei der Geburt zwar festgelegt wird, aber doch verwandelt (*henjite*) werden kann und das ist, wodurch die Weisheit erreicht werden kann, das nennt man das eigentliche Wesen (*honzen no sei*).«[131] Das *honzen no sei*, das »ursprüngliche Wesen«, läßt sich mithin als ein aus dem Weg über die Pneuma-Materie, genauer: als ein durch deren Ausschaltung (wieder)gewonnenes Abstraktum deuten. Da die Pneuma-Materie (*ki*) eines Heiligen/ Weisen (*seijin*) rein und transparent ist, wird der Glanz seiner Ursprünglichkeit (*honzen*) durch nichts getrübt. Die des Durchschnittsmenschen aber ist trüb, so kann ihre Ursprünglichkeit nicht ihren ganzen Glanz entfalten. Doch durch Übung kann auch seine Pneuma-Materie – dabei muß er sich allerdings hundertmal mehr anstrengen als ein Weiser – neue Transparenz entwickeln. Durch hingegebenes Studium der kanonischen Schriften kann er das Muster, das alle natürlichen und gesellschaftlichen Erscheinungen durchzieht, erkennen und sich vom Stofflichen reinigen, die egozentrische Spontaneität der Emotionen stoppen und sich wieder ins Himmelsprinzip einklinken. Die Elemente des ursprünglichen Wesens des Menschen sind in seinem Herzen (*shin*) gespeichert: die Menschlichkeit, die Rechtschaffenheit, die Kenntnis der Riten, das Wissen. Im Zustand der Ruhe und Gelassenheit ist das Wesen das Noumenon, in der Sprache Chu Hsis die Gestalt (*tai*); auch im Sinne des Latenten, Unartikulierten (*mihatsu*). Das von den zehntausend Dingen beunruhigte und irritierte Wesen bringt Empfindungen (*jô*) hevor. Empfindungen sind die Phainomena, in der Sprache des Neokonfuzianismus die Funktionen (*yô*); auch im Sinne von Aktualisierung und Artikulierung (*ihatsu*). Die Emotionen, die ein Mensch in Reaktion auf die Außenwelt generiert, die sieben Gefühle (*shichijô*), Freude (*ki*), Ärger (*do*), Traurigkeit (*ai*), Angst (*ku*), Liebe (*ai*), Haß (*aku*), Begierde (*yoku*), sind somit auf eine komplexe Weise zugleich Ausdruck der eigentlichen Wesensnatur und des konkret-stofflichen Wesens.

5.4 Die Tugenden und das Wesen

Menzius (372–289 v. Chr.) stellt die vier Tugenden oder Wirkkräfte (*shitoku*) (Mit-)Menschlichkeit (*jin*), Rechtlichkeit / Pflichtgefühl (*rei*), Sittlichkeit / Schicklichkeit (*gi*) und Weisheit (*chi*) in einen Zusammenhang mit den Gefühlen Mitleid / Mitgefühl (*sokuin*), Scham(gefühl) (*shûo*), Bescheidenheit (*jijô*) und (angeborener) Sinn für Recht und Unrecht (*zehi*), die auch den Namen *shitan*, die vier Ursprünge (Prinzipien, Anfänge, Keime, Quellen), tragen und allen Menschen gemeinsam sein sollen.

»Von Interesse ist, daß die Idee, wonach die Anlage zu den vier konfuzianischen Grundwerten den Menschen von Natur aus zukommen, [Menzius] dazu stimuliert, eine Analogiebeziehung zwischen menschlicher Moral und menschlichem Körper zu suchen. Daß die vier moralischen Anlagen in den vier Gliedmaßen ihr Analogon finden, liegt für ihn auf der Hand. Mitleid, Scham, Bescheidenheit und der Sinn für Recht und Unrecht – sie kommen jedem Menschen von Geburt an zu. Dabei ist Mitleid der Keim der Mitmenschlichkeit [*jin*]; Scham ist die Anlage zum Pflichtgefühl [*gi*], Bescheidenheit der Ursprung von Sittlichkeit [*rei*], und aus dem Sinn für Recht und Unrecht folgt die Weisheit [*chi*] [...]. *Das Wesen des Menschen ist gut, darum wird die Welt gut* [...] Die Ordnung der Dinge außerhalb des Menschen muß der Ordnung im Innern des Menschen entsprechen. Das Wesen ist deshalb gut, weil es konfuzianisch ist. Dabei sind ›Mensch‹ und ›Mitmenschlichkeit‹ Homonyme: [*jin*] (›Mensch‹) wird durch [*jin*] (›Mitmenschlichkeit‹) ersetzt. Insofern werden Homonyme zu Synonymen«[132] und die Gesetze der Topik abermals erfüllt.

Menzius schreibt: »Wem das Gefühl des Mitleids fehlt, der ist kein Mensch (*jin*), wem das Gefühl der Scham fehlt, der ist kein Mensch, wem das Gefühl der Bescheidenheit fehlt, der ist kein Mensch, wem das Gefühl für Recht und Unrecht fehlt, der ist kein Mensch. Das Gefühl des Mitleids ist der Urspung der Mitmenschlichkeit (*jin*), das Gefühl der Scham ist der Ursprung des Pflichtgefühls, das Gefühl der Bescheidenheit ist der Ursprung der Sittlichkeit, das Gefühl für Recht und Unrecht ist der Ursprung der Weisheit: der Mensch hat vier Ursprünge (*shitan*), so wie er auch vier Gliedmaßen hat.«[133]

In einem Kommentar zu dieser Passage von Menzius rechnet Chu Hsi Mitleid, Scham, Bescheidenheit und das Vermögen, Recht und Unrecht zu unterscheiden, den *jô*, den Gefühlen zu, Mitmenschlichkeit, Pflichtgefühl, Sittlichkeit und Weisheit aber dem *sei*, dem Wesen. Das Herz (*kokoro*, *shin*) sei das Integral (*suburu mono*) der Gefühle und des Wesens. Zugleich bestimmt er die Gefühle als die sichtbare Seite des Wesens. Weil bei Menzius und bei Chu Hsi, der die positive Anthropologie des Menzius übernimmt, das *sei* als ursprünglich gut (*zen* im Sinne einer *ki*-Beschaffenheit, keineswegs im Sinne der christlichen Moral) bestimmt ist, gelten die Gefühle (*jô*), die es hervorbringt, auch als gut. Aber das konkret-stoffliche Wesen (*kishitsu no sei*) ist durchaus nicht immer gut. Das bedeutet nicht, daß alle Gefühle, die es hervorbringt, böse – wieder im Sinne einer *ki*-Beschaffenheit – sind, aber es ist nicht immer zu vermeiden, daß sie nicht gut sind. Daß ein *sei* Gefühle/Empfindungen (*jô*) hervorbringt, wird möglich, weil der einzelne einen Körper besitzt, der Pneuma-Qualität ist (*kishitsu*). Folglich steht der Mensch immer, wenn er Gefühle hat, unter dem Einfluß des Pneumas. Man kann zwar darüber reflektieren, ob bestimmte Gefühle unmittelbar dem eigentlichen Wesen (*honzen no sei*) entstammen, konkret aber müssen alle Gefühle sozusagen ihren Weg über das stoffliche Wesen (*kishitsu no sei*) nehmen. Ch'eng I hatte den Geist (*kokoro/shin*) mit der Wesensnatur (*sei*) – *shin soku sei* – und die Wesensnatur mit dem Ordnungsprinzip (*ri*) – *sei soku ri* – identifiziert, sich aber gescheut, den Geist – etwa in einer Formel wie *shin soku ri* – mit dem Ordnungsprinzip in eins zu setzen.

Chu Hsi nannte den Geist – in für seine ganze Doktrin prägnanter Metaphorik – das innere Licht des *ki* und die durch dieses Licht ermöglichte kognitive Wahrnehmung *chikaku*: »this light makes possible cognitive awareness [*chikaku*], which is a higher functioning of the mind involving comprehension of principle.«[134] Andererseits lehrte Chu Hsi auch, daß der Geist eine geheimnisvolle Funktion (*myôyô*) der *ri-ki*-Dyade sei; ein Konzept, das am ehesten mit dem dualen Grundmuster der Doktrin vereinbar scheint, bei Chu Hsi aber undeutlich bleibt. Seine Schüler haben diese Vorstellung aufgenommen und weiterentwickelt. Im Anschluß an eine, wie man heute weiß, nachträglich ergänzte Passage im *Buch der Dokumente* (*Shoki*) sagt Chu Hsi, daß der auf das Ordnungsprinzip (*ri*) gegründete Geist *dôshin*, Tao-Geist, genannt würde und der auf die Materie-Energie (*ki*) gegründete Geist den Namen *jinshin*, Menschen-Geist, trage. Es handele sich dabei aber nur um zwei Manifestationen eines Geistes: »If we say that the Tao mind is heavenly principle and the human mind is human desires, that would be to create two minds. But man has but one. Cognitive awareness of the heavenly principle is the Tao mind; cognitive awareness of sound, sight, smell, and taste is human mind.«[135] Noch plastischer freilich ist Chu Hsis Hinweis, daß der Menschen-Geist mit Soldaten, der Tao-Geist aber mit einem General vergleichbar sei. Der Tao-Geist ist rein und somit gut. Der Menschen-Geist ist, wenn auch nicht notwendig böse, so doch aufgrund seiner mangelnden Transparenz defizitär. Alle Menschen sind mit einer körperlichen Gestalt ausgestattet, daher besitzen auch die Weisen (*seijin*) einen Menschen-Geist. Weil alle Menschen aber andererseits auch Anteil am Ordnungsprinzip haben, sind auch die Durchschnittsmenschen (*bonjin*) mit einem Tao-Geist begabt. Der Menschen-Geist der Weisen vergißt das Himmelsprinzip (*tenri*) nie ganz, wohingegen auch der Tao-Geist der Durchschnittsmenschen immer von der Materie-Energie (*ki*) angekränkelt bleibt. *Toku*, gemeinhin mit Tugend, »virtue«, übersetzt, schloß in den frühen chinesischen Texten die Vorstellung einer magischen Kraft oder Ausstrahlung mit ein. Zur Zeit des Konfuzius bezeichnete das Wort sowohl ein magisches als auch ein ethisches Konzept.

Itô Jinsai, in diesem Punkte die Sung-Rationalisten überbietend, identifizierte die Tugend (*toku*) mit dem Weg (*michi/dô*), wodurch die kosmologische und magische Seite der Tugend wieder betont wurde.[136] Der Weg (*dô*) als ethisches Gesetz (*toku*) ist identisch mit der Natur aller Dinge. Der japanische Gelehrte Itô Jinsai spricht im 18. Jahrhundert, die beiden Begriffe kombinierend, von *dôtoku*. Trotz dieser weitgehenden Verschmelzung der Begriffe Weg und Tugend bleibt die Idee der Tugend auf den Menschen bezogen: der Weg ist dem menschlichen Geist (*kokoro/shin*) inhärent als Disposition zur Tugend:

»Tugend (*toku*) ist der umfassende Name für (Mit-)Menschlichkeit (*jin*), Rechtlichkeit (*gi*), Schicklichkeit (*rei*) und Weisheit (*chi*). Das *Chûyô* lehrt: Wissen und (Mit-)Menschlichkeit und Mut/Kraft (*yû*), diese drei sind die großen Tugenden des Universums; und Han Yü [768–824] sagt: Wenn ich über den Weg und über die Tugend rede, dann meinen diese Wörter (Mit-)Menschlichkeit und Rechtlichkeit. Aber: was Tugend (*toku*) genannt wird, ist die innere Ausstattung mit Menschlichkeit, Rechtlichkeit, Schicklichkeit und Weisheit, bevor sie sichtbar werden. Wenn man von (Mit-)Menschlichkeit, Rechtlichkeit, Schicklichkeit und Weisheit spricht, meint man damit etwas Sichtbares, das sichtbare Spuren hinterläßt.«[137]

In dem Kompositum *dôtoku* spielt *dô*, der Weg, somit auf die dispositionelle, *toku*, die Tugend, auf die habituelle Seite der menschlichen Tugend an.

5.5 *Die Moral*

Auch die Ethik Chu Hsis – vor allem die Doktrin von der Kultivierung des Selbst – baut auf dem Erbe Ch'eng Is auf. Selbstkultivation (*kanyô*) vollzieht sich im Erkennen des Ordnungsprinzips mittels des Organons der »ehrerbietenden Anerkennung« (*kyokei kyûri*).[138]

Reverenz (*kei*) avanciert bei Chu Hsi neben Ernsthaftigkeit (*sei*) zum Hauptinstrument geistiger und moralischer Vervollkommung. Reverenz hat ein inneres und ein äußeres Register: nach innen ist sie unermüdlich, nach außen diskret; innen ist ihre Verfahrensweise tätiges Denken, außen stilles Verweilen. Das auf die methodische Kultivierung des Inneren bezogene *kyokei kyûri* hat im Prinzip des *kakubutsu kyûri* seine systematisch-allgemeine Variante: das »Klassifizieren/Ordnen der Dinge und Offenlegen/Durchdringen ihres Prinzips«.

Seit Ch'eng I spielt der Begriff *kakubutsu kyûri* eine zentrale Rolle im neokonfuzianischen Diskurs; er behauptet – in großem Vertrauen auf die diskursiv-rationalen Fähigkeiten des Menschen –, das Prinzip der Dinge könne durch Klassifizieren und Untersuchen erkannt werden; durch die Lektüre von Texten, in diskursiven Gesprächen, durch Bewertung historischer Persönlichkeiten und ihrer Handlungen, schließlich durch das Abwägen richtiger Reaktionen auf das, was kommt. Was den Begriff jedoch von einem heuristischen Prinzip – im Sinne westlicher Rationalität – unterscheidet, ist, daß er aufs engste mit dem Curriculum der Selbstvervollkommnung verknüpft und normativ angelegt ist. Sicherlich ist auch dies ein Grund dafür, daß er zur Ausbildung eines wissenschaftlichen Denkens (im westlichen Sinne) nicht taugte.

Ch'eng I hatte Latenz (*mihatsu*) und Manifestation (*ihatsu*) noch als trennbare Zustände beschrieben: Latenz und Stille bezogen sich bei ihm auf die Wesensnatur, Manifestation und Tätigkeit auf den Geist. Konzentration und Meditation dienten ihm als Mittel, die Disposition der Wesensnatur (*kishô*), bevor die Gefühle sie heimsuchen, offenzulegen. Chu Hsi lagerte Stille und Tätigkeit gleichsam ineinander ein; er behauptete, die eine sei die Wurzel der anderen, untrennbar voneinander. Diese im Innern arbeitsvolle, intensive Stille erschließt den einzelnen das Ordnungsprinzip (*ri*), somit die zehntausend Dinge, und sie erschließt die einzelnen sich selbst, da ja alles, was ist, Artikulation des einen, dem Mikro- und dem Makrokosmos zugrundeliegenden Prinzips ist. Dennoch muß einem Mißverständnis vorgebeugt werden: anders als seine japanischen Kritiker in der Tokugawa-Zeit (wie Itô Jinsai und Ogyû Sorai) behaupteten, legte Chu Hsi große Emphase auf das Alltagsleben, wie auch schon der sung-zeitliche

Zen-Buddhismus. Weder der (Neo-)Konfuzianismus noch der Zen-Buddhismus haben sich je einem ausschließlichen Transzendentalismus verschrieben. Der Übergang zu einer »sphere of nearness«, den die japanischen Denker im 18. Jahrhundert vollzogen, war von Anfang an eine Option des Neokonfuzianismus.

5.6 Die Dreieinigkeit der Grundkategorien

Die neokonfuzianische Ethik, Psychologie und Kosmologie haben ihren gemeinsamen Ursprung in der Begriffstrinität *ri-ki-mono*, Ordnungsprinzip, Materie-Energie und (Ereignis-)Ding. Die Wechselbeziehung dieser drei Begriffe zueinander wird ihrerseits von binären Oppositionen von der Art wirklich/wesenlos, wahr/erfunden reguliert. Die Seite des Realen und Wahren wird dabei mit der Wesensnatur und die Seite des Wesenlosen und Erfundenen mit Störungen und Hindernissen assoziiert, welche die Wesensnatur, die mehr oder minder latenter Gemeinbesitz ist (*seizen setsu*), irritieren. Chu Hsi sah in den Dingen (*mono*) gleichsam die Felder, auf denen sich *ri* und *ki* artikulieren und ihre Differenz ausspielen: In der Identität der Dinge materialisiert sich die Differenz beider. Einerseits vollziehen die Ausdrücke *ri* und *ki* eine klare und deutliche Trennung, andererseits sollen beide zusammen und miteinander die Dinge konstituieren. Dabei geht *ri* dem Ding voraus und wiederum auch nicht; es besitzt eine temporale und eine atemporale Seite. Chu Hsi zitiert zustimmend Ch'eng I: daß kein Ding für sich allein existiere, sondern notwendig sein Gegenteil mit sich führe; dieser Gedanke mache ihn bisweilen so glücklich, daß er tanzen müsse. Ein Ding ist ein Ort, den Bedeutung ereilt hat. Die beschreibbare, abzählbare, bestimmbare Seite eines Dinges ist *ri* geschuldet; dem *ki* verdankt sich der Überschuß, das Surplus, das dem einzelnen Ding seine spezifische Aura verleiht.

Im Universum Chu Hsis schlägt sich das Prinzip *ri* in allem nieder. Er sieht »dressing, eating, and behavior as event-things. As a thing is the location for [*ri*], so an event-thing accomodates [*ri*], and [*ri*] thus incarnated in the event-thing is also called the Way.«[139]Insofern *ri* den Dingen nicht vorausgeht, ist es mit *ki* in den Dingen simultan präsent; beide stehen in gegenseitiger Abhängigkeit voneinander. Aber auch dies gilt wiederum nur unter einer weiteren Bedingung, denn wie *ri* den Dingen nicht nur innewohnt, sondern – nicht zeitlich, aber logisch – auch vorausgeht, geht *ri* logisch auch dem *ki* voraus. Wenn *ki* nämlich die unbestimmbare Seite der Dinge, d.h. der Teil der Bedeutung eines Dinges ist, der sich entzieht, bleibt es als Überschuß (von Bedeutung) an *ri* gebunden; »[*ri*] is the ideational and atemporal aspect of reality, *realitas*. This understanding of [*ri*], in turn, enables us to define [*ki*] as the presence of what in fact can never be objectified or identified.«[140]

Die Materie-Energie verführt das Ordnungsprinzip dazu, Ding (*mono*) zu werden. Ohne *ki* fände *ri*, wie Chu Hsi schreibt, keinen Wohnort. Aber *ri* erweist sich als undankbar. Das Schicksal des *ki* ist es,von den Absichten des *ri* bewegt zu werden.[141] *Ki* ist die intentionale Seite des *ri*, der Transporteur, das stetige Unterwegs von *ri* zu den Dingen, die ohne *ki* keinen Ort hätten. Die Intention des *ri* zielt auf eine Art Universalität. Was davon dank *ki* Gestalt annimmt, ist nur das, was der Verwirklichung der Intention auf Universalität entgeht; und gerade dadurch wird *ki*, in gewissem Sinne das schwächste Glied in der Kette der neokonfuzianischen Kosmogenese, zum Motor und Promotor der Individuation der Dinge und Menschen: »Essentially, [*ki*] must be grasped as the principle of individuality.«[142] Die Dialektik nimmt ihren Lauf: die Intentionalität des *ri* muß vom Selbst, vom »eigenen Geist« (*jikashin*) in Gang gebracht werden. Da das Selbst aber, wenn auch nicht unbedingt sein Geist, dem *ki* zugerechnet wird, verschmilzt »the ideational intentionality« des *ri* im *ki* mit anderen Intentionalitäten des Handelns und Denkens gleichsam zu der einen fundamentalen Intentionalität der Bezeichnung. Dieser mühselige Prozeß von *ri* über *ki* zu *mono*, dieser unwahrscheinliche Prozeß der Sichtbarwerdung der *ri*-

Intentionalitäten des *ri* durch das vermittelnde Werk des *ki*, in der Metaphorik des Neokonfuzianismus als Eintrübung, als Verlust von Transparenz beschrieben, soll nun in einem ethischen Lernprozeß, gedacht als Annäherung und Offenlegung, wieder rückgängig gemacht werden. »The transition from opacity to transparence is now viewed as a learning process in which one gradually casts aside [*ki*] and reveals [*ri*].«[143]

Im Lernprozeß wird das in den Dingen eingelagerte *ri* offengelegt, und da das neokonfuzianische Universum ein einziges Kontinuum von Ding, Mensch, Handeln, Denken, Körper und Geist darstellt, entwickeln sich beim Lernen auch habituelle Schemata, durch die das Ordnungsprinzip des Kosmos (*ri*) mittels disziplinierten Körpergebrauchs freigelegt werden kann. Sakai parallelisiert die drei binären Oppositionen *ri/ki* – transparent/trüb – Annäherung/Abweichung.[144] Das einzelne, private Selbst gehört wie ein Ding (*mono*) auf die Seite des *ki*, des Trüben, der Abweichung (von *ri*); es treibt, wie ein Ding, im Element der Individuation, präsentiert also, ebenso wie ein Ding, einen unverfügbaren Überschuß von Bedeutung, es ist »an indescribable obstacle, which eventually has to be eliminated in the course of learning«.[145]

Der Körper (*shin*) hat einen zweideutigen Status. Während es die Dinge zu ihrem Prinzip als zur ihrer Transparenz hinzieht, löst sich das private Selbst/Ich als Agent der zukunft- und zielgerichteten und daher zeitverfallenen Tat in der Wiederholung seiner habituellen Handlungen allmählich in einem öffentlichen Selbst auf, »in a fuller participation of its body in the world«.[146] Dies spielt sich als fortschreitende Invisibilisierung des privaten Selbst ab, bis hin zum Punkt vollkommener Transparenz, ein Zustand, der bei Chu Hsi zur »strahlenden Tugend« (*meitoku*) nobilitiert wird. Sakai faßt den (Rück-)Bezug der sichtbaren, gestalthaft-zeitlichen Dinge auf das unsichtbare, gestaltlos-überzeitliche *ri*, die Bedeutung der Dinge als »ideational intentionality« und den Bezug der sichtbaren Dinge auf den – weil er als deren Horizont in der menschlichen Praxis verschwindet – unsichtbaren Körper als »practical intentionality«. Dabei stehen die Dinge für zeitliche Konstanz und Zukunft als Ziel körperlichen Handelns und Begehrens, der Körper aber für die Gegenwart von Handeln und Begehren, als der gegenwärtige Ort, an dem sich Handeln und Begehren manifestieren. Wenn der ideale Zustand, der »strahlende Spiegel« (*meikyô*), erreicht wurde, ist das dem Körper immanente *ri* restlos freigelegt und insofern vom Körper nicht mehr zu unterscheiden, als der Körper während dieses Prozesses, um im Bild zu bleiben, wegpoliert worden ist. Anders als der Körper verlieren die Dinge dabei ihre Sichtbarkeit nicht. Wie könnte sonst auch die Lektüre schriftlicher Dokumente als die authentischste und erfolgreichste Methode zur »Klassifizierung der Dinge und dem Durchdringen ihres Prinzips« gelten. Lesen fungiert bei Chu Hsi als Grundmetapher: Das Ordnungsprinzip kann aus allen Erscheinungen des Kosmos, auch aus dem Verhalten anderer Menschen ›herausgelesen‹ werden.

Der Kosmos ist ein Buch; die Dinge, die er umfaßt, sind ein Text; in diesem Buch zu lesen bedeutet: das Prinzip (*ri*) zu untersuchen und zu durchdringen. Zum Lesen der Welt jedoch ist, so will es scheinen, der Körper wieder gefordert: »Lies einen Text, wenn du seinen allgemeinen Sinn erfaßt hast, ganz genau: Es ist, wie wenn man eine Frucht verzehrt. Erst beißt du ein Stück ab, und während du es zerkaust, entfaltet es seinen Wohlgeschmack.«[147]

Lektüre avanciert bei Chu Hsi so zum vorzüglichsten Modus des Weltverstehens. »Bereits die neue Anordnung des [*Chûyô*] durch Chu Hsi war eine Art Neuzuteilung von Gewichten der Bedeutung gewesen, die durchaus topographischen Charakter besaß.«[148] Die Welt zu intepretieren meint vor allem: Bedeutung, die einem Text entnommen wurde, umzugewichten und/oder zu erweitern. Allerdings spielt der Leser dabei nur eine passive Rolle: er schafft die Bedeutung nicht, er entnimmt sie nur – und kann sie somit auch nicht verfälschen oder entstellen. Die materiellen Texte und die in ihnen eingebettete Bedeutung sind – wie es dazu kommen konnte, bleibt ungeklärt – unmittelbar zu *ri* und im Unterschied zu den Dingen und den Körpern von ungetrübter *dignitas entis*, Seinswürde. Vor allem aber die konfuzianischen Klassiker gelten als der Geschichte und der empirischen Subjektivität ihrer Leser überhoben. Sie verwahren ihre unveränderliche Bedeutung wie Früchte ihren Geschmack. »It is always there in the midst of the text's material presence.«[149] In diesem Punkt entfernt sich die Doktrin Chu Hsis weit von modernen Diskursen der Differentialität. Bei ihm kann der Akt des Lesens Bedeutung weder schaffen noch in einem qualitativen Sinn transformieren, sondern nur offenlegen und aktualisieren. Bedeutung gibt es, sie ist statisch eingelagert in der Materialität vorgefundener Texte.

Dieses eigentümlich positivistische Konzept von Bedeutung relativiert die Rolle der Sprache aufs äußerste. Es spricht der Sprache die Fähigkeit ab, Bedeutung generieren zu können. Sprache hat hier die Aufgabe, festgeschriebene Bedeutungen zu protokollieren und zu wiederholen: »meaning is always grasped in the present perfect tense«.[150]

»Subjekte« – ein äquivalenter Terminus fehlt ganz – kommen bei Chu Hsi nur als Artikulationen von Körpern (*shin*) oder als Aggregate des Geistes (*shin*) ohne ausgeprägte individuelle Kontur vor. Und selbst diese werden ausgelöscht im Prozeß der Entzifferung der Bedeutung, die im Text der Welt verschlüsselt ist. Solcherart Entzifferung von Bedeutung meint Denken als Entmaterialisieren; denn Materialität läßt sich nicht denken; ein Grund dafür, daß Itô Jinsai nicht mehr an dem *ri-ki*-Dualismus des Neokonfuzianismus festhalten konnte, als er sich der Materialität als solcher zuwandte. Es muß daher als inkonsequent, ja paradox erscheinen, wenn Chu Hsi die Seite der Beständigkeit, ja Überzeitlichkeit in den Dingen betont und die konfuzianischen Klassiker zu Behältern stilisiert, die Normen enthalten, denen sich die, die »die Dinge ordnen und das Prinzip durchdringen« (*kakubutsu kyûri*) wollen, nur anverwandeln können. Die Instrumente einer Anverwandlung des privaten Selbst an das *ri* sind Reverenz (*kei*) und

Ernsthaftigkeit (*sei*); sie zähmen die Intensität des dem *ki* zugerechneten und daher devianten Begehrens und damit der Ansprüche des privaten Selbst. Sie schaffen Platz, damit das *ri* sich unverstellt und ungetrübt von *ki* manifestieren kann. So verschmelzen hier Erkenntnistheorie und Ethik, indem Handeln sich als defizitäre Form des Wissens zu erkennen gibt.

6 Der Korrelationismus oder die Sprache der Dinge

> Anstatt sich um eine messende Bestimmung von Ursachen und Wirkungen zu bemühen, grübelten die Chinesen darüber nach, wie sich Entsprechungen festlegen ließen. (Marcel Granet)

Den Korrelationismus in den philosophischen Kulturen Ostasiens können wir uns als intrinsische Logik (Moritz) verständlich machen. Dort richtet sich das philosophische Interesse nicht auf eine transzendentale Idealität des Denkens, die es erlauben würde, Prinzipien zu finden, aus denen sich Systeme wahrer Sätze ableiten lassen. Vielmehr ist die philosophische Sprache Artikulation der konkreten Welt, in der die Ordnung der Dinge als Ordnung der Sprache erscheinen kann. Die Gliederung der Welt wird als System von Verweisungen ausgelegt, in das der Mensch integriert ist. Deswegen muß die Sprache intrinsisch oder motiviert sein, weil sie sonst als Sprache der Dinge keinen Bestand hätte; als Sprache der Dinge bezieht der Korrelationismus sein Vokabular aus dem Vorrat an Symbolen, in denen sich die Gliederung der Welt ausdrücken läßt: Diese Topoi sind nicht auf einen transzendentalen, sondern auf einen gemeinschaftlichen Sinn gerichtet.

Die Prinzipien topischer Philosophie gelten auch für den Korrelationismus. Er beruht zum einen auf dem Satz vom unzureichenden Grund. Das Denken trifft auf eine Welt, die nicht als erschaffen gilt; hinter die ursprüngliche Gliederung der Welt kann es nicht zurückgehen und muß deshalb den Sinn im Gefüge der artikulierten Welt selbst aufnehmen: das sind die Korrelationen. Zum anderen ist das Wissen um die Gliederung der sozialen und der natürlichen Welt kein Wissen aus abstrakten Prinzipien. Der Korrelationismus findet das Wahrscheinliche auf und bringt ein gemeinschaftliches Wissen hervor.

In Europa hat sich bis in die Neuzeit ein mantisches Denken gehalten, das von einer intrinsischen Logik geprägt war; erst gegen den methodisch gesicherten Rationalismus seit Descartes konnte diese »Sprache der Dinge« philosophisch nicht mehr bestehen.[151] In Ostasien wie in Europa bestreiten Mantik und Medizin einen gewichtigen Teil dieses Denkens. Aber anders als in Europa konnte sich ein entsprechungssystematisches Denken in China und in Japan unter den Voraussetzungen topischer Philosophie bis in die Moderne erhalten.

6.1 Vorzeichen I

Das westliche Paradigma eines entsprechungssystematischen Denkens ist offensichtlich die Mantik: Die Mantik hat es mit der Auslegung von Zeichen zu tun, sofern sie auf die Zukunft und auf das Schicksal verweisen. Sie läßt sich somit als eine frühe Form der Hermeneutik verstehen. Es ist dieser hermeneutische Kern, durch den die Mantik sich von der Magie und vom Mythos absetzt und der zugleich einen Anschluß an theologische und philosophische Diskurse oder an praktische Disziplinen – wie die Medizin – erlaubt. In der Stoa etwa wird die Weissagung durch die Annahme eines durchgehend sinnvoll bestimmten Kosmos ermöglicht. Die Weissagung muß sich darin bewähren, daß die Prinzipien des Logos sich als Zeichen in der sichtbaren Welt manifestieren und daß auch die Menschen deren Wirkung unterliegen. Die Mantik hat sich im Rahmen ganz unterschiedlicher Kontexte entfaltet; allen gemeinsam ist jedoch die Vorstellung, daß Zukunft als Schicksal verstanden und an Zeichen abgelesen werden kann. Die Zeichen, die auf einen zukünftigen Sinn verweisen – die Vorzeichen –, bilden in ihrer Gesamtheit eine Sprache der Dinge: in dieser Sprache sind es die Dinge selbst, die als Zeichen auftreten und eine Ordnung ausdrücken. Symbole können die

Dinge durch sehr unterschiedliche Vorgaben werden; dafür müssen sie verstanden werden als Ausdruck der Seele, des Logos, eines Gottes oder eines universellen Gesetzes.

Charakteristisch für die Mantik ist, daß sie sich als reflexive Hermeneutik entfalten läßt und zugleich in der Lebenswelt konkreter Zeichen verankert bleibt; sie muß sich im Alltag der Zeichendeutung bewähren. In der Idee einer nicht-repräsentativen Sprache der Dinge hat Foucault die Voraussetzung für die europäische Mantik gesehen: Diese Sprache »setzte stets Zeichen voraus, die ihr zeitlich vorausgingen. Infolgedessen war die Erkenntnis völlig in den Raum zwischen einem entdeckten oder bestätigten oder insgeheim übermittelten Zeichen gelagert. Sie hatte die Aufgabe, eine im voraus von Gott in der Welt aufgeteilte Sprache ausfindig zu machen. In diesem Sinn erriet sie durch eine essentielle Implikation, und sie erriet *Göttliches*.«[152] Die chinesischen und japanischen Formen der Mantik entsprechen diesem Verfahren, verzichten aber auf eine Hypothese namens Gott; das Göttliche ist für sie eine Eigenschaft, die in der Ordnung der Dinge selbst liegt. Die Kritik an der Mantik, sie behaupte eine Kausalität zwischen Zeichen und zukünftigem Ereignis, greift offensichtlich zu kurz. Das mantische Verfahren setzt Affinität zwischen den Elementen der Welt voraus: Darauf beruht die Kausalität des Schicksals. Affinität meint hier, daß Elemente, die einander ähnlich oder benachbart sind, ihre Eigenschaften aufeinander übertragen und auf diese Weise Ordnungen erzeugen können. In der Affinität ist die Kategorie der Ähnlichkeit wirksam geblieben, die den Mythos prägt. Für den Mythos »gibt es kein bloßes Zeichen, das auf ein Entferntes und Abwesendes ›hindeutet‹, sondern für ihn steht das Ding mit einem Teil seiner selbst, d. h. aber gemäß der mythischen Ansicht das Ding als Ganzes, da, sobald irgendein ihm Ähnliches gegeben ist. In dem Rauch, der aus der Tabakspfeife aufsteigt, sieht das mythische Bewußtsein weder ein bloßes ›Sinnbild‹, noch faßt es ihn als bloßes Mittel, um den Regen zu erzeugen – sondern in ihm hat es unmittelbar und zum Greifen deutlich das Bild der Wolke und in diesem die Sache selbst, den ersehnten Regen, vor sich.«[153]

Die Mantik setzt zwar voraus, daß zwischen den Zeichen, die sie auslegt und dem Ereignis, das sie voraussagt, ein Verhältnis der Ähnlichkeit besteht; sie hat es jedoch mit Zeichen zu tun, die nicht unmittelbar verständlich sind, sondern erst erschlossen und interpretiert werden müssen. In einer Welt, deren Ordnung sich aus den Regeln der Affinität ergibt, unterliegt auch das Schicksal dieser Ordnung und ist daher grundsätzlich voraussagbar; jedoch nicht in den Zeichen der alltäglich-natürlichen Sprache, sondern nur in außerordentlichen Zeichen, die im Schlaf, im Wahn und in den Erscheinungen der Natur begegnen oder in den künstlichen Zeichen, die aus dem mantischen Verfahren der Vogelschau (im römischen Orakel) oder dem Stäbchenorakel (im *I Ching*) hervorgehen. Zwischen dem Zeichen, dem zukünftigen Ereignis und dem einzelnen, um dessen Schicksal es geht, will die Mantik Verhältnisse der Affinität aufdecken, die es den Menschen ermöglichen, sich als Teil des Ganzen zu verstehen. Dieses Ganze schließt auch die Zukunft ein, die voraussagbar ist, wenn die Zeichen richtig gedeutet werden.

Die Sprache der Dinge garantierte den Bestand der Mantik auch jenseits der magisch-mythischen Welt und ihre Entfaltung in sehr unterschiedlichen Kulturen. Foucault hat dargelegt, daß die mantische Tradition in Europa bis zum 17. Jahrhundert wirksam war; und zwar nicht als eine mit rationaler Erkenntnis konkurrierende Form, sondern als »eine gemeinsame Form mit der Erkenntnis selbst«.[154] Im Westen gerät die Mantik in der Moderne engültig unter Irrationalismusverdacht; im Osten bleibt ihr die Achtung gewiß, weil sie an der Botschaft teilhat, daß es für die Welt einen zureichenden Grund nicht gibt.

6.2 Vorzeichen II

Foucaults These, in Europa sei die Mantik als Hermeneutik der Dinge in ganz unterschiedlichen Traditionen und

Disziplinen wirksam gewesen, ist auch für Japan plausibel. Die Vermittlung des Shintôismus mit religiösen und philosophischen Weltbildern des Festlandes hat sich wesentlich über die Mantik abgespielt. Der von Kaiser Monmu erlassene *Taihô-Kodex* (*Taihô-ryô*, 701/2) verfügte die Errichtung eines Amtes für die Yin-Yang-Lehre (*onmyôryô*) mit anderen Worten eines Amtes für chinesische Mantik, und einer Medizinal-Kanzlei (*tenyakuryô*), deren magisches Ambiente in die Augen fällt: auch dem Tenyakuryô gehörten zwei Magier oder Exorzisten (*jugon/zugon*) an; die Studenten hatten, wie es hieß, »die Methoden des Lösens von Widerstrebendem und des Bannens zu studieren«. Was darunter zu verstehen ist, erläutert das *Ryô ni gige* (834), der amtliche Kommentar zum *Yôrô-Kodex*: »Bannen bedeutet: Stock und Schwert haltend Zaubersprüche lesen und damit die unsichtbaren Kräfte festhalten. Damit bewahrt man vor Schaden durch wilde Tiere, Tiger und Wölfe, giftiges Gewürm und Gespenster, Räuber, Diebe und die fünf Waffen. Ferner stärkt man durch Magie den Körper, und weder kochendes Wasser noch Feuer noch die Schärfe eines Messers verwunden ihn. Daher heißt es ›bannen‹. Lösen von Widerstrebendem bedeutet: man löst mit Methoden der Magie alle bösen Ängste. Daher heißt es ›Lösen von Widerstrebendem‹.«[155] Der Lehrstoff am *onmyôryô* war weniger genau festgelegt als der am *tenyakuryô*; das Mantiker-Wissen sollte esoterisches Privileg bleiben: »Der sicherlich wegen seiner immensen Wichtigkeit für den Staat esoterische Charakter der am on'yôryô vertretenen Disziplinen verbot es offenbar, Lehr- und Prüfungsstoff so eingehend zu regeln, wie dies z. B. für das Klassiker-Studium geschehen war. [...] Im Kodex heißt es zu diesem Komplex lediglich, die Studiendauer sei wie an der Hochschule, okkulte Schriften, astronomische Geräte sowie Pläne etc. dürften nicht ohne weiteres ausgegeben werden.«[156] Dem Amt für Mantik oblag es auch, Shintô-Zeremonien zu betreuen. Insbesondere die Sterndeutung war für die Beziehung zwischen den Religionen bedeutsam. Nach der Lehre des Taoismus bilden Polarstern und

Großer Bär Kräftezentren, die das menschliche Leben beeinflußen. Zu den Neujahrszeremonien gehörte seit dem 9. Jahrhundert die »Anbetung der vier Himmelsrichtungen« auf der Grundlage taoistischer Astrologie. Der Tennô, der durch den Mythos der Sonnengöttin zugleich aufs engste mit dem Shintôismus verbunden ist, rezitiert den Namen des Sterns, von dem Einfluß auf sein Schicksal erwartet wird. An die astrologische Verbindung zwischen Shintôismus und Taoismus schließt sich der esoterische Buddhismus an, der den Großen Bären als Bodhisattva (j. *bosatsu*) auslegt und unter dem Namen Myôken Bosatsu in seine Schriften integriert.

Die antik-europäische Einteilung der Mantik in natürlich (enthusiastisch) und künstlich (zeichendeutend) findet sich auch in Ostasien: Die natürliche Mantik basiert auf Vorzeichen, die in besonderen Zuständen der Seele erscheinen, wie im Traum oder im Wahn; die künstliche Mantik macht die Vorzeichen mittels verschiedener Verfahren erst sichtbar, wie in der Vogelschau oder der Sterndeutung.[157] Es bedurfte umfangreicher Vorbereitungen, um z.B. der Schafgarbe himmlische Ratschläge zu entlocken. Durch wiederholtes Sortieren wurden Hexagramme ermittelt. Es gab vierundsechzig – der Überlieferung nach von König Wen erdachte – Hexagramme, die alle möglichen Gegebenheiten symbolisierten, kombiniert aus jeweils zwei Trigrammen, von denen acht, die sogenannten *hakke*, den Grundbestand ausmachten. Diese Trigramme, Kombinationen aus drei gebrochenen (Yin) oder vollen (Yang) Linien, wurden zu einem Achteck zusammengelegt, in dem jedes Trigramm ein kosmisches Prinzip vertrat.

Die beiden ersten Prinzipien, *ken* (das Schöpferische) und *kon* (das Empfangende), sind durch eine Homologiebeziehung miteinander verknüpft. Ihr Niveau-Unterschied bringt ein Potential hervor, das Bewegung ermöglicht. Dieses Potential affiziert die aktive Kraft des *shin* (das Erregende); dargestellt durch den Donner. Seine gleichsam elektrisierende Kraft bildet Zentren der Aktivität, die sich in Blitzen als *ri* (das Haftende) entladen. Nun setzt der Gegenpart des Donners, der Wind, ein; diese sanfte, aber unnachgiebige Kraft wird *son* (das Eindringliche) genannt. Dem Wind folgt der Regen: eine umschließende und gefahrbringende Kraft, *kan* (das Abgründige). Eine weitere Wandlung läßt die Trigramme [*ri*] und *kan* jetzt als Sonne und Mond erscheinen, die im Wechsel Hitze und Kälte hervorbringen. Wenn die Sonne den Zenith erreicht, bedeutet es Hitze, *da* (das Heitere), eine freudig-gelassene Kraft. Wenn der Mond den Zenith erreicht, bedeutet es Kälte, *gon* (der Berg), eine beharrlich-ruhende Kraft. Im Trigramm des unverrückbaren *gon* sind Ende und Neubeginn zusammengeschlossen. Der Vergleich der unteren und oberen Trigramme eines Hexagramms zeigte einen Wechsel an, der anhand einer Referenztabelle, des *Ekikyô*, des *Buchs der Wandlungen*, gedeutet wurde.

Wie im Westen hat sich auch in Japan ein Register von Vorzeichen mit fester Bedeutung herausgebildet, wie sie z.B. im *Manyôshû* überliefert sind. Sternschnuppen oder der Schrei der Krähen künden Tod oder Unheil an. Schneefall zu Beginn des Jahres läßt eine gute Ernte erwarten. Besonders reichhaltig ist das Vokabular der Traumzeichen. Der Berg Fuji oder Botentiere von Gottheiten stehen für eine gute Zukunft, Mönche oder Fischfang für eine schlechte. Zu den frühen Formen mantischer Technik gehört die Skapulimantie, die schon im *Kojiki* und im *Nihon shoki* erwähnt wird; das Rösten von Schildkrötenpanzern hat sich bis heute an einigen Shintô-Heiligtümern erhalten. Auch am *Ekikyô* orientierte Verfahren waren in Japan verbreitet.

6.3 Homologien

Michael Lackner hat die eminente Bedeutung der Diagramme (*zu*) für weite Bereiche des chinesischen Denkens nachgewiesen und beschrieben. In den *zu* findet das korrelationistisch-topische Moment des chinesischen

Denkens seine augenfälligste Darstellung. Seine Verfahrensweise tritt in ihnen sozusagen plastisch zu Tage. »Ein Bedeutungsfeld von [*zu*] kann mit ›fester Rahmen‹, ›Maßstab‹, ›Schwierigkeit beraten‹, ›Plan‹ umrissen werden [...]. [*Zu*] bezeichnet des weiteren jede Illustration und Tafel [...]. Im engeren Sinne sind nun unter dem Begriff [*zu*] aber ›Karten‹ zu subsumieren (›Pläne‹ wiederum), d.h. Sternkarten, Landkarten (mit der Unterabteilung militärischer Karten) und Tabellen, z.B. genealogische und rituelle. Das Anliegen der Karten ist durchweg ein topographisches, d.h. bestimmte Phänomene (Dinge wie Begriffe) werden bestimmten Positionen [*i*] zugeordnet, und daher finden wir [*zu*] auch in den Bereichen der Medizin und der Divination, deren Übergänge oft fließend sein können.«[158] Die [*zu*], von denen viele der Verkartung des *Ekikyô* dienten – Lackner nennt sie daher auch »divinatorische *mandala*« – standen vor allem in engster Relation zur Mantik: »die Funktionsweise der [*zu*] besteht im Lokalisieren (›orten‹) von Phänomenen entsprechend ihrer geheimen oder offenkundigen Bedeutung. [...] Viele der im taoistischen Kanon überlieferten Abbildungen ›wirken‹ im Sinne von apotropäischen Amuletten, wobei, besonders in Medizin und Geomantik, die Eigenschaft der [*zu*] als einer geistigen Topographie nicht aufgegeben werden mußte. Als Darstellung objektiver Wahrheiten (z.B. im Falle des [*Ekikyô*] sind [*zu*] überdies Gegenstand meditativer Betrachtung und zugleich auch Darstellung des Meditationsprozesses selbst.«[159] Zwischen dem, was das *Ekikyô* beschreibt, dem Kosmos und dem Menschen, und der Beschreibung, dem Text des *Ekikyô* selbst, besteht keine Abbildungsbeziehung. Das Verhältnis beider Ebenen zueinander ist umkehrbar. Signifikat und Signifikant wechseln sozusagen je nach Beobachtungsperspektive ihre Positionen. Je nach Beobachtungspräferenz klärt das *Ekikyô* über den Bau und das Funktionieren des Kosmos auf – oder präsentiert sich als Leitfaden zur Kultivierung des Selbst. Es ist möglich, zwischen den verschiedenen Ebenen zu pendeln, wobei sich als dritte Korrelationsebene noch die Sozialordnung einschieben kann. Die mit dem *Ekikyô* initialisierte Kosmologie kann den Kosmos nur in bezug auf den Menschen (Selbsterkenntnis, Selbstkultivierung) und *vice versa* denken.

Auch der Neokonfuzianismus geht von der Existenz einer grundlegenden Homologie zwischen der Textur der natürlichen Welt und der menschlichen und moralischen Sphäre aus. Die Homologien können dabei sehr handfester, ja kindlicher Natur sein: der Kopf des Menschen ist rund, weil der Himmel rund ist, seine Augen entsprechen Sonne und Mond, seine fünf inneren Organe, die fünf Finger und die fünf Zehen den fünf Elementen. Ts'ai Yüan-ting (1135–1198), ein Schüler Chu Hsis, korrelierte unter Gebrauch des Topos der Homologie die medizinische mit der geomantischen Anatomie; auf ihn bezieht sich die Aussage Chu Hsis: »Das Wunder der Schöpfung begreifen nur die, welche tief in die Prinzipien eingedrungen sind. Ich werde nie müde, mich mit Tchi-t'ung (= Ts'ai Yüan-ting) darüber zu unterhalten.«[160] Er schrieb: »Gute Ärzte erforschen das Yin und das Yang der Zirkulations-Bahnen (des Körpers) und verschreiben entsprechende Arzneien. Gute Geomanten erforschen das Aufsteigen und das Fallen der Zirkulations-Bahnen (der Erde) und errichten entsprechend Grabstätten. Das Prinzip ist dasselbe.«[161] Wie war es dazu gekommen? Einige Jahrzehnte, nachdem Aristoteles »die Zahl und das Wesen der materiellen Elemente, mit ihren wechselseitigen Umformungen, wie auch das Entstehen und Vergehen im allgemeinen«[162] zum Thema seiner Überlegungen gemacht hatte, formierte sich in China ein Denken, das die chinesische Naturphilosophie vor allem während der Han-Zeit, aber auch während der ganzen nachfolgenden Entwicklung entscheidend prägte. Der Doxograph Ssu-ma T'an rechnete den neuen Denkstil zu den »Sechs Schulen« und gab ihm den Namen »Yin-Yang-Schule«. Im Westen hat sich dafür die Bezeichnung korrelationistische Kosmologie eingebürgert, wenngleich es präziser wäre, von einer korrelationistischen Anthropo-

Kosmologie zu sprechen. Sie baut auf einem korrelationistischen Denken auf, das eine chinesische Version des von Lévi-Strauss so genannten »wilden Denkens« im Sinne einer ursprünglichen »Wissenschaft des Konkreten« ist.[163] Diese hält sich an die konkreten, in der alltäglichen Erfahrung wahrgenommenen Erscheinungen, die sie horizontal in ein – mitunter komplexes – Wechselspiel miteinander setzt. Ihr Material bezieht sie aus der realen Umwelt: Sterne, Sippenverhältnisse, menschliche Charakterzüge, Himmelsrichtungen, Pflanzen, Tiere. Im Gegensatz dazu verknüpft das religiöse Ritual, am ausgeprägtesten im Opfer, Götter, Geister und Menschen vertikal miteinander; es stiftet, nach Lévi-Strauss, eine Beziehung zwischen getrennten Domänen, einer hiesigen und einer jenseitigen, göttlichen, nicht-existenten. Der ausgeprägte Opfer- und Divinationskult des frühen China deutet darauf hin, daß es in China eine vorkorrelationistische, im Sinne Lévi-Strauss' religiöse Phase gab; wobei es denkbar ist, daß die starke mantische Tendenz zur Divination die Ausbildung einer korrelationistischen Kosmologie befördert oder sogar herausgefordert hat.

Das *Buch* (*Leitfaden*) *der Lieder* (*Shikyô*) und die vorkonfuzianischen Teile des *Buchs der Dokumente* (*Shokyô*) sind noch ausgesprochen religiös orientiert. Das Konzept des »Mandats des Himmels« auf dieser frühen Stufe scheint noch zwei getrennte Bereiche, von denen einer als göttlich gedacht wird, vorauszusetzen. Im *Buch der Lieder* sind – abgesehen davon, daß es noch keine Spekulationen um die fünf Elemente enthält – die zentralen Konzepte des späteren Korrelationismus, Yin und Yang, noch weit davon entfernt, eine Urdualität zu bezeichnen. Hier meinen sie noch nicht mehr als Schatten und Licht, Schatten- und Sonnenseite eines Bergs. Andererseits umfaßt es zahlreiche Anrufungen an Repräsentanten einer anderen, jenseitigen Welt, für die hier noch der Name des Himmels (*ten*) steht. Selbst der »organismische« (Needham) und holistische Taoismus (Lao-tzus und Chuang-tzus) denkt in einem prägnanten

Sinne (noch) nicht korrelationistisch. Im Taoismus resonieren die natürliche und die menschliche Sphäre (noch) nicht, sondern sind jeweils, jede für sich, vertikal rückbezogen auf ihren Ursprung, das unbenennbare und unberührbare Tao. Für den Korrelationismus sind die natürliche und die menschliche Welt schicksalhaft miteinander verflochten. Das Tao des Taoismus steht als das Verborgene, als das, das keinen Namen hat, zur Erklärung der zehntausend Dinge des Kosmos, also auch des Menschen, nicht zur Verfügung: »[it] may be thought of as the pervasive, autonomous functioning of nature. ›Fish,‹ [Chuang-tzu] said, ›forget themselves in the lakes and rivers. Men forget themselves in the Way.‹ The ultimate aim was an all-encompassing indifference.«[164]

Während das korrelationistische Denken die Homologien zwischen dem menschlichen und dem natürlichen Bereich als ein Mittel sieht, die Zivilisation und auch das individuelle Leben durch Rückbindung an die Zyklen der Natur zu kontrollieren, lehnt Lao-tzus ›Primitivismus‹ jede (höhere) Zivilisation als eine Signatur des Abfalls vom Tao ab.[165] Das Tao des Taoismus zeichnet sich gerade dadurch aus, daß es an der gesellschaftlichen Ordnung nicht beteiligt ist. Die gesellschaftliche Ordnung ist für den Taoismus – wie auch für den Buddhismus – ein Raum, der verlassen werden muß, damit eine Rückkehr zum Tao möglich wird. In seiner Ablehnung korrelationistischen Denkens greift Han Fei-tzu auf die taoistische Ontologie zurück; Hsün-tzu sieht im Korrelationismus eine unmittelbare Gefahr für die konfuzianische Forderung nach geistiger und moralischer Autonomie. Vielleicht läßt sich die Bemerkung Tzu-kungs im *Rongo*, daß der Meister, der die Menschen ja dazu aufforderte, ihre Aufmerksamkeit auf ihre eigene moralische Autonomie zu richten, nie über den Weg des Himmels sprach, so deuten, daß Konfuzius kein Interesse an korrelationistischer Spekulation hatte, die rudimentär möglicherweise schon in vorkonfuzianischer Zeit stattfand. Unter diesem Aspekt folgt das frühe konfuzianische Denken allem Anschein nach dem religiösen Modell, wie Lévi-Strauss es beschrieben hat, wenn auch nicht so dezidiert wie Mo-tzu, der die Existenz einer immanenten, gar korrelativen Ordnung der Natur in Frage stellte; für Mo-tzu vermitteln die Zeichen der Natur den Willen des Himmels und der Geister. Für die Mohisten folgt der Wandel der Natur und der Geschichte keinem immanenten und notwendigen Muster; weder der Mensch noch der Kosmos werden von einem Zyklus der Elemente gelenkt.

In den *Frühlings- und Herbstannalen*, die den Zeitraum von 721–479 vor der Zeitenwende behandeln, finden sich erste Elemente korrelationistischen Denkens. Die *Annalen* berichten von den Aktivitäten der Mantiker (*shi*), Himmelsdeutern im Sinne von Astronomen, Astrologen und Kalenderexperten, die Ereignisse in der menschlichen Sphäre mit den Bewegungen von Himmelskörpern korrelierten; Yin und Yang spielen in den *Frühlings- und Herbstannalen* noch keine eminente Rolle, sondern werden den sechs Pneumata subsumiert (Yin, Yang, Wind, Regen, Dunkelheit und Licht). Die *Frühlings- und Herbstannalen* beschreiben nach der Art eines Almanachs, was Monat für Monat getan werden muß, um die Harmonie im Kosmos zu sichern; sie setzen die vier Jahreszeiten mit den Himmelsrichtungen und den Elementen ins Verhältnis, wobei die Zeitspanne zwischen Sommer und Herbst mit dem Zentrum als einer Himmelsrichtung und der Erde als einem Element assoziiert wird. Das Analogiengefüge zwischen dem menschlichen Handeln und den Gesetzen des Kosmos wird unter dem Titel der *Halle des Lichts* abgehandelt. Ssu-ma Ch'ien behauptet, daß mit der »shadowy figure«[166] des Tsou Yen (305–240?) die korrelative Kosmologie endgültig Gestalt gewann, indem er die Yin-Yang-Lehre, die frühe chinesische Antwort auf die Frage des Urspungs des Kosmos, mit der Lehre von den fünf Elementen, der frühen chinesischen Antwort auf die Frage nach der Struktur des Kosmos, miteinander kombinierte. Tsou Yen war es wahrscheinlich auch, der die Rotation der fünf Elemente (*gogyô*) mit dem zyklischen Ablauf der Geschichte in Zusammenhang brachte: Die Erde, unter deren

Einfluß der Gelbe Kaiser regiert hatte, wurde vom Holz der Hsia-Dynastie überwunden. Das Holz der Hsia mußte dem Metall der Shang weichen. Der erste Kaiser der Ch'in-Dynastie im 3. Jahrhundert v. Chr. glaubte seine unter dem Zeichen des Wassers stehende Herrschaft mit Härte und Gewalt ausüben zu müssen, um den andrängenden Feuer-Mächten zu entsprechen. Tsou Yen sprach auch von fünf Tugenden (*toku*); und auf dem Umweg über die alte chinesische Medizin wurden die »fünf Elemente und sechs Energien« (*gogyô-rokki*) Inbegriff der unentrinnbaren Zyklik des Kosmos, die sich auch in dem Glauben an einen schicksalhaften Lauf der Welt widerspiegelte. Der Terminus *gyô*, der später zur Benennung der Elemente gebraucht wird, bedeutet Tätigkeit und Bewegung, betont die Dynamik, das ›Übergängliche‹, den Wechsel und die Wandlung, er verweist auf mehr als nur die fünf Elemente, er verweist auf ein ganzes Syndrom von Korrelativen, auf »a whole set of associated factors of which the material elements represent one set.«[167] Die fünf Elemente verdanken die konzeptionelle Dynamik, die sie von den vorsokratischen Elementen als letzten Bestandteilen der Welt unterscheidet, ihrer agrarischen Herkunft. Das *Buch der Dokumente* spricht noch von den sechs Speichern: Wasser, Feuer, Metal, Holz, Erde und Korn. Tsou Yen verband die fünf Elemente und ihre durch »mutual conquest« geregelte Abfolge nicht nur mit dem zyklischen Verlauf der Geschichte, sondern behauptete auch eine Sequenz von Dynastien oder Zeitaltern, die alternierend durch Schlichtheit oder Komplexität bestimmt wären. Mit diesen Begriffen hatte Konfuzius das Naive, Natürliche und die Kultur qua Bildung als Extreme charakterisiert, die ausgleichend vermittelt werden müssen: »Ist ein Mensch mehr natürlich als gebildet, dann ist er unkultiviert. Unterdrückt die Bildung eines Menschen seine Natur, dann ist er eine Schreiberseele. Erst wenn Bildung und Natur ausgeglichen sind, ist man ein Edler.«[168]

Für das korrelationistische Denken war die kosmologische Spekulation offensichtlich ein idealer Jagdgrund. In der griechisch-alteuropäischen, metaphysischen Tradition mit ihrer dualistischen Weltsicht spätestens seit der platonischen Setzung einer transzendenten Welt der Ideen waren Fragen der Korrelationen zwischen jener transzendenten Welt und den Objekten und Ereignissen im *mundus sensibilis* stets virulent. Dagegen ist das korrelationistische Denken in China wohl primär aus der Vorstellung entstanden, daß der Mensch nach dem Bild von Himmel und Erde geformt sei und daß sich daraus Forderungen nach einer vollkommenen menschlichen Lebensführung ableiten lassen (müssen). Bei Augustinus findet man im Gegensatz dazu eine deutliche, fast apodiktische Absage an Himmel und Erde: »Weder Himmel noch Erde sind dein Gott.«[169]

Bei Tung Chung-shu, der konfuzianisches und korrelationistisches Denken geradezu systematisch miteinander verknüpfte, ist der Himmel der Vater der Menschen und der zehntausend Dinge; der Himmel teilt mit den Menschen die Gefühle der Angst, der Liebe, der Freude, der Sorge: Sie drücken sich in den Stimmungen, gleichsam den Tonarten aus, welche die vier Jahreszeiten charakterisieren. Im Unterschied zu den Menschen aber kennt der Himmel das richtige Maß, die Gefühle des Himmels äußern sich immer am richtigen Ort und in der richtigen Ordnung. Der Himmel besitzt einen Geist (*tenshin*), der alle seine Tätigkeiten lenkt und koordiniert. Tung Chung-shu identifiziert, wie es im Taoismus und auch bisweilen im Konfuzianismus geschah, den Himmel nicht mit dem impersonalen und ineffablen Tao. Der Himmel ist das Herz, die Regiezentrale der korrelativen kosmischen Ordnung. »The Scheme of correspondences of the Ying-yang Confucianism of Tung Chung-shu must have held unusual fascination for the medieval Chinese, for it dominated Chinese thought for five centuries.«[170] Vor diesem Horizont entwickelte sich ein gewaltiges Feld korrelativen Denkens, auf dem die varianten Möglichkeiten einer Homologisierung von Mensch, Himmel und Erde (Natur), ja aller zehntausend Dinge durchgespielt werden konnten. »Alle Dinge – gedacht in einem Netz von Interdependenzen und zueinander in ein Echo-Verhältnis gesetzt – erhielten in diesem holistischen Weltbild Verweis-Charakter; indem sie auf die Harmonie des ganzen verwiesen, verwiesen sie aufeinander. Die Dinge wurden in ihrem Verhältnis zur Harmonie des Ganzen zum diffusen Selbst. Die Wirklichkeit wurde zum ›Feld‹, in welchem die Dinge als Focus erscheinen.«[171]

In Kontrast zum westlichen Denken, das dualistisch und essentialistisch sei und von der Annahme diskreter, unabhängiger Weltelemente ausgehe, charakterisieren Hall und Ames das östliche Denken als polar-korrelativ und kontextualistisch auf der Basis der Annahme strikt interdependenter Ereignismomente. »Polarity requires correlative terminologies in order to explain the dynamic cycles and processes of existence: differentiating/condensating, scattering/amalgating, dispersing/coagulating, waxing/waning, and so forth. Further, since everything that exists falls on a shared continuum on which they differ in degree rather than in kind.«[172] Artunterschiede entpuppen sich hier als Gradunterschiede auf polaren Skalen: Wissen und Tun oder Körper und Geist stehen auf derselben Skala, nur an verschiedenen Orten.

Korrelationistisches Denken fußt somit auf einem ganzen System homologer Ordnungen, einem System, in dem der Kosmos, die Physiologie, die Psychologie, der Kalender, die Communitas etc. kurzgeschlossen sind. »Als Basis-Beziehung zwischen den Dingen wird ein Entsprechungsverhältnis angesehen, dessen denkmethodische Konsequenz die Zuordnung der Dinge nach dem Muster einer auf Ähnlichkeit beruhenden Entsprechung ist.«[173] In der Praxis des Korrelationismus erweist sich freilich, daß Ähnlichkeit ein höchst problematisches Kriterium ist, denn: »Auch unähnliche Dinge sind vom Genus der Dinge – sie haben Familienähnlichkeit.«[174]

Exkurs. Riß, Linie und Kultur: bun als Inbegriff korrelationistischen Denkens

Im Begriff *bun* verdichtet sich die sino-japanische Vorstellung vom sinnhaften Aufbau der Welt als eines universellen Korrelationsgefüges aufs deutlichste. Der Begriff *bun* oder *aya* ist nur schwer zu übersetzen. Je nach Kontext bedeutet *bun* Figuration, Muster, Motiv, Text(ur), Ornament, Zeichen/Markierung oder Kultur. Darüber hinaus ist *bun* auch das sino-japanische Gegenstück zum okzidentalen Begriff schöne Literatur und Literatur im allgemeinen. Wie der Begriff Literatur, der sich von *litteratura* ableitet, das dem griechischen *grammatike* nachgebildet ist, das auf *gramma*, den Buchstaben, hindeutet, bezeichnet *bun* auch die in graphischen Zeichen, Ideogrammen notierten Texte; und wie der Begriff Literatur steht auch *bun* in einem engen historischen und assoziativen Zusammenhang mit Bildung und Zivilisation. *Bun* »meint zunächst die distinktiven Merkmale von Phänomenen – das also, was den Dingen ihre Identität verleiht. Aus dem ungeformten Chaos bildete sich die ›Urlinie‹, in welcher *bun* zum ersten Mal in Erscheinung tritt. Und wo es eines gibt, da gibt es auch zwei, ein Oben und ein Unten. Mit der ›Einschreibung‹ einer horizontalen Linie hebt ein Prozeß an, in welchem das Universum in unterscheidbare, diskrete Einheiten aufgeteilt wird. Ihre gemeinsame Grundlage ist gleichwohl *bun*, jedes weitere, unterscheidende Auftreten von *bun* signalisiert daher immer auch eine gemeinsame Herkunft und die Teilhabe an einer gemeinsamen Phänomenqualität.«[175] Die seit der Mitte des zweiten Jahrtausends v. Chr. von Wahrsagern auf Knochen und Schildplatt durch Erhitzen provozierten Risse und Sprünge machten die verborgenen Muster des Kosmos (*bun*) sichtbar; in der Schrift dieser Sprünge und Risse offenbarte sich »die Potentialität der Dinge«. Diese Schrift »spiegelte den sich ›schreibenden‹ Prozeß kosmischer Schöpfung und ahmte ihn nach.«[176] In China hat sich der Begriff *bun* zu einer zentralen Kategorie entwickelt, die die Gesamtheit kultureller Phänomene umfaßte. *Bun* bezeichnete das ganze Netzwerk symbolischer Werte, die in den Augen der Chinesen die Welt ausmachten; *bun* war der übergreifende Name für die Weltordnung in ihrem kosmologischen und moralischen Aspekt. Es ermöglichte und garantierte die vielschichtige und durchgängige Korreliertheit des Kosmos. So bezeichnete *bun* einerseits die moralische Vollkommenheit der menschlichen Natur, andererseits aber auch die kosmologische Basis aller und jeder Tugend. Es bezeichnete den Ursprung und das Prinzip, dem die Welt Bestand, Sinnhaftigkeit und Funktionsfähigkeit verdankt. *Bun* ist, auf seine allgemeinste Formel gebracht, die sichtbare Seite des Tao als kosmische und irdische Schrift/Textur. Als Ursprung und Prinzip ist *bun* »in der Potentialität jedes Dings gegenwärtig. Jedes Ding existiert genau da, wo es das Reich des *bun* offenbart.«[177] Es ist verlockend, *bun* als ein System zu beschreiben, das sozusagen keine Leerstellen und keine weißen Flecken besitzt. *Bun* überspringt die Opposition von Natur und Kultur, da es als Inbegriff jeglicher Konfiguration das Ordnungprinzip sowohl der Natur als auch der Kultur ist. Das Prinzip *bun* machte es leicht, Kultur und Natur in ihrer ursprünglichen Einheit wahrzunehmen und zu denken: *Bun* wurde sichtbar in den Zeichnungen und Mustern in Tierfellen; über die Vermittlung der Trigramme des *Buchs der Wandlungen* machte es das unsichtbare kosmische Geschehen kenntlich und lesbar, es regelte als ordnendes Prinzip das gesellschaftliche Leben, es manifestierte sich sinnfällig in den Zeichen der Schrift. Das Wort – als geschriebenes und als gesprochenes – galt als Erscheinungsform der Dinge und die Dinge als eine Erscheinungsform des Wortes. »In China ist das Wort nicht der metonymische Rest eines göttlichen *Logos*, sondern die Entelechie eines Seinsprozesses von unmittelbar und immanenter Bedeutsamkeit. Die Wörter ersetzen die ›Dinge‹ nicht; *res* und *verba* müssen *beide füreinander existieren*, um richtig, das heißt als Teile ein und desselben kosmischen Prozesses, wahrgenommen werden zu können.«[178]

Für den Konfuzianismus besteht konsequenterweise die Aufgabe der Erziehung und der Selbsterziehung weitgehend darin, die menschliche Kultur, die im Begriff des *bun* zusammengefaßt erscheint, zu überliefern: *bun* im Sinne von Kultur bedeutet hier Erkenntnis des Universums, die Darstellung dieser Erkenntnis und das dieser Erkenntnis angemessene Handeln. Vor allem im Akt des Schreibens wird »das Werden des Seienden unentwegt erprobt. Das Schreiben ergreift die Phänomene und stellt sie dar. Es bestätigt die moralischen und kosmischen Wahrheiten, die alles beherrschen, immer aufs neue. Im Idealfall fällt das vom Menschen entwickelte *bun* (also alle Produkte kultureller Diskurse) mit der ›Lektüre‹ des Universums zusammen.«[179]

Im ersten Abschnitt seines Traktats *Bunshin chôryô* (*Der literarische Geist und das Schnitzen von Drachen*) aus dem 6. Jahrhundert führt Liu Hsieh den ganzen Reichtum des *bun*-Begriffs konzentriert und plastisch vor:

»*Bun* [die Tatsache, daß alle Dinge, die sichtbar werden, immer nur als Beziehungsgeflechte sichtbar werden, als Ornament, Figuration, literarischer Text, Kultur] ist von größter Bedeutung. Was heißt es, wenn man sagt, daß [*bun*] zusammen mit Himmel und Erde entsteht? [Es meint, daß Himmel und Erde sich als eine Konstellation aus] den Farben Schwarz und Gelb und den Formen Viereckig und Rund [präsentieren]. Sonne und Mond schmücken wie zwei Jadescheiben den Himmel [und offenbaren so] die Schönheit des Firmaments. Berg und Fluß breiten wie die Linien eines Stoffmusters die geordnete Gestalt der Erde [vor uns] aus: genau dies ist das *bun*, in dem der Weg (Tao) [sich zeigt]. Im Aufblicken zu den strahlenden Gestirnen des Himmels und im Hinabblicken zu den zahllosen Formen der Erde werden ›oben‹ und ›unten‹ bestimmt. Als Drittes tritt nur noch der Mensch hinzu. Weil sich in ihm der Lebens-Geist von Himmel und Erde versammelt, bildet er mit diesen eine Drei-Einheit (*sansai*). Er ist der Geist des Universums, da er das Beste der fünf Wandelzustände in sich vereinigt. Zusammen mit dem Geist tritt das Wort auf. Mit dem Auftreten des Worts wird *bun* [die Tatsache der Korreliertheit aller Dinge] manifest. Dies ist das Aus-sich-selbst-Hervorgehen (*shizen*) des Wegs. Alle Dinge, auch die Tiere und die Pflanzen sind *bun*. Die strahlenden Farben des Drachen und des Phönix, das gescheckte Fell des Tigers und des Leoparden, die Gestaltungen der

Wolken und des Nebels, die leuchtenden Blüten der Pflanzen und Bäume – sind über alle Handwerkskunst erhaben; sie sind nicht mit äußerem Schmuck behängt, sie sind von sich selbst her (*shizen*) damit ausgestattet. Der Wind in den Hainen klingt wie Musik von Saiteninstrumenten, die Wasserfälle, die auf die Felsen stürzen, tönen harmonisch wie Trommelschlag. Alles, was Form hat, besitzt eine sichtbare ›Textur‹, alles, was tönt, eine hörbare: wenn schon Dinge und Wesen ohne Bewußtsein soviel davon haben, wie könnte es den Wesen mit Bewußtsein mangeln!«

6.4 Geschaffene und ungeschaffene Welt

Schon durch die Art und Weise, wie sich die verschiedenen Kulturen die Entstehung der Welt (*kaibyaku*) vorstellen, fällt eine wesentliche Entscheidung über die Konzepte von der Natur und dem Menschen. Die Vorstellungen von der Weltentstehung lassen sich zwei Haupttypen zurechnen: Typus C geht davon aus, daß die Welt von einem Weltenschöpfer (*creator mundi, creator universorum*) geschaffen wurde; für den Typus I hingegen ist die Welt ungeschaffen, *increatus*, reine Hervorkommnis, Produkt und Ergebnis eines primordialen und spontanen, überzeitlichen und paradoxen Selbstdifferenzierungsprozesses, eines Prinzips, das durch diesen Prozeß seinerseits überhaupt erst in Existenz tritt. Der Typus C ist kennzeichnend für das Abendland, besonders aber für das christliche Abendland. Der Typus I herrscht im ostasiatischen Bereich vor. Der signifikanteste Unterschied zwischen einer geschaffenen und einer ungeschaffenen Welt besteht darin, daß jede Entität, jede Spezies, innerhalb einer geschaffenen Welt ein Modell repräsentiert, das jenseits des Partikularen angesiedelt ist. Diese Idee eines autonomen Modells durchzieht in verschiedenen Variationen die religiösen, philosophischen und wissenschaftlichen Doktrinen der nachsokratischen westlichen Welt. Formelhaft läßt sich sagen: der Typus C setzt einen planenden göttlichen Geist, einen Agenten voraus, einen Demiurgen, einen göttlichen Architekten und

Baumeister, der in schöpferischer Tätigkeit eine Idee, ein Konzept, einen idealen Entwurf realisiert (technomorphes Modell). Der schöpferische Mensch, der unter dem Einfluß des Typus C aufgewachsen ist, wird sich als »ein kleiner Gott der Welt« (Goethe) fühlen und gebärden; kreative Tätigkeit wird so zum Raubbau an der weltschöpferischen Qualität Gottes. »Denn was an Schönem aus der Seele in die Hand des Künstlers fließt, das kommt von jener Schönheit, die da über unsern Seelen ist.«[180] Ähnlich prägnant schreibt Augustinus in seinem Psalmenkommentar, daß die Menschen das Schöne der Schöpfung gleichsam als Surrogat für den unsichtbaren Gott anstaunen: »Warum liebst du die Geschöpfe, wenn nicht deshalb, weil sie schön sind? Aber können sie so schön sein wie der, welcher sie gemacht hat? Du staunst sie an, weil du ihn nicht siehst.«[181] Im Wirkungsbereich des Typus C repräsentieren das Sichtbare, das Hörbare, das Tastbare, das sinnlich Wahrnehmbare, das Sagbare eine höhere Wirklichkeit, die ihrerseits ein *ineffabile* bleibt. Der Typus I, für den die Welt ungeschaffen ist, wird bestimmt durch die Begriffsreihe Koemergenz, Konkreszenz, Dependenz, Korrelation, Komplementarität. Dieser Typus folgt einer Ontologie der Ereignishaftigkeit – und zwar in dem Sinne, daß Ereignisse Akteure hervorbringen, die zugleich als Träger und Adressaten der Ereignisse fungieren.

In einer ungeschaffenen Welt ist ein Ding durch Differenz und Ort in bezug auf andere Korrelative definiert; der Typus I erlaubt keine essentiellen Konstrukte. Die Dinge und die Menschen in einem ungeschaffenen Kosmos sind Teil der Welt, während sie in einem geschaffenen als Kreaturen gelten müssen. Während der Typus C sich in Kategorien wie Essenz und Attribut, Ursache und Folge niederschlägt, setzt der Typus I Konfigurationen oder Konstellationen von wechselseitig abhängigen Teilen, deren gegenseitige Abhängigkeit zugleich Garant ihrer Freiheit ist. Wie es das *Buch der Mitte* beschreibt: »So gedeihen alle Dinge miteinander zusammen, und keines tut dem anderen Eintrag. Alle Wege (Tao) werden miteinander zusammen begangen und stören einander nicht.« Im Gegenteil, sie bringen in einem tanzenden Wechsel immer neue Konstellationen und Konfigurationen hervor, wie die »dem Tangram ähnlichen Verschiebetafeln [...], wo vorgefundene Elemente mit jeweils gesonderter formaler Beschaffenheit zu zahlreichen, immer neuen Konfigurationen im Sinne einer pädagogischen ›Vermehrung des Wissens‹ [...] (›da erkannte ich um so mehr‹) zusammengesetzt werden.«[182] Ein anderes wesentliches Merkmal dieses Typus ist darin zu sehen, daß es dem Konzept eines absoluten negativen Prinzips, dem Prinzip des Bösen so wenig Raum bietet wie der Vorstellung von einem Sündenfall. Wesen und Art des korrelativ geordneten Kontinuums des Kosmos ist nach dieser Auffassung (nur) das Hervorbringen, das Lebenschaffen. Gebunden daran sind die Fragen der Stellung des Menschen innerhalb des Kosmos und wie der Mensch ständig verbessert und vervollkommnet werden kann. Während für den Typus C die Welt die Realisation eines Entwurfs ist, ist sie für den Typus I eine Realität, die sich ständig entwirft.

Totalität wird in der chinesischen Sprache durch Komposita aus zwei essentiellen Bestandteilen, durch ausgewählte Korrelativenpaare, wiedergegeben: *ch'ien* (j. *ken*), Himmel/das Schöpferische, und *k'un* (j. *kon*), Erde/das Empfangende, die zwei primären Hexagramme des *Buchs der Wandlungen*, markieren die Idee des Universums oder der Welt; *ts'ao mu* (j. *sômoku*), Pflanzen und Bäume bedeuten das ganze vegetative Leben. Himmel und Erde sind für dieses Denken nicht zwei unabhängige Teile der Schöpfung, sondern können nur in Abhängigkeit voneinander existieren; ihre gegenseitige Abhängigkeit macht sie zu dem, was sie jeweils sind. Der Himmel ist dem System immanent: »operates only through its articulations. Given the necessary periodicity of the five elements, Heaven necessarily gives rise to all the correlative clusters. Heaven is indeed no ›law-giver God‹ standing outside the system: Heaven is necessarily realized through the system.«[183] Ein wenig überspitzt formuliert, schafft ein Dichter, eben als

›kleiner Gott der Welt‹, in der Domäne des Typus C die Welt immer neu; der Dichter in der Domäne des Typus I nimmt an der Natur, die ist, nur teil, und dank seiner radikalen Innerweltlichkeit mangelt ihm die Aura eines einsamen Sprachrohrs Gottes. »Der Chinese [...] sucht nichts weiter hinter der konkreten Erscheinungswelt. Er fühlt sich der Aufgabe enthoben, eine Theodizee des Werdens entwerfen zu müssen. Statt dessen gilt ihm das einschwingende und schritthaltende Mitgehen mit der naturalen Wandelordnung als das Beste.«[184] Im Wirkungsbereich des Typus I präsentieren das sinnlich Wahrnehmbare und das Sagbare Wirklichkeit als solche. Nach Gernet unterschieden die Chinesen offensichtlich nicht zwischen körperlich und unkörperlich, zwischen sichtbar und unsichtbar, zwischen rational und irrational, zwischen göttlich und menschlich, zwischen wahr und illusorisch: »Without polarities of this kind, symbols have no role to play, since by essence they refer to an ›order scene‹ – a scene that in China does not exist.«[185] Auch die hermeneutisch-symbolische Tradition, die sich auf das *Ekikyô* stützte, verzichtete auf die Unterscheidung phänomenal/transzendental: Das Jenseits der Repräsentation zeigt sich in nichts anderem als der Repräsentation selbst. Hier ist alles Hierophanie, »although there is nothing, here, behind or beyond phenomena.«[186]

Wer das Modell aller Modelle, wer das Wirken des Kosmos verstanden hat, kennt das Gesetz, unter dem alle Dinge stehen und dem Folge zu leisten ist. Die *Aufzeichnungen über die Riten* nehmen sich den Jahreszyklus zum Modell und orientieren daran das Zeremoniell und die Regierungsaufgaben des Herrschers. Die Zusammenhänge diktieren eine eigene Rationalität. Jeder Monat wird auf astronomische Konstellationen, auf die Elemente, die fünf Geschmacksarten, die fünf musikalischen Töne, auf temporär residierende Gottheiten u. a. bezogen. Der Himmelssohn muß dafür sorgen, daß die der Jahreszeit angemessenen landwirtschaftlichen Tätigkeiten ausgeführt werden, er muß die angemessenen Opfer darbringen, die angemessene Zeremonialkleidung tragen, angemessene Nahrung zu sich nehmen und die angemessenen Rituale in der »Halle des Lichts«, der architektonischen Miniaturausgabe des ganzen Kosmos, durchführen. Die *Aufzeichnungen über die Riten* erklären das Geschehen im Kosmos mittels einer Systematisierung der fünf Wandelzustände (*gogyô)*; es werden allein 62 Erscheinungsformen der fünf Wandelzustände beschrieben, bis hin zu den fünf Methoden, das kaiserliche Boot zu wenden. Dinge derselben Kategorie, die aber in verschiedenen kosmischen Bereichen angesiedelt sind, wirken mittels einer Art Sympathie aufeinander ein, die jedoch einen hierarchischen Charakter hat. »The universe was conceived to be a harmonious organism whose smooth operation depended on every part finding its proper place within the whole. The ruler had indeed to be ruler above, and the ruled were assigned prescribed roles below in a clearly articulated hierarchical order, perceived as replicating the order of heaven and earth. On this everyone was basically agreed.«[187] Als Element, das zwischen den verschiedenen Ebenen und Bereichen, etwa zwischen den politischen Aktivitäten der Herrscher und kosmischen Ereignisses, vermittelt, galt das pneumatische Medium *ki*. Seit dem 2. Jahrhundert vor der Zeitenwende wurde es zur Erklärung jener wunderbaren Fernwirkungen herangezogen. In diesem Kontext vergleicht John B. Henderson die Entwicklung des chinesischen kosmologischen Denkens mit der kindlichen Logik, wie Piaget sie beschrieben hat: »in child logic, as well as in the historical development of cosmology in China, it seems that general ideas of ›resonance‹ or ›participation‹ precede attempts to explain resonant effects.« Das Konzept des [*ki*] als eines geradezu physischen Mediums hatte die allgemeinen Ideen präzisiert; im Laufe der Han-Zeit begann man »to explain particular instances in which a condition in one domain of experience affected those in another by reference to standard cosmological categories, such as yin-yang an the five phases«.[188] [*Ki*] wurde jedoch »weniger homogen als qualitativ gleichartige Substanz der Dinge, sondern mehr qualitativ differenziert (als [*ki*] von etwas: des Himmels, des Menschen, des Blutes etc.) diskutiert. [*Ki*] ist weniger ein Urstoff, als vielmehr eine Art von verbindender Substanz der all-umfassenden Tao-Ordnung.«[189]

Exkurs. Die entsprechungssystematische Medizin

Die Prinzipien der Yin-Yang-Lehre bestimmen auch die Grundvorstellungen der entsprechungssystematischen *kanpô*-Medizin. »Yin und Yang sind universelle Bezeichnungen der polaren Aspekte von Wirkungen [...] Yang = aktiver Aspekt einer Wirkung. Yin = struktiver Aspekt einer Wirkung.«[190] Auf der durch die elementare Unterscheidung der sonnenzugewandten und der sonnenabgewandten Seite eröffneten Skala lassen sich alle Erscheinungen des Kosmos verorten. Yin und Yang stehen in einer korrelativen, im Idealfall harmonisch-ausgepegelten, in ungünstigeren Fällen in einer gestörten, weil nicht mehr ausbalanciert-reziproken Beziehung zueinander. Da der Mensch eine Art Duplikat des Makrokosmos ist, können auch seine Krankheiten in Kategorien der Balance oder des Ungleichgewichts der Grundkräfte Yin und Yang erklärt werden. Schon im maßgeblichen Urtext der chinesischen Medizin, dem *Nei ching* des Gelben Kaisers,[191] wird die Yin-Yang-Lehre mit der Lehre vom Zyklus der fünf Wandlungsphasen verknüpft. Am Menschen wird das Äußerlich-Sichtbare dem Yang, das Innerlich-Unsichtbare dem Yin zugerechnet; die obere Hälfte des Körpers, vom Nabel an aufwärts, ist Yang; die untere Hälfte des Körpers, vom Nabel an abwärts, ist Yin. Der Rücken des Menschen (weil beim ›Vierfüßler‹ Mensch ursprünglich der Sonne zugewandt) ist Yang; seine Bauchseite Yin; auch eine umgekehrte Zurechnung findet sich bisweilen, ohne daß dadurch das Funktionieren des Entsprechungssystems beeinträchtigt würde. Die Hitze-Gefühle (Fieber) erzeugenden Krankheiten sind Yang. Die Krankheiten, die Kälte-Gefühle erzeugen, sind Yin. Während Yin und Yang auf diese Weise dazu dienen, wechselnde Zustandsbilder der ständigen Veränderungen des menschlichen Körpers zu zeichnen, kennzeichnen *kyo* und *jitsu* Mangel oder Überfülle, das Zuwenig (Defizienz) oder Zuviel (Redundanz) bestimmter Kräfte und Stoffe im Körper: Beides stört den vollkommenen Ausgleich, in der Yin-Yang-Lehre gleichbedeutend mit Gesundheit. Ist der Ausgleich wegen eines Mangels auf der Yin- oder der Yang-Seite gestört, handelt es sich um ein Mangelsymptom, *kyoshô, inanitas* (Porkert).

Ist der Ausgleich wegen einer Überfülle auf der Yin- oder Yang-Seite gestört, handelt es sich um ein *jisshô*, Völlesymptom, *repletio* (Porkert). Die Kriterien der Therapie ergeben sich aus den beiden festgeschrieben Sequenzen der fünf Wandelphasen (der ›hervorbringenden‹ und der ›bezwingenden‹). Der Mangel muß mittels eines *hozai* ausgeglichen werden, die Überfülle mittels eines *shazai* reduziert werden. So werden auch die Medikamente nach dem Yin-Yang-System gegliedert: zu Yang gehören *hozai*, Expectorantien, Stimulantien und heiße Decocte; zu Yin gehören Astringentien, Laxantien, Haematica und kalte Aufgüsse. Diese Grundideen werden auch bei der Therapie psychischer Krankheiten angewandt, die nach der Regel verfährt: Erkenne die pathogene Emotion, und errege gemäß der gegenseitigen Beziehungen der fünf Wandlungsphasen im Kranken diejenige Emotion, welche die krankmachende neutralisiert oder auslöscht. Die so bewirkte Beseitigung des pathogenen Affekts ist gleichbedeutend mit Heilung. Erschwert wird die Wahl der richtigen therapeutischen Maßnahme dadurch, daß der Übergang von *kyo*-Zuständen zu *jitsu*-Zuständen und vice versa sehr schnell vonstatten gegen kann.

Die Terminologie der chinesischen entsprechungssystematischen Medizin war auch geeignet, Pathologien des Staatskörpers zu diagnostizieren: »Im Staat wie im Körper resultierten Störungen, also Kranksein, vor allem aus dem Versagen des Transportsystems oder aus einer Blockade der Kanäle, sei es durch menschliche Sabotage oder durch Naturkatastrophen, die den harmonischen Fluß der

Mittel von außerhalb und dann innerhalb des Organismus unterbrachen. Derartige Störungen konnten in einem Verbrauchszentrum zu Mangelerscheinungen und in einem Speicher zu Überflußerscheinungen führen; umgekehrt bedeutete die allzu schnelle Verausgabung eines Speichers und eine Überschwemmung der Paläste mit Einflüssen ebenfalls eine Belastung des harmonischen Kreislaufs der Mittel. Mangel- und Überflußerscheinungen in den Speichern [*gozô*]: Nieren, Leber, Herz, Milz, Lunge, Herz-Hülle und Paläste: Magen, Dünndarm, Dickdarm, Harnblase, Galle, ›Dreifacher Wärmer‹ [*sanshô*] sowie Blockaden im Transportsystem der Leitbahnen sind die drei zentralen Krankheiten der entsprechungssystematischen Medizin.«[192] Das *Nihon shoki* berichtet, daß Kaiser Ingyô im Jahre 414 einen koreanischen Arzt namens Konmu nach Japan berufen hat und daß im Jahre 459 ein Arzt namens Tokurai in Naniwa eintraf. Die Lektüre der Klassiker der chinesischen Medizin, das *Somon*, das *Reisu* und das *Nankei*,[193] waren seit der Regierungszeit des Kaisers Kinmen (reg. 540–571) Teil des Curriculums der Hofärzte. Seit dem frühen 7. Jahrhundert war das Studium der chinesischen Medizin Pflicht aller unter der Förderung des Hofes ausgebildeten Ärzte.[194]

Wie intensiv indes die Auseinandersetzung mit medizinischer Literatur aus China war, bezeugt u. a. eine zwischen 889 und 898 von Fujiwara Sukayo zusammengestellte Liste, die 1309 aus China importierte Schriftrollen mit medizinischen Traktaten aufführt. Der Import solcher Texte stagnierte im Jahr 894, als Japan den offiziellen Kontakt zu China abbrach. Jetzt begannen die Japaner selbst medizinische Schriften zu verfassen, die sich – ohne die übergeordnete Geltung der Yin-Yang-Lehre anzutasten – um drei zentrale Theorien gruppieren lassen:

(1) daß Krankheit Folge des Eindringens miasmatischer Gifte in den Körper sei (*fûdoku-setsu*),

(2) daß Krankheit eine Folge von Besessenheit durch böse Geister sei (*jijin-jajin-setsu*) und

(3) daß Krankheit eine Folge eines Ungleichgewichts der

vier großen Elemente Erde, Wasser, Feuer und Luft sei (*shidai-fuchô-setsu*).

6.5 Japan – Bruch der Bedeutung

Ernst Cassirer sagt, daß die Relationen, die das »mythische Denken« setzt, »keine gedanklichen Bindungen [sind], durch welche das, was in sie eingeht, zugleich gesondert und verknüpft wird, sondern sie sind eine Art von Kitt, der auch das Ungleichartigste noch irgendwie zusammenzuleimen vermag. Dies eigentümliche Gesetz der Konkreszenz oder Koinzidenz der Relationsglieder im mythischen Denken läßt sich durch alle seine einzelnen Kategorien hindurch verfolgen.«[195] Das mythische Denken folgt dem »Prinzip der Einerleiheit des Teils mit dem Ganzen«[196] und zieht zwischen dem Ganzen und seinen Teilen keine Grenzlinie. »Die Verknüpfung der Elemente zu einem ›Ganzen‹ setzt ihre scharfe Sonderung, ihre Unterscheidung als Elemente voraus.«[197] Genau auf dieser scharfen Scheidung beruht »Notwendigkeit und Möglichkeit aller Harmonie.«[198] Cassirer beruft sich an dieser Stelle auf den Pythagoreer Philolaos, der feststellte: »das Gleiche und Verwandte bedurfte ja doch nimmermehr der Harmonie, dagegen muß das Ungleiche und Unverwandte und ungleich Verteilte durch eine solche Harmonie zusammengeschlossen werden, durch die sie imstande sind, in der Weltordnung zusammengehalten zu werden.« Das mythische Denken, für das das Prinzip der Einerleiheit gilt und für das der Teil das Ganze nicht repräsentiert, sondern gleichsam *sui generis* ist, desavouiert jegliche Harmonie, ja verbietet den Gedanken daran, denn Harmonie ist nach Philolaos »buntgemischter Dinge Einigung und verschieden gestimmter (Dinge) Zusammenstimmung«. Fraglich ist, ob das chinesische kosmologische Denken im Denken der Einerleiheit, wie Cassirer es nennt, aufgeht und ob sich die Korrespondenz-Bezüge, die es protokolliert, in einfache *pars-pro-toto*-Beziehungen auflösen lassen.

Cassirers Beschreibung wird der Komplexität des integrativen Denkmusters und der intrinsischen Logik, nach denen das chinesische Denken die Welt und den Menschen prozessiert, kaum gerecht. Denn so sehr das chinesische Denken nämlich auch dem »Mythischen« verhaftet bleibt, besitzt es doch eine ausgereifte, eigentümliche – gleichsam dem Mythos abgerungene – Diskursivität, die Moritz auf folgende Formel bringt: »Die das chinesische Denken durchziehende Idee, wonach das richtige Verhalten des Menschen die conditio sine qua non für die Harmonie des Weltganzen, im konfuzianischen Kontext die Kultivierung des Menschen für die Perfektion der Welt, ist – sie trägt entscheidend dazu bei, daß dieser Mensch mit seinem Verhalten, daß die Motive und die gesellschaftlichen Konsequenzen dieses Verhaltens sowie die ihm zugrunde liegende Moral Dreh- und Angelpunkt des Nachdenkens werden. Das ist der entscheidende, alles beherrschende Inhalt der traditionellen chinesischen Denkkultur. Indem aber hierüber nachgedacht wird, wird zugleich auf spezifische Weise über das Weltganze nachgedacht. Mensch und Welt werden zu einer Topik, das Weltganze wird auf das Subjekt Mensch bezogen erfaßt, Gesellschaft in die Natur hinein geweitet.«[199]

Der japanische Korrelationismus unterscheidet sich vom chinesischen um jenen Bruch, den David Pollack »fracture of meaning« genannt hat. Diese Fraktur, die sich schon in der Selektion kultureller Import-Güter auswirkt, hat verhindert, daß Japan zu der Nachahmungskultur wurde, die zu sein ihr oft fälschlicherweise vorgeworfen wird. Die japanische Art der Aneignung nahm und nimmt in der Regel die Form der Enteignung, in extremen Fällen die Form der Demontage an: »Japanese history demonstrates time and again the failure of Chinese models in Japan«.[200] Von entscheidender Wirkung war dabei sicher, daß Japan im Bewußtsein der Relativität der eigenen Kultur gegenüber China – und auch Korea – von China Elemente eines Denkens, einer Philosophie übernahm, die in einer Kultur entstanden waren, der das Bewußtsein fehlte von »der Relativität im Verhältnis zu anderen Kulturen und damit auch die Sensibilität dafür, den Wechsel innerer Verhältnisse wirklich als Ausdruck des Relativen zu verstehen. Es ging [in China] stets um den Wechsel von Ordnung und Unordnung, die wieder zur Ordnung hin aufgehoben werden mußte, und diese Ordnung wurde – von unterschiedlichen geistigen Richtungen unterschiedlich artikuliert – als Normalität des Seins, als eine ontologische Größe verstanden.«[201] Im Gegensatz dazu mußte das japanische Denken sich an dem ungeliebten Faktum der Relativität, ja dem peripheren Status Japans abarbeiten. Dies gab ihm einen kompensatorischen Impuls, der dem chinesischen Denken erspart blieb. Schon die Erscheinungsform des *Kojiki*, ein Sanktuarium der National(istisch)en Schule (*kokugaku*) der Edo-Zeit, »speaks clearly of the obviously traumatic schism of language that happens to any culture in the transition from orality to literacy. But unlike other literate cultures, Japan was not permitted the opportunity to make this transition, already traumatic enough in itself, either by developing her own script or by means of the sort of borrowed alphabetic script whose alien presence is reduced to the minimally intrusive level of the phoneme.«[202] Die weitgreifende und irreduzible Überformung der autochthonen japanischen Denk- und Ausdrucksformen durch den fremden chinesischen Modus, der zwangsläufig auch den Blick auf das Eigene bestimmt, spannt das japanische Denken in ein dialektisches Dilemma: jeder Versuch, sich dem Eigensten zu nähern, jede Form von Selbstreferentialität ist auf fremde, importierte Medien angewiesen. In diesem Sinne war und ist das japanische Denken so radikal dem Fremden verschrieben, daß es auf das Eigenste verzichten würde, wenn es das Fremde aufgäbe. Und doch bestand und besteht sein wesentlichster Impetus gerade in dem paradoxen und unmöglichen Versuch, dies zu erreichen.

Pollack sieht bemerkenswerte Parallelen zwischen Motoori Norinaga und Rousseau; Parallelen, die es ermöglichen, in der *kokugaku*, der Nationalen Schule, seit dem 18. Jahrhundert unter dem Thema der Nationalsprache auch das Programm einer Kulturkritik zu identifizieren. Norinaga und Rousseau suchen nach den Anfängen, um einen neuen Anfang für die eigene Zeit machen zu können. Dabei fällt der Sprache eine entscheidende Rolle zu. Sie gilt als Maß für die Entfremdung von dem, was einmal ausgedrückt werden konnte und zugleich als Medium, an der sich die Idee ursprünglichen Ausdrucks demonstrieren läßt. Rousseaus Essay über den Ursprung der Sprache läßt sich ohne weiteres auf Norinagas japanisches Sprachprogramm anwenden. Rousseau schreibt: »Wer auch immer sich an das Studium der Geschichte und des Fortschritts der Sprachen macht, wird feststellen, daß sich die Zahl der Konsonanten in dem Maße vervielfacht, wie die Stimmen eintöniger werden, und daß man für die sich verwischenden Akzente, für die sich ausgleichenden Quantitäten Ersatz in grammatikalischen Kombinationen und neuen Artikulationen sucht: aber diese Veränderungen kommen erst im Lauf der Zeit zustande. In dem Maße, wie die Bedürfnisse wachsen, wie die Verhältnisse verwickelter werden und die Einsicht größer, ändert sich der Charakter der Sprache; sie wird genauer und weniger leidenschaftlich; den Gefühlen substituiert sie Ideen; sie spricht nicht mehr das Herz, sondern den Verstand an. Dadurch erlischt der Akzent und die Artikulation weitet sich aus; die Sprache wird exakter, klarer, schleppender, dumpfer und kälter. Dieser Fortschritt erscheint mir ganz natürlich.«[203] Norinaga hätte zumindest dem Urteil zugestimmt, daß sich die Sprache nicht mehr an das Herz, sondern an den Verstand wendet. Ihr Gebrauch bei Norinaga macht aber auch Unterschiede zu Rousseau deutlich. In der *kokugaku*[204] steht der Verstand für das Chinesische in der Sprache und Kultur Japans: *kara no kotowari*, das chinesische Räsonieren, ist Ausdruck für alle symbolischen Formen, die abstrakt sind und deswegen als ›chinesisch‹ gelten können. Im Blick hat Norinaga hierbei vor allem die Prinzipien der konfuzianischen Ethik und die buddhistische Logik des

Schicksals. Die Abstraktionen des Verstandes haben sich über das japanische Denken gelegt, »all that was beautiful in Japanese thought was reduced to the uninteresting and meaningless level of the Confucianist creed adopted as the official and social philosophical basis of the Tokugawa rule, which amounted to nothing more interesting than ›rewarding good and punishing evil‹ (*kanzen chôaku*).«[205] Norinagas Kulturkritik ist an der Differenz japanisch/chinesisch (*wa-kan*) ausgerichtet. Das Chinesische steht für Abstraktion und Verfall, die am aktuellen Gebrauch der japanischen Sprache diagnostiziert werden. Anders als Rousseau, der eine solche Abfolge für die Sprachen im allgemeinen angenommen hatte, konnte Norinaga in der Entwicklung des Japanischen keinen Fortschritt sehen und diesen für natürlich halten. Norinaga geht es um die Beziehung von Sprache und Nation – auf der Grundlage eines starken Relativismus. Sprache ist immer Landessprache. Dieser Relativismus ist an eine Sprachauffassung gebunden, die in den Wörtern keine willkürlichen Zeichen sieht, sondern die Wirklichkeit selbst als eine Sprache der Dinge auslegt. »From this point of view, words did not simply ›point to‹ a seperate reality, but were themselves that reality. Because there was no seperation between the words (*koto*) and the things (*koto*) they named, to utter the word was to give rise to the reality itself.«[206] Norinagas Sprachrelativismus ist durch die Bindung an die Dinge und an die Nation (*kuni*) doppelt gesichert. Die doppelte Bindung benennt das Ideal einer einfach-konkreten Landessprache, die das Japanische sein soll. Die Auflösung dieser Bindung kann dann als Abstraktion und Verfall ausgelegt und als ›chinesisch‹ stigmatisiert werden.

7 Der Buddhismus

Ein Weiser fragte den Buddha: Welches Gesetz hast du gestern gepredigt? Der Buddha antwortete: Dasselbe Gesetz wie immer. – Und welches Gesetz wirst du heute predigen? – Nicht dasselbe Gesetz. – Warum? – Weil das, was gestern dasselbe Gesetz war, heute nicht mehr dasselbe Gesetz ist.
(Wu-teng Hui-yuan)

Auch dem Buddhismus, und hier vor allem der Mahâyâna-Lehre, können wir uns am Leitfaden topischer Philosophie nähern. Nirgendwo sonst ist das Prinzip des unzureichenden Grundes so deutlich ausgesprochen: daß es weder für das Sein im ganzen noch für das Seiende im einzelnen einen zureichenden Grund gibt. Allerdings steht der gemeinschaftliche Sinn, auf den der Buddhismus setzt, unter einem einzigen, extrem anspruchsvollen Gebot: umzukehren und das Leben zu ändern. Die buddhistische Skepsis gegen ein begründendes Wissen provoziert zunächst die Einsicht in ein Nichtwissen (*mumyô*): daß die Welt grundlos ist, wissen wir gewöhnlich nicht. Die Formen begründenden Wissens rechnet der Buddhismus nicht der spirituellen, sondern der materiellen Seite menschlicher Existenz zu: für die Produktion und Reproduktion des materiellen Lebens ist es zweckmäßig anzunehmen, daß sich Handlungen und Gegenstände auf Gründe zurückführen lassen. Mit aller Entschiedenheit bestreitet der Buddhismus, daß es jenseits materieller Interessen eine vernünftige Welt gibt, die rational konstruierbar wäre. Das ursprüngliche Nichtwissen läßt sich durch keine Instanz diskursiven Wissens beheben; möglich ist aber ein Wissen, das sich als Nichtwissen weiß. Dieses umgekehrte Nichtwissen hat im Buddhismus die Aufgabe, das abzubauen, was als objektive Welt erscheint und einem Wissen aus abstrakten Prinzipien zugänglich ist. Vom Standpunkt des vollendeten Nichtwissens (*hannya*) aus zeigt sich, daß nichts seinen Grund in sich selbst, aber auch nicht in einem anderen hat; daß aber alles ohne bestimmte Eigenschaften, leer (*kû*) ist. Die Zurückweisung begründender Vernunft und die Destruktion der objektiven Welt gehen Hand in Hand. Sie sollen die Einsicht freisetzen, daß alles Wissen nur das Wahrscheinliche trifft; daß aber gerade im Umgang mit dem Wahrscheinlichen die Möglichkeit liegt, das Selbst vom Zwang einer bloß objektiven Welt zu befreien und eine Perspektive auf die »höchste Wahrheit« zu eröffnen.

Im Mahâyâna-Buddhismus geht es durchaus um das Absolute, aber dessen Eigenschaften sind so angelegt, daß jede begriffliche Annäherung scheitert. Conze hat eine Liste von Synonymen für das Absolute zusammengestellt: »Nicht-Dualismus, der Bereich der Nicht-Unterscheidung, Nicht-Erzeugung, die wahre Natur des *dharma* [j. *hô*], das Unsagbare, das Unbedingte, das Unbehinderte, die wirkliche Tatsache, das wirklich Seiende, die Wahrheit, die wahre Wirklichkeit, Loslösung, Buddhaschaft, welche man aus sich selbst heraus gewinnen muß, der *dharma*-Leib, der Buddha usw.«.[207] Alle diese Namen lassen sich einer Theologie des Unaussprechlichen zurechnen, die für religiöses Denken im allgemeinen charakteristisch ist. Im Mahâyâna-Buddhismus entscheidend ist jedoch die Gleichsetzung des Unbedingt-Absoluten mit dem Bedingten. Conze interpretiert diese »erstaunlichste Neuerung« unter den Aspekten von Ontologie, Kosmologie und Immanenz. Ontologisch meint Gleichheit aller Seinsselemente die Einheit von materiell-bedingter Welt der Bedürfnisse (s. *samsâra*, j. *bonnô*) und der Seinsweise, in der alle Bedürfnisse und Bedingungen erloschen sind (s. *nirvâna*, j. *nehan*). »Nichts in *samsâra* unterscheidet sich von *nirvâna*. *Nirvânas* Grenze ist *samsâras* Grenze; kein noch so kleines bißchen trennt die beiden.«[208] Die Gleichheit aller Dinge hat der Buddhismus als »gegenseitige Durchdringung« ausgelegt und dann als Prinzip des Kosmos verstanden. »Jedes Staubkorn enthält in sich sämtliche Buddhafelder und den ganzen Bereich des *dharma*-Elements; jeder Einzelgedanke bezieht sich auf alles, was war, ist oder sein wird; [...] Der ›Spiegel der Gleichheit‹ faßt die Abbilder aller Dinge in sich, und es gibt zwischen keinen zwei Dingen irgendwelche Hindernisse.«[209] Und schließlich besagt das Prinzip der Gleichheit, daß Bedingtes und Unbedingtes nicht ungetrennt voneinander existieren. Die Immanenz des Unbedingten liefert eine Erklärung dafür, daß die Menschen (und alle anderen Wesen) trotz ihrer Verblendung doch erleuchtet werden können; weil sie es potentiell immer schon sind:

> Wenn nicht (in jedem Einzelnen) das Element des Buddha bestünde,
> Gäbe es keinen Widerwillen gegen das Leid,
> Noch könnte ein Wunsch nach *nirvâna* aufkommen,
> Noch Trachten danach, noch der Entschluß, es zu gewinnen.
> So wie Raum, vom Wesen her unterschiedslos, überall waltet,
> So ist auch das makellose Element, welches von seiner wesenhaften Natur her
> Denken ist, in allem gegenwärtig.[210]

Dieses Prinzip der Gleichheit zu verwirklichen, hat der Buddhismus »Erleuchtung« genannt: leben in einer Welt, die ohne zureichenden Grund ist und doch eine Existenz nach ethischen Ansprüchen erlaubt.

Die Entwicklung des Buddhismus in Indien läßt sich in vier Epochen einteilen.

(1) Mitte 6. – Mitte 5. Jh. v. Chr.: Verbreitung der Lehre des historischen Buddha. (2) Vom 4. Jh. an Spaltungen und Schulbildungen innerhalb des Hînâyana. (3) Um die Zeitwende: der Mahâyâna-Buddhismus beginnt sich zu mit den beiden Schulen Yogâcâra und Mâdhyamika formieren. (4) Mit dem 7. Jh. Entstehen der Tantra-Schulen.

In Japan ist der Buddhismus in den ersten Jahrhunderten n. Chr. aus China eingeführt worden, zusammen mit grundlegenden Techniken der Bildung (Schrift) und der Verwaltung (Rechtssystem). Auch für die Entwicklung des

Buddhismus in Japan kann die Einteilung in vier Epochen hilfreich sein.

(1) Yamato-Zeit (300–710): Prinz Shôtoku macht 594 den Buddhismus zur Staatsreligion. (2) Nara-Zeit (710–794): es existieren sechs Schulen, drei sind am Mahâyâna orientiert: die Hossô-Schule am Yogâcâra, die Sanron-Schule am Mâdhyamika, die Kegon-Schule am (chinesischen) Hua-yen. (3) Heian-Zeit (794–1192): die beiden Tantra-Schulen Tendai und Shingon etablieren sich. (4) Kamakura-Zeit (1192–1333): die beiden Amida-Schulen Jôdo-shû und Jôdo-shinshû und der Zen-Buddhismus beherrschen die Szene. Für die folgenden Jahrhunderte lassen sich neue Entwicklungen kaum mehr verzeichnen.

Durch die enge Bindung an den Hof und durch den Anschluß an die magischen Praktiken im Dienste des Adels erhielt der japanische Buddhismus von vornherein eine pragmatische Ausrichtung, die sich durch die Anlehnung an den Shintôismus noch verstärkte. Die Auflösung des Synkretismus im 13. Jahrhundert gab dem Buddhismus einen spirituellen Schub, den insbesondere der Zen-Buddhismus nutzen konnte. Aber auch Zen ist wie der alte Buddhismus der Nara-Zeit enge Verbindungen zur Machtelite eingegangen und hat seinen Ausdruck immer mehr in ästhetischen und pragmatischen Formen gefunden. Zu Beginn der Edo-Zeit im 17. Jahrhundert hatte der Buddhismus seine spirituelle Kraft weitgehend eingebüßt. In der philosophischen Kultur Japans steht der Buddhismus im allgemeinen für den radikalen Zweifel an allen Formen des Selbstbezugs; die Mahâyâna-Lehre im besonderen vertritt einen Begriff des Absoluten, der sich im Prinzip der Gleichheit von Bedingtem und Unbedingtem manifestiert und damit das Denken vor paradoxe Aufgaben stellt; und schließlich setzt der Mahâyâna-Buddhismus auf die Solidarität unter allen Lebewesen, die ihre Bestimmung in der Erleuchtung finden.

7.1 *Das Erbe des Gautama*

Der historische Buddha (ca. 556–476 v. Chr.) revolutionierte die traditionelle Idee eines ewigen Selbst oder einer ewigen Seele (*ga*) und verstieß die Menschen in ein Universum, das durch einen absoluten Mangel an Selbstheit gekennzeichnet ist.[211] Sein Wesen ist ein Un-Wesen: *muga*. Andererseits wies Gautama aber auch die materialistische Kritik an der Idee des ewigen Selbst zurück, die eine zerstückte, durch und durch fragmentierte Realität annahm, in der nichts bleibt und auch nichts bewirkt wird. Diese doppelte Distanzierung versetzte Gautamas eigene Doktrin in eine Schwebe, aus der sie bis heute ihre Dynamik bezieht.

Der frühe Buddhismus nahm weder eine Pluralität koexistierender Entitäten ohne Bezug zu einer Ursache an, noch verfocht er einen Evolutionismus, der alles Sein aus einer fundamentalen ontologischen Quelle ableitet. Gautama lehnte sowohl eine diachrone als auch eine synchrone Betrachtungsweise ab, einen Determinismus ebenso wie einen Indeterminismus, den Fatalismus nicht minder als den Nihilismus. Halt gewinnt der Buddhismus in der Auffassung, daß es nichts gebe, dem Dauer und Beständigkeit zugesprochen werden könne.

Die Schüler Buddhas und die Exegeten seiner Lehren sind seither zu einer permanenten Hermeneutik gezwungen. Die nun schon zweieinhalb Jahrtausende dauernde Geschichte der Auslegung hat sehr extreme Doktrinen hervorgebracht. Für den frühen Hînayâna-Buddhismus, das »Kleine Fahrzeug« (*shôjô*), war die Möglichkeit zur Erlösung nur für die wenigen vorgesehen, die auf die Welt verzichtet hatten und im Kloster lebten; Wahrheit im prägnanten Sinne (*shôgi*) war in der »wahren Natur der Dinge«, d.h. in der faktischen, nicht-leeren Wesenheit der unleugbar vorhandenen Dinge verankert. Dagegen nimmt der Mahâyâna-Buddhismus (seit dem Anfang unserer Zeitrechnung), das »Große Fahrzeug« (*daijô*), für alle Menschen die Möglichkeit zur Erlösung an; Wahrheit im prägnanten Sinn (*shôgi*) legt er als Synonym der

Leere (*kû*) aus. So besteht für den Mahâyâna-Buddhismus ein Unterschied zwischen dem Absoluten und dem Relativen. Der Leere eignet die »höchste Wahrheit« (*shôgi*), das Scheinwesen des Seins ist die Bühne der nur »indizierenden Wahrheit« (*kesetsu/shisetsu*): Sie fungiert nur als Medium, als sichtbarmachende, aber letztlich verächtliche Hülle der höchsten Wahrheit. Im Stand der höchsten Wahrheit verschwindet allerdings auch der Unterschied von Absolutem und Relativem. »The Buddhist claim of the emptiness of phenomena is not the positing of a nihil but simply the insistence that nowhere can there be found an entity that has existence in and of itself. This is to say that the ancient Buddhists found no evidence of any being or phenomenon having what in Western philosophy was once called aseity, the status of being unconditioned and beyond influence or causation by any other thing.«[212]

7.2 *Die Grundwahrheiten*

Kûkai (auch Kôbô daishi, 774–835), dem Begründer des Shingon-Buddhismus – neben dem Tendai eine der beiden japanischen Tantra-Schulen –, wird die Abfassung eines 47-silbigen Gedichts zugeschrieben, in dem jede Silbe der japanischen Sprache nur einmal vorkommt. Nur der Endnasal *n* fehlt, weil es ihn im 9. Jahrhundert im Japanischen noch nicht gab. Dieses Gedicht, nach seinen ersten drei Silben das *I-ro-ha* genannt, fungierte bis ins 20. Jahrhundert als Alphabet. Es ist nicht nur ein sprachliches Meisterwerk im technischen Sinne, sondern auch ein Meisterwerk gedanklicher Verdichtung, bietet es doch die vier Grundwahrheiten des Buddhismus in konziser und poetischer Form.

Die »vier edlen Wahrheiten« (*shi*[*shô*]-*tai*) lauten:

(1) Alles ist vergänglich, alles ist Leiden (*ku-tai*).

(2) Der Grund des Leidens ist das Haften an den vergänglichen Dingen (*jit-tai*).

(3) Die Überwindung des Haftens bedeutet Vernichtung des Leidens (*met-tai*).

(4) Es gibt einen Weg, den »edlen, achtfältigen Pfad« (*has*[*shi*]-*shôdô*), der zur Vernichtung des Leidens führt (*dô-tai*): rechte Ansicht (*shôken*), rechter Entschluß/rechte Gedanken (*shôshiyui*), rechte Rede (*shôgo*), rechtes Verhalten/Handeln (*shôgyô*), rechtes Leben (*shômyô*), rechte Anstrengung (*shôshôjin*), rechte Bewußtheit (*shônen*) und rechte Sammlung/Meditation (*shôjô*).

Das *Iroha*-Gedicht bezieht sich aber nicht unmittelbar auf die »vier edlen Wahrheiten«, sondern auf eine andere urbuddhistische Formel aus dem *Nehan-kyô*[213], die der japanische Zen-Meister Shô'ichi kokushi (1201–1280) in seinen *Kana-hôgo, Worten der (zen-buddhistischen) Unterweisung in kana-Silbenschrift*, auf folgende Weise paraphrasiert:

»Das Denken, das auf dem Weg des Nicht-Geistes (*mushin*) in Stille verweilt, hat Buddha zuletzt in diese Worte (*sessen-ge*) gefaßt: ›Alles Tun hat keinen Bestand (*shogyô mujô*). Das ist das Gesetz des Werdens und Vergehens (*ze shômeppô*). Werden vergeht, und Vergehen endet (*shômetsu metsui*). Gestilltes Vergehen ist tiefster Friede (*jakumetsu iraku*).‹ ›Alles Tun hat keinen Bestand‹: dies meint das Gesetz, *hô*, des Geworden-Seins aller Lebewesen; es ist wie Traumphantom und Spiegelbild, wie der Mond auf der Wasseroberfläche. ›Das ist das Gesetz des Werdens und Vergehens‹: es gilt angefangen von den Lebewesen bis hin zu den Pflanzen. Alles, was geboren wurde, muß sterben. Auch diese Welt, die Berge, die Flüsse und die große Erde werden schließlich untergehen. Auch alle *hô*, alles, was errichtet wurde, unterliegen dem Gesetz des Werdens und Vergehens. Sie leben und sterben, wo ein Gedanke, entsteht, geht, sich wandelt. Sie haben keine wirkliche Realität. ›Werden vergeht, und Vergehen endet‹: wenn das Eigentliche der Lebewesen merkmallos und rein wird, die ursprüngliche Merkmallosigkeit des Eigentlichen (*honbun musô*) erreicht, sind das anfangslose Entstehen, Vergehen, Kommen und Gehen mit einem Schlage beendet: der Geist ist heiter wie der leere Raum. ›Gestilltes Vergehen ist tiefster Friede‹: Buddha ist Nicht-Geist. Alle Lebewesen sind Nicht-Geist. Berge, Flüsse und die große Erde, alle Erscheinungen sind Nicht-Geist. Wenn alle Lebewesen Nicht-Geist sind, sind auch Hölle und Himmel Nicht-Geist; freudlos und leidlos. Wer auf diese Weise an den Weg glaubt, der sieht alle *hô*, aber sieht sie nicht im Geiste, der hört alle *hô*, aber hört sie nicht im Geiste. Auch beim Schmecken mit dem Mund und dem Riechen mit der Nase ist es so. Für alle Dinge gilt: sie müssen Nicht-Geist sein. Der Geist des Nicht-Geistes ist der Eigentliche Meister aller Buddhas der Drei Weltzeiten. Er ist der Erste Buddha. Diesen Ur-Buddha (*honbutsu*) des Nicht-Geistes nennt man die ›Gleichheit erfüllende (verwirklichende) wahre Erkenntnis‹ aller Buddhas. Die Einsicht in diese Wahrheit ist es, was man ›Gestilltes Vergehen ist tiefster Friede‹ nennt.« In der konzentrierten und poetischen Form des *Iroha* lautet diese Lehre:

iro wa nioedo
chrinuru o

waga yo tare zo
tsune naramu

u-i no okuyama
kyô koete

asaki yume miji
ei mo sezu

Noch duften die Blüten, doch
sind sie schon verwelkt.

Was in unserer Welt
besteht denn ewig?

Den Berg des Seins und des Tuns
überschritt ich heut,

seh keine seichten Träume
mehr, spür keinen Rausch.

7.3 *Die Platz schaffende Erkenntnis*

Im Buddhismus bedeutet Erkenntnis vor allem Befreiung. Erkenntnis schafft Platz; in einem dreistufigen Prozeß, durch dreifaches Lernen (*sangaku*) räumt buddhistische Erkenntnis die Welt weg: In der ersten Stufe durch Disziplin/Sittlichkeit (*kai*) das Böse aufhalten, das Gute üben. In der zweiten Stufe durch Meditation/Versenkung (*jô*) in die Stille eintreten. In der dritten Stufe mittels Weisheit/Erkenntnis (*e*) die Welt der Verblendung (*bonnô*) als Welt der Verblendung durchschauen.

Das Erfahrungsziel der Weisheit ist der vierte, alles verändernde Schritt: die Einsicht in das So-Sein des Wirklichen (*nyoze*) in der Form unmittelbarer Bewußtheit des wahren Selbst als Nicht-Selbst (*mu-ga*), die Erlösung (*gedatsu*): »At last the absolute stoppage of all the pure dharmas of the highest spiritual beings is reached, an eternal blank is substituted for them.«[214]

Auf seine knappste, der Deutung weiten Spielraum gewährenden Formel bringt ein Vers des *Hokku-kyô*, *Shichibutsu tsûkai-ge*, *Vers, der die Sieben Buddhas (der Vergangenheit) ermahnt*, genannt, die Fundamentalien der buddhistischen Doktrin:

shoaku makusa
shozen bugyô
jijô kii
ze shobukkyô

Das Böse lassen,
das Gute tun,
das eigene Herz säubern,
das ist die Lehre der Buddhas.

7.4 *Wanderwege buddhistischen Denkens*

Drei Auslegungsstränge wurden für die Entwicklung des Buddhismus nach seiner Einführung von Indien nach China (um die Mitte des 2. Jahrhunderts), wo sie auf eine höchst synkretistische Weise rezipiert wurden, bedeutsam:

(1) Die Lehre der Abhidharma-Schulen (Abidatsuma): Die »besondere Lehre« ist das früheste Kompendium des Buddhismus. Entstanden zwischen dem 3. vor- und dem 3. nachchristlichen Jahrhundert bildet der Abidharma die Grundlage des Hînayâna, bleibt aber auch für die Mahâyâna-Schulen noch Orientierungspunkt.

(2) Die Lehre der Yogâcâra-Schule (Yugakyô). Das »Ausüben des Yogâ« folgt der Auffassung, daß alles Wahrnehmbare nur Bewußtsein ist. Es ist das Bewußtsein, das die Vorstellung äußerer Dinge oder des Ich erzeugt.

(3) die Lehre der Mâdhyamika-Schule (Chûgan).[215] Der »mittlere Weg« charakterisiert die Haltung dieser Schule, die lehrt, daß sowohl Aussagen über das Sein als auch über das Nicht-Sein von Gegenständen vermieden werden müssen. Die »Leere« ist deswegen der angemessene Ausdruck für das Sein.

Die Abidharmisten, die sich in mehreren Schulen formierten, deren Lehrmeinungen zum Teil erheblich voneinander abwichen, ja einander widersprachen, analysierten mit einem großen diskursiven Aufwand die Bedingungen, unter welchen die verschiedenen *dharma* (*hô*) – Edward Conze nennt sie »die letztlich realen Fakten«, die »Elemente des Kosmos« – entstehen. Sie vertraten die Doktrin von der Pluralität von *dharma*, die in Kombination oder Konjunktion der Realität zu einer nominellen Existenz verhelfen. Die Abidharmisten waren Kausalisten in einem engeren Sinne, indem sie nur an den Ursachen interessiert waren, die den jeweiligen Gegenwartsmomenten unmittelbar vorausgehen. Alles Wirkliche, alle scheinhaften Selbste und ihre scheinhaften Erfahrungsgegenstände als Ergebnisse der Kooperation der *dharma* sind nur transitorisch; und nur das Transitorische ist ›wirklich‹. »Die Gesamtheit alles dessen, was eine in ständigem Werdeprozeß begriffene Persönlichkeit und die von ihr erlebte Welt umfaßt,«[216] nimmt Gestalt an durch die fünf Aggregate, Kondensationen, Daseinselemente oder Daseinsgruppen, »constituent elements of all existences«:

(1) die sinnlich wahrnehmbare Gestalt, der Körper/ »matter or form« (*shiki*);

(2) die sensitiven Funktionen: Empfindung, Gefühl, Wahrnehmung/»perception« (*ju*);

(3) die konzeptuellen Funktionen: unterscheidende Wahrnehmung/»conception« (*sô*);

(4) die volitiven Funktionen: Wille(nsregungen), Gestaltungskraft/»volition« (*gyô*);

(5) die (sechs) Erkenntnisfunktionen: Bewußtsein/ »consciousness« (*shiki*); die – oben angeführten – sechs Bewußtseinsarten mit ihren sechs Wahrnehmungsobjekten.

Die Selbstwahrnehmung dieser fünf *skandha* (*goon/ goun*) in der Form »Ich bin (die fünf *skanda*)« wird *asmimâna* (*gaman*) genannt.[217] Das Festhalten an den Subjekt-Zuständen verhält sich direkt proportional zur Beständigkeit der Objekt-Zustände. Je mehr ›Härte‹ das Ich gewinnt, desto widerständiger wird auch das Ding, der Gegenstand.

Wenn das Wesen der fünf *skandha* im Laufe der Geschichte des Buddhismus mit immer größerem Nachdruck als leer, als Nicht-Selbst (*mu-ga*) beschrieben wird, so muß dies als ein Wink verstanden werden: Die Frage nach einem Was ist hinfällig, und die Frage nach dem Wie kann nur mit einem deiktischen ›So!‹, einem Fingerzeig auf die Leidensmasse, beantwortet werden, die den Namen *karma* trägt – Geschehen ohne einen Akteur, nur »Kräfte, die Kräfte spüren«. Subjekt-Zustände ereignen sich nur als vorübergehende Momente im karmischen Kontinuum. »*Karman* in seiner Beziehung zu *Anâtman* bedeutet Funktion ohne Sein. *Karman* wird seiner Natur nach als *cetanâ* (Denken) bezeichnet. *Cetanâ* als Denken ist keine hypothetische Formulierung des Seins. Es impliziert die Funktion des *Karman*, worauf sich Ordnung und Unordnung der menschlichen Welt gründen. Die menschliche Welt ist weder von einem Schöpfer noch vom Menschen geschaffen: sie existiert lediglich durch eine Ansammlung von *Karman* ohne Seinswert.«[218] Subjekte, Objekte, Akteure und Akte sind nur Phasen des karmischen Flusses, und s. *cetanâ*, das Denken ist, freilich auch im Sinne eines Funktionierens ohne Funktionsträger, die kognitive Seite dieses Flusses. *Cetanâ* wird getragen von s. *bhavanga*, einem unterschwelligen Lebenskontinuum, einer vorbewußten Ebene im Sinne einer Latenz aller denkbaren karmischen Entfaltungen. Auch auf dieser Ebene ist es immer schon Folge seines eigenen Sichvollziehens; *cetanâ* kann somit als Selbstwahrnehmung des karmischen Prozesses gedeutet werden, die sich dreifach bestätigt, geistig, körperlich und sprachlich: »der geistige Akt ist Tat; wenn man ihn vollzieht, vollbringt man eine Tat mit dem Leibe, mit der Rede, mit dem Denkorgan. Anderwärts wird die Verflochtenheit von Denken und Reden ins Licht gestellt: Nachdenken und Erwägen sind die treibende Kraft der Rede, weil sie ihr vorausgehen; Vasubandhu nennt das Nachdenken ein suchendes Reden des Denkorgans, also ein innerliches Selbstgespräch, das Erwägen ein bezugnehmendes Reden des Denkorgans.«[219]

Nâgârjuna, der Begründer der Mâdyamika-Schule, verneinte die Existenz distinkter *dharma*-Elemente (*hô*); nach seiner Lehre treten alle Erscheinungen aus der allumfassenden Leere hervor, an der Stelle ihres Selbstseins steht die Leere. Mit den Mitteln einer eigentümlichen Logik zeigt er, daß beispielsweise die drei Zeiten Vergangenheit, Gegenwart, Zukunft keine distinkten Entitäten oder Kategorien sind, sondern nur über die Annahme einer absoluten Interdependenz erklärbar werden. Die fast atomistisch anmutenden Elemente der Abdhidarmisten verlieren hier vollends den Anschein von Substantialität. Zukunft, Gegenwart und Vergangenheit sind für Nâgârjuna nichts als aufblitzende Momente von Interdependenz innerhalb der universalen Leere. An die Stelle der Dharmapluralität tritt bei Nâgârjuna Nicht-Dualität (*fu-ni*); an die Stelle des Wahrnehmungsprimats der Primat der Leere (*kû*). In der Lehre des Nâgârjuna erscheint die Kausalkette (*engi*) zur Verfahrensweise der allumfassenden Paramârtha-Leere (der Leere als eigentlicher Wahrheit) degradiert. Nâgârjuna wirft der Sarvâstivâda-Lehre in diesem Zusammenhang eine zu realistische Sichtweise vor und wertet die Einsicht in Ursachen und Bedingungen (*en*) ab, weil sie ein realistische Konzept impliziere. Für Nâgârjuna ist es gerade *en*, das bedingende Moment, das der Leere ihre Würde nimmt, indem es sie in scheinhaftes Sein übersetzt: *en* repräsentiert die Brücke zwischen Leere und Erscheinung, ist die ontologische Bedingung dafür, daß der zwölffache Kausalnexus wirken kann und aufrechterhalten wird. Nâgârjuna hat die unilaterale Vorstellung von Kausalität durch eine bilaterale ersetzt, in der jeder Agent auch Akt und jeder Akt auch Agent ist. Dadurch wird die bedingende Relation (*en*) und mit ihm zusammen die Kausalkette (*engi*) überhaupt wesentlich modifiziert – in einem fast Hegelschen Sinne ›aufgehoben‹.

Die chinesische Schule des Mâdhyamika trägt den Namen San-lun, die »drei Abhandlungen«.[220] Zentrale Stichworte ihrer Lehre, die auf der Annahme der Leerheit allen Wesens beruht, sind der »Mittlere Weg der achtfachen Negation« (*happu chûdô*) und die in der Wesenlosigkeit fundierte »Identität von absoluter und weltlicher Wahrheit« (*shinzoku nitai*). Die Erscheinungswelt gilt als ein Produkt des Konzeptualisierens. Wenn die Unhaltbarkeit der Begriffe und der Begriffsbildung mittels und dank der achtfachen Negation methodisch durchschaut werden, bricht die Erscheinungswelt zusammen und offenbart ihr Wesen: die Wesenlosigkeit: keine Aufhebung, keine Erzeugung, keine Vernichtung, keine Ewigkeit, keine Einheit, keine Vielheit, keine Ankunft, kein Aufbruch.

Wie auch die T'ien-t'ai-Schule (Tendai) vertritt die Sanlun-Schule die Shih-hsiang-Lehre (Jissô), die Lehre von der alleinigen Wirklichkeit der Bilder, der Zeichen, der Mark(ierung)en, der Merkmale. Das, was letztlich als ›Realität‹ erscheint, sind Spuren der Leere, denen (nur) eine Wahr-Ähnlichkeit, *verisimilitudo*, eignet. Die Shihhsiang-Lehre gilt als noumenalistisch, da ihr Interesse dem »Absoluten-an-sich« gilt.

Die Yogâcâra-Lehre wird demgegenüber als phänomenalistisch beschrieben, da sie ihre Aufmerksamkeit der Vielfalt der *dharma*-Welt und ihren Charakteristika widmet. Im Yogâcâra-Buddhismus gewinnt der Diskurs über die Kausalkette eine prononciert psychologische Dimension. Die Yogâcâra-Schule konzentriert sich auf die Interdependenz von Subjekt-Zuständen (Bewußtsein, *shiki*) und Objekt-Zuständen (Name-und-Form, *myô-shiki*), das heißt genauer: zwischen den illusorischen Selbst-Bildern und den illusorischen Gegenstands-Bildern. Das nur imaginierte Subjekt und das nur imaginierte Objekt, das Simulakrum eines Wahrnehmungsfokus und das Simulakrum eines Wahrgenommenen bilden sich in absoluter Gleichzeitigkeit und absoluter gegenseitiger Abhängigkeit – in der Ausdrucksweise des Yogâcâra: sie ›durchduften‹ einander.

7.5 Die Welt als Bewußtseinsphänomen

Nach der Lehre des Mahâyâna-Buddhismus kann die Erscheinungswelt, die als Bewußtseinsphänomen gedeutet wird, über eine Analyse der das Bewußtsein bedingenden Faktoren erschlossen werden. Aber ›Bewußtsein‹ eröffnet hier keinen Reflexionsraum, in dem die Gegenstände des Bewußtseins auf ihre Bedingungen befragt werden können; eher müssen wir darunter einen Zustand verstehen, eine »Schatzkammer«, wie es in der buddhistischen Tradition heißt. Bewußtsein ist nicht intentional gerichtet, um Gegenstände zu konstituieren; insbesondere kann das Subjekt sich nicht selbst zum Gegenstand machen. Der Buddhismus ist deswegen nicht an den Gegenständen des Bewußtseins interessiert, sondern am Bewußtsein selbst, das seinem Begriff nach ohne Gegenstände oder leer sein soll: ein auf sich selbst bezogenes und doch gegenstandsloses Bewußtsein; eine Art von Aufmerksamkeit, die in der Meditation erreicht werden kann. Bei Haas heißt es zu diesem Modell eines Bewußtseins ohne Inhalte: »Obwohl das Bewußtsein gewöhnlich mit irgendeiner Art Inhalt zusammenbesteht, kann es von allem wirklichen und potentiellen Inhalt gelöst und sich selbst zurückgegeben werden. Das Wort Innesein [*awareness*] dürfte diesem Zustand gerecht werden. Es besagt, daß es ein Bewußtsein geben kann, ohne irgend etwas, dessen dieses Bewußtsein inne wird, – also einen Zustand reiner Klarheit.«[221] Haas hat auch gezeigt, daß dieses gegenstandslose Bewußtsein nicht transzendental angelegt ist, weil es nicht der Ableitung abstrakter Prinzipien dient. Hier ist ein Bewußtsein des Konkreten gemeint, das dennoch auf einen gemeinschaftlichen Sinn bezogen ist. Die konkurrierenden Bewußtseinsmodelle im Mahâyâna-Buddhismus belegen, daß es ebenso anspruchsvoll ist, ein Bewußtsein ohne Gegenstände zu denken wie ein Bewußtsein, das sich selbst als Gegenstand weiß: wenn auch der Buddhismus keine Metaphysik ist, so stellt er das Denken doch vor Aufgaben, die ebenso unlösbar erscheinen.

Erst im chinesischen Buddhismus kommt eine Unterscheidung zum Tragen, die der indische noch nicht kannte, nämlich die zwischen Nur-Bewußtsein (*yui-shiki*) und Nur-Geist (*yui-shin*). Die prägnanteste Ausformung der Nur-Geist-Lehre ist der noumenalistisch orientierte Ch'an-(Zen-)Buddhismus, der den Nur-Geist zum Nicht-Geist (*mu-shin*) radikalisierte. Eine phänomenalistische Nur-Bewußtseins-Lehre wurde von der Fa-hsiang-Schule (Hossô) vertreten.[222] Die Fa-hsiang-Schule klassifizierte alle Erscheinungen in fünf Kategorien, die noch einmal in hundert *dharma*, Existenzfaktoren, unterteilt waren: Alle Erscheinungen gehen aus dem Schatzkammer-Bewußtsein hervor; wenn es das Speicher-Bewußtsein nicht gäbe, gäbe es auch die Welt der Erscheinungen nicht. Der Hua-yen-Buddhismus (Kegon)[223] hingegen zielte auf eine Synthese des *engi* mit dem Nur-Geist-Konzept. Deutlich wird dies in der Formel *yuishin engi*, »Nur-Geist[-und-]Bedingtes-Miteinanderhervorgehen«, die die Doktrin des Hua-yen-Buddhismus in höchst verdichteter Form enthält.

Im Bewußtseinsprozeß entstehen Wahrnehmungen; die Wahrnehmungen provozieren Handlungen. Der *Tenshinron*, den Paramârtha[224] zwischen 563 und 567 formulierte, beschreibt diesen Vorgang auf folgende Weise: Bewußtsein entfaltet sich auf zwei Wegen: einerseits in Selbste und andererseits in Gegenstände. Alles Wahrgenommene zählt entweder zu der einen oder der anderen Seite; beide existieren nicht wirklich, aber Bewußtsein manifestiert sich auf diese beiden illusionären Weisen. In diesem Sinne ist die Welt ganz und gar Bewußtseinsphänomen, Projektion, Imagination. Die Bewußtseinstätigkeit erzeugt imaginäre Wahrnehmungen von Selbst (*ga*) und gegenständlicher Welt (*hô*).

Das Universum dieser Wahrnehmungen, die alles, was existiert, repräsentieren, ohne eine eigentliche Substanz zu besitzen, ist einem rastlosen Wechsel unterworfen. Präziser: Das Bewußtsein erzeugt die Wahrnehmungen von Selbst und Welt nicht, es bedingt sie nur, und ist dabei gleichursprünglich mit ihnen.

Nach Paramârtha kann man drei Bewußtseinstypen identifizieren:

(I) Das »Schatzkammer-Bewußtsein« (*araya-shiki*) ist Basis oder Reservoir aller Eindrücke, die bewußt oder unbewußt aufgenommen werden, das Bewußtsein als Speicher von Spuren vergangener Handlungen, welche die Keime (*shûji*) künftiger Handlungen sind; *karma* (*gô*) ist Folge (*kahô*) vergangener *karma*, die als festhaftende Eindrücke (*kunjû* [Duftspuren]) künftiges *karma* stimulieren. *Karma* meint die »Tat«, die Wirkungen nach sich zieht und vergolten werden muß; die buddhistische Vorstellung einer Kausalität des Schicksals findet darin ihren Ausdruck. Das Schatzkammer-Bewußtsein bestimmt sich in zwei Richtungen.

In bezug auf sich selbst nimmt es die Form eines Körpers mit seinen Sinnesorganen und die eines Vorratsspeichers aller seiner künftigen Möglichkeiten, aller seiner künftigen Modifikationen an. Nach außen projiziert es die Gestalt des Universums als eines Existenzraums der Dinge. Dies ist die wahrnehmbare Seite, der Bildaspekt; in bezug auf diese objektive Dimension seiner selbst bestimmt es seine subjektive Dimension, die wahrnehmende Seite; denn was es wahrnimmt, sind die von ihm selbst hervorgebrachten Bilder.

Der Bild- und der Wahrnehmungsaspekt schließen sich zum selbstverstärkenden Aspekt des Bewußtseins zusammen. Das Bewußtsein, wahrgenommen zu haben, konsolidert das Selbst-Bewußtsein; denn in jeder Wahrnehmung reflektiert das Bewußstein auf sich selbst. Die drei Momente bezeugen auf formal verschiedene Weise die Einheit des »Nur-Bewußtseins« (*yui-shiki*). Das innerliche Bild wird als äußerliches Ding wahrgenommen. Das Bewußtsein, das dabei wahrnimmt, ist zugleich der Akt dieser Wahrnehmung und Folge. So sind Bild, Wahrnehmung und Bewußtsein letztlich ununterscheidbar.

(II) Das »Grund-« oder »Samenbewußtsein« (*adana shiki*) eignet an und konzeptualisiert, es entwickelt die Selbst- und Weltbilder. Hier sind die Bewußtseinselemente miteinander verbunden, so daß der Eindruck von Kontinuität und Individualität entstehen kann. »Indem es für den Zusammenhang kausal aufeinander bezogener Augenblicke einer ›Kontinuität‹ entsteht, legt es die illusorische Vorstellung von einem Individuum oder einer Person nahe.«[225] Im Rückbezug auf das Speicherbewußtsein müssen solche Vorstellungen wieder aufgelöst werden.

(III) Die sechs Bewußtseinszustände (*roku-shiki*) korrespondieren den sechs Sinnesorganen (*rokkon*) und ihren sechs Wahrnehmungsobjekten (*rokkyô*); zusammen werden sie die achtzehn Elemente (*jûhakkai*) genannt. Sie sind die Elemente des Bewußtseinsstroms, der alles ist, was die Welt ist:

(1) Dem Sinnesorgan Auge korrespondiert das Wahrnehmungsobjekt Form und die Bewußtseinsart visuelles Bewußtsein/Sehbewußtsein.

(2) Dem Sinnesorgan Ohr korrespondiert das Wahrnehmungsobjekt Ton und die Bewußtseinsart auditives Bewußtsein/Hörbewußtsein.

(3) Dem Sinnesorgan Nase korrespondiert das Wahrnehmungsobjekt Geruch und die Bewußtseinsart olfaktorisches Bewußtsein/Riechbewußtsein.

(4) Dem Sinnesorgan Zunge korrespondiert das Wahrnehmungsobjekt Geschmack und die Bewußtseinsart gustatorisches Bewußtsein/Schmeckbewußtsein.

(5) Dem (als) Sinnesorgan (geltenden) Körper korrespondieren die sensuellen Objekte/Tastobjekte und das taktile Bewußtsein/Tastbewußtsein.

(6) Diesen fünf Sensibilien gesellt sich noch ein Intelligibile hinzu: dem intelligiblen Wahrnehmungsorgan Geist korrespondieren die intelligiblen Objekte/Denkobjekte und das nicht-sensuelle Bewußtsein/Geistesbewußtsein.

In diesen Elementen die eigentlichen Verursacher der Fiktion von Persönlichkeit, Selbst und Ich erkannt zu haben, ist der erste Schritt auf dem mühsamen Weg zur Erleuchtung.[226]

Im buddhistischen Kontext ist das Bewußtsein doppelt bestimmt. Es muß abgebaut oder entleert werden, sofern es die Illusion einer Dauer und einer Konstanz erzeugt, die sich einer Person zuordnen läßt. Dennoch bleibt Bewußtsein (*shiki*) zugleich Ausdruck für den privilegierten Zugang zur höchsten Wahrheit. Das Speicherbewußtsein ist reine Aufmerksamkeit, Innesein, das ohne Inhalte ist: Bewußtsein nicht von etwas, sondern ein Zustand des Bewußtseins.

7.6 Die Lehre von den Ursachen

> Begibt man sich in der Geistesgeschichte auf das heikle Feld der Kausalität, so kann man sich müde daran denken.
>
> (Hugo Friedrich)

Zu den konstanten Themen des indischen Denkens gehört die Annahme, daß die natürliche Weltordnung zugleich eine moralische Weltordnung ist und daß beide durch eine Kausalität der Vergeltung verbunden sind. »Die Ordnung der Welt ist eine moralische, weil alles Geschehen von einer moralischen Vergeltungskausalität beherrscht wird. Da jeder Akt des Leibes, der Rede oder des Denkens, sofern er von moralischer Bedeutung ist, eine gute oder schlechte transzendente Folge zeitigt, ist der ganze Kosmos gleichsam eine riesige moralische Anstalt, in der jede Entfaltung positiver oder negativer Kräfte Wirkungen hervorbringt, die nach einiger Zeit in allen Verhältnissen zum sichtbaren Ausdruck kommen.«[227] Es ist offenkundig, daß moralische Kausalität keine einfache beobachtbare und kontrollierbare Folge von Ursache und Wirkung ist. Diese Kausalität des Schicksals läßt sich vom Standpunkt des Individuums nicht erfassen, sondern setzt eine Dezentrierung voraus, die erst den Blick auf das Netz der Bedingungen öffnet, in das jeder einzelne verstrickt ist. »Die nachwirkende Kraft einer Tat ist nicht an Raum und Zeit gebunden, sie manifestiert sich deshalb in den meisten Fällen nicht mehr im Rahmen des *gegenwärtigen* Daseins ihres Täters, sondern in einer neuen Existenz, das diesem Leben folgt«.[228] Jedes individuelle Sein verdankt sich dieser nachwirkenden Kraft einer Tat: Das *karma* stellt es unter Voraussetzungen, die es nicht einholen, und unter Folgen, die es nicht tragen kann. Eine solche Kausalität des Schicksals hat auch der Buddhismus angenommen, Erlösung bedeutete für den historischen Buddha Siddharta Gautama, den unerbittlichen karmischen Automatismus des Kausalnexus – präziser wäre es freilich, von einem Konditionalnexus zu sprechen – zu durchschauen und zu sprengen. Diesen Nexus, die »zwölffache Ursachenkette« (*jûni-innen*), beschrieb Gautama seinen Schülern so:

Was, o Mönche, ist die ursächliche Entstehung?
Aus dem *Nichtwissen* (*mumyô*: dargestellt als blinde Frau)
als Ursache entstehen
die *Gestaltungen* (*gyô*: Töpferscheibe);
aus den Gestaltungen als Ursache entsteht
das *Bewußtsein* (*shiki*: ein Affe, der von Baum zu Baum springt);
aus dem Bewußtsein als Ursache entstehen
Name und Form (*myô-shiki*: ein Boot, das übers Meer fährt);
aus Name und Form als Ursache entstehen

die *sechs (Sinnes-)Bereiche* (*rokunyû*: leeres Haus mit Tür- und Fensteröffnungen);
aus den sechs Bereichen als Ursache entsteht
Berührung (*soku*: ein sich umarmendes Liebespaar);
aus der Berührung als Ursache entsteht
Empfindung (*ju*: ein in ein Auge eindringender Pfeil);
aus der Empfindung als Ursache entsteht
der *Durst* (*ai*: ein Trinkender);
aus dem Durst als Ursache entsteht
das *Ergreifen* (*shu*: das Pflücken einer Frucht von einem Baum);
aus dem Ergreifen als Ursache entsteht
das *Werden* (*u*: eine schwangere Frau);
aus dem Werden als Ursache entsteht
die *Geburt* (*shô*: eine gebärende Frau);
aus der Geburt als Ursache entstehen
Alter und Sterben (*rô-shi*: ein Greis, ein Leichnam),
Kummer, Wehklage, Schmerz, Unmut und Unrast.
So ist dieser ganzen Leidensmasse Ursprung.[229]

Die indischen Vorstellungen von Ursache und Wirkung, (*in-ga*), die den Formulierungen der »zwölffachen Ursachenkette« zugrunde liegen, unterschieden sich wesentlich von denen der Chinesen. Der mechanistischen Auffassung der Inder stellten die Chinesen ein an natürlichen Vorgängen orientiertes Kausalitätkonzept entgegen. Ein (vorbuddhistischer) han-zeitlicher Satz lautet: »Eine *pen* [Wurzel] bringt unzählige *mo* [Äste] hervor.« Im Sinne dieser Aussage gewann das indische Kausalitätsmodell bei seiner Übernahme ins chinesische Denken an Dynamik. Die chinesischen Buddhisten wählten jedoch zur Übersetzung der Sanskritbegriffe *hetu* und *phala* nicht *pen* (j. *hon/moto*) und *mo* (j. *matsu/sue*), sondern *yin* (j. *in*) und *kuo* (j. *ka*); *yin* bedeutet »Basis für...«, *kuo* bedeutet »Frucht«.

Ursache und Folge wurden schon im Frühbuddhismus als zyklisch kurzgeschlossen gedacht: Die Folge einer Ursache ist selbst die Ursache einer Folge. Diese virtuell endlose Reproduktion von ›Leidensmasse‹ findet erst im Nirvâna, dem Verlöschen, ein Ende. Die chinesische Vorstellung eines geradezu unmerklichen, flüssigen Übergangs von der Ursache zur Folge verstärkte die monistischen

Tendenzen des buddhistischen Denkens. Am deutlichsten zeigt sich dies am Hua-yen-Buddhismus (j. Kegon), in dem die Begriffe Identität, Unendlichkeit und Spontaneität ununterscheidbar miteinander verschmolzen zur Theorie einer potentiell unendlichen Autogenese des Universums, an der jeder einzelne teilhat, für den – in der Sprache des Kegon-Buddhismus – die Welt der Erscheinungen »vom Künstler im eigenen Geist« geschaffen wird.

Fa-tsang, der Vollender der Hua-yen-Schule, klassifizierte die Kausalitätstheorien des Buddhismus nach vier Typen:

(1) Etwas wird bewirkt durch eine Tat (*gô*); (2) etwas wird bewirkt durch Keime im Speicherbewußtsein (*arayashiki*); (3) etwas wird bewirkt durch die Soheit des Buddha-Schoßes (*nyoraizô*); (4) etwas wird bewirkt durch das universale Prinzip (*hokkai*).

Diese Kausalitätstypen stellen keine Alternativen dar, sondern sind gleichsam ineinandergeschachtelt: Die jeweils höhere schließt alle vorhergehenden Stufen ein (womit auch eine Wertung angedeutet werden soll): (1) Alles, was erscheint, ist eine notwendige Folge von Taten; und zwar in einer quasi zirkulären Form. Es gibt keinen Anfang und kein Ziel, die Welt des karmischen Verhängnisses ist in sich gekrümmt. (2) Der Ursprung aller Vorstellungen – auch der Erleuchtung! – wird zurückgeführt auf Samen (*shûji*) im Speicherbewußtsein. Die Objektwelt keimt, um im Bild zu bleiben, aus diesen Samen hervor. Die Kausalitätstypen (3) und (4) sind rein chinesische Konzepte. So wie das Speicherbewußtsein das *karma* umfaßt und voraussetzt, so setzt die Soheit das Speicherbewußtsein und der Buddha-Schoß die Soheit voraus. Soheit ist der Name für das Noumenon in seinem statischen Aspekt (zeitlos, raumlos, eigenschaftslos), Buddha-Schoß der Name für das Noumenon in seinem dynamischen Aspekt (es kann jede Form annehmen). Kausalität der Soheit (*nyoraizô engi*) bedeutet, daß die Dynamik der Erscheinungen (nur) aus der Statik des Noumenons hervorgeht.[230] *Hokkai* schließlich bezeichnet die Wirkung des Dharma-Gesetzes, das alles durchdringt, selbst aber ohne Ursache ist.

Eine vielzitierte Passage des *Daijô kishin-ron*, *Traktat über das Erwachen des Glaubens im Mahâyâna*, der von Ashvagosa[231] verfaßt und von Paramârtha ins Chinesische übersetzt worden sein soll, bringt die Stato-Dynamik des Buddha-Schoßes in ein höchst plastisches Bild:

»Alle Gestalten des Geistes und des Bewußtseins sind Produkte der Verblendung. Die Gestalten der Verblendung sind jedoch zugleich auch die Essenz der Erleuchtung. Sie können nicht zerstört werden. Sie sind wie das Wasser des Meeres, das vom Wind bewegt wird. [...] Der reine Geist der ›fühlenden Lebewesen‹ wird vom Wind der Verblendung bewegt. Der reine Geist [das Wasser] und die Verblendung [der Wind] haben ursprünglich keine Form; jetzt sind die beiden [der Geist und die Form der Verblendung wie Wasser und Welle] nicht mehr voneinander zu trennen.«

Dieses Bild läßt sich als eine grandiose Metapher der Kausalkette lesen: Das Wasser ist die Ursache (*in*), der Wind ist die Bedingung (*en*), die Welle die Folge (*ka*). Das Wasser behält in allen seinen Gestaltungen seine Feuchte, sozusagen seine ›Soheit‹ (*shinnyo*), unabhängig davon, ob es bewegt (dynamisch) oder unbewegt (statisch) ist. In unüberbietbarer Verdichtung lautet die Formel dafür: »Soheit folgt der Bedingung, doch wandelt sich nicht« (*shinnyo zuien fuhen*).

Ganz im Gegensatz zu dieser späteren Entwicklung waren die frühen hînayânistischen Buddhisten noch empirische Phänomenalisten. Ursache war für sie das Gesamt aller – an einer bestimmten Zeitstelle – »koexistierenden Faktoren« (*hô*), die eben genau das hervorbrachten, was ihnen folgte. Nach Meinung der späteren Mahâyânisten konnten sie aber nicht erklären, in welchem Sinne die koexistierenden Faktoren und die Verkettung von Ursache und Wirkung real sein sollten; sie konnten es nicht, weil sie noch nicht imstande waren, zwischen Ursache (*in*) und Bedingung (*en*) zu unterscheiden. Erst mit den Sarvâstivâdin, die den Übergang zum Mahâyâna-Buddhismus vorbereiten, begann man die Ursache als Samen, die Bedingungen als Hilfsfaktoren (Feuchtigkeit, Sonne, Erde) und die Folge entsprechend als Frucht zu sehen.[232] Der Sanskrit-Ausdruck Sarvâstivâda bezeichnet »die Lehre, daß alles ist«. Dies bedeutet jedoch nicht, daß die Sarvâstivâdin ›Realisten‹ im engen Sinne waren oder an die Substantialität der Materie glaubten. Sie waren nicht an der Realität der Objekte selbst interessiert, sie stellten nicht einmal die Frage danach; eine Frage, die in Kategorien des buddhistischen Gesetzes (*hô*) auch gar nicht hätte formuliert werden können. Auch den Sarvâstivâdin ging es nur um die Welt, wie sie sich im Bewußtsein zeigt. Dieser Punkt wurde schon von den frühen chinesischen Mahâyânisten mißverstanden, die das Motto »alles existiert« substantialistisch deuteten und unterstellten, daß die Sarvâstivâdin in den *hô* nicht nur Sinnesdaten und/oder Bewußtseinsphänomenen sahen, sondern ihnen auch eine ›reale Existenz‹ zusprachen.

Nach mahâyânistischer Ansicht war der entscheidende Irrtum der Sarvâstivâdin, daß sie der Lehre von einem distinkten Selbstsein (*jishô*) anhingen und ein statisches Bild der Realität, bestehend aus Vergangenheit, Gegenwart und Zukunft, entwarfen.

Es war der schon erwähnte indische Philosoph Nâgârjuna (zwischen 150 und 250), der dieses ›statische‹ Konzept der Sarvâstivâdin radikal kritisierte und dagegen seine Doktrin des »Mittleren Wegs« (Mâdhyamika) entwickelte. Er leugnete jegliche Substanz und jegliches Selbstsein – das Selbst und die gegenständliche Welt sind beide ihrem Wesen nach leer – und verfocht eine Philosophie der Leere (*kû*), die von modernen Exegeten auch als ›negative Dialektik‹ beschrieben wird. Diese führte ihn weiter zu einer transzendentalistischen Lehre, die den früheren empirischen Phänomenalismus in sich aufhob.

7.7 Hier A, da B; hier kein A, da kein B

Nâgârjuna deutete die drei Zeiten und die Kausalität neu im Lichte des *pratîtya-samutpâda.* Die Chinesen übersetzen *pratîtya-samutpâda* mit *yüan ch'i*, die sino-japanische Lesung dieses Kompositums lautet *engi*: Hervorgehen in gegenseitiger Abhängigkeit, Konkomitanz. Das eine ist Begleiterscheinung des anderen und *vice versa*. Nicht: »wenn hier A, dann da B«, sondern: »hier A und damit da B und umgekehrt«.

Zwar hatte sich für den frühen Buddhismus – bis Nâgârjuna die Einlinigkeit dieses Prozesses philosophisch erfolgreich in Frage stellte – die karmische Formation nur in einer Richtung vollzogen, von A zu B, aber nicht von B zu A: »Dieses ist, jenes wird, aus diesem Hervorgehen geht jenes hervor; wird dieses nicht, wird jenes nicht, vergeht dieses, vergeht damit jenes.« Aber auch für den Urbuddhismus galt schon die Annahme, daß das Leid gleichsam ein ko-emergenter Schatten des Begehrens ist. Das Leid ist nicht ›nach‹ dem Begehren da, ist weder zeitliche noch logische Folge des Begehrens, das Leid ist ›mit‹ dem Begehren da. Eine solche Auffassung von Kausalität setzt »eine Paradoxie an die Stelle der Unterscheidung von Kausalität, eine Paradoxie nämlich, von Ursache und Wirkung auch dann noch zu reden, wenn die Ursache auf die Wirkung folgt, oder gar, wenn Ursache und Wirkung gleichzeitig stattfinden.«[233] A und B sind wechselseitig die Bedingung ihrer Möglichkeit; sie sind sich nur durch ihre Wechselseitigkeit gegeben, durch eine Ko-Relation, die sich linearer Darstellbarkeit entzieht: Denkbar ist sie nur unter den Bedingungen der Gleich- oder Überzeitlichkeit.

Für den Buddhismus ist das Leid der Angelbegriff, in dem – um es auf seine kompakteste Formel zu bringen – Synchronie und Diachronie achronisch zusammenfallen. Im so verstandenen Schema sind das Hervorgehen (der Beginn, *jû*), die Gegenwart (die Dauer, markiert mit der Kopula) und das Ende (die Vernichtung, *metsujin*) überzeitlich und zeitschaffend ineinandergefügt.

Kausalität ist logisch gesehen Konjunktion. Die Welt des *samsâra*, die »Welt des Wanderns« (Glasenapp) ist das logische Gesamtprodukt der zwölf Kausalknoten: Unwissenheit, Gestaltungen, Bewußtsein, Name und Form, die Sinne, Berührung, Empfindung, Begehren, Anhaften, Werden, Geburt, Alter und Tod bilden die Kausalkette. Der Indikator dieses logischen Produkts ist *mumyô*, die Unwissenheit. Die Unwissenheit steht am Anfang der Kausalkette, nicht weil sie sich als dessen ›erste Ursache‹ herausstellte, sondern weil sie gleichsam das wirkmächtigste Formans des Leids ist. Sie ist das logisch-fundamentale Prinzip aller leidschaffenden Verstrickungen. Bemerkenswert ist, daß es, obgleich es eine aktuelle Erfahrung anzeigt, in negativer Form gefaßt wird: s. *a-vidyâ*, j. *mu-myô*, Un-Wissen.

Exkurs. Das Höchste Wissen als Merkformel

Das *Herz-Sutra vom Höchsten Wissen* (*Hannya-shingyô*), das in der chinesischen Übersetzung von Hsüan-chuang (Genjô, 600–664) aus dem Jahr 648 nur 262 Schriftzeichen umfaßt, enthält die vollständige Bewußtseins- und Erlösungslehre des Mahâyâna-Buddhismus in einer für die buddhistische Überlieferung einzigartigen konzentrierten Form:

»Im Zustand der vollkommenen Wahrheit (*hannya-haramitta*) erkennt der Bodhisattva Avalokiteshvara, daß die fünf Daseinselemente (*goun*) alle leer sind (*kû*) und überwindet so alles Leid und Übel (*ku-yaku*).

Shariputra! Form ist nichts anderes als Leere, Leere ist nichts anderes als Form. Form ist Leere, Leere ist Form (*shiki soku ze kû, kû soku ze shiki*). Leer auch sind Fühlen, Wahrnehmen, Wollen, Bewußtsein (*jû-sô-gyô-shiki*).

Shariputra! Alle Gegebenheiten (*sho-hô*) sind leere Zeichen (*kû-sô*): sie entstehen nicht, sie vergehen nicht, sie sind nicht unrein, sie sind nicht rein, sie werden nicht mehr, nicht weniger. Daher gibt es in der Leere keine Form, kein Fühlen, Wahrnehmen, Wollen, Bewußtsein, noch Auge, Ohr, Nase, Zunge, Körper, Geist; nicht Form, Ton,

Geruch, Geschmack, Tastbares, Denkbares; keine Augen-Elemente und auch keine Bewußtseins-Elemente; kein Unwissen, kein Ende des Unwissens; kein Alter, keinen Tod, kein Ende des Alters, kein Ende des Tods; kein Leiden, keine Entstehung (des Leidens), keine Vernichtung (des Leidens), keinen Weg (der zur Vernichtung des Leidens führt); kein Wissen, keinen Gewinn; und weil es keinen Gewinn gibt, ist der Geist des Bodhisattvas im Zustand des *hannya-haramitta* schrankenlos und frei; und weil er frei und schrankenlos ist, hat er keine Furcht. Er läßt alles Verkehrte, alle Traumbilder weit hinter sich und erreicht das äußerste Erlöschen. Daher haben auch alle Buddhas der Vergangenheit, der Gegenwart und der Zukunft im Zustand des *hannya-haramitta* die Höchste Erleuchtung erlangt; und daher ist das *hannya-haramitta* das große göttliche Zauberwort, das leuchtende, das höchste, das unübertreffliche Zauberwort, das alles Leiden wegfegt, das wahr ist und nicht falsch. Und deshalb lehrt (der Bodhisattva) den großen Zauber des *hannya-haramita*, der lautet: ›auf, auf, unterwegs liegt das wahre Jenseits‹ (*gyatei haragyatei harasôgyatei boji sowaka; gate gate paragate parasamgate bodhi svaha*)!«

Kûkai interpretiert das *Hannya shingyô* als eine Stufen- und Stände-Lehre des Buddhismus. Für ihn repräsentiert der Bodhisattva Avalokiteshvara (Kanjizai bosatsu) die »Übenden« sowohl des Hînayâna als auch des Mahâyâna.

Der Ausdruck »und überwindet so alles Leid und Übel« deutet auf die absolute Befreiung, das äußerste Glück, das die buddhistische Lehre zu vermitteln vermag.

Die fünf *skandha*, die Grundelemente des – illusorischen – physischen und geistigen Daseins, stehen für die Scheinwelt, die dennoch alles ist, worauf sich die Menschen beziehen können.

Die Buddhas der drei Zeiten stehen im Text des *Hannya shingyô* für den von der buddhistischen Lehre erleuchteten Geist.

Wenn Fugen bosatsu (der Bodhisattva Samantabhadra) den Kernsatz des Sutra »Form ist Leere, Leere ist Form«

hört, lächelt er, weil er in diesem Satz die vollkommene gegenseitige Durchdringung aller Gegebenheiten ausgedrückt sieht; Fugen bosatsu personifiziert hier den Kegon-Buddhismus.

Wenn Monjû bosatsu (der Bodhisattva Manjushrî) den Ausdruck »sie entstehen nicht« hört, bricht er in ein heiteres Lachen aus, weil er darin alles abstrakte Spekulieren als überwunden erkennt; Monjû vertritt hier den Sanron-Buddhismus.

Wenn der Ausdruck Bewußtseins-Elemente fällt, klatscht Miroku bosatsu (der Bodhisattva Maitreya) nur in die Hände. Miroku steht hier für die Erkenntnis, daß alles, was erscheint, nur Bewußtseinsphänomen ist, wie es der Hossô-Buddhismus mit Nachdruck lehrt.

An der Stelle »kein Wissen, kein Gewinn; und weil es keinen Gewinn gibt [...]«, an der Welt und Wissen insofern miteinander verschmelzen, als nichts gewußt werden kann, weil nichts dem Wissen Erreichbares existiert, freut sich wieder Kanjizai bosatsu (der Bodhisattva Avalokiteshvara), der – den Tendai-Buddhismus stellvertretend – für die Einheit des Sehenden mit dem Gesehenen steht.

Das »große göttliche Zauberwort« enthält als *mantra* die ganze Fülle exoterischen und esoterischen Wissens in sich. Kûkai sagt: um auf die Bedeutung eines jeden Lautes und Zeichens dieser sakralen Formel im einzelnen einzugehen, wären Äonen notwendig; ihre ganze Wahrheit auszuschöpfen ist auch den unzähligen Buddhas nicht möglich.

Die vier Kennzeichnungen, das »große göttliche, das leuchtende, das höchste, das unübertreffliche Zauberwort« charakterisieren die verschiedenen Bedeutungen, die das *mantra* für die Shrâvakas, die Pratyekas, die Mahâyânisten und die Anhänger des esoterischen Buddhismus hat. Das erste *gate*[234] des *mantra* zeigt an, was die Shrâvakas (Shômon, die Hörer, die über die »vier edlen Wahrheiten« meditieren, um die Erlösung zu erlangen) erreichen können, das zweite *gate* das, was den Pratyeka-Buddhas (Engaku, die Erlösung über die Einsicht in die »zwölf

Kausalknoten« erlangen) möglich ist; *paragate* steht für das dem Mahâyâna offenstehende Ziel; das *parasamgate* für den Zustand der vollkommenen shingon-buddhistischen Erkenntnis. Die letzten Silben des *mantra* stellen den von allen Doktrinen des Buddhismus angestrebten Eintritt in den Zustand höchster Erleuchtung dar.

7.8 Der esoterische Buddhismus

Der Tantra-Buddhismus entstand um 500 n. Chr. als letzte der bedeutenden Schulen des indisch-buddhistischen Denkens. Charakteristisch für diese Schule ist der Anschluß an magische Traditionen und an die Volksreligionen Indiens. Ganz offenbar war damit die Hoffnung verbunden, neue Kräfte für den Buddhismus, dessen Stellung in der indischen Gesellschaft bereits deutlich geschwächt war, zu mobilisieren. Der Rückgriff auf magisch-mythische Traditionen erweitert das Arsenal meditativer Praktiken erheblich. Die unterschiedlichsten Hilfsmittel können jetzt eingesetzt werden, um das Unwissen zu erschüttern: Bilder, Rätsel, Paradoxe; Provokationen aller Art, einschließlich sexueller Überschreitungen. Die Verwendung magischer Techniken hat sicher zum Erfolg des Tantra-Buddhismus in den ostasiatischen Kulturen beigetragen.

Tantra ist streng esoterisch ausgerichtet und tritt als ›Geheimlehre‹ auf. Dies drückt sich schon im Namen aus: *Tantra* verweist auf die Schriften der buddhistischen Überlieferung und meint in einem weiteren Sinn zugleich die Zeichen, in denen sich die Lehre manifestiert. Im Unterschied zu den klassischen Sutren werden die Tantra-Schriften als Geheimdokumente verstanden, die durch einen Lehrer ausgelegt werden müssen. Die esoterische Bestimmung gilt für alle Medien, sie sind religiöse Instrumente, die zur Erleuchtung eingesetzt werden:

mantra – Silben, in denen sich kosmische Kräfte verdichten, um bestimmte Aspekte des Buddha-Gesetzes auszudrücken;

mudrâ – rituelle Gesten in der religiösen Praxis, die in der Ikonologie die verschiedenen Erscheinungsformen Buddhas charakterisieren;

mandala – symbolische Darstellung der Weltordnung und Meditationshilfe, die über Visualisierungen verläuft.

Im Gewicht, das der esoterische Buddhismus auf die Techniken der Meditation legt, drückt sich die Vorstellung aus, daß die »Buddhaschaft« nicht erst nach einem unermeßlich langen Weg durch die Zeiten und Weltepochen möglich ist, sondern hier und jetzt – der Zen-Buddhismus wird diesen Aspekt der Tantra-Lehre radikaliseren.

Wie der Mahâyâna-Buddhismus insgesamt rechnet auch Tantra mit mehr als nur einem historischen Buddha. Die verschiedenen Buddhas erscheinen als unterschiedliche Verkörperungen der Lehre oder des Gesetzes. Dies verweist auf das Problem, wie die Lehre des Tantra auf die ursprüngliche Botschaft Buddhas bezogen und wie sie legitimiert werden kann. Im Tantra erscheint der historische Buddha Shâkyamuni als Emanation des absoluten Buddha-Körpers, der seinerseits im Buddha Vairocana (*Dainichi nyorai*) Gestalt gewonnen hat. Unverkennbar ist die Tendenz zur Universalisierung, indem die Emanationen Buddhas mit der kosmologischen Ordnung verknüpft werden. Der frühe Tantra-Buddhismus hatte die Ordnungen des klassischen Mahâyâna gesprengt. Aber erst als »Diamantfahrzeug« (Vajrayâna) konnte er zu einer einheitlichen Lehre finden. In dieser Form ist Tantra im 8. Jahrhundert in China als »Schule der Geheimnisse« aufgenommen worden. Als »Schule der wahren Wörter« (*shingon*) hat Kûkai (Kôbô daishi) den Tantra-Buddhismus zu Anfang des 9. Jahrhunderts in Japan eingeführt.

Der esoterische Buddhismus erweitert den Buddha-Begriff, der historische Buddha wird zur Emanation des absoluten Buddha-Körpers (*hosshin*) erklärt und kann dann mit unterschiedlichen Buddha-Erscheinungen identifiziert werden, im Shingon mit den Sonnenbuddha (Dainichi-Nyorai). Weil die Welt jetzt als Verkörperung des Sonnenbuddha erscheint, kann sie zugleich ganz konkret in den

Blick kommen und als Gegenstand der Erleuchtung dienen. Diese Verknüpfung von spiritueller und materieller Ebene findet ihren Ausdruck in der bunten Szenerie, den besonders der tibetanische Tantrismus entfaltet. Nicht zuletzt durch diesen doppelten Aspekt von Abstraktion und Realitätsnähe war der esoterische Buddhismus für die japanische Kultur attraktiv.

Diese doppelte Bewegung von Verkörperung des Abstrakten und Abstraktion des Materiellen ist für den esoterischen Buddhismus charakteristisch. So ist für den Zugang zum wahren Wissen die Teilnahme an einer spirituellen Praxis gefordert, die sich an die sinnliche Dimension des Körpers richtet; zugleich ist jedoch die Wirklichkeit symbolisch strukturiert und kognitiv zugänglich: Alles, was ist, ist immer auch Ausdruck des Buddha-Körpers. Hier haben wir es mit einem Symbolsystem aus motivierten Zeichen zu tun, die nicht binär angelegt sind, sondern ternär. Es gibt nicht nur eine Beziehung zwischen Signifikant und Signifikat, hinzu tritt ein Drittes, in dem das Bezeichnete selbst noch einmal erscheint. Anders gesagt, ist das Zeichen selbst Teil des Gegenstands, den es bezeichnet. Besonders deutlich wird das bei Kûkai. »For Kûkai any physical symbol has a double structure in that it is an object standing for X and at the same time it is part of X; e.g., a flower or a *vajra* is a symbol of Mahâvairocana Buddha but at the same time an integral part of Mahâvairocana in terms of the totality of existence.«[235] Mit Hilfe einer solchen Symbolsprache verbindet der esoterische Buddhismus die drei Dimensionen des Sein, die er als »Geheimnisse« (*sanmitsu*) auslegt. Die Geheimnisse des Körpers, der Rede und des Geistes, die in den Dispositionen von Handeln, Sprechen und Denken Ausdruck finden.

In der Erleuchtungspraxis sollen diese drei Dimensionen ineinander übergehen: Das *mantra*, der »Zauberspruch«, die »sakrale Formel« (*shingon*) kanalisiert die auditiven Intentionen, das *mudrâ*, das »(Hand-)Siegel« (*in*) die physischen, das *mandala* (*mandara*) die psychischen und kognitiven. Das »Einfließen des Buddha in den Meditierenden und das Einfließen des Meditierenden in Buddha« (*nyûga-ganyû*) werden erreicht durch Konzentration im Sinne der Kanalisierung der »drei Aktivitäten« (*sangô*) des Körpers (*shingô*), der Sprache (*kugô*) und des Geistes (*igô*). Dabei vertreten die *mudrâ* die »Geheimaktivität des Körpers« (*shinmitsu*), die *mantra* die der Sprache (*kumitsu*) und die Visualisierung des *mandala* die »Geheimaktivitäten des Geistes« (*imitsu*). Dies alles geschieht in einem transdiskursiven Modus, in dem der Meditierende seine Innerlichkeit als Projektion eines anderen, ihm Äußeren erfaßt, von dem es nun wieder zurückgenommen wird.

7.9 Körper, Seele und Kosmos als »absoluter Gesamtplatz«

Das ›Wort‹ meint in diesem Kontext mehr als das gesprochene Wort; es ist Name für alle Formen, in denen es sinnfällig werden kann: So wird es möglich, das *mandala* als ein Aggregat der »fünf Worte«, das heißt der »fünf Namen des Buddha« (*go-butsumyô*), zu sehen. Das *mandala* beschreibt den Kreis der Bedeutungen der fünf Buddha-Namen; es blickt gleichsam mit den fünf Augen des Buddha. In der Meditation über das *mandala* erkennt der Meditierende sich selbst als eine Verkörperung der Blickstrahlen Buddhas.[236] In der ausschließlichen Konzentration auf das *mandala* werden alle abweichenden Aufmerksamkeiten neutralisiert. Das *mandala* ist der Ort, wo sich das allumfassende Bewußtsein des Gesetzesleibs (*hosshin*) und das Bewußtsein des einzelnen Meditierenden treffen und ineinader übergehen. Die geometrische Logik eines *mandala* ermöglicht es, Verschiedenes in seiner Gleichwertigkeit und Ungleichzeitiges in seiner Gleichzeitigkeit darzustellen und dem Meditierenden mehrere Zugänge offenzuhalten. Er kann den aufsteigenden (*kôjô*) oder den absteigenden (*kôge*) Weg, die integrierende (*tôitsu-hô*) oder die expansive Methode (*kakudai-hô*) wählen. Dies wird durch die hochgradige Überdeterminiertheit des *mandala* ermöglicht: »We would have to specify the linguistic meanings of the geometric conventions used in structures like the *mandala*: similarity, congruence, concentricity, bisection, quartering, subdivision, inclusion, radiation or projection, tangency, parallelism, perpendicularity, and the rest.«[237] Das *mandala* erlaubt uneingeschränkte Überblendungen; es kennt wie der Primärprozeß im Sinne Sigmund Freuds weder Negation noch Zeit und Widerspruch. Es spiegelt den Kosmos als ein System von Ähnlichkeiten und Äquivalenzen als Aspekten einer primordialen Einheit. Der Kosmos existiert nur als Double seiner selbst: Er ist immer schon, aber muß erst noch werden. Das *mandala* dient dabei als Hebel.

Auch der Meditierende präsentiert sich selbst als *mandala*: Der Körper (in seinem Objektaspekt) wird durch Projektion auf den Kosmos und Reflexion in den Kosmos (als Brechung und Rückspiegelung) zum Leib (in seinem Subjektaspekt). Der besondere einzelne versichert sich seiner in der Vermittlung durch den Kosmos, das Allgemeine. Das durch diese Vermittlung errungene Leib-Bewußtsein ist die manifeste Seite der dabei entdeckten und angeeigneten ›Ichhaftigkeit‹. Das Zugeständnis an die Macht und die Bedeutung des Leibs bezeichnet offensichtlich den Punkt, an dem der esoterische Buddhismus den Mythos – via corporis – in Richtung einer Innerlichkeit, eines Sichinnewerdens des einzelnen überschreitet. Sichinnewerden bedeutet nicht notwendig Subjektwerden, dennoch kann darin der Geburtsakt einer personengebundenen Transzendenz gesehen werden, solange es sich dabei um eine Transzendenz handelt, die vom Konkreten nicht ablösbar, aber auch nie ganz Natur ist. Indem der Leib in diesem Sinne expressiv wird, gewinnt er seine für den esoterischen Buddhismus spezifische Valenz und Erlösungsdynamik. Im Zen-Buddhismus hingegen scheint der Leib nur dadurch zum Medium der Erlösung avancieren zu können, daß er – zusammen mit dem Geist – »abgeworfen« wird, wie es in Dôgens Formulierung *shinshin datsuraku*, »Körper und Geist abwerfen«, heißt. Verständlich werden auf diese Weise auch die ikonoklastischen Tendenzen im Zen-

Buddhismus im Unterschied zur Bilderlust der esoterischen Schulen.

Das *mudrâ* kanalisiert die physischen Intentionen. *Mudrâ* bedeutet Siegel: »Appearing first in the post-Vedic literature of India, at a very early period the word ›*mudrâ*‹ desingnates the idea of a seal or the imprint left by a seal. Onto this idea have been grafted various meanings: mark (in a general sense a mark produced by a seal), ring (i.e., seal ring), passport, sign, and last of all ›piece of money‹ struck by means of a seal.«[238] Das *mudrâ* besiegelt den Pakt mit dem Kosmos, der essentiellen Welt des Gesetzes (*hokkai*). Konkret ist es eine formalisierte Haltung der Hand oder der Hände, eine Stellung der Finger als Supplement für die Macht der Worte, das *mantra*. Im Shingon-Konzept des *hokkai* schließen sich indische und chinesische Vorstellungen zu einer umfassenden Synthese zusammen. Indischer Herkunft sind: unmittelbare Identität, überzeitliche Simultanität und Interdependenz (Matrix totaler gegenseitiger Abhängigkeit). Chinesischer Herkunft ist die kosmogonische Vorstellung, daß aus einem ›passiven‹ Einen das ›aktive‹ Viele hervortritt. *Hokkai* im Sinne des Shingon heißt somit: das Eine ist das Viele simultan aktiv und passiv; das Eine und das Viele entstehen koemergent. Der Akzent hat sich von der Hervorbringung auf die Totalität verlagert.

Den einzelnen Fingern der linken Hand sind nicht nur Farben, Silben und Laute zugeordnet, sondern sie (re)präsentieren auch die Elemente und deren weibliche Manifestationen: der Daumen die Erde, der Zeigefinger das Wasser, der Mittelfinger das Feuer, der Ringfinger die Luft und der kleine Finger den Raum/Äther. Im Lack der Fingernägel ist die Würde der »fünf Buddhas esoterischen Wissens« (*kongôkai gochi-nyorai*) präsent: im Weiß des Daumens Amoghasiddi, im Gelb des Zeigefingers Vairocana, im Rot des Mittelfingers Amitâbha, im Schwarz des Ringfingers Akshobhya und im Grün des kleinen Fingers Ratnasambhava. Doch damit noch nicht genug. Die Hände bilden ein vielwertiges kosmologisches Zeichenfeld: die beiden Hände, Flügel genannt, bezeichnen die Sonne und die Einsicht (*e*, rechte Hand) sowie den Mond und die Meditation (*jô*, linke Hand). Die Finger haben zahlreiche Namen, sie heißen die zehn Grade, die zehn Räder, die zehn Lotosblüten, die zehn Dharma-Welten, die zehn Soheiten, die zehn Gipfel; außer den Elementen sind ihnen Silben- und Schriftzeichen zugeordnet.

Das *mudrâ* soll innerhalb des Gesetzesleibs der Gesetzesleib noch einmal sein. Es dient als körperlicher Meditationsfokus – im Sinne eines *hôben* – zur Neutralisierung zerstreuter Bewußtseinsintentionen. Während das *mandala* unmittelbar auf das Psychische einzuwirken versucht, macht das *mudrâ* den Versuch, mittelbar, durch einen richtigen Gebrauch des Körpers, das Geistige/Psychische zu formieren. Das *mudrâ* strömt aus in den ganzen Körper, und der ganze Körper strömt ein in das *mudrâ*. In dieser Wechselwirkung verwandelt sich der einzelne Körper in den Kosmos, für den der Sonnenbuddha steht. Die Elemente, die Keimsilben, die Formen des Wissens stellen die vielfältigen Funktionen und Aspekte des Sonnenbuddha als Kosmos dar. Die sechs großen Elemente (*rokudai*) bilden die Essenz des Kosmos, die vier *mandala* (*shishu mandara*) manifestieren seine Form, die drei Geheimnisse (*sanmitsu*) markieren seine Funktionen.

Kûkai schreibt:

> Die sechs großen Elemente durchdringen einander in ewiger Einheit.
> Keines von ihnen besteht losgelöst von den vier *mandala*.
> Im Zusammenwirken der drei Geheimnisse werden sie unmittelbar sichtbar.
> Das unendlich geschichtete Netz nennen wir den Körper.
> Von selbst ist dies alles ausgestattet mit dem Wissen der Bodhisattvas,
> das den wesentlichen Geist, sein Wirken und Wahrnehmen übersteigt;
> die fraglos-wahre, unendliche Erkenntnis mit der Kraft des Rundspiegel-Wissens.

7.10 *Der Zen-Buddhismus*

> Ein Schüler besuchte einen Meister in den Bergen, um ihn über den Zen zu befragen. Der Meister kam ihm aber zuvor, indem er fragte:
> »Du bist doch über den Fluß, der durch das Tal fließt, gekommen?«
> »Ja, ich habe ihn überquert.«
> »Hast du das Rauschen des Flusses gehört?«
> »Ja, ich habe es gehört.«
> »Wenn du das Rauschen des Flusses gehört hast, dann kannst du in den Zen eintreten.« (*Yuima-Sutra*)

Der Zen-Buddhismus ist um 500 n. Chr. in China entstanden. Er ist eine Reaktion auch auf den Streit der Schulen und will den Buddhismus wieder auf einfache Prinzipien verpflichten, vor allem aber auf die Praxis der Meditation, die Name und Programm dieser Schule ist: Der japanische Begriff *zen* leitet sich, über die Vermittlung des chinesischen *ch'an-na*, von dem Sanskritwort *dhyana* ab, das konzentrierte und methodische Meditation bedeutet. Die Lehre des Zen-Buddhismus ist eine zutiefst chinesische Interpretation der indischen Doktrin der Erleuchtung. Zen lehrt nicht allein die Negation des Selbst, wie der Buddhismus in Indien, sondern das Eindringen in die geistige Welt. In China entwickelte Zen ein einzigartiges Konzept von Nicht-Bewußtsein. Wenn es auch negativ klingt, ist es doch im wahrsten Sinne der positive Ausdruck eines geistigen Ziels: den geistigen Bereich der Buddha-Natur zu sehen. Mit der Zen-Schule hat sich der Buddhismus auch an den Taoismus angenähert. Es sind vor allem die Betonung der Negativität und die Verallgemeinerung der Buddhaschaft in geradezu kosmologische Dimensionen, die Ähnlichkeiten zum Taoismus aufweisen. Auch die taoistische Botschaft, daß sich das Entscheidende nicht sagen lasse, konnte Zen anknüpfen. »Das Tao, das mit Namen genannt wird, ist nicht das ewige Tao. Der Name, der sich aussprechen läßt, ist nicht der ewige Name.« Das Tao konnte der Zen-Buddhismus sich als nicht-dualistische Wirklichkeit, als das Zweitlose verständlich machen und die taoistische Sprachskepsis bestätigen.

Der negative Ausdruck im Zen basiert aber auch auf der alt-buddhistischen Vorstellung, daß man die Dinge in negativer Weise von vier Aspekten aus betrachten solle: Unbeständigkeit (*mujô*), Leiden (*ku*), Selbstlosigkeit (*muga*) und Unreinheit (*fujô*). Auf der anderen Seite ist der positive Ausdruck auf die positive Mahâyâna-Vorstellung gegründet, die jener ersten entgegensteht, daß man nämlich die Dinge unter vier Gesichtspunkten in positiver Weise sehen solle: Beständigkeit (*jô*), Lust (*raku*), Selbst (*ga*) und Reinheit (*jô*). Es ist offensichtlich, daß die negativen wie auch positiven Zen-Ausdrücke genau jenen beiden historischen Entwicklungen des Buddhismus, dem älteren Buddhismus und dem Mahâyâna, entsprechen.

Die grundlegenden Einsichten, Überzeugungen und spirituellen Forderungen des Zen zeigen zudem eine große Ähnlichkeit mit denen der taoistischen Tradition. Der Zen insistiert auf der Verwirklichung einer intensiven und weitreichenden »inneren Wahrnehmung des eigenen Wesens« (*naishin jishô*). Dieses Ziel geistiger Übung korrespondiert mit der dreistufigen geistigen Vervollkommnung bei dem Taoisten Chuang-tzu: geistige Sammlung – Vergessen des Geistes – morgendliche Klarheit. Im Sinne eines totalen existentiellen Vollzugs betonen sowohl der Zen-Buddhismus als auch der Taoismus das Sein vor dem Wissen.

Der Begriff des Tao zielt auf eine primordiale Nicht-Zweiheit, die in der Welt der Zweiheit, der Subjekt-Objekt-Spaltung, des Relativen nicht sagbar ist. Der Taoismus und der Zen-Buddhismus versuchen, dieses Inkommunikable mit eigentümlichen Mitteln und Verfahren zu evozieren. Insbesondere der Zen entwickelt »eine Kommunikationstechnik, die Kommunikation auf der Basis ihrer eigenen Funktionsgrundlagen ad absurdum führt. Dermaßen irritierte und irritierende Kommunikation wird eingesetzt, um Initialzündungen für psychische Erleuchtungszustände auszulösen [...] Kommunikation, die über eine oft Jahrzehnte dauernde Sequenz von Verfehlungen des wahren Wissens schließlich Satori beim Schüler evozieren.«[239]

Auch die stark vom Zen-Buddhismus inspirierte chinesische Lyrik fungiert als »prelude to a long series of visions and of feelings. It hints at wonders.«[240] Die Leere (*kûhaku*) verwandelt sich auf Zen-Bildern (*zenga*) von einer quantité négligeable zum bodenlosen Urgrund aller Erscheinungen und damit zugleich zur eigentlichen Arena, zum Kampfplatz des Geistes um sich selbst und gegen sich selbst. Der chinesische Zen-Meister I-shan I-ning (Issan Ichinei, 1247–1317), der im Jahre 1299 nach Japan kam, schreibt lakonisch: »Das Selbst aus dem Innern des Tores hinauszuführen ist leicht, aber durch das Tor aus dem Innern des Selbst hinauszugehen ist schwer.« Die Methoden des Zen, dieses zutiefst paradoxe Ziel zu erreichen, fußen auf indischen, auch nicht-buddhistischen Traditionen wie dem Yoga.

Der Yoga repräsentiert die praktische Seite der dualistischen Sânkya-Lehre; nach dieser Lehre ist die aus sich selbst wirkende Natur oder Materie in endlosem Wandel begriffen, das Selbst, die Seele aber statisch und unbeteiligt. Das Selbst soll sich durch Übung und Meditation von der Natur unabhängig machen, sich von Leidenschaften und Schwere befreien. Das Mittel dieser Loslösung und Abstraktion von der Natur ist die graduelle Abwendung der Sinne von ihren Objekten: durch fünffache Bändigung (Befolgen der moralischen Grundgebote: kein Leben verletzen, die Wahrheit sprechen, nicht stehlen, Keuschheit üben, auf Besitz verzichten); fünffache Zucht; Sitzen; Beherrschung des Atems; Zurückziehen der Sinne; »Fesselung« und Sammlung des Geistes; Betrachtung (Meditation) und Versenkung.

7.11 Grundpositionen des Zen

Buddhistische Erkenntnis schafft unerbittlich Platz, hat nur das eine Ziel: alles Sein zu destruieren: »Töte alles, was Dir im Weg steht«.

Denn die Welt ist böse, ›weil sie ist‹, nicht weil sich in ihr moralisch Unbekömmliches ereignet. Das Böse ist das Sein, der karmische Kreislauf selbst; und die geistige Übung bereitet nur sein Verschwinden, sein »Erlöschen« – *nirvâna* – vor; *sarinagara*, schreibt der Haiku-Dichter Kobayashi Issa (1763–1827), »und doch«: der Menschengeist hängt auf derbe und subtile Weise an diesem Sein, an der dem Menschen auf so seltsame Weise köstlichen ›Leidensmasse‹. Er will die Welt überwinden – und will auch wieder nicht. Und wer sagt, daß sein Wille zur Überwindung der Welt selbst kein sehr weltlicher Wunsch ist, der ihn um so gnadenloser zu neuer ›Wiedergeburt‹, immer wieder zu einem Wiedereintritt in den karmischen Wirbel verflucht? Auch die Praxis des Zen kann nicht umhin, dieses Paradox auszuleben. Gerade daraus bezieht der Zen-Buddhismus seinen – durchaus irdischen – Reiz. Das auch im Westen überaus bekannte Kôan *wu/mu* von Chaochou Ts'ung-shen (j. Jôshû Jûshin, 778–897) transformiert und steigert das Wort zum Unwort, zum ›Wort ohne Bedeutung‹. Indem es bedeutet, was es nicht bedeutet, und nicht mehr bedeutet, was es bedeutet, deutet es an sich vorbei auf das Differenz- und Zweitlose. Im ›Wort ohne Bedeutung‹ hat der Zen versucht, seine Tradition, »die Lehre nicht durch äußerliche Mittel weiterzugeben«, zu bewahren.

Wie die Beziehung zur Schrift ist auch die Beziehung des Zen zur Kunst ambivalent, wenn nicht paradox. Helmut Brinker spricht von einer »Neigung zum Antiikonismus«, woraus jedoch kein Ikonoklasmus, zumindest keine »generelle Bilderfeindlichkeit« abgeleitet werden dürfe. Dem Dilemma, daß ihr Übungs- und Erkenntnisziel, die »wahre Leere ohne Merkmale«, sich jeglicher Darstellung und Exposition entzieht, dem Versuch also, das Unartikulierbare zu artikulieren, verdankt auch die Zen-Kunst ihre originellsten Momente.

Für den seinem Wesen nach akosmologischen Zen-Buddhismus sind alle Existenzelemente (*hô*) Erzeugnisse des Geistes. Der Geist ist identisch mit dem allumfassenden Einen. Das Eine ist die Leere. Die Leere ist weder in Worte noch in Gedanken zu fassen. Die Leere ist das Zweit- und Differenzlose, das sich jeder Beobachtung entzieht; denn Beobachtung ist »Differenzgebrauch mit Bezeichnungsoption«.[241] Der Zen-Buddhismus favorisiert die Plötzlichkeit, diese Seite hat ihm den Namen eines ›Subitismus‹ eingetragen. Direktheit, Intuition gelten ihm als Mittel der Einsicht (*satori, kenshô*) in die Selbst-Natur (*jishô*) der Wirklichkeit-wie-sie-als-solche-ist (*shinnyo*). Auch am Ende einer langen Vorbereitungs- und Übungszeit – diese Seite des Zen-Buddhismus trägt den Namen ›Gradualismus‹ – ereignet sich die Erleuchtung schockhaft-überwältigend, vergleichbar der Erfahrung des Zeichners, der eine vollkommene Kontur zeichnen möchte und dem erst nach zahllosen Versuchen, wie zufällig, jener einzigartige Zug, dem sein konzentriertes Bemühen gilt, gelingt. Schon Tsung-mi[242] sprach von einer graduellen Praxis, die von plötzlicher Erleuchtung gekrönt wird und von einem plötzlichen Erwachen, dem graduelle Übung folgt. Bernhard Faure weist in einer akribischen Studie nach, daß die Opposition zwischen unvermittelt (plötzlich) und vermittelt (stufenweise) als ein »grand écart« gedeutet werden muß, im Sinne eines Gründungsaktes, der sich in allen später daraus hervorgehenden Dichotomien erneut und immer wieder einschreibt. Eine Unterscheidung, die zwei antithetische Diskurse in Gang setzt, die die Balance des Systems regulieren. Gradualismus ist gekennzeichnet durch den Glauben an die wirkliche Existenz von Leidenschaften, die die ursprüngliche Buddha-Natur verdunkeln, und an die Möglichkeit, durch beständige Übung die ursprüngliche Reinheit wieder freizulegen. Diesem Ideal der Reinigung widerspricht der Subitismus, dieser Affront gegen die Erinnerung, mit seinem Glauben daran, daß die innere Reinheit aller Wesen ohne jede Übung durchbricht. Diese Opposition ist folgenreicher, als es auf Anhieb erscheinen mag.[243] Plötzlichkeit findet nicht statt, sie hat keinen Ort. Spricht man über sie, wird sie zwangsläufig temporalisiert und sequenzialisiert, gradualisiert. Allmählichkeit ist aber auch ein Surrogat für die Unmöglichkeit »plötzlicher Erleuchtung«.[244] Auch der Weg zur ›Zweitlosigkeit‹ ist mit Unterschieden gepflastert. Die Suche nach dem Differenzlosen betreibt der Zen-Buddhismus mit einer »passion for difference«[245]: er unterscheidet zwischen plötzlich und allmählich, zwischen einer Nördlichen Schule und einer Südlichen Schule, er unterscheidet zwischen einer »besonderen Übermittlung jenseits der Schriften« (*kyôge betsuden*) und einer »Einheit der Schriften und des Zen« (*kyôzen itchi*), zwischen einem *kôan*-Zen (*kanna zen*) und einem schweigenden Zen (*mokushô zen*). »Wer das Unterscheiden vermeiden will [wie der Zen-Buddhismus]«, schreibt Peter Fuchs, »muß aufwendige Sonderveranstaltungen inszenieren.«

7.12 Urszenen des Zen

»Einst trug Sakyamuni auf dem Lin-shan einer großen Menge seine Lehre vor. Als er geendet hatte, nahm er eine (Kumbhala-)Blume und zeigte sie der Menge ohne ein Wort zu sagen. Alle verharrten in Schweigen. Nur der Verehrungswürdige Kâshyapa lächelte. – Sakyamuni indes sagte: ›Mein ist das Geheimnis des rechten Dharma-Auges, das wunderbare Begreifen des *nirvâna*, das die Erkenntnis der Gestalt des Gestaltlosen eröffnet, keiner Worte und Buchstaben bedarf und außerhalb der Schriften weitergegeben wird. Dies Geheimnis vertraue ich nun Kâshyapa an.‹«

Befremdlich an dieser Gründungsgeschichte ist, daß Shâkyamuni die Transmission des Geheimnisses, das doch durch das Lächeln des Kâshyapa schon unüberbietbar besiegelt sein soll, noch einmal verbal reklamiert, um es gleichsam rechtskräftig zu machen. Andererseits verdankt die Geschichte gerade dieser prägnanten Inkonsequenz ihre gedankliche Folgerichtigkeit: Jede Darstellung des Zweitlosen im Raum der Differenz und des Relativen muß mißlingen.

Kâshyapa, dem der Überlieferung nach ersten Patriarchen des Zen, sollen noch sechsundzwanzig indische Patriarchen gefolgt sein, bis Bodhidharma (Daruma), der achtundzwanzigste Patriarch, um das Jahr 527 die Zen-Lehre in den Westen, das heißt nach China, gebracht haben soll. Es existieren jedoch keine Berichte, die für die Zeit vor Bodhidharma eine Zen-Schule in Indien bezeugen. Die berühmteste Anekdote aus der legendären Lebensgeschichte des Bodhidharma erzählt von einem Gespräch zwischen ihm und dem Kaiser Wu von Liang, das in Nanking stattgefunden haben soll: Der Kaiser hatte Bodhidharma alle seine guten Taten aufgezählt, er habe zahllose Tempel errichten, zahllose Sutren kopieren lassen und zahllose Mönche unterstützt. Bodhidharma zeigt sich unbeeindruckt: das alles seien keine wirklichen Verdienste. Wirkliches Verdienst bestehe allein in der Einsicht in das stille und leere Wesen; aber dieses Verdienst könne nicht mit weltlichen Mitteln errungen werden. Daraufhin fragt der Kaiser, was denn das Prinzip der heiligen Lehre sei. Bodhidharmas Antwort: »Weite Leere, ohne etwas Heiliges darin.« Der Kaiser fragt weiter: »Und was steht vor mir?« Bodhidharma antwortet: »Ich weiß es nicht«. Und geht.

Im Shao-lin-Tempel soll Bodhidharma neun Jahre lang einer Mauer zugewandt meditiert haben.[246] Der Ausdruck »Wand-Betrachtung« ist sprichwörtlich geworden für unerschütterliche Bemühung und unbeirrte Übung.

Bodhidharma propagierte, der Überlieferfung nach, das *Lankâvatârasûtra* (*Ryôgakyô*), das als eine Art Kompendium der Zen-Lehre gelesen werden kann: Nirvâna ist die vollkommene Leere, differenz- und eigenschaftslos, nicht in Worte oder Gedanken zu fassen. Das intuitive Erkennen dieser Wahrheit, wozu alle Menschen prinzipiell fähig sind, weil in jedem die Buddha-Natur latent vorhanden ist, bringt die Befreiung von den Begierden, den falschen Gedanken und den Anhänglichkeiten an das Weltliche, die eine geistige und existentielle Emanzipation verhindern. Damit dies erreicht werden kann, muß der Geist von allem leergeräumt werden; von allem, was ist, und auch von allem, was nicht ist. Nur so wird eine Annäherung an das Zweitlose möglich.

Zur Entschlackung und Entleerung des Geistes, bis die originale und reine Wesensnatur zum Vorschein kommt, lehrte Bodhidharma, indische Traditionen fortsetzend, asketische Praktiken.

Eine Schrift über den zweifachen Eingang zum Tao, wird Bodhidharma zugeschrieben. Mit den beiden Eingängen sind der des Denkens, der Vernunft (*ri*) und der der Tat, der Praxis (*gyô*) gemeint; wobei die Kriterien der *via contemplativa* und der *via activa* sich freilich entschieden von denen der christlichen Tradition unterscheiden. Nach einer im Buddhismus weitverbreiteten Vorstellung vollzieht sich geistig-spiritueller Fortschritt in drei Stadien: dem initialen Stadium der Anstrengung folgt das der Einsicht. Anstrengung und Einsicht finden ihre Erfüllung in der Praxis/Verwirklichung, im Sinne eines allumfassenden geistigen und existentiellen Vollzugs, in dem die Unterscheidung von Denken und Tun obsolet geworden ist.

Die Legende erzählt, daß Hui-k'e (Eka, 487–593), um von Bodhidharma als Schüler aufgenommen zu werden, sich einen Arm abschnitt und ihn Bodhidharma als Zeichen seiner Entschlossenheit überreichte (die Szene ist zu einem beliebten Motiv der Zenmalerei [*Eka danbi*] geworden). Hui-k'e wurde der zweite Patriarch des Zen in China. Von ihm ist folgendes Gespräch mit Bodhidharma überliefert: »Mein Geist findet keine Ruhe, bitte gebt ihm die Ruhe, nach der er verlangt.« Bodhidharma forderte ihn daraufhin auf: »Bring mir deinen Geist, ich werde ihm Ruhe geben.« Nach einem langen Schweigen mußte Hui-k'e seinem Meister bekennen: »Ich kann meinen Geist nicht finden.« »Dann habe ich ihn ja schon zur Ruhe gebracht,« soll Bodhidharmas Antwort gewesen sein.

Der Geist, von dem Hui-k'e sprach, war nur ein Schattenbild des Geistes, den er meinte, aber nicht benennen konnte. Der wahre Geist ist das, was denkt. Denkt der wahre Geist sich selbst, objektiviert er sich und ist somit schon nicht mehr der wahre Geist. Der wahre Geist ist und bleibt – gerade wenn er wirkt – unerreichbar.

Zwischen Hui-k'e und Seng-ts'an (Sôsan, ?–606), dem dritten Patriarchen, soll ein ähnliches Initiationsgespräch stattgefunden haben:

»Bitte reinige mich von meinen Sünden.« – »Bring sie mir her, und ich werde dich davon reinigen.« – »Ich kann sie nicht finden.« – »Also habe ich dich davon schon befreit.«[247]

Seng-ts'an folgte als vierter Patriarch Tao-shin (Dôshin, 580–651). Der entsprechende Dialog zwischen Seng-ts'an und Tao-shin soll folgendermaßen gelautet haben:

»Sag' mir, wie kann ich frei werden.« – »Wer hält dich fest?« – »Niemand.« – »Warum willst du also befreit werden?«[248]

Diese drei Dialoge sind plastische und drastische Beispiele für eine gelungene Umsetzung der vier Grundprinzipien des Zen, welche die Überlieferung zwar Bodhidharma selbst zuschreibt, die aber zum ersten Mal im Jahre 1108 von Mu-an Shan-ching (Bukuan Zenkyô) in den *Gesammelten Schriften aus den Hallen des Patriarchen* (*Tsu-t'ing shi-yüan, Sotei jion*) aufgezeichnet wurden:

(1) Eine besondere Überlieferung außerhalb der Schriften: Unabhängigkeit von Wort und Buchstabe.

(2) Unabhängig von Worten und Schriftzeichen: Die Dialoge nehmen keinerlei Bezug auf in Schriften niedergelegte Lehren. Dieses Prinzip, das implizit auch eine Negation der Kultur überhaupt beinhaltet, steht (äußerlich) in diametralem Gegensatz zur allgemeinen Auffasung des Mahâyâna und des Hînayâna, für die das Studium der Sutren dem lesenden Adepten die Erleuchtungserfahrung des Buddha näherbringt.

Die Übermittlung geschieht im Zen von Geist zu Geist (*ishin denshin*). Ninomiya Sontoku (1787–1856) schreibt in seiner *Lehre ohne Worte* (*Fubun no oshie*):

»Sagt der Himmel denn etwas? Dennoch wechseln die Jahreszeiten einander ab und hundert Dinge gehen hervor.«

Und in einem Gedicht:

> Sie haben keine
> Stimme und keinen Weihrauch,
> doch wiederholen
> Himmel und Erde endlos
> ungeschriebene Sutren.

(3) Unmittelbar auf das Herz des Menschen zeigen: die paradoxe Kunst beherrschen, ohne Zeigefinger etwas zu zeigen, ohne Medium etwas zu vermitteln (die Dialoge evozieren eine Erkenntnis, die außerhalb ihrer Semantik liegt).

(4) Die (Selbst-)Natur schauen und Buddha werden: Die Schau ins eigene Wesen – das demonstrieren die Dialoge aufs deutlichste – erweist den einzelnen (schon) als Buddha.

Seng-ts'an schrieb im *Hsin-shin-ming* (*Shinjinmei*), dem ersten chinesischen Credo des Zen in Versen:

»Es ist nicht schwer, den Weg der Vollkommenheit zu beschreiten. Vermeide nur zu wählen. Ohne Zuneigung und hier und ohne Abneigung dort, liegt er vor dir im hellsten Licht. [...] Rund und ganz wie das große Vakuum, fehlt ihm nichts, hat er nicht zuviel. [...] Suche nicht nach der Wahrheit. Höre einfach auf zu meinen. [...] Wenn das Auge nicht mehr schläft, verfliegen alle Träume. [...]«

7.13 Der Streit der Schulen

Hui-neng (Enô) (601–674) gilt als der sechste Patriarch des Zen-Buddhismus in China. Über seine Einsetzung berichtet die Überlieferung folgendes: Mit 24 Jahren kam er in das Kloster des fünften Patriarchen, der einen Nachfolger suchte und zu diesem Zweck seine Schüler eine Sutren-Strophe verfassen ließ. Shen-hsiu, der als Favorit galt, schrieb an die Wand des Tempelflurs:

> Der Leib ist der Baum der Erleuchtung.
> Der Geist gleicht einem klaren Spiegel.

Müh dich, ihn allezeit abzuwischen!
Laß kein Staubkorn sich darauf setzen!

Hui-neng ließ sich, da er selbst nicht lesen konnte, diese Strophe vorlesen und bat einen des Schreibens kundigen Mönch, folgenden Vers an die Wand zu schreiben:

Es gibt keinen Baum der Erleuchtung,
Noch gibt es einen Ständer mit einem klaren Spiegel.
Von Anfang her existiert nicht ein einziges Ding.
Wo kann sich da ein Staubkorn setzen?

Diese beiden Verse initiieren und verdeutlichen den Streit zwischen den zwei zen-buddhistischen Schulen, der »nördlichen Schule der Allmählichkeit« und der »südlichen Schule der Plötzlichkeit«. Plötzlichkeit steht für Einheit und Totalität, denn Subitismus ist eine Art Absolutismus. Die extremste Konsequenz des Subitismus ist die Lehre von der »ursprünglichen Erleuchtung« (*hongaku*), die die Identität von Verblendung und Erleuchtung einschließt. Die theoretische Radikalität der *hongaku*-Lehre, die auch zu einer Zurückweisung der sogenannten »Hilfsmittel der Erleuchtung« (*hôben*) führte, »opened what seems to be a potentially self-destructive dialectic«.[249] Die *hongaku*-Lehre, die sich auf die apokryphe Schrift *Ta sheng ch'i hsin lun* (*Daijô jishin ron*) berief, radierte das *karma* gleichsam aus und bewertete die Erscheinungswelt durch ihre Identifizierung von *samsâra* und *nirvâna* neu.

Die Lehre von der Allmählichkeit hingegen steht für Vielfalt, Akkumulation, zeitliche und räumliche Bestimmungen, fordert sukzessive und lokalisierte Praktiken und Methoden: einen ›Gradualismus‹.

Hui-nengs Vers enthält das Programm der »südlichen Schule«. Bei Shen-hsiu ist der Geist als Spiegel passiv, ein bloßes »Achthaben«. Die Erleuchtung hängt dann vom ›Reinigen des Spiegels‹ ab; bei Hui-neng ist der Spiegel als Geist die Aktivität der Negation, mit dem Ziel, die letzte Wirklichkeit freizulegen: Zwischen Übung und Erleuchtung besteht keine kausale Beziehung, sie sind identisch. Überhaupt werden alle Unterschiede aufgehoben, die das Denken gesetzt hat. Auch zwischen dem Erleuchteten und dem Nicht-Erleuchteten besteht kein Unterschied. Bei Hui-neng setzt sich die Betonung der Negation, des Nichts, durch. Nâgârjunas Lehre von der Leere schlägt hier um in eine Lehre vom Nichts (*mu*). Huineng verwirft jede Symbolik und Metaphorik, für ihn ist vom Anfang an – nichts. Sein Ideal ist »pure anoetism or ›nonthinking‹«: Er zielt auf »perfect transparency of all intermediaries, or even their disappearance – for intermediaries tend to change from channels into obstacles«.[250] Nach der Doktrin der »südlichen Schule« kann das Erfassen der letzten Wirklichkeit, des Zweitlosen, des Nichts, die Erleuchtung nur plötzlich geschehen, direkt und intuitiv. Als »Schule der Plötzlichkeit« ist der Zen-Buddhismus auch in Japan aufgenommen und verbreitet worden. Der eigentliche Motor der Zen-Doktrin(en) versteckt sich jedoch gerade im Wechselspiel der beiden konkurrierenden Grundwahrheiten *shintai*, der absoluten oder ultimativen Wahrheit, und *zokutai*, der relativen oder konventionellen Wahrheit. Der in dem sogenannten *Platform-Sutra* übermittelte Gedichtwettstreit zwischen Shen-hsiu und Huineng zeigt, wie zwei komplementäre Wahrheiten sich zu einer zweifachen Wahrheit verschränken, innerhalb derer die nun einsetzenden Zen-Tradition oszillieren wird. Bemerkenswert ist, daß sein Meister auch das Gedicht Shen-hsius, das strenggenommen die konventionelle Wahrheit propagiert, nicht verwirft, sondern lobt, also offensichtlich einen dialektischen Standpunkt einnimmt, der in Shen-hsius und Hui-nengs Positionen die zwei Seiten der einen Wahrheit erkennt und anerkennt. Erst die spätere radikale Polemisierung des Zen denunzierte die konventionelle Wahrheit des ›Gradualismus‹ als falsch und ihre Anhänger als heterodox. Auf der Kontrastfolie der »zweifachen Wahrheit« entwickelte der Chan/Zen-Buddhismus die für ihn typische potentiell unabschließbare Dynamik. Alle Antagonismen, Dichotomien und Polemiken des Zen sind im Grundparadox der doppelten Wahrheit verankert. »The Two Truth paradigm plays a mediating role between the ontological/

epistemological, and epistemological/hermeneutical levels. It provides a convenient hermeneutical device, allowing us to explain all apparent doctrinal contradictions as the result of a shift between the levels of ultimate and conventional truths. It affirms ontological duality only to negate it – through formulas such as *nirvâna* is *samsâra*, passions are awakening, and so on. The reverse, however, is equally true: by negating duality, it has already acknowledged it and contributed to its perseveration. In other words, its effects might be the contrary of what they claim to be.«[251] Im Zen-Buddhismus hat die Mahâyâna-Lehre von der Gleichsetzung des Unbedingt-Absoluten mit dem Bedingten ein hohes theoretisches und literarisches Niveau erreicht. Im *kôan* hat sie auch eine Praxis gefunden: die paradoxen Formulierungen sollen den Verstand überfordern und eine nichtdualistische Wirklichkeit erschließen. In diesen Sprachspielen, die mit allem Ernst auf die Erleuchtung zielen, gehen alle diese Bestimmungen zusammen und stehen für den Anspruch, der Erleuchtung auch eine Denkform zu geben. Darin liegt die philosophische Herausforderung des Zen.

8 Der Buddhismus in Japan

Der Buddhismus konnte sich in Japan innerhalb kurzer Zeit etablieren. Als offizielle Daten seiner Einführung gelten die Jahre 538 oder 552, vermutlich war er jedoch seit dem 4. Jahrhundert in Japan bekannt. Bereits 594 wurde der Buddhismus neben Shintôismus und Konfuzianismus zur Staatsdoktrin erklärt. Das Motto »durch die rechte Lehre das Land schützen und fördern« (*shôbô gokoku*) charakterisiert seine Stellung in der Nara-Zeit. Der Buddhismus war zunächst keine Volksreligion, er blieb auf den Hof und die Adeligen beschränkt. Aber auch am Hof kam die zentrale Stellung dem Shintôismus zu, weil er die Bindung an die Kaiserfamilie repräsentierte. Im übrigen scheint es zwischen den drei Religionen der Staatsdoktrin keine Spannungen, aber auch wenig Verbindungen gegeben zu haben. Die Spuren, die der Buddhismus in den Weltansichten der Nara-Zeit (710–794) hinterlassen hat, sind keineswegs sehr prägnant; sie lassen sich vor allem in den literarischen Bildern für die Vergänglichkeit greifbar machen. Organisiert war der Buddhismus in sechs Schulen, die aus den verschiedenen Richtungen der buddhistischen Tradition hervorgegangen sind. Seit dem 8. Jahrhundert nahm die Zahl der Tempel zu, auch außerhalb des Adels konnte der Buddhismus jetzt Fuß fassen. Charakteristisch ist die pragmatische Ausrichtung der Klöster, die sich z. B. in der Kranken- und Altenpflege engagierten. Im Nebeneinander von Shintôismus und Buddhismus zeigten sich erste Tendenzen zum Synkretismus, die besonders den Shintôismus veränderten.

In der Heian-Zeit (794–1192) spielte der Synkretismus eine bedeutende Rolle. Er bestimmte nicht nur das Verhältnis von Shintôismus und Buddhismus, sondern beinflußte auch die Entwicklung des japanischen Buddhismus selbst.

Geprägt waren die Weltansichten dieser Zeit durch die Spannungen zwischen der chinesischen Kultur, die als fremd empfunden wurde, und dem Eigenen, das erst wiedergefunden werden mußte. Die buddhistische Szene der Heian-Zeit wurde vor allem durch die beiden Tantra-Schulen Shingon und Tendai beherrscht. In Indien nahm der Buddhismus im 6. Jahrhundert regionale spirituelle Traditionen auf und öffnete sich esoterischen Tendenzen; beides wurde als Gegengewicht zur Abstraktheit der etablierten Lehre verstanden. Das ermöglichte einen starken Synkretismus, der sich im Japan der Heian-Zeit besonders wirkungsvoll entfalten konnte, weil er dem Bedürfnis der Zeit entsprach, die eigene Kultur in die übernommen Weltansichten zu integrieren. Das Pantheon, das der späte Buddhismus entfaltete, war so reichhaltig mit Merkmalen und Eigenarten versehen, daß sich interkulturelle Anschlüsse leicht ergaben. So konnte z.B. die indische Symbolik des Sonnenbuddha im Shingon als Verweis auf die japanische Tradition des Shintôismus und des Kaisertums verstanden werden, galt der Kaiser doch als Nachkomme der Sonnengöttin Amaterasu-ô-mikami. In der Heian-Zeit wurde der Buddhismus mit den Grundlagen der japanischen Kultur verknüpft und beeinflußte nachhaltig die künstlerischen und intellektuellen Formen, aber auch das politische Leben. Seine Wirkung blieb allerdings immer noch weitgehend auf den Adel beschränkt.

Mit dem Ende des Hofadels rückte im 13. Jahrhundert auch die bunte Szene des esoterischen Buddhismus in den Hintergrund. Dem Militäradel der Kamakura-Zeit (1192–1333) waren üppiger Dekor und komplizierte Zeremonien fremd, er suchte nach direkteren spirituellen Zugängen. Der Buddhismus dieser Zeit nahm die Bindungen an die magisch-mythischen Formen der japanischen Tradition zurück; gefordert waren jetzt klare Botschaften und eine religiöse Praxis, die sich nicht an Diesseitigkeit hält, sondern strikt auf Erleuchtung setzt. Zudem brauchte die neue Kriegergesellschaft Lehren, die dem Sterben einen Sinn verleihen konnten. Charakteristisch für die Kamakura-

Zeit sind der Amida- und der Zen-Buddhismus. In beiden Schulen werden auf verschiedene Weise die religiösen Bedürfnisse der Zeit eingelöst. Im Zentrum der Amida-Sekten steht die Anrufung des Amida-Buddhas (*nenbutsu*), der durch sein Gelübde die Rettung aller Wesen versprochen hat. Die Zen-Schulen bieten einen Weg zur Erleuchtung allein durch die Konzentration auf die Meditation (*zazen*). Mit dem Amida-Buddhismus gewann der Buddhismus auch eine breite Basis außerhalb des Adels, so daß er sich jetzt auch als Laienorganisation formieren konnte.

Der philosophischen Kultur in Japan stellt der Buddhismus ein Vokabular zur Verfügung, das die Welt als grundlos erschließt und den Verzicht auf jede Metaphysik der Begründung nahelegt. Motive für eine solche Einstellung hat der Buddhismus durchaus angegeben: Sie liegen in der mangelhaften intellektuellen Ausstattung des Menschen; im besonderen ist die Sprache außerstande, das Wirkliche als nicht-dualistisch zu erfassen. Aussagen über die Verfassung der Wirklichkeit lassen sich nicht widerspruchsfrei formulieren; widerspruchsvoll allerdings läßt sich die Wirklichkeit dennoch darstellen. Daraus geht die Überzeugung hervor, daß Aussagen nur in der Bindung an die Subjekte Sinn haben. Deren Situation, vor allem aber deren sprituueller Zustand, markiert einen Kontext, der den Sinn jeder Aussage eingrenzt. Dieser Kontextualismus liegt auf der Linie »soziomorpher Subjektbezogenheit«, die Moritz zu den Grundlagen chinesischer Philosophie zählt. In Japan ist der Kontextualismus auch pragmatisch interpretiert worden: nicht der Zustand des Bewußtseins, sondern der gesellschaftliche Stand determiniert das Subjekt und seine Sprache. Die buddhistische Sprachskepsis konnte in Japan Hand in Hand mit der traditionellen Einstellung auf magische und ästhetische Dimensionen von Sprache gehen. Das sind Hinweise darauf, daß Buddhismus in Japan vor allem ethisch und ästhetisch wirksam geworden ist; am besten läßt sich das am Zen demonstrieren. Trotz solcher Tendenzen zu Reduktion und pragmatischer Auslegung sind in Japan Werke entstanden, die sich ganz und gar auf der Höhe buddhistischer Philosophie bewegen. *Die Bedeutung von Urlaut und Zeichen sowie ihr Verhältnis zur Wirklichkeit* (Kûkai) und *Die Schatzkammer des wahren Dharma-Auges* (Dôgen) zählen sicher dazu.

8.1 Die frühe Phase (Nara)

Im Jahre 710 wurde Nara die Hauptstadt Japans. Unter der Kaiserin Genmei (661–721, reg. 707–715) entstanden die älteste japanische Reichschronik, das *Kojiki, Bericht über die Begebenheiten im Altertum* (712), die *Provinztopographien, Fudoki* (erste Hälfte des 8. Jahrhunderts), und die erste der *Sechs Offiziellen Reichsgeschichten, Rikkokushi*, das *Nihon shoki, Chronik von Japan* (720). Um die Mitte des 8. Jahrhunderts, während der Tenpyô-Periode (729–749), als auch die älteste japanische Gedichtanthologie, das *Manyôshû, Sammlung von zehntausend (Wort-)Blättern*, kompiliert wurde, hatte die höfische Gesellschaft vor allem dank der Fortschritte der Agrikultur einen gewissen Wohlstand erreicht, Binnen- und Außenverkehr florierten, und die materielle Kultur erlebte eine Blütezeit. Geistige Mittelpunkte waren die Tempel der sogenannten sechs buddhistischen Nara-Schulen, Kusha, Jôjitsu, Hossô, Sanron, Kegon und Ritsu. Kaiser Shômu (701–756, reg. 729–749), zu dessen Zeit auch die Sonnengöttin Amaterasu-ô-mikami zu einer Erscheinungsform des Dainichi (Vairocana) erklärt wurde, verfügte im Jahre 741, daß in jeder Provinz des Landes Tempel zu errichten seien, je einer für zwanzig Mönche und einer für zehn Nonnen. Von größter kulturpolitischer Bedeutung war der Bau des gewaltigen Tôdaiji-Tempels in Nara. In den sechziger Jahren des 8. Jahrhunderts versuchte der Mönch Dôkyô den Kaiserthron zu usurpieren. Nach seinem Sturz im Jahre 770 bestimmten die einflußreichen Staatsmänner aus der Familie Fujiwara den 62jährigen Enkel des Kaisers Tenji, Kônin, zum Tennô. Sie erhofften sich davon, den Einfluß des buddhistischen Klerus auf den Kaiserhof zu verringern. Der Sohn Kônins, der unter dem Namen Kanmu (737–806, reg.

781–806) im Jahre 781 die Kaiserwürde übernahm, ließ den Regierungssitz 784 nach Nagaoka, einen Ort in der Nähe des heutigen Kyôto, verlegen.

Drei der sechs buddhistischen Schulen der Nara-Zeit gehörten dem Hînayâna an, der durch die Theorien der Sarvâstivâda (Setsuissaiubu) und Sautrântika (Kyûryôbu) vertreten ist: die 658 nach Japan gelangte Kusha-(Chüshe-)Schule, die Jôjitsu-(Ch'eng-shih-)Schule, 625 in Japan eingeführt, und die Ritsu-(Lü-)Schule, die der chinesische Mönch Chien-chen (Ganjin) 754 in Japan bekannt gemacht hat.[252] Der Hînayâna-Buddhismus ist allerdings nicht als selbständige Doktrin, sondern im Kontext von Mahâyâna-Lehren behandelt wurden: Kusha erscheint im Rahmen der Hossô-Schule, Jôjitsu zusammen mit der Sanron-Schule.

Die Kusha-Lehre – Takakusu nennt sie eine realistische ›Ens‹-Lehre – fußte auf Vasubandhus (Seshin) Schrift *Abhidharma-kosha-bhâsya* (*Abidatsuma kusharon*, *Quintessenz der höchsten Lehre*, 5. Jahrhundert n. Chr.), einem maßgeblichen Kompendium der Sarvâstivâda, dessen zentrales 9. Kapitel eine Auseinandersetzung mit dem Konzept des *an-âtman* (*mu-ga*), also der Leugnung eines beharrlichen Ich-Substrats, enthält. Die Jôjitsu-Lehre, nach Takakusu eine nihilistische ›Non-ens‹-Lehre, gründet auf dem *Satyasiddhi-sastra* (*Jôjitsuron*, *Traktat über den Nachweis der Wahrheit*) von Harivarman (Karibatsuma, 4. Jahrhundert v. Chr.) und wird zur Sautrântika gerechnet.

Der Streit dieser beiden Schulen gilt der entscheidenden Frage nach der Unbeständigkeit der Daseinselemente, der *dharma*. Daß sie unbeständig sind, steht nicht in Zweifel, die Analyse der Unbeständigkeit allerdings wirft zahlreiche Probleme auf. »Die Betrachtung von ›Aufstieg und Fall der *dharmas*‹ gehört zu den Ecksteinen buddhistischer Meditation.« (Conze) Zugespitzt ist der Streit in den Ansichten, das Seiende habe jeweils »einige wenige« oder nur einen »einzigen« Augenblick Bestand. Kusha plädiert in der Tradition des Sarvâstivâda dafür, »drei, vier oder noch mehr Augenblicke« anzunehmen. Das entspricht der Einstellung, daß alles existiert. Darunter läßt sich jedoch kein erkenntnistheoretischer Realismus verstehen; gemeint ist vielmehr, daß den *dharma* in allen drei Zeitformen zugleich Existenz zukommt. Deren Wesen liegt gerade nicht in ihrer sinnlichen Präsenz, sondern in der Zeitform der »vier Augenblicke« von Geburt, Dasein, Verfall und Zerstörung, die gleichermaßen real sind. Panrealismus hat Conze diese Position genannt. »Dieser ›Panrealismus‹ lehrt, daß das Entstehen und Werden der *dharmas* kein wirkliches Werden und Vergehen, sondern eine Wanderung stets vorhandener Einheiten von einer Zeit in die andere ist. Scheinbar neu entstandene Einheiten wandern in Wirklichkeit aus der Zukunft in die Gegenwart und werden, wenn sie vergehen, in die vergangene Zeit versetzt.«[253] Was für die *dharma* im allgemeinen gilt, trifft auch für das Selbst zu. Es wird als ›Besitz‹ ausgelegt, den die *dharma* vorübergehend an sich selbst haben. Die Formel *gakû hôu* soll das ausdrücken: »das Ich ist leer, die Gegebenheiten existieren«.

Die Konstruktion der vier Augenblicke läßt die Frage nach der Realität der Außenwelt noch gar nicht entstehen. Bedeutsam dafür ist vielmehr der Zeitpunkt, an dem die *dharma* sich jeweils befinden und Verbindungen eingehen können. Deswegen ist die Klassifikation der *dharma* für die Kusha-Lehre entscheidend – wie für den Hînayâna insgesamt. Aufgezählt werden 72 »bedingte« *dharma*, die vier Kategorien zugeordnet sind: (1) Form und Materie (*shiki*): Sinnesvermögen und die Objekte der Sinneswahrnehmung; (2) Bewußtsein (*shin*): gegenstandsloses Bewußtsein; (3) Elemente, die mit dem Bewußtsein verbunden sind (*shinjo*): mentale Funktionen und moralisch nicht festgelegte *dharma*; (4) Elemente, die nicht mit dem Bewußtsein verbunden sind (*shinfusôôgyô*): Faktoren, die das Bewußtsein beeinflussen, wie Geburt, Alter, Lebenskraft und Kastenzugehörigkeit. Die drei »nicht-bedingten« *dharma*: der leere Raum, die Aufhebung (von Bedingungen) ohne Erkenntnis, die Aufhebung durch Erkenntnis.

Realismus ist die Kusha-Lehre in ihrem Anspruch, die *dharma*-Welt angemessen zu verstehen. Zum Problem werden weder die Konstitution der Außenwelt noch die Sprache, in der die Elemente der Welt dargestellt sind. Kritik hat sich vor allem daran entzündet, daß der Grundsatz der Unbeständigkeit in der Theorie der vier Augenblicke zurückgenommen sei. Eternalismus lautet hier der Vorwurf, daß der Augenblick der *dharma* zu lang bemessen sei.[254]

Die Jôjitsu-Schule geht im Namen des Sautrântika davon aus, daß die Präsenz der *dharma* nur einen »einzigen Moment« Bestand hat.[255] »Nach Ansicht der *sautrântikas* dauert ein Ereignis nur einen Augenblick und vergeht, sobald es aufkommt, unmittelbar, nachdem es Dasein erlangt hat. Seine Zerstörung ist spontan und erfordert keine zusätzliche Ursache.«[256] Das ist gegen den Eternalismus des Kusha gerichtet. In der Jôjitsu-Schule erscheint die Existenz der Daseinselemente so beschleunigt, daß die sinnliche Wahrnehmung von Gegenständen schon nicht mehr für möglich gehalten wird. »Folglich kann man nur etwas perzipieren, was schon vergangen ist (etwa so wie Sterne, die nicht mehr da sind, deren Licht aber Jahre braucht, um uns zu erreichen)«.[257] Die Auflösung des Seins in eine Kette von Momenten nimmt dem Realismus der Kusha-Schule die Grundlage. Daß den *dharma* überhaupt Realität zukommt, wird in der Jôjitsu-Schule bezweifelt. Darin kündigt sich eine nominalistische Position an: Es sind nicht die Dinge selbst, sondern die Benennungen (*kemyôji*), die existieren. Die Skepsis der Sautrântika läßt sich schließlich gegen die *dharma*-Lehre des Hînayâna im ganzen richten; mit der Auflösung der *dharma*-Welt verliert der alte Buddhismus seinen Halt. Die Jôjitsu-Schule verweist schon auf den universellen Relativismus des Mahâyâna, in dem auch der kürzeste Augenblick der *dharma* keinen Bestand haben soll.

Die 653 erstmals in Japan dokumentierte Hossô-(Fa-hsiang-)Schule basiert auf dem *Vijñâptimâtratâ-shâstra* (*Yuishikiron, Traktat darüber, daß alles nur Bewußtsein ist*), einer ebenfalls Vasubandhu zugeschriebenen Abhandlung.[258] Die Hossô-Schule legt den Grundsatz, daß alles nur Bewußtsein ist, als »Fehlen eines Eigen-Seins« aus. Conze demonstriert das an einem raffinierten Beispiel: »Das Wasser in einer Fata-Morgana, welches mit der Fata Morgana erzeugt worden ist, ist als Erscheinung real; hier liegt sein abhängiger Aspekt. Diese Erscheinung zeigt sich dem wahnsinnig gewordenen Reisenden als wirkliches Wasser; hier liegt der imaginäre Aspekt. Auf keine Weise besitzt das Wasser in einer Fata-Morgana die Merkmale echten Wassers; hier liegt der absolute Aspekt.«[259]Das wechselseitig Abhängige hat seinen Ursprung in äußeren Bedingungen; das Imaginäre besitzt keine eigenen Merkmale; das Absolute stellt die Realität der *dharma* dar: In allen diesen drei Einstelleungen auf die Realität verfügt das Reale über kein Eigen-Sein.[260] Dafür steht die Formel vom »nur Bewußtsein«. Sie soll aber nicht allein den Gegenständen ihre Realität entziehen, sondern zugleich auch das Subjekt, dem alles nur Bewußtsein ist, auflösen.[261]

Für die Hossô-Schule sind die Gegebenheiten (*hô*) nur Bewußtseins-Bilder, -Zeichen, -Markierungen (*sô*), Ideationen der acht Bewußtseinsarten (*shiki*), der fünf sensuellen (*goshiki*), des Zentral- (*ishiki*), des konzeptuellen (*manashiki*) und des Speicherbewußtseins (*arayashiki*), in das alle anderen gleichsam eingebettet sind. »Das Grund- oder Speicherbewußtsein hat die Funktion der transzendentalen Apperzeption; es ist das letzte, ursprüngliche, ununterbrochen seiende Bewußtsein und läßt die anderen Bewußtseinsarten entstehen.«[262] Das Speicherbewußtsein ist der Fluß, der alle Bewußtseinsaktivitäten trägt; die fünf sensuellen Zustände sind sein sinnenfälliges Wellenspiel, stets vom konzeptuellen Bewußtsein – als seinem Protokollanten – begleitet. Für die Hossô-Schule sind alle Gegebenheiten Vorstellungen, wesenlose Projektile des Bewußtseins.

Die Erkenntnis muß das imaginäre, scheinhafte Sein der Gegebenheiten in Richtung auf die Soheit (*shinnyo*) durchstoßen, um sich ins Erlöschen befreien zu können.

Die Sanron-(San-lun-)Schule wurde – zusammen mit der Jôjitsu-Schule – erstmals 625 von dem koreanischen Mönch Hye-kwan (Ekan) in Japan vorgestellt. Im Gegensatz zur Hossô-Lehre, die auf eine spezifische Weise sowohl »Ens« als auch »Non-Ens« behauptet, vertritt die Sanron-Schule die Doktrin, daß es weder ein Non-Ens noch ein Ens geben kann. Allerdings ist beiden Positionen gemeinsam, daß sie die Extreme von Sein und Nichtsein vermeiden wollen. Fremd ist beiden der Zwang zum Entweder-Oder, der den logischen Satz vom Widerspruch begleitet. Die Sanron-Schule sucht nach einer Einstellung zwischen ›es ist‹ und ›es ist nicht‹ – was im übrigen für die Mahâyâna-Lehre insgesamt gilt – und bedient sich dabei der Methode von den vier Argumentationen (*shiku*): »Es handelt sich hierbei um ein System der Logik, welches das falsche Denken über die Realität durch die dialektische Methode an die Grenzen der menschlichen Vernunft bringt und versucht, das illusorische Vorurteil vom Sein und Nicht-Sein der phänomenalen Welt aufzuheben. Bei den Vier Argumentationen handelt es sich um zwei Primärargumentationen, nämlich der Affirmation, welche besagt ›es gibt Sein‹ (1) und folglich kein Nicht-Sein, und die der Negation, welche besagt ›es gibt Nicht-Sein‹ (2) und folglich kein Sein. Aus den Primärargumentationen leiten sich durch Affirmation bzw. Negation beider zwei Sekundärargumentationen ab, die der Affirmation, welche besagt ›es gibt sowohl Sein als auch Nicht-Sein‹ (3), und die Negation, welche besagt ›es gibt weder Sein noch Nicht-Sein‹ (4).«[263] Die Methode der vier Argumentationen ist weniger ein logisches Instrument, eher ist es ein Hilfsmittel, das der Buddhismus einsetzt, um den Unterscheidungen des Bewußtseins und der Sprache zu entkommen. »Stets und überall lehnt dieser nämlich zugunsten einer ›nicht-dualistischen‹ Wirklichkeit ohne Sein und Nichtsein jede einseitige Bejahung oder Verneinung als Irrtum ab.«[264]

Die Lösung des »Mittleren Wegs« (*chûdô*), den die Sanron-Schule beschreitet, hält sich an Nâgârjunas Konzept der »achtfachen Verneinung« (*happu*), die, in dem sie scheinbar die alternativen Positionen verneint, das Verfahren selbst als falsch entlarvt; denn es gibt weder Entstehen noch Aufhebung, weder Vernichtung noch Ewigkeit, weder Einheit noch Vielheit, weder Kommen noch Gehen. Es gibt nur die Namen dafür. Die Wahrheit, das Absolute, das Nâgârjuna aufzudecken versucht, ist keine andere Realität, die dem Empirischen entgegengesetzt wäre. Das Empirische und Phänomenale selbst (*samsâra*, das Verborgene) ist schon Absolutes, das durch das Medium der unterscheidenden Gedankenformen (*funbetsu*) wahrgenommen wird. Das Absolute, das Nâgârjuna offenlegen möchte, ist das Absolute, das der Gedankenformen entledigt ist (*mufunbetsu*). Das Absolute selbst ändert sich nicht, der epistemische Blick ändert sich. Die Welt und das Absolute, *samsâra* und *nirvâna* sind miteinander identisch. Verschieden sind die Arten des Phänomenalisierens: Die eine ist von der Art des Unwissens (*mumyô*) und der (verblendeten) Leidenschaften (*bonnô*), die andere von der Art des Wissens (*hannya*) und des Mit-Leidens (*jihi*). Die empirische Welt ist das Absolute, gesehen durch die konstruktiv(istisch)e Imagination (des Denkens), das Absolute ist die empirische Welt, befreit gerade von den Faktoren, die sie zur empirischen Welt machen. Die empirische Welt als empirische Welt wahrzunehmen bedeutet, die Leere falsch zu sehen. Der Mittlere Weg sucht keinen Kompromiß zwischen extremen Wahrheitslehren. Er betont vielmehr die paradoxale Grundverfassung der Wirklichkeit und besteht darauf, daß die Wahrheit nicht auf eine Formel gebracht werden kann.

Die sechste der Schulen der Nara-Zeit ist die Kegon-(*Huayen*)-Schule, die der Überlieferung nach von dem chinesischen Mönch Tao hsüan (Dôsen, 702–760) 736 nach Japan gebracht worden sein soll. Die Kegon-Lehre fußt primär auf dem *Avatamsaka-sûtra* (*Kegon-gyô*, *All-Eins-Blumen-Sutra*), von dem es heißt, es sei von Buddha in den ersten drei Wochen nach seiner Erleuchtung gelehrt worden. Die Kegon-Schule sieht das Universum in einer vollkommenen Einheit mit allen Existenzen, die es einschließt. Das Universum ist bestimmt durch eine fugenlose Wechselrepräsentanz aller Phänomene; jedes einzelne Phänomen spiegelt sich in allen und alle in jedem einzelnen. Jedes existierende Ding besitzt sechs Charakteristika (*roku-sô*): Allgemeinheit (*sôsô*), Besonderheit (*bessô*), Gleichheit (*dôsô*), Verschiedenheit (*isô*), Integration/Konstruktivität (*jôsô*), Differenzierung/Destruktivität (*esô*). Sie alle offenbaren sich den Augen der Erleuchteten in ihrer Ununterscheidbarkeit (*roku-sô en'yû*); alle Phänomene (*ji*) sind miteinander wesentlich identisch, durchdringen einander – zeitlich und räumlich – in ungehindertem Fluß (*jiji muge*).

8.2 Der Tendai-Buddhismus: Kronzeuge eines Paradigmenwechsels (Heian)

Für die Geschichte des japanischen Denkens ist das 9. Jahrhundert bedeutsam. Es kündigt sich 794 mit der Verlegung des Hofs von Nara nach Kyôto an. Die frühe Heian-Zeit, die mit diesem Datum beginnt, ist durch vielfältige Tendenzen gekennzeichnet, die übernommene chinesische Kultur zu modifizieren. In mancher Hinsicht sind diese Modifikationen bis heute prägend geblieben. Das gilt z.B. für das System der gemischten Schreibweise von phonetischen *kana*-Zeichen und chinesischen Schriftzeichen. Das politische Ritsuryô-System, das sich nach den Grundsätzen der Taika-Reform formiert hatte, war im wesentlichen am chinesischen Beamtenstaat der T'ang-Zeit (618–906) orientiert. Mit der Übernahme der Regentschaft durch Fujiwara Yoshifusa 866 begann das Ritsuryô-System zu zerfallen. Der Staat verzichtete nach und nach auf seine Eigentumsrechte an Ackerland, so daß immer mehr privates Eigentum entstehen konnte. Mit der Zurücknahme des Zentralstaats konnte sich eine Form politischer Herrschaft durchsetzten, die bis in die Moderne charakteristisch für Japan geblieben ist: formal liegt die Macht beim Tennô, faktisch beim Regenten. Auf vielen Gebieten manifestiert sich der Wille, die stark chinesisch geprägte Kultur der Nara-Zeit zu überwinden. Daß ab 894 keine Gesandtschaften mehr an den chinesischen Hof der T'ang-Dynastie geschickt werden, ist Ausdruck dafür und leitet eine Phase der Isolation vom Festland ein.

Warum Kaiser Kanmu im Februar des Jahres 793 mit den Vorbereitungen zu einer neuerlichen Verlegung des Regierungssitzes nach dem Dorf Uda beginnen ließ, ist nicht geklärt. 794 wurde der neue Palast in Heian-kyô, dem heutigen Kyôto, bezogen.

Heian-kyô bedeutet soviel wie Friedensresidenz. Über ein Jahr lang hatten 5000 Arbeiter daran gebaut. Der Plan der neuen Stadt war nach dem Grundriß der chinesischen Metropole Ch'ang-an modelliert. Damit wollte man offensichtlich an die bewunderte Kultur und die große Tradition Chinas anschließen und zugleich beweisen, daß auch Japan solcher Größe fähig sei. Die Lage der Stadt war nach der Überzeugung der Wahrsager, der Geomanten, ideal: An drei Seiten standen Berge, im Westen floß der Katsura-Fluß, im Osten der Kamo-Fluß. Im Nord-Osten stand und steht der Hiei-Berg, genau an der Stelle, an der er stehen mußte, um den bösen Dämonen den Eintritt in die Stadt zu verwehren. In nord-südlicher Richtung maß Heian-kyô 5,4 Kilometer, in ost-westlicher 4,7 Kilometer. Die Stadt war symmetrisch um die Suzakuôji-Straße angelegt, die 83 Meter breit war und die ganze Stadt in nord-südlicher Richtung verband. Rechts und links parallel zu ihr verliefen 33 schnurgerade Haupt- und Nebenstraßen, die im rechten Winkel von 39 ost-westlich verlaufenden Straßen geschnitten wurden. Die quadratischen Flächen, die dabei entstanden, boten Platz für jeweils 32 Familien. Vier solcher Viertel bildeten einen Unterbezirk, vier Unterbezirke bildeten einen Bezirk; ein sogenannter Zweig bestand aus vier Bezirken. Die linke und die rechte Hälfte der Hauptstadt unterstanden je eigenen Verwaltungen und hatten jede einen eigenen Markt. Während der westliche Teil der Stadt schon bald nach der Gründung verödet war, florierte die dicht besiedelte östliche Hälfte, besonders in ihren nördlichen Bereichen. Trotz Brandkatastrophen, Taifunen und Erdbeben dehnte sich die Stadt immer weiter nach Osten aus. Während des sogenannten Ônin-Kriegs, zwischen 1467 und 1477, wurden große Teile der Stadt zerstört.

Um 1560, als die große Zeit der Stadt schon längst vorbei war, soll Kyôto von einer Million Menschen bewohnt gewesen sein; gegen des Ende des 17. Jahrhunderts waren es nur noch um 500.000. Mit der neuen Hauptstadt Heian wurde 794 ein Raum geschaffen, in dem die materiellen und die kulturellen Importe vom Kontinent angeeignet und verarbeitet werden konnten. Auf dieser Basis konnte sich eine neue japanische Identität ausbilden; der Unterschied zum chinesischen und koreanischen Festland konnte sich deutlicher ausprägen.

In der Heian-Zeit dominierte die Fujiwara-Familie das politische und kulturelle Leben des Landes. Mit unveränderter Verve wurden chinesische Kulturgüter und chinesische Institutionen importiert, angeeignet und den japanischen Verhältnissen angepaßt. Eine von China übernommene Politik, die schon seit den Taika-Reformen zwischen 645 bis 702 in Japan verfolgt wurde, nämlich die Verstaatlichung von Grund und Boden, wurde nicht konsequent genug in die Tat umgesetzt: Immer mehr Landbesitz konzentrierte sich in den Händen von Hofaristokraten und buddhistischen Tempeln. Eine immer größere Zahl steuerfreier, privater Ländereien, sogenannte *shôen*, die zudem nicht der staatlichen Gerichtsbarkeit unterstanden, waren die Folge. Die Konzentration von Besitz in den Händen lokaler Magnaten, die schließlich begannen, eine eigene Militärmacht aufzubauen, wurde zunehmend zu einer Bedrohung der Zentralregierung.

Die aristokratische Heian-Kultur ist einerseits gekennzeichnet durch ästhetische Raffinesse, Betonung der Form, des Dekors, der glänzenden Oberfläche der Dinge. Andererseits konnte dem verfeinerten sensuellen Apparat der Hofgesellschaft auch die Hinfälligkeit, das »Herzzerreißende der Dinge« (*mono no aware*) nicht entgehen. Als die Heian-Kultur selbst schon untergegangen war, formulierte Yoshida Kenkô in seinem *Tsurezuregusa* (*Betrachtungen aus der Stille*, um 1333) einen *locus classicus* dieser in sich gegensinnigen und doch so evidenten Lebensanschauung: »Würde man nicht hinschwinden wie der Tau auf dem Adashi-Feld und nicht flüchtig vergehen wie der Rauch auf dem Toribe-Berg, sondern ewig leben – wie könnte man da die zaubervolle Melancholie (*mono no aware*) erfassen, die in allen Dingen webt? Gerade ihre Unbeständigkeit macht die Welt so schön.«[265]

Selbst in der Stadt Heian herrschten Gewalt und Seuchen; Naturkatastrophen ereigneten sich mit enervierender Regelmäßigkeit. Spätestens im 10. Jahrhundert hatten die Verantwortlichen am Hof ihr Interesse an den notorischen Problemen in den Provinzen – Gesetzeswidrigkeiten, Mißwirtschaft, Unzufriedenheit der Bevölkerung – verloren. Die vom Hof ernannten Gouverneure gefielen sich in Selbstherrlichkeit und verfolgten geradezu programmatisch das ausschließliche Ziel der Selbstbereicherung, was ihnen bisweilen aber auch zum Schicksal wurde, wenn sie Wut und Haß der Bevölkerung zu sehr herausgefordert hatten. Räuberbanden und Rotten unzufriedener Bauern überfielen lokale Behörden und Reistransporte, die als Naturalsteuer in die Hauptstadt unterwegs waren, und ermordeten Vertreter der Zentralregierung. Kleinere Aufstände, angeführt von Verelendeten und Ausgestoßenen der Gesellschaft, standen auf der Tagesordnung. In seinem Buch *The World of the Shining Prince* zeichnet Ivan Morris ein drastisches Bild von einer zutiefst verunsicherten, von Geister- und Dämonenangst erschütterten japanischen Klassik. Vor diesem Hintergrund erklärt sich auch der Erfolg der von Saichô und Kûkai gegründeten esoterischen Schulen des Buddhismus: der Tendai-Schule und der Shingon-Schule, die beide den einzelnen in ein neues, prägnantes Verhältnis zum Allgemeinen setzten. Saichô (postum Dengyô Daishi, 767–822) vertrat die Doktrin des *Lotos-Sutra* und dessen zentrale These, daß alle Lebewesen erlöst werden können, und Kûkai (auch Kôbô Daishi, 774–835) lehrte, daß alle Erscheinungsformen Buddhas aus dem einen »Großen Sonnenbuddha«, Dainichi Nyorai, hervorgehen.

Zwischen dem von Saichô im Jahre 805 auf dem Hiei-Berg bei Kyôto begründete Tendai-Buddhismus der Heian-Zeit und dem Zen-Buddhismus der folgenden Epochen bestehen große Ähnlichkeiten. Aus diesem Grunde werden bestimmte Züge des japanischen Mittelalters, die vor allem in der Ästhetik besonders deutliche Konturen annehmen, dem Einfluß des Zen-Buddhismus zugerechnet, obwohl sie im heian-zeitlichen Tendai-Buddhismus präformiert sind. Der Tendai-Buddhismus bereitete das Feld, auf dem die großen buddhistischen Schulen der Kamakura-Zeit hervorwuchsen; in seiner Rolle als Vorläufer und Wegbereiter verdient er besondere Aufmerksamkeit.

Die Lehre des Tendai fußt auf dem *Lotos-Sutra* (*Hokkekyô* oder *Myôhôrenge-kyô*, im Jahre 406 von Kumârajîva [344–413] ins Chinesische übersetzt), dem für die Heian-Epoche wichtigsten und folgenreichsten buddhistischen Text. Nicht nur der darin ausgebreiteten Doktrin wegen, auch aufgrund seiner stilistischen und literarischen Qualitäten stand es in der japanischen Kultur seit jeher in höchstem Ansehen.[266] Das *Lotos-Sutra* entstand in Indien wahrscheinlich im 1. Jahrhundert nach der Zeitenwende, zu einer Zeit, als die buddhistische Bewegung sich zu spalten drohte: Eine Gruppe verfocht den Weg der Bodhisattva mit dem Ziel, sich selbst und alle anderen Lebewesen aus der Verstrickung in die Welt zu befreien; eine andere Gruppe übte den Weg der *pratyeka-buddha*, die (nur) die eigene Erlösung aus eigener Kraft anstrebten; und eine dritte Gruppe hielt an dem Ideal der *shrâvaka* fest, nur durch das Anhören der Predigten Buddhas erlöst zu werden.

Das zentrale einheitsstiftende Argument des *Lotos-Sutra* lautet nun, daß diese drei Wege nur Varianten des einen Wegs zu Buddhaschaft sind. Später, im China der T'ang-Zeit, übernahm das *Lotos-Sutra* erneut eine entscheidene Vermittlerfunktion zwischen den zahlreichen, sich zum Teil widersprechenden Doktrinen und Diskursen, die sich in den Jahrhunderten davor entwickelt hatten. Seine vermittelnde und einheitsstiftende Rolle konnte es spielen, weil die Frage nach dem Verhältnis des Einen zum Vielen, der Einheit zur Verschiedenheit der beherrschende Bezugspunkt seiner Aussagen ist. Alle Vermittlungsarbeit mutet das *Lotos-Sutra* dem *upâya* (*hôben*) zu. Die ursprüngliche Bedeutung eines »Hilfmittels zur Erlösung« (*hôben*) weitet das *Lotos-Sutra* zu Art und Weise, Modalität überhaupt aus: zu den vielfältigen Arten und Weisen, das Eine zu verwirklichen. »The idea is that the various vehicles, even when they have resulted in sectarian developments, are compatible and fundamentally united on a deeper level. The different modes are the consequence of a genius for adaptability that translates the *dharma* in a variety of forms for a variety of people.«[267]

Zur Verdeutlichung erzählt ein Gleichnis im dritten Kapitel des Sutra von einem reichen Mann, dessen Kinder in einem brennenden Haus gedankenverloren mit ihrem Spielzeug beschäftigt sind. Der Mann versucht, sie mit dem Versprechen aus dem Haus zu locken, daß sie drei Sorten (entsprechend den drei »Wegen« buddhistischer Praxis) von noch herrlicherem Spielzeug erhalten werden. Dieses und die anderen Gleichnisse und Metaphern des *Lotos-Sutra* fungieren selbst als *upâya*, machen eine Nutzanwendung vom eigenen Argument und bestätigen es damit zugleich: »the parables of the *Lotos* are about the role and status of parabolic speech itself. They are what I would call self-reflexive allegory; that is, their trajectory of discourse behaves like a boomerang.«[268] Die Botschaft des *Lotos-Sutra*, daß in allen »zehn Richtungen« des Universums nichts anderes zu finden sei als »Modalitäten Buddhas«, lautet mit anderen Worten: Die empirische Welt der

Erscheinungen, die Welt der konkreten Phänomene ist – unabhängig von ihrer Unbeständigkeit (*mujô*) – die ganze Wirklichkeit. In diesem Zusammenhang überrascht es nicht, daß sich schon im *Lotos-Sutra* Vorklänge einer Doktrin der Leere finden, wie Nâgârjuna sie später expliziert hat. Dort erscheint schon der Kerngedanke, daß Leere eine hierachische Abstufung des Seins nicht zuläßt und das Abstrakte ebenso vom Konkreten abhängig macht, wie es das Konkrete vom Abstrakten ist.

Im *Lotos-Sutra* heißt es, daß der, welcher dies Sutra liest, rezitiert, erklärt oder abschreibt, sich die 800 Verdienste des Auges, die 1200 Verdienste des Ohrs, die 800 Verdienste der Nase, die 1200 Verdienste der Zunge, die 800 Verdienste des Körpers und die 1200 Verdienste des Geistes erwirbt, Verdienste, die die Sinnesorgane (*rokkon*) reinigen (*shôjô*) und schmücken: das Stadium des *rokkon shôjô* gilt in der Tendai-Doktrin als das zweitniedrigste Stadium der »vollkommenen Lehre« (*engyô*). Die »vollkommene Lehre« ist die letzte der »vier Lehren« (*kehô no shikyô*) des Buddha: (1) *zôkyô*, die Lehre des Hînayâna, (2) *tsûgyô*, die dem Hinâyâna und dem Mahâyâna gemeinsame Lehre, (3) *bekkyô*, die spezifisch-mahâyânistische Lehre, (4) die rund-vollkommene Lehre des *Kegon-gyô*, des *Hokkekyô* und des *Nehan-gyô*. Darüber hinaus unterscheidet der Tendai »vier Methoden der Lehre« des Buddha (*kegi no shikyô*): (1) *tongyô*, die plötzlich-abrupte Lehre, die zu schneller Erleuchtung führt, (2) *zengyô*, die allmähliche Lehre, die durch ständiges Training zur Erleuchtung führt, (3) *himitsugyô*, die geheime Lehre, die gleichsam unvermerkt zur Erleuchtung führt, (4) *fujôkyô*, die unbestimmte Lehre, die zur von vollkommenen Wissen begleiteten Erleuchtung führt.

Es war der chinesische buddhistische Denker Chih-i (538–597), der, aufbauend auf die Lehren des *Lotos-Sutra*, die philosophischen Grundlagen für den Tendai-Buddhismus schuf. An zentraler Stelle unterscheidet der Tendai-Buddhismus drei Wahrheitsebenen oder Wahrheitstypen: »all dharmas are empty because they have no nature of their own but depend on causes for their production. This is the Truth of Emptiness. But dharmas are produced and do possess temporary and dependent existence. This is Temporary Truth. Being both empty and temporary is the very nature of dharmas. This is the Truth of the Mean. The three involve each other, for emtiness renders dharmas really empty, dependent existence makes them relatively real, and the Mean embraces both.«[269] Die »dreitausend Welten«, die der Tendai anerkennt, durchdringen einander zu der manifesten Totalität eines einzigen Gedankens: Alle Erscheinungen sind Manifestationen des universalen Geistes. Jede einzelne Manifestation ist der Geist in seiner Totalität.

In seinem Hauptwerk, dem *Mo-ho chih-kuan* (*Maka shikan*), beschreibt und entfaltet Chih-i das *shikan* als »the quintessence of Buddhism, both in theory and practice«[270]; *shi* und *kan* sind die beiden Stadien, Phasen, Aspekte, Momente eines Prozesses: *shi* steht für das Sanskritwort *shamatha*, das Stillstand, Ruhe, ›Abschattung‹, bedeutet. Dieser Stillstand ermöglicht *kan*; *kan* steht für *vipashyanâ*, die durch die *epoché* des *samatha* möglich gewordene Kontemplation. Wesentlich ist dabei, daß diese Kontemplation sich auf gewöhnliche – wenn auch ›abgeschattete‹ – Gegenstände richtet, ohne das Bestreben, ihre Essenz zu erfassen. Ziel ist eine Betrachtung, in der das Denken in Differenzen und Dualismen gleichsam ausgehebelt ist. Das Reale ist nur die Erscheinung, und nur die Erscheinung ist das Reale. Der radikale Nicht-Dualismus (*fu-ni*) des Tendai schließt die Einsicht ein, daß auch der Beobachter und das Beobachtete nicht voneinander zu scheiden sind.

Chih-i verknüpft mit der Doktrin von der radikalen Nicht-Dualität die Lehre von den drei identischen Aspekten der Wahrheit (*santai*), die die drei Ansichten der Wirklichkeit klassifiziert: am (logischen) Anfang steht die fundamentale Leerheit aller Phänomene (*kûtai*): die erste Phase des *santai* beginnt mit dem »Verlassen des Passageren und dem Eintritt ins Leere« (*juke nyûkû*), d.h. sehen zu lernen, daß die Dinge leer sind von dem, was das menschliche Denken ihnen zuschreibt: Unabhängigkeit. Anders als die Sanron-Lehre sieht der Tendai jedoch die absolute Wahrheit nicht in der Leere als solcher. Die zweite Phase des *santai*, *ketai*, vollzieht sich als *jukû nyûke*, »Verlassen des Leeren und Eintritt ins Passagere« – ein Rückeintritt, der notwendig ist, um zu erkennen, daß auch die Einsicht in die Leerheit aller Phänomene abhängig und relativ ist. Erst die dritte Phase des *santai*, die Mitte (*chû*), weit davon entfernt, ein Durchschnitt oder eine Fusion der beiden ersten Phasen zu sein, hält die Leere und das Passagere in einer dynamischen Spannung zueinander. Beide Perspektiven erhalten gerade dadurch ihre Geltung, daß auch die jeweils andere wahr ist. Diese Art der Annäherung verbindet den Tendai mit der Mahâyâna-Tradition im allgemeinen, unterscheidet ihn aber vom Zen im besonderen, der jedes vermittelnde Tertium auszuschließen versuchte. »One can doubtless discern in Mahâyâna various attempts at theoretically defining a median and mediatory approach: as with the Tendai notion of the ›three inspections‹ of the One Mind, which discerns, between vacuity and illusion, a ›provisional‹ truth retaining a certain degree of reality and allowing the passage from one extreme to the other.«[271] Die Wahrheit ist ein gegenseitiges Durchfügtsein der drei Wahrheiten: *ennyû no santai*. LaFleur nennt dies einen »ontologischen Egalitarismus«.[272]

8.3 Der Shingon-Buddhismus: Erleuchtung via corporis

Die philosophische Szene des 8. Jahrhunderts ist durch die Gründung der beiden Tantra-Schulen Tendai und Shingon geprägt. Bei allen Unterschieden lassen sich doch Gemeinsamkeiten feststellen, die charakteristisch für die Zeit sind. Beide Schulen sind strikt an der Mahâyâna-Lehre orientiert, beide folgen esoterischen Tendenzen. Esoterisch heißt hier, daß die Überlieferung als Geheimlehre behandelt wird und sich überhaupt nur die durch die Teilnahme an einer strengen rituellen Praxis öffnet. Auch der Anschluß an magische Techniken ist beiden Schulen gemeinsam: Kûkai galt als Regenmacher, Saichô soll den Tennô von einer schweren Krankheit geheilt haben. Charakteristisch ist auch die Tendenz zu einer universalistischen Auslegung des Buddha-Gesetzes: Alles ist Buddha-Natur.

Das hat zur Transformation des pantheistischen Naturbegriffs in Japan beigetragen und die Ausbildung von Formen der Verinnerlichung ermöglicht. Die zentrale Stellung, die der Sonnenbuddha (Dainichi Nyorai) im Shingon-Buddhismus einnimmt, ermöglicht auch einen Anschluß an die Symbolik der Sonne und damit an Mythos, Shintôismus und die Traditionen des Kaisertums. Insgesamt ist das Bewußtsein von Kulturdifferenzen stark ausgebildet.

Kûkais Schrift *Zehn Stufen des Geistes* ist ein Beispiel auch dafür; dort wird Erkenntnisfortschritt an der Entwicklung der verschiedenen Lehren dargelegt:

Die drei ersten Stufen kennzeichnen den weltlichen Typ von Geist.

(1) *Ishô teiyô-shin* – der niedrige Geist, ohne Wissen von gut und böse, Ursache und Folge, instinktgebunden, blind wie ein Schaf.

(2) *Gudô jissai-shin* – der ignorante, kindisch-naive Geist, jedoch mit Ansätzen ethischen Empfindens und schon fähig zu geben, trägt die Barmherzigkeit (*fuse*) wie einen Kern in sich. Auf dieser Stufe stehen nach Kûkais Überzeugung die Konfuzianer, für die ein Leben nach ethischen Grundsätzen Vorbild für menschliche Vollkommenheit ist.

(3) *Yôdô mui-shin* – der naiv-furchtlose Geist, auf der Suche nach himmlischem Frieden wie ein Kalb, das seiner Mutter folgt; der Geist, dem es um sein persönliches Weiterleben nach dem Tod geht: der Geist des Taoismus, des Hinduismus und der Schulen des Buddhismus, die einen naiven Glauben an die Wiedergeburt hegen.

(4) *Yuiun muga-shin* – der Geist, der begriffen hat, daß das Ich nicht wirklich und substantiell ist, sondern nur ein Kondensat aus vergänglichen Momenten darstellt. Auf dieser Stufe ist die Erkenntnis der Ichlosigkeit bereits akut,

aber noch nicht die von der Leere aller Gegebenheiten. Deswegen bleibt der Glaube an eine Persönlichkeit bestehen. Das trifft für den Hînayâna-Buddhismus zu.

(5) *Batsugô inju-shin* – der Geist, der sich befreit hat aus dem Netz des *karma* und der Kausalität; er hat die zwölf Kausalknoten durchschlagen und die Wurzeln des Nichtwissens abgeschnitten, aber es fehlt noch das ausreichende Wissen um die Hilfsmittel. Der Buddha, der diese Stufe des Geistes betreten hat, kennt noch die Mittel nicht, anderen bei der Erleuchtung zu helfen.

(6) *Taen daijô-shin* – der Geist des Mahâyâna, der auf dieser Stufe beginnt, ist durch Barmherzigkeit ausgezeichnet. Alle Erscheinungen sind als Schatten, als vom Geist sich selbst vorgespiegelte Erscheinungen durchschaut. Auf dieser Stufe steht der Geist des Hossô-Buddhismus.

(7) *Kakushin fushô-shin* – der Geist, der erkannt hat, daß er ungeboren ist. Die Einsicht in die allem zugrundeliegende Leere ist vollkommen. Ruhe und Gelassenheit im/des Nichtdifferentiellen sind erreicht. Aber noch nicht das Jenseits der Negation. Hier steht der Geist des Sanron-Buddhismus.

(8) *Nyojitsu ichidô-shin* – der Geist, der in wirklicher Harmonie mit der »einen Lehre«, dem »einen Weg« steht; der Geist, der weiß, daß Welt und Wissen eines und rein sind und daß die simultane und reziproke Durchdringung von Subjekt und Objekt den Namen Sonnenbuddha (Dainichi Nyorai) trägt. Auf dieser Stufe steht der Tendai-Buddhismus.

(9) *Gokumu jishô-shin* – der Geist von profundem exoterischem Wissen, der alle Erscheinungen durchdrungen und durchschaut hat: die höchste Stufe als Wissen von *pratîtya-samutpâda*. Dafür steht der Kegon-Buddhismus.

Die Stufen 8 und 9 bleiben trotz ihrer Avanciertheit nach Kûkais Einschätzung im Bereich theoretischen Argumentierens. Erst die zehnte Stufe, auf der Geist und Körper eine Einheit bilden, verspricht vollkommene Erleuchtung.

(10) *Himitsu shôgon-shin* – »der geheime und erhaben strahlende Geist, dem der Schatz des Shingon-Buddhismus

sich eröffnet hat«. Die vollkommene, allumfassende Einheit des Sonnenbuddha und aller Gegebenheiten

Der Shingon-Buddhismus enthält an zentraler Stelle eine Lehre von der Sprache. In der chinesischen Auslegung des Tantra verändert sich die Rolle der »heiligen Silben« (*mantra*), der Buddhismus wird enger an das kosmologische Denken Chinas angeschlossen. Hakeda hat ausführlich dargelegt, daß die Gleichsetzung der Erscheinungsformen des Buddha als Gesetzesleib (*hosshin*) und als Sonnenbuddha dem buddhistischen Denken neue Dimensionen eröffnet hat. Als *hosshin*, als einer der drei Körper Buddhas (*sanshin*), verkörpert Buddha das Absolute, die letzte Realität. In dieser Hinsicht ist er jenseits von Form, Zeit und Sprache. Als Sonnenbuddha ist er in seinen vier Erscheinungsformen (*shishu hosshin*) sagbar geworden.[273] Das sollen die *mantra* als »wahre Wörter« ausdrücken. Das Buddha-Gesetz und damit die Erfahrung von Erleuchtung liegen nicht jenseits der Ausdrucksmöglichkeiten: sie drücken sich selbst aus. Im Kontext der chinesischen Kultur wird der Gesetzesleib als kosmische Ordnung verstanden, in der die Unterschiede zwischen dem Allgemeinen und dem Einzelnen aufgehoben sind. Alles, was existiert, ist Teil des Buddha-Leibs; aber als solches ist es das einzeln Sagbare. Die Vermittlung zwischen diesen Dimensionen wird von den drei Geheimnissen (*sanmitsu*) geleistet. Körper, Rede und Geist bilden die Grundlage für alles, was in der Welt ist und bewirkt werden kann. Sie gelten gleichermaßen für die Handlungen des absoluten Buddha und der Menschen. Dieser Ordnung gemäß ist Wirklichkeit immer auch sprachlich erschlossen. Das Geheimnis der Rede umfaßt alle Arten von Sprache, und es orientiert Sprache selbst am Ideal der wahren Wörter: *shingon*. Als *shingon* überschreiten die Wörter den Status der natürlichen Sprache. Umgekehrt sind die Elemente der natürlichen Sprache nicht weniger Geheimnis der Rede als die *shingon*. Im Verweisen der Sprachzeichen auf das Ganze der Rede zeigt sich der Shingon-Buddhismus als durchgehender Symbolismus, der in der kosmologisch ausgelegten Lehre des Gesetzesleibes begründet ist. Die Wirklichkeit kann als das ungeteilt Eine verstanden werden, in der jeder Teil auf das Ganze verweist und zugleich Teil des Ganzen ist.

»For Kûkai any physical symbol has a double structure in that it is an object standing for X and at the same time it is part of X; e.g., a flower or a *vajra* is a symbol of Mahâvairocana Buddha but at the same tima an integral part of Mahâvairocana in terms of totality of existence.«[274] Dieser Doppelcharakter des Signifikanten ermöglicht eine Sprache der wahren Wörter, die selbst eines der drei Geheimnisse ist und aus dem Rückbezug auf die beiden anderen lebt. Körper, Rede, Geist bilden eine Dreieinheit, die auch semiotisch wirksam ist. Die materielle Seite der Zeichen ist dabei nicht bloß als Medium ausgelegt, das Bedeutungen trägt und dann verschwindet, sondern als Teil des Buddha-Leibs, der sich ausdrückt. Deswegen kann die Beziehung zwischen Zeichen/Symbol und Gegenstand nicht willkürlich sein. Beide sind Teile eines übergreifenden Allgemeinen. »›Bedeutung‹ bedeutet hier Referenz; dies freilich in einem sehr spezifischen Sinn: Zeichen und Bezeichnetes sind zumindest partiell identisch.«[275] Damit kommt den *shingon* ein Grad von Motiviertheit zu, wie er charakteristisch ist für ikonische Zeichen, die eine faktische oder eine Beziehung der Ähnlichkeit zu ihrem Gegenstand besitzen. Paul hat auf die grundsätzlich ästhetische Funktion der *shingon* hingewiesen.[276] Modell für eine Interpretation der *shingon* wäre damit nicht die Linguistik, sondern die Poetik. Deutlich wird auch, daß sich diese Zeichen/Symbole nicht im Verhältnis von Signifikant und Signifikat oder nach irgendeinem anderen binären Modell beschreiben lassen. Den drei Geheimnissen gemäß sind auch die wahren Wörter ternär angelegt: Hier ist das dritte der Zeichenrelation der Gesetzesleib, »der Körper der großen Ordnung, das wahre Wesen des Buddha-Gesetzes«. Der Bezug auf das »Geheimnis des Geistes« (*imitsu*) bringt eine pragmatische Relation ins Spiel, in der jetzt die sprechenden Subjekte selbst erscheinen und mit den ethischen Imperativen des

Buddha-Gesetzes konfrontiert sind. Die Empfänger der wahren Wörter müssen die Botschaft aufnehmen und für sich verwirklichen, daß Buddha zu ihnen spricht, genauer: sie und sich ausspricht, indem er zu ihnen und sich spricht. Sie können aber auch selbst Zeichen/Symbole hervorbringen, die wahr sind, indem sie als Sender Buddhaschaft erreichen.

Der esoterische Buddhismus hat vor allem die kosmologischen Tendenzen in der Auslegung des Buddha-Gesetzes gestärkt. Bis zu einem gewissen Grad wagt er sogar Spekulationen über die Entstehung der Welt, die der frühe Buddhismus für überflüssig gehalten hatte. Aus der traditionellen Bestimmung, der Gesetzes-Leib sei ungeschaffen, formlos und jenseits der Vorstellung, folgt für Kûkai nicht, daß er nicht doch sagbar wäre.

Der Shingon-Buddhismus schließt an die Lehre der drei Buddha-Leiber (*sanshin*) an. Kûkai setzt Erscheinungsleib (*keshin*), Genußleib (*hôjin*) und Dharma- oder Gesetzes-Leib (*hosshin*), die in der traditionellen Auslegung verschiedene Grade an Realität vertreten, gleich und versteht die Gesamtheit dieser Eigenschaften als Dainichi Nyorai. Damit sind sie zugleich in den semiotischen Zirkel der drei Geheimnisse (*sanmitsu*), Körper (*shinmitsu*), Rede (*kumitsu*) und Geist (*imitsu*), eingeschlossen. Kûkai legt das so aus, daß der Buddha-Leib sich selbst aussagt, weil er selbst Rede ist. Deswegen läßt sich alles, was ist, auch als Rede wahrnehmen und verstehen.

Diesen Zusammenhang zwischen der Beschaffenheit des Kosmos und der Selbstauslegung des Buddha hat Kûkai im Traktat *Wie erlangt man Buddha-Werdung in der gegenwärtigen Existenz* (*Sokushin-jôbutsu*) dargelegt. Grundlage ist hier das Gesetz der sechs Welten-Elemente: Erde, Wasser, Feuer, Wind, Raum und Bewußtsein. Schon in der Aufzählung dieser Elemente wird deutlich, daß zwischen Sensiblem und Intelligiblem kein Unterschied besteht. Die sinnlich-anschauliche Welt ist zugleich die Welt der Rede oder des Bewußtseins. Aus der Bewegung der sechs Elemente entsteht alles, was ist: »So bewirken die

Sechs Welten-Elemente die Gesamtheit der Buddhas, alle beseelten Lebewesen und die unbeseelte Welt.«[277] Die universelle Reichweite und Geltung der Elemente ist in der näheren Bestimmung des Gesetzes- oder Dharma-Leibs noch einmal abgebildet. Kûkai unterscheidet vier Dimensionen: (1) der Dharma-Leib im absoluten Zustand, »der durch sein absolutes Sosein existiert«; (2) der Dharma-Leib als Teilhabe, »der die Glückseligkeit seiner Erleuchtung sich und anderen lebt«; (3) der Dharma-Leib in Verwandlung, »der in mannigfacher Gestalt erscheint, um die Lebewesen zu erlösen«; (4) der Dharma-Leib in Emanation, »der sich in seiner Erscheinungsform dem Verständnis des jeweiligen Lebewesens anpaßt, seine ›Gestalt‹ für Augenblicke annimmt«.[278]

In diesem vierfachen Sinn des Sonnen-Buddha hat Kûkai den Vorrang des Shingon-Buddhismus vor den anderen Schulen gesehen: Weil der Buddha sich selbst auslegt, ist seine Rede authentisch und von Gegenwärtigkeit getragen; die Rede ist selbst eines der drei Geheimnisse; in den wahren Wörtern (*shingon*) manifestiert sich unmittelbar die Botschaft des Buddha. Weil alle Realitätsunterschiede aufgehoben sind, ist Erleuchtung in jedem Augenblick und in »diesem Körper« möglich, ohne Rücksicht auf erworbene Verdienste.

Das Traktat zur Buddha-Werdung zeichnet das Bild einer idealen Konstellation der Weltelemente in ewiger Harmonie. In *Die Bedeutung von Urlaut und Zeichen sowie ihr Verhältnis zur Wirklichkeit* (*Shôji-jissô-gi*) beschreibt Kûkai die Verknüpfung der Elemente in der Wirklichkeit. Kûkai unterscheidet zunächst zwischen Laut und Stimme, um zu zeigen, daß beide aufeinander angewiesen sind. Durch diese Verschränkung kann der Laut als Körper der Stimme verstanden werden, der ihr Erscheinen ermöglicht; seiner Funktion nach ist der Laut Stimme, weil er auf das wahre Wort verweisen kann. »Sonus ist, paradox gesagt, die nichtartikulierte Seite der Artikulation, der vox. Die Stimme, vox, existiert als ein ›an sich‹. Jeder auch (unverständliche) Laut, sonus, oder Naturlaut hat, als Derrivat der vox,

Bedeutung.«[279] In der semiotischen Auslegung der Stimme zeigt sich, daß alle Elemente im Verhältnis der drei Dimensionen des Körpers gedacht sind. Deswegen können die Abstraktionen durch Zeichen immer wieder auf konkrete Realitätsnähe zurückbezogen werden. Vorausgesetzt in der Sprachlehre Kûkais ist aber auch hier schon, daß es zwischen den fünf sensiblen Elementen und dem Bewußtsein als Bestimmung des Intelligiblen keinen Unterschied geben kann. Die Urlaute entstehen im Kosmos; die fünf sensiblen Elemente berühren sich und erzeugen Töne. Diesen Tönen lassen sich Bedeutungen zuordnen; weil sie Ideen ausdrücken, fungieren sie als Zeichen. Damit kommt auch das sechste Element ins Spiel: Die Zeichen beziehen sich auf die Gegenstände der Sinne und des Bewußtseins. Die Laut-Zeichen verweisen nicht nur auf die Realität, sie sind ihrer Wirklichkeit und ihrer Möglichkeit nach alle Realität. Die Zeichen-Realität ist nicht an eine bestimmte symbolische Form gebunden und gerade nicht auf die Lautzeichen der natürlichen Sprache beschränkt. Es ist der Dharma-Leib selbst, dessen Zeichen die wahren Wörter sind.

8.4 Der Griff nach fremder Hilfe: Hônen, Shinran, Nichiren (Kamakura)

Die Kamakura-Zeit (1192–1338), in der sich der Zen-Buddhismus in Japan entfaltet, ist gekennzeichnet durch die Machtverschiebung vom Hofadel zum Militäradel, geographisch von Kyôto nach Kamakura. Ein Charakteristikum dieser neuen Epoche ist, daß die Herrschaft zwischen Kyôto und Kamakura geteilt wird; in einer Kombination von formaler Autorität und realer Macht, die in der Hand der Shôgune der Minamoto-Familie und der *shikken* – erste Minister der Shôgune – der Hôjô-Familie liegt. Der Militäradel sucht die Legitimation durch den Hof. Der Hofadel behält in gewissem Umfang die Verwaltungshoheit über Domänen. Auch die ökonomische Grundlage der *samurai*-Gesellschaft ist uneinheitlich. Die

Militärregierung erkennt das Privateigentum an, ist aber dennoch am Erhalt eigener Staatsdomänen als sicherer Einnahmequelle interessiert. Jahrzehntelange Kriege und soziale Unruhen skandierten diese Entwicklungen.

In der Turbulenz und Instabilität der Kamakura-Epoche verbreitete sich Endzeitstimmung. Die buddhistische Theologie rechnete mit drei Weltzeitaltern des Buddha-Gesetzes: der echten Gesetzeserfüllung, der bloß noch konventionellen – und schließlich dem Endgesetz des Verfalls und Untergangs. Seit dem 11. Jahrhundert galt die Endzeit (*mappô*) als angebrochen. Die Lehre vom niedergegangenen Dharma verwies jedoch auch auf eine Möglichkeit zur Rettung – allerdings erst in einer Zeit, die in einem Jenseits vermutet wurde. Der Kamakura-Buddhismus setzte daher auf eine Überschreitung aller Bindungen an die diesseitige Welt, in der die Schulen der Heian-Zeit durchaus noch Quellen der Erleuchtung gesehen hatten. Diesem Zug zur Transzendenz entspricht die Abwendung von magisch-mythischen Formen der Tradition, die Shingon und Tendai dem Buddhismus zugänglich gemacht hatten. Der Kamakura-Buddhismus reduzierte die Hilfsmittel zur Erleuchtung auf das unmittelbare Verhältnis zu Buddha selbst.

In der Nara- und Heian-Zeit war der Buddhismus weitgehend eine Sache des Hofes gewesen. In der Kamakura-Zeit änderte sich dies. Das 13. Jahrhundert brachte eine breite Popularisierung des Buddhismus. Vor allem die Schulen des Amida-Buddhismus fanden schnell neue Anhänger.[280] Der Amida-Buddhismus verknüpfte die buddhistischen Riten mit Elementen der Volksreligion und löste das strenge Zeremoniell und die rigiden Forderungen nach Disziplin und Askese weitgehend auf. Jetzt konnte es genügen – wenn auch mit der richtigen Einstellung in der richtigen Haltung – Sutren zu rezitieren, um Erlösung zu erreichen. Die Amida- und Nichiren-Sekten[281] haben aus der *mappô*-Lehre die Konsequenz gezogen, daß die Umkehr zur Rettung nicht aus eigener Kraft möglich ist; es braucht dazu die Hilfe eines anderen – Buddhas.

Populär wurden auch Vorstellungen vom Paradies, dem »Reinen Land« (*jôdo*) Amidas. Es ging immer weniger um Erleuchtung und mehr um Entlastung und Erlösung vom irdischen Leiden. Eine Art der Seelsorge, die buddhistische Priester schon in der Heian-Zeit entwickelt hatten, bestand in einer leid- und angstlindernden Umkehrung agonaler Delirien: die Phantasien der Sterbenden wurden auf die lichtstrahlende Rettergestalt des Amida-Buddha gelenkt, der gleichsam als Psychopompos an fünf Fäden (die mit der Hand eines auf einer Hängerolle [*raigô-zu*] in seinem Glanze dargestellten Amida-Buddha verbunden waren und deren Enden den Sterbenden in die Hand gegeben wurden) die Seelen ins westliche Paradies führte.

Hônen shônin (oder Genkû, 1133–1212) ist der Gründer der Jôdo-Schule, der Schule vom Reinen Land. Im Zentrum steht der Glaube an den Retter Amida-Buddha (Amitâbha) und an dessen Gelübde, er werde alle Menschen retten. Als zentraler religöser Akt der Jôdo-Schule gilt die Anrufung Buddhas, »*namu-Amida-butsu*«, das sogenannte *nenbutsu* – Hônen selbst soll sie bis zu 70.000 mal am Tag wiederholt haben. Das *nenbutsu* war bereits in der Tendai-Schule bekannt, praktiziert wurde es bei den Hofadeligen aber wie ein Ablaß, weil es für das leichteste unter den Mitteln zur Erlösung gehalten wurde. Der Kern aller religiösen Praxis im Tendai, aber auch im Shingon liegt in den Mühen der Askese und der Übung; insofern hat jeder einzelne es selbst in der Hand, wieviel er für seine Rettung einsetzt. Daß sie nicht alle Menschen erreichen könnten, verstanden beide Schulen als Bedingung der Heilsordnung. Der Jôdo-Buddhismus eröffnet jetzt die Möglichkeit, daß alle Menschen aus dem Stand von Unwissenheit und Verstrickung in die Welt befreit werden können. Für dieses Ziel müssen sie sich an Amida wenden und darauf setzen, daß er die Verdienste, die er selbst erworben hat, auf jeden von ihnen überträgt. Diese Rolle als Erretter ist weit entfernt vom ursprünglichen Verständnis, daß Buddha als Mensch in der Welt gewesen ist; dagegen ist Amida in ein Jenseits gerückt und erscheint als Prinzip, das die

Heilsordnung bestimmt. Zugang zu diesem Jenseits haben die Gläubigen nur durch das *nenbutsu*; in dieser Reduktion der religiösen Mittel äußert sich die Tendenz, den Glauben zu verinnerlichen, wie es charakteristisch für den Buddhismus der Kamakura-Zeit ist. Allerdings stellt sich die Frage, warum eigentlich die Anrufung Buddhas als einziger Weg zum Heil ausgewiesen ist. Hônen legt den Vorrang des *nenbutsu* so aus, daß Amida selbst diese Wahl (*senchaku*) unter den Wegen zur Erlösung getroffen habe. Aber neben diesem transzendenten Aspekt führt Hônen auch pragmatische Gründe an: Das *nenbutsu* fällt in die natürliche Kompetenz des Menschen, deswegen können auch alle ihren Anspruch auf Erlösung zum Ausdruck bringen.

Shinran shônin (1173–1262) schloß an die Lehre Hônens an und radikalisierte den Grundsatz, Erleuchtung sei nur durch die Kraft des anderen (*tariki*, auch mit »Fremdkraft« übersetzt) möglich. Er bezweifelte, daß die Anrufung Buddhas Umkehr und Rettung bewirken könnte, weil diese Übung immer noch zu sehr auf die eigene Kraft (*jiriki*) setzt. Deswegen verlagerte er den religiösen Schwerpunkt, der jetzt nicht mehr auf dem *nenbutsu* liegt, sondern im Vertrauen darauf, gerettet, ja erwählt zu werden. Nicht einmal der Glaube an die Rettung sei ein Verdienst der Gläubigen, sondern Geschenk Amidas, dem durch die Anrufung seines Namens nur Dank abgestattet wird. Die Heilstat Buddhas besteht nicht im Hinweis auf das geeignete Mittel zur Erleuchtung, wie Hônen gedacht und gelehrt hatte, sondern in der »Übertragung von Verdienst« (*ekô*). Hier hat sich die Auslegung des Buddha-Gesetzes am entschiedensten an den christlichen Erlösungsglauben angenähert.

Nichiren (1222–1282) hat sich auf die Tendai-Lehre bezogen und die neuen Amida-Schulen abgelehnt. Für die Übungen zur Erleuchtung hält er sich allerdings nicht an den alten Buddhismus, sondern setzt wie der Amida-Buddhismus auf die pointierte Auswahl aus dem Kanon des Mahâyâna. In Nichirens Grundsatz »Dreitausend in einem Gedanken« (*ichinen sanzen*) drückt sich die Wendung auf den Gläubigen aus, der den einen eigenen Gedanken auf alle anderen hin öffnen soll, um so das Ganze zu begreifen. Auch die Auswahl eines einzigen Sutras, des *Lotos-Sutra*, als Grundlage der buddhistischen Botschaft, entspricht dem zeittypischen Willen zur Vereinfachung. Nichiren hat dem *Lotos-Sutra* eine absolute Autorität zugeschrieben, die auch den Staat binden sollte.

8.5 Die Meditation und das Schwert

In die Kamakura-Zeit fiel auch die Rezeption der beiden Zen-Schulen von Rinzai und Sôtô, die sich in China herausgebildet hatten. Eisai (1141–1215) begründete die Rinzai-Schule in Japan, Dôgen (1200–1253) die Sôtô-Schule. Beide Schulen gehen auf Hui-neng zurück und vertreten gleichermaßen die Strategie der plötzlichen Erleuchtung. Allerdings unterscheiden sie sich im Stil voneinander: Im Sôtô-Zen wird die Meditation, das Sitzen (*zazen*), und ein – in Maßen – intellektueller Zugang bevorzugt. Im Rinzai-Zen liegt der Akzent auf dem *kôan* und einem möglichst direkten Zu- und Durchgriff auf die Erleuchtung.

Der Zen-Buddhismus, insbesondere der der Rinzai-Schule, wurde von dem neuen Schwertadel, Verwalter des Todes aus Profession, angenommen. Er unterschied sich sowohl von den volkstümlichen Formen des Amida-Buddhismus als auch vom Buddhismus des Hofadels. Zen konnte sich aber nicht nur bei der Militäraristokratie durchsetzen, er fand auch in anderen Schichten der Gesellschaft Zuspruch. Für einige Zeit wurde die Rinzai-Schule zur größten Sekte Japans.

Das *bushidô*, bis dahin eine Art Ehrenkodex der Kriegerklasse mit praktischen Verhaltensregeln, gewann durch den Zen-Buddhismus ein neue ethische Dimension. Stichworte sind hier die »Überwindung des Ich« und die »Bereitschaft zu sterben«. Daß der Zen-Buddhismus einen prägnanten – wenn auch im Westen bisweilen überschätzten – Einfluß auf die japanische Kultur nehmen konnte, liegt zweifellos an deren Tendenz, in den Erscheinungen, den Dingen selbst eine spirituelle, ja absolute Dimension anzunehmen, und in ihrer Weigerung, jenseits der erfahrbaren sinnenfälligen Welt eine andere – geistige – zu vermuten. Daß für den Erleuchteten die vergängliche Welt zugleich die Welt der Erlösung, *nirvâna* zugleich *samsâra* sei, das hatte der Mahâyâna-Buddhismus immer schon und ohne Unterlaß gelehrt; aber der Zen-Buddhismus hat diesen Grundsatz mit einzigartiger Konsequenz vertreten. Das Gesetz des Buddha und das Gesetz der Welt sollten eine Einheit bilden; das Heilige sollte profan und das Profane heilig sein. Die Welt sollte religiös und die Religion weltlich sein.

Im Stil vieler japanischer Zen-Meister wiederum zeigt sich eine eigentümliche heilig-närrische Profanität, eine mit Indiskretion gemischte Askese, in der sich ein Grundzug japanischer Religiosität überhaupt offenbart. Ein Beispiel dafür ist Ikkyû Sôjun (1394–1481), der zwar erst ein halbes Jahrhundert nach dem Ende der Kamakura-Epoche geboren wurde, dennoch als der Inbegriff eines Rinzai-Anhängers gelten kann. Ikkyû war ein heiliger Narr, der sich selbst als blinden Esel bezeichnete: »Wer von Rinzais Schülern schert sich um die Wahre Überlieferung? In ihren Schulen ist kein Obdach für den blinden Esel, der unterwegs mit Stab und Strohsandalen Wahrheit findet. Dort übt man Zen auf sicherem Boden, bequem zurückgelehnt, für eigenen Gewinn.« An einer anderen Stelle schreibt er: »Zehn Tage im Kloster machen mich ruhelos. Wenn du eines Tages kommst, mich zu suchen, frage nach mir beim Fischhändler, in der Schenke oder im Freudenhaus.« Der Überlieferung nach war Ikkyû der Sohn des Kaisers Gokomatsu (1377–1433, reg. 1382–1412) und einer Hofdame niederen Ranges. Mit fünf Jahren wurde er Novize im Ankokuji-Tempel in Kyôto; mit zwölf Jahren schon soll er chinesische Gedichte abgefaßt haben. 1410 wurde er Schüler Kenô Sôis (gest. 1415), unter dessen Leitung er seine buddhistischen Studien systematisch vertiefte und rigide Meditationstechniken erlernte. Nach Kenôs Tod wurde Ikkyû Schüler des für seine außerordentliche Härte bekannten Einsiedlers Kasô Sôdon (auch Kesô Shûdon, 1353–1428).

Kasô hatte ursprünglich dem Daikokuji-Tempel angehört, später aber einen eigenen kleinen Tempel in der Nähe des Biwa-Sees gegründet. Hier soll Ikkyû im Jahre 1420 seine Erleuchtung (*satori*) erlebt haben: als er während einer nächtlichen Meditation in einem Boot den Schrei einer Krähe hörte. Einige Jahre später ließ er sich in der Hafenstadt Sakai nieder und praktizierte den ihm eigentümlichen ›verrückten‹ Zen. An einem Neujahrstag trug er einmal eine Stange, an deren Ende ein Totenschädel befestigt war, durch die Straßen, um das allzu fröhlich feiernde Volk an die Vergänglichkeit aller Dinge zu erinnern. Zugleich jedoch unterhielt Ikkyû gute Beziehungen zu den Kaufleuten und Neureichen der Stadt und pflegte Umgang mit bedeutenden Literaten und Künstlern seiner Zeit. In den Jahren nach der Jahrhundertmitte setzte Ikkyû in bitteren Attacken den – von seinem Meister Kesô begonnenen – Kampf gegen den institutionalisierten, in seinen Augen nicht mehr authentischen Zen-Buddhismus seiner Zeit fort; dennoch wurde er im Jahre 1474 Abt des im Ônin-Krieg (1467–1477) zerstörten Daitokuji-Tempels, den er mit der Unterstützung befreundeter Kaufleute wiedererrichtete. Der Ônin-Krieg hatte die Ashikaga-Regierung[282] rettungslos geschwächt und die gewaltige Macht der Gozan-Institution, die Japan kulturell und gesellschaftlich über zwei Jahrhunderte entscheidend mitgeprägt hatte, fast völlig gebrochen.[283] Der Wiederaufbau der zerstörten großen Tempel – vor allem in Kyôto – konnte daran nichts ändern, die Zeit des alten Glanzes und somit des Einflusses auf die japanische Kultur waren vorbei.

Ikkyû blieb auch in seinem Alter auffällig; in den letzten Jahren seines Lebens, die er zum größten Teil in seiner Einsiedelei Shûôn'an in Takigi, zwischen Kyôto und Sakai, verbrachte, verliebte er sich in die blinde Nonne Mori (oder Shin), die er in seiner über tausend chinesische Gedichte umfassenden *Anthologie (des Meisters) Verrückte Wolke* (*Kyôun-shû*) verewigte. Ikkyû hat in seinen *dôka*, Lehrgedichten, immer wieder versucht, neue Formulierungen für die erkenntnisstiftenden Abgründe und Kurzschlüsse der Lehre von der Leere zu finden:

Mein Häuschen, es hat
keine einzige Säule,
hat keinen Balken:
so wirds vom Regen nicht naß,
so wirds vom Wind auch nicht krumm.

Im Brunnen, den es
nicht gibt, der kein Wasser hat,
regen sich Wellen,
wenn der gestaltlose Mann
mit seinem Schöpfeimer kommt.

Ich sterbe nicht, ich
gehe auch nirgendwo hin,
ich bleib einfach hier.
Fragt mich aber bitte nichts,
denn ich sag' euch gewiß nichts.
Im Meer des Lebens
und des Tods: Sein und Nichtsein
schaukeln in einem
Boot. Da! Im Boden ein Leck!
Sein und Nichtsein – beide weg!

8.6 *Der Zen-Buddhismus: Die leeren Hände des Patriarchen Dôgen*

Ich habe in China nicht gar zu viele Zen-Tempel besucht, habe nur unter der Leitung des verstorbenen Meisters Ju-ching studiert, und was ich dabei erkannt habe, ist dies: die Augen sind waagrecht, die Nase ist senkrecht. Von niemandem in die Irre geführt, kam ich mit leeren Händen nach Hause zurück. Ich kam ohne eine Spur des Buddha-Gesetzes zurück und lasse der Zeit ihren Lauf. Jeden Morgen geht die Sonne im Osten auf, jede Nacht geht der Mond im Westen unter. Die Wolken verschwinden, die Berge werden sichtbar. Der Regen geht vorüber, und die Vier Berge (Geburt, Alter, Krankheit, Tod) sind niedrig. (Dôgen)

Zu den bedeutendsten Denkern Japans gehört Dôgen (1200–1253). Sein Hauptwerk *Schatzkammer des wahren*

Gesetzes-Auges (*Shôbôgenzô*) kreist um die zentrale Frage des Mahâyâna-Buddhismus, was es heißt, daß alle Lebewesen Buddha-Natur haben. Dôgen legt diesen Grundsatz als Identität von Sein und Buddha-Natur aus. »Deshalb ist der eine Geist alle Dinge; alle Dinge sind der Eine Geist, sind der Ganze Leib.«[284] Er will der Universalität des Buddha-Gesetzes auch im Denken Ausdruck verschaffen und dem Denken die Zumutungen der Erleuchtung bewahren. Das erfordert allen spekulativen Tiefsinn.

Dôgens Interpretation schließt aus, es könne im Verhältnis von Sein und Buddha-Natur Kausalbeziehungen geben; auch der Unterschied von Erscheinung und Wesen soll nicht gelten. Das ist vor allen gegen den Idealismus des Yogâcâra gerichtet. Daß alles nur Geist sein soll, ist unvereinbar mit der Universalität des Buddha-Gesetzes. Auch die Vorstellung, die Buddha-Natur sei ungleichmäßig auf das Sein verteilt, hält Dôgen für unerleuchtet. »Es gibt Leute, die denken, die Buddha-Natur sei wie der Same von Gräsern und Bäumen: Wenn das Naß des Dharma-Regens unablässig befruchtet, so wachsen Keim und Stamm; Zweige und Blätter, Blüten und Früchte gedeihen üppig. Die Frucht bringt wiederum Samen. Dies ist das Denken des unerleuchteten Menschen, der die Dinge so anschaut.«[285] Dôgens eigene Position können wir mit Dumoulin als Seinsrealismus verstehen: Das Allgemeine ist nicht eigentlich in den Dingen, sondern liegt in der Bestimmung, daß die Dinge zugleich allgemein und einzeln-konkret sind; und umgekehrt, daß sich das Allgemeine nicht jenseits der Dinge repräsentieren läßt.

Dôgens Auslegung kommt durch eine Uminterpretation der Mahâyâna-Lehre von der Universalität der Buddha-Natur zustande: »Alle Lebewesen haben Buddha-Natur.«[286] Dôgen schließt an die Frage an, die schon im 9. Jahrhundert diskutiert worden war, ob unter »Lebewesen« nicht überhaupt »alle Dinge« verstanden werden müssen, was er für das einzig angemessene Verständnis hält. Vor allem aber setzt Dôgen zwischen »alle Dinge« und Buddha-Natur das Verhältnis von Identität, so daß Subjekt und Prädikat dieser Aussage austauschbar werden: »Denn alles Seiende ist Buddha-Natur«. Nach dieser Auslegung ist nichts mehr denkbar, auf das die Universalität des Buddha-Gesetzes nicht zuträfe. »Alles dieses, was Geist ist, ist Buddha-Natur. Gräser, Bäume und Land – diese sind Geist. Weil sie Geist sind, sind sie Lebewesen. Weil sie Lebewesen sind, sind sie Sein der Buddha-Natur. Sonne, Mond und Sterne – diese sind Geist.«[287] An solchen Stellen wird deutlich, daß diese Art von Seinsrealismus das diskursive Denken in jedem Augenblick überfordert. Die Punktualität, in der die Buddha-Natur alles, aber nichts Bestimmtes ist, entzieht sich der Repräsentation durch Sprache. Aber auch die Wörter sind Buddha-Natur. Um sie zu Elementen einer anderen als der natürlichen Sprache zu machen, schließt Dôgen sie an eine Rhetorik der Negation an. Hier folgt er Nâgârjuna und dessen Schule des Mittleren Wegs, die einen Katalog von acht Veneinungen aufstellte, um zu zeigen, daß die Dinge ohne substantielle Bestimmung oder leer sind: keine Aufhebung, keine Erzeugung, keine Vernichtung, keine Ewigkeit, keine Einheit, keine Vielheit, keine Ankunft, kein Aufbruch. Das Verfahren der Negation spricht den Dingen Selbstidentität ab, nicht aber Sein. Daß sie leer sind, stellt sie gerade in Beziehung mit anderen Dingen, und erst in dieser Beziehung ›sind‹ sie. Eine leere Sprache ist deswegen das einzige Medium, in dem sich die Dinge in Relation darstellen lassen. Weil es in dieser Sprache nicht um die Dinge geht, sondern um die Beziehungen, in denen sie stehen, kommt es nicht darauf an, ob etwas als Sein oder als Nicht-Sein bezeichnet wird. Auch Sein und Nichts sind nur andere Ausdrücke für die Buddha-Natur. Deswegen heißt es bei Dôgen: »Alle Dinge sind Nicht-Buddha-Natur.« Daß dieser Satz und zugleich sein Gegenteil gelten soll, legen die 95 Kapitel der *Schatzkammer* unermüdlich dar.

Tatsächlich lassen sich die Texte der *Schatzkammer* auch als *kôan* lesen. Die Sprachspiele, die der Einübung in die Erleuchtung dienen, erfüllen das Paradox einer leeren Sprache. Das *kôan* macht Ernst mit der Forderung, daß alles Buddha-Natur ist: das sprachlichen Zeichen ebenso wie der Gegenstand, auf den es verweist. Die Darstellungsfunktion der Sprache, Gegenstände zu bezeichnen, wird ständig überlagert durch den Bezug der Wörter auf sich als Buddha-Natur. Die Sprache überschreitet damit ihre Form als Lautsprache; signifikant sind nicht nur die Wörter, sondern alles, was auf das Buddha-Gesetz verweist, auch das Schweigen.[288] Im Konflikt zwischen Oralität und Literalität erscheint das Schweigen des Zen als Totstellreflex der Sprache vor der Schrift; und in der Lust an der reinen, zur Unleserlichkeit entstellten Schrift als eines von seiner Bedeutung losgerissenen Zeichens – »signifier fractured from its signification«[289] – wird der Schrift eine schriftfremde, zugleich ästhetische und religiöse Expressivität abgewonnen. So verliert die Sprache auf der einen Seite ihre Konturen, zugleich erscheinen auf einem anderen Schauplatz neue, ungewohnte Sprachen: »Ich kann mich nicht genug verwundern über diese Gestalten, die Gebärden, diese Klänge, die – obgleich die Sprache ihnen fehlte – eine Art erlesener stummer Rede Ausdruck gaben (a kind/ Of excellent dumb discourse).«[290]

9 Das Mittelalter: Hoher und lebensweltlicher Diskurs

9.1 Exoterisch/esoterisch

Die Frage, ob und in welcher Hinsicht es für das japanische Mittelalter repräsentative Wissenssysteme oder (systematische oder systematisierbare) Weltbilder gegeben hat, ist umstritten. Dennoch läßt sich mit einiger Plausibiltät behaupten, daß sich die geistigen Auseinandersetzungen dieser Epoche vornehmlich im Spannungsfeld zwischen dem »Exoterischem« und dem »Esoterischen« (*ken-mitsu*) ereigneten. Der lebensweltliche Diskurs vollzog sich gleichsam in geistiger Engführung damit, wenn auch vielleicht nicht mit gleicher Strenge. Aus buddhistischer Sicht war dies sogar unvermeidlich, da die Lebenswelt per definitionem als eine nur transitorische, passagere, unwahre Dimension (*ke*) galt; über das solcherart Wesenlose läßt sich nichts Wesentliches sagen. Wer über die Lebenswelt sprach, verharrte im Bereich des Sichtbaren (*ken*) und konnte im besten Falle eine zweitrangige, konventionelle, weltliche, relative Wahrheit (*zoku-tai*) für sich in Anspruch nehmen; die supraweltliche Wahrheit (*shin-tai*) mußte ihm ein Mysterium (*mitsu*) bleiben.

Andererseits setzte sich der lebensweltliche Diskurs nicht nur vom religiösen ab, sondern war auch gezwungen, sich am triebhaften, emotionalen und habituellen Potential der säkularen Gesellschaft abzuarbeiten. Daher finden sich gerade im Diskurs der japanischen mittelalterlichen Intellektuellen – dank ihrer Zuwendung zur gefährlichen Hinfälligkeit des Alltags – die deutlichsten Spuren »gelebten Lebens«.

Nach Kuroda Toshio vollzog sich die Ausformung des japanischen mittelalterlichen Wissenssystem (*chishiki-*

taikei) in drei Stadien: In der zweiten Hälfte des 11. Jahrhunderts verblaßte – mit dem Zerfall des Ritsuryô-Systems – die t'ang-chinesische Färbung der japanischen Kultur und gewann – mit der Ausbreitung des *shôen*-Systems, »durch das gesetzlich verankerte Anwachsen privaten Großgrundbesitzes«[291] – ein neues, eigenes Kolorit; zugleich entwickelte sich ein neuer intellektueller Stil. Die unruhige Zeit vom Ende des 12. Jahrhunderts bis zum Anfang des 13. Jahrhunderts veränderte das ganze politische und soziale Gefüge Japans, was eine neuerliche – diesmal überaus tiefgreifende – geistige und kulturelle Umorientierung mit sich brachte: In dieser Zeit wurden sich die Intellektuellen – so Kuroda – ihrer Rolle bewußt, was sich in einem bis dahin in Japan unbekannten selbstreferentiellen, reflexiven Denkstil manifestiert. In der ersten Hälfte des 14. Jahrhunderts schließlich erreicht das mittelalterliche japanische Denken seinen Gipfel: Sein Inventar ist vollständig, zeigt aber bereits Risse und Frakturen, die eine neue Epoche ankündigen. Die Intellektuellen, die bisher im Schutz oder zumindest im Bannkreis der Höfe und der Tempel wirkten, werden in eine neue Freiheit gleichsam ausgesetzt und mit dem Volk konfrontiert. Wiederum deutet sich ein neues Paradigma an, das seine endgültigen Konturen in der Tokugawa-Zeit (nach 1600) erhalten wird.

Mit seiner Geschichtsdarstellung *Gukan-shô* (*Persönliche Ansichten* [zur Geschichte]) und besonders mit ihrem maßgeblichen 7. Kapitel begründet Jien (1155–1225) – Sohn des Regenten Fujiwara no Tadamichi und Bruder des Regenten Kujô Kanezane – ein neues Geschichtsverständnis. »Er verfaßte dieses Werk bewußt in Japanisch [und nicht im Gelehrten-Chinesisch seiner Zeit], damit es auch von allen mit allen Nuancen verstanden werden könnte. Das Werk besteht aus drei Teilen. Der erste Teil bringt einen Abriß der Abfolge der Kaiser mit den politischen und religiösen Spitzen, eingeleitet durch eine Aufzählung der chinesischen Dynastien, um den weltgeschichtlichen Rahmen abzustecken; integriert ist aber auch eine Darstellung, die von Buddhas Tod als Fixpunkt ausgeht. Der zweite Teil enthält eine analytische Darstellung der bisherigen japanischen Geschichte ab Jinmu Tennô [d.h. seit 660 vor der Zeitenwende, dem fiktiven Jahr der Thronbesteigung Jinmu-tennôs], in der Jien die metahistorischen Sinnzusammenhänge im Verlauf der japanischen Geschichte erläutert. Der dritte Teil expliziert das *dôri*, das allem zugrundeliegende Weltprinzip.«[292] Jien sieht im Geschichtsverlauf ein Prinzip wirken, das er *dôri* nennt; ein unerbittliches Gesetz, das über dem Weltlauf steht. Eine ferne Analogie verbindet es mit der westlichen Vorsehung. Jien verquickt das makrozyklische Denken des Buddhismus mit einem Linearismus shintôistischer Provenienz; das *Gukan-shô* linearisiert die japanische Geschichte und orientiert sie auf eine Zukunft, die jedoch als Endzeit und zugleich als »Ende des buddhistischen Gesetzes« (*mappô*) gedeutet wird. Weltgeschichte ist für Jien Verfallsgeschichte, die sich bis zu seiner eigenen Zeit in sieben Stadien vollzog. Zuerst herrschte eine Art paradiesischer Urzustand des harmonischen Ausgleichs zwischen der unsichtbaren Welt der Götter und Buddhas und der sichtbaren Welt der Menschen, identifiziert mit Japan. Im zweiten Stadium ist den Menschen das *dôri* der unsichtbaren Welt schon nicht mehr verständlich. Im dritten Stadium folgen die Menschen einem *dôri*, das zum *dôri* der unsichtbaren Welt bereits dissonant ist. »Das jedoch erkennen die Menschen erst hinterher in der Gesamtschau. Ab der vierten Epoche erkennen die Menschen das *dôri* überhaupt nicht mehr, sondern von der späteren Einsicht, daß ihr ursprünglicher Glaube, das gute *dôri* zu haben, eine Fehlannahme war, über die Durchsetzung der *dôri*-Behauptungen des Stärkeren (5. Epoche) kommt es dazu, daß die Unmoral (*mudô*) – und die Negation des dôri – zum *dôri* erklärt wird (6. Epoche) und schließlich jegliches *dôri* bei den Menschen fehlt (7. Epoche).«[293] Konkret-historisch schlägt sich dies in drei, eine graduelle Degeneration kennzeichnenden Epochen nieder: (1) Epoche des richtigen Gesetzes der Monarchie (*ôi no shobô, ôbô*), die noch die frühe Zeit der Fujiwara-Regentschaft einschließt; (2) Epoche der Regierung der »Untertanen«, d.h. des Hofadels (*ôshin*); (3) Epoche der Regierung des Schwertadels (*bushi*), die aufs deutlichste anzeigt, daß die Endzeit (*matsudai akuse, sue no yo, masse*) angebrochen ist. Jien versucht eine geschichtsphilosophische Nutzanwendung der buddhistischen Theorie der drei Weltzeitalter *shôbô, zôbô, mappô:* »Das *mappô* ist das letzte einer Reihe von drei Zeitaltern, die ab dem Tode Buddhas gerechnet werden. Das erste Zeitalter ist das des ›richtigen Dharma‹ (*shôbô*), in dem Lehre und Praxis der Lehre miteinander bestehen und entsprechend die Buddhaschaft erlangt werden kann. Im zweiten Zeitalter, dem des ›äußerlichen Dharma‹ (*zôbô*), wird die weiterhin bestehende Lehre nur noch äußerlich praktiziert und entsprechend die Buddhaschaft nicht mehr erlangt. Im *mappô* schließlich besteht zwar die Lehre weiter, wird aber nicht mehr praktiziert.«[294]

9.2 Über Zeit und Geschichte

Zeit und Geschichte, als Abstrakta von vormodernen japanischen Denkern nie gedacht, waren dennoch – sinnfällig ineinander verfugt – sichtbar im Bild der ununterbrochenen kaiserlichen Linie: die imaginäre Achse, die, ins Vorzeitlich-Mythische (bis zur Sonnengöttin Amaterasu ô-mikami) zurückreichend, Zeit und Geschichte, d.h. Vergangenheit und Gegenwart, repräsentierte – und Zukunft garantierte. Es handelte sich um ein dynastisch-genealogisches Zeitmodell, in dem »die Lebenszeit einer bestimmten Familie die Eigenzeiten der anderen überragt und als Zeit der Herrscherdynastie zur allgemeinen Orientierung dient«.[295] Die Unantastbarkeit des Kaiserhauses ersparte den Japanern die Erfahrung des politischen Wandels als eines Aufstiegs und Falls von Dynastien, als eine Reihe aufeinanderfolgender Geschichten. Die eine kaiserliche Linie, die einer göttlichen Ahnin entsprang, durchzog das gesamte geschichtliche Geschehen. Zeit und Geschichte erschienen als identisch. Zeit wurde, ohne daß dies eigentlich zum Thema geworden wäre, als linear wahrgenommen, als irreversibel, aber nicht teleologisch oder gar eschatologisch. Auch nicht als prozeßhaft. Hier schritt nichts voran, hier entwickelte sich nichts. An ihrem Ende standen nicht, wie in der jüdisch-christlichen Heilsgeschichte, die Versöhnung von Diesseits und Jenseits.

Es wäre auch falsch, die *mappô*-Doktrin als eschatologisch zu kennzeichnen; anders als das griechische *eschaton* denotiert *mappô*, bildhaft gesagt, das Ausdünnen des buddhistischen »Gesetzes«, das Fadenscheinigwerden, das Löchrigwerden der Zeit.

Joseph Needham erkennt in der chinesischen Weltsicht sowohl zyklische als auch lineare Züge, behauptet aber auch für China ein Übergewicht der letzteren. Die japanischen Vorstellungen von der Zeit bildeten sich während des Prozesses der Adaption chinesischen Denkens im Laufe der Nara-Zeit (710–794) heraus. Das chinesische Erbe, an dem Japan sich abarbeiten mußte, faßt Robert Shanmu Chen in einer umfassenden Studie über das zyklische Denken in China und im Westen unter dem Stichwort Philosophy: *A Mode of Rationalization* folgendermaßen zusammen: »If we accept the view that The Book of Changes is truly the crossroad of Chinese culture we must also admit that it is a transition, a crossover from the age of myth and ritual to the era of rationalization and abstraction, and yet a convergence where the four main scholls of Chinese philosophy (Confucianism, Taoism, the Ying-yang School, and Chinese Buddhism by the second century A.D.) meet. Throughout history these four schools have been paralleling and reinforcing each other to the point where one can truly say that every Chinese is a Confucian in his social and active life, a Taoist in his individual and passive life, and a Taoist or Buddhist in his religious life, or an Yin-yang adherent in his superstitious life.«[296]

Der Yamato-Hof nutzte die chinesische Chronologisiermethode, um mit Hilfe der Kosmologien, die vor allem im *Kojiki* und *Nihon shoki* niedergelegt wurden, eine (politisch) legitimatorische Version vom Anfang der Welt zu konstruieren und festzuschreiben. Zugleich wurde ein Set möglicher Glaubensinhalte offeriert, das als einheitsstiftender Bezug für Kult und Ritual fungieren konnte. Trotz der wechselnden Einflüsse von außen, trotz der enormen Herausforderungen, die die wechselnden Schulen und Doktrinen des Konfuzianismus und des Buddhismus für Japan bedeuteten, wurde eine spezifische Eigenart der japanischen Kultur – das Fremde radikal ins Eigene ein- und umzuschmelzen – nie in Frage gestellt. Anders als im westlichen Denken ist Zeit weder als reine Anschauungsform noch als ein Rahmen ausgelegt, in dem sich etwas abspielt. Nichts geschieht in der Zeit. Vor allem nach buddhistischer Auffassung ist Zeit das Sich-Abspielen selbst, Zeit ist das Unerbittliche, *karma*, moralisch gewendet: das Böse. Das Böse an der Welt der Verblendung (*bonnô*), welche die Menschen bevölkern, genauer: die sie sich in ihrer Verblendung konstruieren (und für wirklich halten), ist, daß sie ist, nicht wie sie ist. Die Tatsache, daß sie überhaupt ist, entscheidet schon darüber, daß sie nicht gut sein kann. Gut ist nur das Ende der Zeit und damit des Seins; eine private Vorform des Höchsten Guten, des Endes: *nirvâna*, ist die Einsicht, daß es sich so verhält: *satori*. Auf dieser Diskurshöhe ist die Frage, ob Zeit zyklisch oder linear verläuft, überflüssig geworden; existentiell virulent ist nur die Frage nach dem Jenseits der Zeit. Dies hat weitreichende Konsequenzen für das Konzept der Kausalität, da diese Zeit-Vorstellung in einem prägnanten Sinne von absoluter Synchronizität geprägt ist. »Gleichzeitigkeit heißt nun, daß es keine aktuell einwirkenden Kausalereignisse gibt, denn unter Kausalität versteht man üblicherweise eine Zeitdistanz: Die Ursache muß vor der Wirkung gegeben sein.«[297] Zeit ist hier Verlaufsform ihrer selbst. Indem Zeit verläuft, nimmt sie sich zurück, ohne sich jemals gegeben zu haben.

9.3 Zwischen Literatur und Religion: Formen des Wissens

Jien verschränkt in seinem *dôri*-Konzept, das auf der Tendai-Doktrin fußt, das Tennô-Imperium (*ôbô*) mit dem Sazerdotium Buddhas (*buppô*). Es ist ein Spezifikum der Tendai-Lehre, Diskursivität und mystische Anschauung miteinander zu überblenden. Geschichte vollzieht sich in den Augen Jiens als Entfaltung des *dôri* im Zusammenspiel von Unverborgenem (*ken*) und Verborgenem (*mitsu*). In dieser Geschichtsauffassung äußert sich die epochentypische Spannweite zwischen Exoterischem und Esoterischem in ihrer ganzen Verve: Sowohl Jiens *dôri*-Konzept als auch seine Vorstellungen vom Inhalt und Charakter des Wissens (*chie, chige*) sind unverkennbar davon geprägt. Jiens *dôri*-Konzept hat nicht nur eine geschichtstheoretische und damit zugleich auch eine kosmologische Seite, sondern betrifft auch den aktuellen Gesellschaftzustand kurz vor dem Jôkyû-Putsch (Jôkyû no ran, 1221) des Exkaisers Gotoba; und Jien weiß »auch das Mittel, wie die drohenden Gefahren dieser Zeit durch eine Besserung der Regierungsform zu bannen sind: nämlich durch die Übernahme der Leitung der Krieger durch die Fujiwara, wodurch die Monarchie mit Hilfe der Untertanen (*ôshin*) wiederhergestellt würde. Dies wäre nach Jien die der Endzeit angepaßte Regierungsform.«[298]

Auch der Politiker Hôjô Yasutoki (1183–1242), der von 1224–1242 als Regent (*shikken*) amtierte, die Militärverwaltung reformierte und 1232/33 einen auf die Kriegergesellschaft zugeschnittenen Kodex (*Goseibai shikimoku*) zusammenstellen ließ, machte dabei seine Nutzanwendung des Begriffs *dôri*. Das *Goseibai shikimoku* umfaßt 51 Artikel. »Man nimmt an, ihre Gesamtzahl sei deshalb gewählt worden, weil sie das Produkt aus 3 mal 17 ist – 17 Artikel hatte die ›Verfassung des Shôtoku-taishi‹. Diese Vorschriften mit Gesetzeskraft wurden die neuen Leitlinien des Rechts der Krieger. Sie blieben grundsätzlich bis zur Tokugawa-Zeit gültig, prägten aber auch noch danach das soziale Verhalten der buke/bushi = Krieger.«[299]

Das *Toganoo Myôe shônin denki* berichtet von einem Gespräch Yasutokis mit dem Kegon-Mönch Myôe shônin (1173–1232) über den rechten Weg der Regierung, in dem das Konzept des *dôri* in der Formulierung *arubeki yôwa*, »So-Seinsollen«, auftaucht. Nichts anderes meint auch der Begriff des *jinen hôni*, der ursprünglich aus dem esoterischen Buddhismus stammt, von Shinran aber spezifisch umgedeutet wurde. Alle diese Ausdrücke lassen sich verstehen als verschiedene Namen einer Geisteshaltung, die in Anbetracht einer aus den Fugen geratenen Welt die verlorengegangene ursprüngliche Ordnung wiederherstellen möchte.

Schon früh im 10. Jahrhundert beginnt das *t'ang*-chinesische Kolorit Japans zu verblassen; nach dem Zerfall des Gesetzes-(*ritsuryô*-)Staates markiert das »Zeitalter der Regenten« (*sekkan jidai*) das Ende des Absolutismus in Japan. Bis zum Ende des 11. Jahrhunderts haben sich zwei machtgestützte und machtgesicherte Wissenssysteme ausgeprägt, im Sinne von Wissensarchiven und Klassifikationssystemen mit eigenen Standards und einer eigentümlichen Systematizität: das des höfischen Adels (*kûge*) und das des buddhistischen Klerus (*sôryo*). Mit anderen Worten: zwei privilegierte Gesellschaftsgruppen monopolisieren und verwalten zwei Wissensarchive. Das höfische Wissensarchiv (*kuji*) umfaßt einerseits das allgemeine Hof- und Regierungszeremoniell, die »alten Sitten, Gebräuche und Zeremonien« (*kojitsu*), das Reglement des Hofes in allen seinen Facetten, und andererseits, sozusagen als Kompensation und Dekor des festgeschriebenen Reglements, die Literatur als Wissens- und Themenvorrat (*kidendô, myôgyôdô, kunko, kishô, monjôdô*) und als unverzichtbarer Fokus der ästhetischen Intentionen der Adligen – auch nach der Kamakura-Zeit (*monogatari, waka, utaawase*). Das ästhetische Spiel ist strikt in das höfische System eingebunden; ebenso die Kreativität und Originalität des einzelnen. Wichtige Kompendien des höfischen Wissens sind u.a. das *Saigû-ki* (nach 961) und das *Hokuzan-shô* (zwischen 990 und 1016 zusammengestellt). Im Vergleich zu den ältesten japanischen Wörterbüchern, wie dem *Shinsen-jikyô* und dem *Wamyô-ruijû-shô*, die trotz ihres großen Umfangs keine eigentliche Kompendien des Wissens ihrer Zeit darstellen, enthält ein Werk wie das nach 1330 abgeschlossene *Renchû-shô* den ganzen Themenvorrat der aristokratischen Gesellschaft, den es in einem schon hohen Grade systematisch ordnet. Die *setsuwa*-Sammlungen wie das *Kojidan* (von 1212–1215) oder das *Kokonchomonjû* (von 1254) können mit Recht zu den Wissenssystemen ihrer Epoche gezählt werden. Das *Kokonchomonjû* klassifiziert die Welt nach den Kategorien: *jingi* (Götter des Himmels und der Erde), *shakkyô* (Buddhistisches), *seidô-chûshin* (Regierungsangelegenheiten), *kuji* (das öffentlich-höfisches Zeremoniell), *bungaku* (die Schriftgelehrsamkeit), *waka* (die japanische Dichtung), *kangen-kabu* (Musik, Gesang und Tanz), *nôsho* (Schreibkunst, Kalligraphie), *jutsudô* (die Wahrsagekünste), *kôkô-on'ai* (kindliche Pietät und Liebe), *kôshoku* (die geschlechtliche Liebe), *buyû* (die kriegerische Tüchtigkeit), *kyûsen* (das Bogenschießen), *bagei* (die Reitkunst), *sumô-gôriki* (das agonale Kräftemessen), *gato* (die Malkunst), *kemari* (das japanische Fußballspiel), *bakuchi* (das Glücksspiel), *chûtô* (Diebstahl), *shûgen* (Zeremonialworte), *aishô* (Trauer), *yûran* (Unterhaltung), *shukushû* (karmische Vergeltung), *tôsô* (Kampf), *kyôgen-rikô* (Wortspiel), *kaii* (Mirabilien), *henge* (Metamorphosen), *inshoku* (Trinken und Essen), *sômoku* (Pflanzen und Bäume), *gyochû-kinjû* (Fische, Insekten, Vögel und vierfüßige Tiere). Die Kategorien *jingi*, »Götter des Himmels und der Erde«, und *shakkyô*, »Buddhistisches«, verbinden das öffentlich-höfische Wissen mit dem klerikalen Wissen.

Das klerikale (*ken-mitsu*)Wissenssystem entfaltete sich entlang der Linie Shingon – *honji-suijaku* – Jôdo – Tendai und wirkte sich auch auf nicht-buddhistische Doktrinen, den Shintôismus, die Yin-Yang-Lehre, den Taoismus und den Konfuzianismus aus. Anderseits drangen auch in den klerikalen Diskurs, am deutlichsten in der buddhistischen Erzählliteratur, lebensweltliche Elemente ein und mit ihnen eine positivere Wertung des Säkularen (*zoku*-

tai). Als im 11. Jahrhundert die großen Tempel und Schreine einen immer größeren Einfluß auf die säkulare Gesellschaft gewannen, verbreitete sich das klerikale Wissen auch hier; jedoch auf eine unkontrollierte Weise, die zu äußerst eklektizistischen Glaubensformen führte. Jetzt wurde es möglich, Tennô-Imperium und Buddha-Sazerdotium zu analogisieren und das öffentlich-höfische Wissenssystem mit dem klerikalen zu verknüpfen. Jien konstatiert im *Gukan-shô* im Sinne dieses Prozesses, daß man, um Wissen zu erlangen, das *ken-mitsu* der Mönche, aber auch die weltlichen Schriften (*kiden*, Berichte und Aufzeichnungen; *myôgyô*, die konfuzianischen Schriften) studieren müsse.

Für das japanische Mittelalter bestand die Welt aus Indien, China (einschließlich der koreanischen Halbinsel) und Japan; dabei galt Indien als so fern und unerreichbar, daß es im Bewußtsein der mittelalterlichen Japaner den Status eines imaginären und wunderbaren Kontinents hatte. Das Wissen über Japan war niedergelegt in den sechs Offiziellen Reichsgeschichten (*Rikkokushi*), den Kodices (*ritsuryô*), Gesetzes-Novellen (*kyaku-shiki*), Tagebüchern (*nikki*), Erzählwerken (*monogatari*) und Gedichten (*waka*). Dieses Wissen trug, in Absetzung vom *kara-zae*, der »chinesischen Gewandtheit«, alle Zeichen des *yamato-gokoro*, des »japanischen Herzens«, des Autochthonen, des Japan-Spezifischen; *kara-zae* wurde dabei mit dem – tendentiell negativ konnotierten – Formell-Richtigen assoziiert, während im Begriff des *yamato-gokoro* ein positiv konnotiertes unverwechselbares japanisches Vermögen kodiert war. Es handelte sich weniger um eine inhaltliche Unterscheidung als um eine Differenz des Stils. Darüber hinaus ging es um die Frage nach der Rolle und dem Wert des Wissens überhaupt. Das *yamato-gokoro* garantierte Unmittelbarkeit, Nähe zu den Sachen, kurz: Wirklichkeitsnähe; dabei sekundierte ihm das japanische Idiom *yamato-kotoba,* das den mittelalterlichen japanischen Intellektuellen als Verwaltern der Wissensarchive immer unentbehrlicher erschien.

Zwar hatte die Unterscheidung zwischen *yamato-gokoro* und *kara-zae* für das klerikale Wissen, das – seiner Art nach – ins Allgemeine zielte, eine vergleichsweise geringe Bedeutung; da der japanische Buddhismus aber den *shintô*, den »Weg der (japanischen) Götter«, als Kontrast und Orientierung nicht vernachlässigen konnte, konvergierten das höfische und das klerikale Wissen auch über die Auseinandersetzung mit den alten japanischen Texten – vor allem dem *Nihon-shoki* mit seinen Ausführungen über das »Zeitalter der Götter« (*kamiyo, jin-dai*). Das Bewußtwerden des *yamato-gokoro* selbst markiert bereits eine kritische Distanz zum *kara-zae*, aus der die aristokratischen Intellektuellen der Insei-Zeit (als zurückgetretene Kaiser die Herrschaft ausübten, vom Ende des 11. Jahrhunderts bis zum Ende des 12. Jahrhunderts) ihr Selbstwertgefühl bezogen.

Noch der Literatenstreit um den ästhetischen Primat von *ushin* (»Herzhaltigkeit«) oder *mushin* (»Herzlosigkeit«) in der Kamakura-Zeit kann, abgesehen davon, daß sich darin auch radikale Umschichtungen im Gesellschaftsgefüge widerspiegeln, als Fortsetzung und subtiler Nachklang der kritischen Abwendung vom *kara-zae* seit der späteren Heian-Zeit gedeutet werden. Zugleich versuchten die aristokratischen Intellektuellen, die innovativen Elemente der aufkeimenden neuen – vom Schwertadel, aber auch vom Volk geprägten – Kultur zu integrieren, in ihrem eigenen, äußerst absorptionsfähigen Diskurs aufzuheben und diesen dadurch zu bewahren. Überhaupt bewiesen der höfische wie auch der klerikale Diskurs eine erstaunliche Offenheit, Flexibilität und Fusionsbereitschaft, die erst im Laufe des 14. Jahrhunderts ihre Grenzen erreichte. Der 226. Abschnitt des *Tsurezuregusa*, *Betrachtungen aus der Stille*, von Yoshida Kenkô (1283–1350) bietet dafür ein parabelhaftes Beispiel. Mit dem Machtantritt des Schwertadels verlor der höfische Diskurs an Bedeutung, und der klerikale wurde nach und nach von Intellektuellen übernommen, die aus dem Schwertadel oder sogar aus dem Volk stammten.

Durch diese Entwicklung wurde der japanische Buddhismus grundlegend verändert: Die Popularisierung des *nenbutsu* und des Zen-Buddhismus bezeugen diese Veränderung. Die allmähliche Auflösung der alten Wissensmonopole brachte auch eine Neubewertung und – nicht zuletzt dank der neuen Mobilität des Landadels, der sich um die Aneignung der höfischen Tradition bemühte – eine allmähliche Intellektualisierung der Provinzen mit sich.

In welchem Maße die überlieferten Wissensarchive bis zum Ende der Kamakura-Zeit von den neuen Intellektuellen angeeignet und transformiert worden waren, läßt sich exemplarisch an den 13 Abteilungen und 82 Stichworten des *Nichûreki* ablesen; zweifellos enthält das *Nichûreki* auch anachronistische Einträge, aber selbst diese erscheinen nach den Bedürfnissen einer neuen Öffentlichkeit kodiert. Die neue Beweglichkeit des klerikalen Diskurses wird deutlich an Gestalten wie dem Tendai-Mönch Kôshû von Kurodani (auf dem Hiei-Berg in Kyôto), der von sich behauptete, in die Lehren aller zu seiner Zeit florierenden buddhistischen Schulen (Tendai, Zen, Kegon, Sanron, Hossô, Kusha, Jôdo) eingeweiht worden zu sein; darüber hinaus sei er mehr oder minder bewandert in der Heilkunde (*ihô*), in profanem Schrifttum (*zokusho*), in der Dichtung (*kadô*), im Militärwesen (*heihô*), in der Wahrsagekunst (*jutsuhô*), in handwerklichen Tätigkeiten (*sagyô*), in Bauarbeiten (*dokô*) und in der Rechenkunst (*sanjutsu*).

Die Diskurse konvergierten; die Wissensarchive fusionierten. Gegen Ende des 13. Jahrhunderts behandelt ein Autor, Fujiwara Arifusa, im ersten Teil einer Schrift poetologische Streitfragen, im zweiten Teil kritisiert er vom Standpunkt des *ken-mitsu*-Buddhismus die Zen- und *nenbutsu*-Mode. Beide Probleme, kommentiert er, seien ihrem Wesen nach identisch, denn bei beiden gehe es um das Japan entsprechende und für Japan richtige Wissen.

Auch der Themenvorrat und die Wertnormen der höfischen Kultur (Jean-Francois Lyotard kennzeichnet im Zusammenhang mit dem Nô-Theater *kojitsu* als »anerkannte Mittel zur Beförderung der Affekte«) gewannen an Würde und Wert, wie es der 99. Abschnitt des *Tsurezuregusa* dokumentiert.[300]

Einen deutlichen Begriff von der Rigidität der Überlieferung vermittelt der 177. Abschnitt des *Tsurezuregusa*:

»Als bei dem Prinzminister (*chûshoô*) von Kamakura einmal ein Ballspiel stattfinden sollte, der Garten aber vom Regen noch naß war, beriet man lange hin und her, wie man dem abhelfen könnte. Schließlich ließ der Laienmönch Sasaki Oki in einigen Wagen sehr viel Sägespäne herbeischaffen, im Garten ausstreuen, und auf diese Weise verschwand der lästige Schlamm. Alle waren davon begeistert, daß so etwas fürsorglich gesammelt und bereitgehalten worden war. Als aber einmal jemand davon erzählte, fragte der Chûnagon Yoshida: ›War denn gar kein trockener Sand vorrätig?‹ Da schämte ich mich sehr. Die Sägespäne, von denen man soviel Aufhebens gemacht hatte, waren also nur ein schlechter und wunderlicher Ersatz gewesen! Überlieferten Vorschriften (*kojitsu*) entsprechend hat der Aufseher des Gartens stets für trockenen Sand zu sorgen.«[301]

Der Schwertadel (*buke*) übernahm das Erbe der höfischen Tradition. Trotz aller Veränderungen blieb die Gesellschaft hochgradig stratifiziert und segmentiert und paßte sich den neuen Bedingungen an: der Ritualismus der höfischen Tradition wurde nicht ersetzt, sondern modifiziert und ergänzt. Die Vorschriften der *buke* blieben denen der *kuge* nachgeformt und verpflichtet, sie blieben, bildhaft gesagt, Äste am Stamm der Überlieferung. Kuroda Toshio spricht sogar von einer Hypertrophie der Tradition in der *samurai*-Gesellschaft. Die Engführung und Verschmelzung dieser Tradition mit den alten (*kenmitsu*) und neuen (*zen, nenbutsu*) buddhistischen Überlieferungen wird spätestens von Kitabatake Chikafusas *Jinnô-shôtôki, Bericht über die rechtmäßige Herrschaftsfolge der göttlichen Tennô*, demonstriert und besiegelt. Chikafusa, Parteigänger des Kaisers Go-Daigo (1288–1339, reg. 1318–1198), der im Jahre 1333 mit der sogenannten Kenmu-Restauration die direkte Tennô-Herrschaft wiedererrichten wollte, bietet mit der – nach Dettmer »theokratisch interpretierenden« – Darstellung des *Jinnô-shôtô-ki* »eine umfassende, synkretistische historisch-philosophische Gesamtschau des japanischen Kaisertums«.[302] Japan ist, dank seiner himmlischen Ahngottheit, Amaterasu-ô-mikami, ein »Götterland« (*shinkoku*); darin und in der Tatsache, daß während seiner ganzen Geschichte – anders als in Indien, China und Korea – nur ein Kaiserhaus geherrscht habe, gründet seine Superiorität. Chikafusas »Vorstellungen von Monarchie vereinigen schintoistische, buddhistische und konfuzianische Elemente zu einem untrennbaren Ganzen eines sakrosankten Kaisertums«.[303] Seine profunden Kenntnisse der esoterischen Überlieferung bewies Chikafusa in seiner Schrift *Shingon naishô-gi*, *Vom inneren Wissen des Shingon-Buddhismus*, in der die im *Jinnô-shôtô-ki* beschriebene Welt (*ken*) gleichsam in ihrer Eigentlichkeit (*mitsu*) aufleuchtet:

»Shingon ist das Dharma-Tor (*hômon*) des inneren Wissens des Dainichi nyorai, der Geheime Speicher (*mitsuzô*) der Höchsten Köstlichkeiten (*saigoku daigo*). Die Drei Leiber des Buddhas (*sanshin*) sind der Dharmakâya (*hosshin*), der Sambhogakâya (*hôjin*) und der Nirmânakâya (*ôjin*). Der Dharmakâya [der kosmische Gesetzesleib] erfüllt die Dharmawelt (*hokkai*), und es gibt keinen Ort, den er nicht erreichte; seine Selbst-Natur (*jishô*) faßt das Unermeßlich-Grenzenlose in sich. Der Sambhogakâya [der glückselige Nirvânaleib] durchstrahlt mit seiner Klarheit (*gonshô*) das Reine Land (*jôdo*) in alle zehn Richtungen und führt alle Bodhisattvas und die [göttergleichen] Heiligen (*shôju*) den Weg zur Erleuchtung (*kedô-su*).«

9.4 Wissen und Muße

In einer Zeit, in der der Adel und der Klerus das Wissensmonopol innehaben, droht das Wissen steril zu werden. Der Zugang zu dem von Wissensfunktionären verwalteten und beschützen Wissenspool ist restringiert, die Wissensvermittlung geschieht in individuellen Meister-Schüler-

Arrangements. Im Japan des 14. Jahrhunderts änderte sich dies durch das Auftreten von *samurai*-Gelehrten, die mit den höfischen und klerikalen Traditionen – mit der Dichtkunst nicht minder als mit der doktrinalen buddhistischen Diskussion – wohlvertraut waren. Der Einfluß des Zen-Buddhismus auf Gesellschaft und Kultur – bis tief hinein in die Provinzen, wo bedeutende Tempel (*ringe*) errichtet worden waren – hatte sich konsolidiert. Ungezählte Wandermönche zogen allein oder in Gruppen durch das Land. Die neuen Intellektuellen waren gezwungen, von ihrem Wissen und ihren Kunstfertigkeiten zu leben, da sie nicht mehr, wie die Intellektuellen früherer Epochen, Revenuen genießen konnten. Das Überleben wurde vom Können abhängig. Yoshida Kenkô, ein Vorläufer des neuen Intellektuellentypus, beweist eine pragmatische Einsicht in die neue Situation, wenn er im 1. Abschnitt des *Tsurezuregusa*, das überlieferte Wissensarchiv zum zwingenden Modell erhebend, schreibt, zu wünschen sei:

»eine gute Kenntnis der Wahren Bücher (*fumi no michi*) und die Fähigkeit, selber zu schreiben (*sakubun*), japanische Gedichte (*waka*) zu verfassen und ein paar Instrumente zu spielen (*kangen no michi*); auch von der Geschichte des Altertums (*yûsoku*) und von den Bräuchen bei Hofe (*kuji*) sollte man etwas wissen. Was kann es Schöneres geben, als anderen in alldem ein Vorbild zu sein? Und dann noch eine schöne und schwungvolle Handschrift zu haben, wohlklingend und im Takt zu singen und, zum Trinken aufgefordert, den Sakebecher nicht zurückzuweisen, auch wenn man sonst enthaltsam lebt – all das macht erst den rechten Mann.«[304]

Es geht also nicht mehr allein um das Wissen selbst, sondern um den bildsamen Effekt des Wissens auf den Charakter. Mehr als den Wert der Überlieferung selbst beschwört Yoshida in zahlreichen Beispielen die Vornehmheit, die Feinfühligkeit, ja Unübertrefflichkeit derer, die diese Überlieferung souverän beherrschen. Umfassende Bildung erscheint in diesem Zusammenhang in einem neuen Licht; ihre Unverzichtbarkeit verkehrt sich im Bewußtsein Yoshidas in den Glanz von Autonomie und Eigenwert:

»Allein bei seiner Lampe sitzen, Bücher vor sich aufgeschlagen und so Menschen zu Freunden haben, die nicht mehr auf dieser Welt weilen – es kann nichts Schöneres geben. Die vielen gehaltvollen Bände des Wen-hsüan, die Werke von Pe Lo-t'ien, die Worte von Lao-tse, das Buch vom *Südlichen Blütenland* und die Schriften der Gelehrten unseres Landes – wieviel findet sich doch in diesen alten Büchern, das zum Herzen spricht (*aware-naru koto*).«[305]

Das *Tsurezuregusa* protokolliert die Geburt eines neuen Wissensdiskurses, in dem das Wissen sich selbst thematisch wird unter den noch unausgesprochenen Titeln des allgemeinen Geschmacks, der Interessantheit und der Qualität. Wissen hat eine sozusagen abzählbare Seite:

»Was einem Mann vor allem not tut, ist eine gründliche Kenntnis der klassischen Literatur (*fumi*) und der Lehren der Weisen und Heiligen (*hijiri no oshie*). Sodann sollte er über eine gute Handschrift verfügen, wenn er es hier auch nicht zu außergewöhnlichen Leistungen zu bringen braucht; immerhin ist sie zur Erleichterung des Studiums (*gakumon no tayori*) von einigem Wert. Ferner soll er sich um ärztliches Wissen (*ijutsu*) bemühen; es ist nötig, um sich selbst gesund zu erhalten, anderen zu helfen und die Pflichten gegenüber seinem Herrn (*chû*) und seinen Eltern (*kô*) erfüllen zu können. Als weiteres möchte ich hier Bogenschießen und Reiten nennen, die ja in den sechs [konfuzianischen] Künsten (*rikugei*) enthalten sind. Unbedingt sollte er etwas verstehen von der Literatur (*bun*), den soldatischen Künsten (*bu*) und der Medizin (*i no michi*). Erwirbt er sich hier gute Fähigkeiten, kann man nicht von ihm sagen, er befasse sich mit unnützen Dingen. Sodann ist das Essen der ›Himmel des Menschen‹, es erhält das Leben, und daher ist einer, der wohlschmeckende Speisen zu bereiten versteht, von hohem Wert. Als letztes erwähne ich die handwerkliche Geschicklichkeit (*saiku*); sie ist bei tausend Gelegenheiten von großem Nutzen.«[306]

Aber das Wissen, das sieht Yoshida sehr klar, hat auch eine qualitative Seite, einen Ton und Tenor, der letztlich seine Einheit ausmacht. Yoshidas Betrachtungen zielen auf die Qualität und den Reiz des Wissens überhaupt. Zweifellos ist Yoshida nicht der Entdecker eines neuen mittelalterlichen Intellektuellentypus, aber in seinem *Tsurezuregusa* gewinnt dieser zum ersten Mal deutliche Konturen. Der Typus, dem das Wissen ein Index des Lebensstils bedeutet, trat neben den traditionellen Typus, dem das Wissen nur Index eines Berufs bedeutet. Der neue Typus begann, sich der relativen Autonomie und auch des Spielcharakters des Wissens bewußt zu werden. Beide Typen existierten während des ganzen japanischen Mittelalters nebeneinander, bis er im Übergang zur Neuzeit vom Typus des Lehrers ersetzt wurde.

9.5 Symptome der Neuzeit

Die lebendigen Dinge haben das Vorrecht des Schmerzes. (G. W. F. Hegel)

Schon zu Beginn der Kamakura-Zeit hatte sich der Mönch und Intellektuelle Kamo no Chômei eine Einsiedelei an der Peripherie der profanen Welt – der Hauptstadt (*miyako*) – erbaut. Was er dort im Geiste eines japanischen Stoizimus erkannte, war dies: Was bleibt, ist die Erinnerung daran, was gewesen ist, und das, was gewesen ist, war oft nicht wert gewesen zu sein. Die Vergänglichkeit ist eine Grundbestimmung des Seins, auf die der Mensch mit dem Gefühl für die Hinfälligkeit aller Existenz (*mujô-kan*), für das Herzzerreißende der Dinge (*mono no aware*) antwortet: *aware* war ursprünglich eine Interjektion, *mono* bedeutet »Dinge«, »Etwas« (zugleich im Sinne eines *tremendum* und eines *fascinosum*), *mono no aware* bedeutet somit den Respons eines wahrnehmenden Bewußtseins auf die pathoserzeugende Qualität der Dinge.

Der erste Abschnitt des *Hôjôki*, *Aufzeichnungen aus*

den zehn Fuß im Geviert meiner Hütte, von Kamo no Chômei (vollendet im Jahre 1212), gilt als der locus classicus japanischen Vergänglichkeitsgefühls:

»Am Morgen stirbt der eine, am Abend wird der andere geboren – dieses Schicksal ist den Schaumblasen auf dem Wasser fürwahr gleich. Man weiß nicht, woher sie kommen, wohin sie gehen, die Menschen, die geboren werden und sterben. Und man weiß nicht, um wessen willen sie ihr Herz quälen, weshalb sie ihr Auge sich erfreuen lassen bei ihrem flüchtigen Aufenthalt. Herr und Behausung wetteifern in der Vergänglichkeit nicht anders, wie Morgenwinde und Tau. Einmal fällt der Tau zu Boden und die Blüte bleibt. Selbst wenn ich sage, sie bleibt, so vertrocknet sie doch in der Morgensonne. Einmal verwelkt die Blüte und der Tau zergeht nicht. Selbst wenn ich sage, er zergeht nicht, so kommt es doch nicht vor, daß er den Abend erwartet.«[307]

Um 1335, kurz nach dem Ende der Kamakura-Zeit, entsteht mit dem *Tsurezuregusa* ein Stück sogenannter »Miszellenliteratur« (*zuihitsu*), in dem das Vergänglichkeitsgefühl eine neue Qualität gewinnt: eine hochkultivierte, bisweilen verächtliche Haltung, die sich jedoch Momenten pathetischer Rührung nicht immer erwehren kann, richtet sich auf eine Welt im Übergang und findet – bei aller Sympathie für das Vergangene und das Untergehende – Ausdruck, in einem neuen und Neues ankündigenden Ton. Dieser neue Ton verweist auf eine für die anbrechende Epoche spezifische »Rationalität«. Die Überlieferung verliert dabei keineswegs an Interesse und Maßgeblichkeit: Sie bleibt der Standard der Orientierung, auch wenn er uminterpretiert und zuweilen radikal umbewertet wird. Die neu aufkeimende Rationalität schiebt sich gleichsam wie ein Prisma zwischen das Gestern und das Heute, und es ist gerade die Art und Weise, wie sie das Tradierte bricht, die dem Neuen eine eigene Färbung gibt und es dem Alten zugleich aufs tiefste verpflichtet.

Im ersten Abschnitt des *Tsurezuregusa* erscheint das Wort *monogurushikere*, das auf den wie automatisch und unbeeinflußbar verlaufenden Vorstellungsstrom des in der Einsamkeit seiner Zelle schreibenden Autors verweist:

»Wenn ich allein und in Muße bin, sitze ich den ganzen Tag vor meinem Tuschkasten und schreibe alles, was mir durch den Kopf geht, ohne Zusammenhang und ohne bestimmte Absicht auf. Dabei ist mit immer recht wunderlich zumute (*monogurushikere*).«[308]

Der deutschen Übersetzung fehlt die psychologische Prägnanz des Terminus *monogurushikere* im japanischen Original, der sowohl eine metaphorische Bedeutung hat, im Sinne von »es ist ganz so, als wäre ich von einer Art Wahnsinn befallen«, als auch das Ergebnis einer Selbstbetrachtung und -analyse meint, im Sinne von »es spricht etwas aus mir, das außerhalb meines bewußten Willens und meiner bewußten Kontrolle liegt«. Yoshida Kenkô leiht sich einen Terminus aus der Rhetorik der Besessenheit (*mono-tsuki*) aus, um damit dem, was er für den Ursprung seines Denkens und Schreibens hält, einen Namen zu geben; er anerkennt gleichzeitig einen inneren Trieb, eine Neigung der Psyche, die außerhalb (der Verfügungsgewalt) des bewußten Individuums verankert ist.

Exkurs. Das Konzept der »Wege« (michi) im Mittelalter

Der japanische Begriff *michi*, Weg, bedeutet seit dem Mittelalter Beruf, Fachkenntnis; im Sinne einer Fähigkeit oder eines Wissens, zu deren Erwerb es langer und unermüdlicher Übung bedarf. Wer solche Fähigkeiten oder solches Wissen sich erworben hatte, wurde *michi no hito*, wörtlich: ein »Mensch des Weges«, genannt. Eng verbunden mit dem Begriff des *michi* waren Spezialisierung und Tradition, im Sinne einer generationenlangen Überlieferung. Das Expertentum eines einzelnen verdiente nicht den Namen *michi*: »If an expert's craft – no matter how outstanding – died with him, it was not a *michi*«.[309] Die Sicherstellung und Weitergabe eines *michi* oblag in der Regel den oben beschriebenen *ie*-(»Haus«-)Einheiten, nach deren Modell auch die Schulen, in denen bestimmte *michi* gepflegt und tradiert wurden, strukturiert waren. Konishi zitiert die Maxime: »Ein Mann ist erst ein Mann, wenn er Wissen besitzt. Und ein *ie* ist solange kein echtes *ie*, solange es keine Traditionen weitergibt«.[310] Im Begriff des *michi* verdichtet sich auf besonders eindrückliche Weise die für das japanische Mittelalter bezeichnende Suche nach seit dem Altertum tradierten, durch langen Gebrauch geradezu geheiligten Modellen, die Orientierung und Sicherheit boten. Untrennbar war damit die Leugnung individueller Kreativität und eine auf Bewahrung des Alten bedachte konformistische Ethik verknüpft, was sich deutlich auch in der Gepflogenheit niederschlug, die Schultraditionen mündlich (*kuden*) und geheim (*hiden*) zu übermitteln.[311] Diese radikale Einbindung des einzelnen und seiner Individualität in den großen Überlieferungszusammenhang ließ dennoch Raum für spezifische Formen der Originalität und des Selbstausdrucks. So muß z.B. ein Nô-Schauspieler ein langes und mühsames Training durchlaufen, mit dem Ziel, das Spiel seines Lehrers bis zur Ununterscheidbarkeit zu beherrschen; aber wenn ihm dies gelingt, wird er belohnt mit einer Individualität des Ausdrucks »infinitely more intense than that of anyone whose creativity has been freely exercised since youth. The master actor displays a freshness sufficient to make even the most seasoned *nô* devotee feel a well-known play is experienced for the first time ever«.[312]

Die genannten Eigentümlichkeiten garantierten den inhaltlich sehr verschiedenenen »Wegen« (Weg der *Dichtung*, Weg des Tees, Weg der Düfte, Weg des Reitens, Weg des Blumensteckens etc.) strukturelle Einheit und Vergleichbarkeit. Die Spezifität der verschiedenen Künste und Berufe war im umfassenden Begriff des *michi* aufgehoben. Dies schloß die Überzeugung ein, daß auch und gerade die unbeirrbare Konzentration auf eine (Kunst-)Fertigkeit – *michi* im »besonderen« – den Durchbruch zu einem Umfassenden – *michi* im »allgemeinen« – verspricht. So konnten auch für die Gesellschaft ›unnütze‹ Beschäftigungen und reiner Zeitvertreib – wie Brettspiele u.ä. –, wenn sie gemeistert wurden, an der Würde des *michi* gleichsam schmarotzen: »All specialized expertise possesses, then, a common authority as *michi*«.[313]

Es dauerte jedoch vergleichsweise lange, bis sich dieses spezifisch mittelalterliche Konzept des *michi* entwickelt und voll ausgeprägt hatte. Das hängt damit zusammen, daß der aus dem Chinesischen entlehnte Begriff des Weges dem japanischen Umfeld zunächst einmal angepaßt werden mußte. Vor allem die Hochschätzung spezifischer Fachkenntnisse, spezifischer Fähigkeiten und Fertigkeiten wiedersprach den mehr am Übergreifenden und Generellen orientierten chinesischen Vorstellungen. Und doch waren die ersten, deren Fachkenntnissen eine hohe gesellschaftliche Anerkennung zuteil wurde, gerade die Chinagelehrten (*kangakusha*) der Heian-Zeit. Die *kangakusha* galten als Spezialisten für die Auslegung der Konfuzianischen Klassiker, der überlieferten historischen Schriften und Gedichtanthologien. Die *kangaku*-Schulen zeigten bereits die für *michi* charakteristischen Eigenschaften wie die mündliche und geheime Überlieferung. Im Laufe des 12. Jahrhunderts begann man – parallel zur Kodifizierung überlieferten Wissens – neben der *kangaku* und der *waka*-Dichtung die Malerei, das Musizieren, die militärischen Künste, die Mantik und auch das höfische Fußballspiel (*kemari*) zu den Wegen zu rechnen. Es fehlte aber noch eines, um im Begriff des *michi* alle einzelnen Professionen und Künste vereinigen und aufgehen lassen zu können, nämlich: »the suffusion of a cosmic view holding that an all-compassing, universal truth resides even in the minutes and humblest of human activities«.[314] Es war vor allem die vom Tendai-Buddhismus verfolgte Lehre, daß jede einzelne der zehn Existenzformen, der zehn Welten (*jikkai*) – von der »Hölle« bis zur »Buddhaschaft« –, alle anderen gleichzeitig in sich enthält, die fließende Übergänge von einer »Welt« in eine andere plausibel machte. »Thus one world is the Ten Worlds, and the Ten Worlds are hundred worlds. According to such logic, plebeian songs share certain features which celestial music and the Buddha's teaching«.[315] Eine andere Lehre Saichôs (767–822), des Begründers des japanischen Tendai-Buddhismus, besagte, daß die Einhaltung einer einzigen buddhistischen Vorschrift (*kai*) die Einhaltung sämtlicher Vorschriften bedeute. Das legte darüber hinaus den Gedanken nahe, daß das Meistern einer einzigen (Kunst-)Fertigkeit auf ähnlich wunderbare Weise die Beherrschung aller anderen in sich einschlösse.[316] Gerade weil alle *michi* wesentlich gleich sind, kann das Verfolgen mehrer Wege nur dazu führen, daß man ihr Wesen verfehlt. Dabei blieb der Begriff des *michi* eng mit dem im japanischen Mittelalter zur vollen Blüte gelangten Ideal des Vornehmen und Verfeinerten (*ga*), das im Gegensatz zum Niedrigen und Gewöhnlichen (*zoku*) stand, verbunden. Ein auffälliges Charakteristikum des Vornehmen und Verfeinerten war eine zurückgewandte, bewahrende, klassizistische Tendenz, die sich am deutlichsten im Bereich der *waka*-Dichtung zeigte, in dem eine strikte Orientierung an normativen Vorbildern gefordert wurde.

Im Laufe des 12. Jahrhunderts wurde auch die *waka*-Dichtung als ein *michi* gesellschaftlich anerkannt, ja aufs höchste geschätzt; immerhin erst drei Jahrhunderte, nachdem Dichter wie Ki no Tsurayuki (gest. 945) geradezu programmatisch zu fordern begonnen hatten, der japanischen *waka*-Dichtung den gleichen Wert und Rang zuzusprechen wie der chinesischen Dichtung. Die in Japan schon seit langem bekannte *Nachschrift zur Loyang-Anthologie* des chinesischen Dichter Po Chü-i (722–846) war nun, durch die Vermittlung des *Lotos-Sutra*, zu einem Gemeinplatz geworden. Po Chü-i hatte sich gewünscht, daß seine »wilden und phantastischen Worte« (*kyôgen kigo*) sich zu Lobpreis und Verkündigung des Buddha-Gesetzes transformieren würden. Aber nicht nur die *waka*-Dichtung hatte in dieser Zeit unbestrittene Anerkennung gefunden als eine Kunstfertigkeit, die, wenn sie mit Ernst und Fleiß und Ausschließlichkeit betrieben wird, sogar zu religiöser Erleuchtung führen kann. Die *setsuwa*, volkstümliche Geschichtensammlungen des 12. und 13. Jahrhunderts, übermitteln zahlreiche Beispiele leidenschaftlicher, bisweilen bis zur Selbstzerstörung übersteigerter Hingabe an Künste und Kunstfertigkeiten im Sinne der *michi*: die Musik, die Kriegs- und Reitkünste, das Malen oder das *kemari*-Spiel.

10 Die Tokugawa-Zeit (1600–1868)

> Grundbegriffe der philosophischen Tradition hängen vermutlich eng mit Vorgaben zusammen, die letztlich auf die Probleme zurückgehen, die die Gesellschaftsstruktur zu stellen erlaubt.
>
> (Niklas Luhmann)

10.1 Machtdiskurse

Um 1600 gewann der Prozeß der Stabilisierung einer »fragmented society in constant flux«,[317] die durch militärische Macht zusammengezwungen und gehalten worden war, eine neue Dimension: Sie war nun imstande, einen neuen Typus von Autorität zu akzeptieren. Während des ganzen 16. Jahrhunderts war die Frage, wie sich Japan entwickeln würde, welcher zentralen Autorität es sich einmal beugen würde, offen. Die kaiserliche, die shôgunale und die provinziale Macht war zusammengebrochen. Eine sich allmählich neu herausbildende Gruppe von lokalen Kriegsherren (*daimyô*) kämpfte verbissen um die Vergrößerung ihrer Einflußsphären. Vormachtstellungen waren so schnell wieder verloren wie sie errungen worden waren, »und Friede war nie mehr als eine Ruhepause zwischen Feldzügen.«[318] Das Gefühl existentieller Unsicherheit, ja hilflosen Ausgeliefertseins begünstigte die Herausbildung einer geradezu barocken Rhetorik der Geworfenheit, wie man sie auch in europäischen Texten aus der Zeit des Dreißigjährigen Krieges finden kann. Denen, die um die Macht fochten, ging es nur um Sieg und Erhaltung des erkämpften Status. Um 1550 schrieb ein *daimyô*: »Krieger sind wie Hunde oder Bestien: der Sieg ist ihr einziges Geschäft.«[319] Doch aus den Kriegern, die sich nicht scheuten, sich selbst als Hunde und Bestien zu beschreiben, waren 100 Jahre später unantastbare Vorbilder der Tugend und der Menschlichkeit geworden.

Der Diskurs über das Wesen der Gesellschaft war im 16. Jahrhundert ein Anachronismus gewesen. Eine solche anachronistische und dennoch für ihre Zeit höchst aufschlußreiche Ausnahme sind die Vorschriften (*kakun*) des Hauses Tako, die um 1544 entstanden.[320] Ihr Autor, Tako Tokitaka (1467–1562), sah in der Kalkulation (*san'yô*) ein Haupterfordernis seiner Zeit. Der Kern seiner Lehre, die alle Lebensbereiche, auch die Religion, einer Art rationalem Diskurs unterwirft, lautet: Man muß kalkulieren können – Dinge, Resourcen, Begabungen –, und praktisches Wissen ist der Schlüssel zum erfolgreichen Management des eigenen Lebens und der Gesellschaft. Die Gesellschaft vergleicht Tako Tokitaka mit einem Haus. In seinem Gebäude-Topos (*notabene*: kein Natur- oder Organ-Topos) repräsentiert das Dach den Herrn, die Balken repräsentieren die nahen Verwandten, die Säulen die Alten, das Tor die Diener und die Bodenmatten die Bauern. Selbst der Eintritt ins Paradies muß kalkuliert sein: Wessen Geist durch Kalkulation nicht gezähmt wird, lebt, ohne seine Grenzen zu kennen, und geht in die Irre.[321]

100 Jahre später, als sich die Krieger-Bestien zu Musterbildern der Tugend gemausert hatten, war an die Stelle des im modernen Sinne des Wortes durchaus konstruktivistischen Diskurses eines Tako Takitaka ein »schräger und ausgefeilter«[322] Diskurs getreten. Das 16. Jahrhundert war in vieler Hinsicht geprägt gewesen durch das Problem einer gleichsam frei flottierenden, unkalkulierbaren Macht. Dennoch formierte sich in diesem Gehäuse der Unsicherheit und Unberechenbarkeit in der zweiten Hälfte des Jahrhunderts, spätestens aber in dessen letztem Drittel ein neuer Diskurs, den die Macht benötigte, um sich zu stabilisieren.

Es war Oda Nobunaga (1534–1582), der aus machtpolitischen Gründen diesen neuen Diskurs brauchte und ihn ermöglichte. Nobunaga war es gelungen, der Mächtigste und Einflußreichste – und wohl auch Skrupelloseste – unter den um die Führung im Lande streitenden *daimyô* zu werden, und er war nun gezwungen, auch auf einer symbolischen Ebene zu handeln: «to increase his symbolic stock in order to signify [his] power as something else«.[323] Er nannte (wie einige andere *daimyô*) dieses andere, gewisse Etwas jenseits der Macht *kôgi*, was sowohl »öffentliche Angelegenheiten« als auch »öffentliche Zeremonien« am kaiserlichen und am shôgunalen Hof bezeichnen kann. Mittels des Begriffs *kôgi* bezog sich Nobunaga, wie andere es auch versuchten, legitimatorisch auf die beiden zentralen traditionellen Quellen und Sphären von Autorität. Als weitere ideologische Merkform setzte Nobunaga den Begriff des »Reichs« (*tenka*) ein. Sein Anspruch auf die Macht sollte nicht als partikularistisches Interesse mißverstanden werden, sondern als ein öffentliches Programm, ja als öffentliche Aufgabe erscheinen, nämlich der Einigung und Befriedung des ganzen Landes, mithin als ein Auftrag, dem er sich nicht entziehen konnte und durfte.

Nach seiner wohlüberlegten Okkupation des Zentrums des Landes, der Hauptstadt, reichte jedoch der legitimatorische Topos der Teilhabe und/oder der Delegation nicht mehr aus. Nobunagas Machtstatus verlangte nach einer autonomen Begründung. Diese Begründung seiner Macht gewann sichtbare Gestalt in der Architektur der Burg von Azuchi, »eine Ritualbühne, eine architektonische Inszenierung zur Feier der Einsetzung des Kultes um seine eigene Person«.[324] Sein ideologisches Idiom wurde religiös, der unvergleichliche Feldherr bezog sich fortan auf sich selbst als auf einen göttlichen Herrscher: »Generator and recipient at the same time of his own legitimacy, he erased all mediating references.«[325]

Nobunaga war in verschiedenen Provinzen auf den organisierten und religiös begründeten Widerstand aufständischer Bauern gestoßen. Der Widerstand der zivilen Bevölkerung bezog seine Kraft aus der Idee, unmittelbare Diener Buddhas und des Kaisers, der einzig wahren Autoritäten, zu sein. Im Kampf gegen Nobunaga, den Feind des Glaubens, zu sterben, bedeutete Anspruch auf einen Lotossitz im Paradies zu haben. Diesem gefährlichen, machtvollen Impuls setzte Nobunaga – nicht aus Größenwahn, sondern aus politisch-klugem Kalkül – seine Selbstvergöttlichung entgegen: eine gelungene Transformation des machtpolitischen Diskurses in einen absolut(istisch)en Diskurs, den Nobunagas Nachfolger als hochwillkommenes Erbe übernahmen.

Nobunagas Nachfolger Toyotomi Hideyoshi (1537–1598), bäuerlicher Herkunft, seines »Affengesichts« wegen weidlich verspottet, hatte diesen japanspezifischen Topos der Deifizierung testamentarisch verankert. Um den Kult um seine Person nach seinem Tod sicherzustellen, bediente er sich des Apparats des Shintô: »Unser Land ist das der Götter (*kami*), und *kami* meint Geist (*kokoro*), und der Eine Geist umfaßt alles. Nichts besteht außerhalb seiner. Ohne *kami* gäbe es keine Geister und keinen *Weg*. Sie stehen über den guten Zeiten des Wachstums und über den schlechten Zeiten des Niedergangs. Sie sind zugleich Yin und Yang, und sie sind unermeßlich. Sie sind die Wurzel und die Quelle aller Dinge. In Indien tragen sie den Namen *Buddhismus*, in China *Konfuzianismus*, in Japan heißen sie *Shintô, Weg der Götter*. Wenn man den Shintô kennt, kennt man Buddhismus und Konfuzianismus.«[326] Hideyoshis Name als Gott war Toyokuni daimyôjin. Der Bestandteil *Toyo* war seinem Namen entnommen; *kuni*, »Land«, verdeutlichte unmißverständlich seinen Machtanspruch, und eine mythologische Assoziation verlieh dem Namen sankrosankte Würde.[327]

Aber wie konnte sichergestellt werden, daß die selbstreferentielle Legitimation der Macht nicht ihrerseits immer wieder durch die Macht der Waffen legitimiert werden mußte? Um ihre Macht gleichsam zu immunisieren, mußten die Machthaber zurückgreifen auf »Überredung mittels symbolischer Manipulation. Das Medium für diese Umwandlung von Macht in Autorität war die Ideologie«.[328] Ideologie münzt Zufall in Schicksal um. Die Machthaber mußten sich auf topische Merkformen wie

»Wahrhaftigkeit« verlassen, um ein falsches Bewußtsein von ihrer wahren Stellung und Funktion in der Gesellschaft zu schaffen. Macht sollte nicht mehr als Macht wahrgenommen und der Weg, der zur Macht geführt hatte, sollte verschleiert werden. Der Machtkampf ging weiter, hatte aber eine andere Form, eine andere Dimension angenommen. Durch Selbstmythologisierung verorteten sich die Machthaber aus der geschichtlich-zufälligen Dimension in eine nach shintôistischem Schema entworfene Dimension des Überzeitlich-Heiligen.

Der Nachfolger Tokugawa Ieyasus, Shôgun Iemitsu (1604–1651), der erste, der die Macht nur ererbt und nicht eigentlich erworben hatte, sah sich mit neuen Legitimationszwängen konfrontiert. Es mußte ihm gelingen, in einer Position, die ihm zugefallen war, akzeptiert zu werden, und er mußte die Mitglieder einer künstlich stratifizierten Gesellschaft von der Naturwüchsigkeit des Lehenssystems, in dem sie lebten, überzeugen. Der ideologische Topos, der zu diesem Zweck die wichtigsten Dienste leistete, war der des Orthodoxen, in seinen Erscheinungsformen wie: Aufrichtigkeit, Korrektheit, Angemessenheit etc. Iemitsu war der angemessene Shôgun, weil er der Nachfahre und Nachfolger eines Vorgängers war, dessen Heiligkeit feststand und kodifiziert war.

Das Problem der effektiven Maskierung der Zufälligkeit der herrschenden Gesellschaftsordnung konnte nur gelöst werden, wenn die Machtfrage aus dem thematischen Repertoire des Diskurses entfernt oder durch zweckdienliche Formeln erfolgreich verdeckt wurde. Zum Beispiel durch einen philosophischen Diskurs über ein die natürliche und die menschliche Welt vereinheitlichendes Prinzip. »Ein solcher Diskurs gründet, wie alle mythologischen Diskurse, auf einem ersten Anfang, aber er transformiert die ursprünglichen Akte des Mythos in ›Anfänge‹ der Argumentation oder absoluter Prinzipien, die nicht hintergehbar sind. Herrscher und ihre Weisungen werden so lange akzeptiert, wie die politische Herrschaft als Teil einer solchen, absolut gesetzten Weltordnung gesehen werden.

So kann auch der Anspruch auf Richtigkeit und Angemessenheit abgesichert werden.«[329] Die mythologisierenden Sprachspiele dafür stellte die shintôistische Tradition zur Verfügung, und der Neokonfuzianismus steuerte die aus Prinzipien abgeleiteten Argumente und Verfahrensweisen bei. »Der Neokonfuzianismus nahm die Welt in Kategorien der Ähnlichkeit wahr; im 17. Jahrhundert benutzte man die metaphorische Darstellungsweise, um die Welt der Erfahrung zu ordnen: Gleichheit und Ähnlichkeit regelten das Spiel der Symbole, ermöglichten das gesamte Wissen um sichtbare und unsichtbare Dinge und kontrollierten die Kunst ihrer Darstellung.«[330]

Der sogenannte Yoshida-Shintô, benannt nach seinem Begründer Yoshida Kanetomo (1435–1515), hatte sich schon längst neokonfuzianische Elemente einverleibt. Mit Hilfe topischer Eskamotage hatten sich die Tugenden und die kosmologischen Prinzipien des Neokonfuzianismus in shintôistische Gottheiten verwandelt. So waren etwa die drei Kaiserlichen Throninsiginien (*sanshu no jingi*) Spiegel, Schwert und Edelstein mit konfuzianischen Tugenden und das Urgötterpaar Izanagi-Izanami mit den Seinsprinzipien Yin und Yang identifiziert worden.

Bereits der Yoshida-Shintô war in einem solchen Maße mit neokonfuzianischen Konzepten gesättigt, daß zu Beginn der Tokugawa-Zeit für die Etablierung einer Regierungs-Ideologie der direkte Zugriff auf die Doktrin des Neokonfuzianismus nicht mehr nötig war. Dafür spricht auch, daß es nur ein ausgesprochen ideologisches Dokument gibt, das auf Anlaß des *bakufu*, der Regierung, verbreitet wurde, das anonyme *Testament Ieyasus* (*Tôshôgû goikun*), das während Iemitsus Regierungszeit zikulierte und dessen Botschaft lautete, daß die Regierung Iemitsus den »Weg des Himmels« (*tendô*) verkörpere.[331] Der Shôgun, so läßt sich diese Botschaft auch verstehen, hat das Himmelsmandat (*tenmei*) inne und kann dafür die vorbehaltslose Gefolgschaft seiner Untertanen in Anspruch nehmen. Mit anderen Worten: Die Stellung des Shôguns gründet nicht auf kaiserlicher Autorität, sondern auf einem göttlichen Paradigma.[332] Shintôismus, Buddhismus, Volksglauben und Neokonfuzianismus greifen verstärkend ineinander und geben allen Ebenen der Gesellschaft nach und nach eine religiöse Bedeutung. Die soziale Ordnung wird kosmologisiert.

Während der frühen Jahre der Tokugawa-Regierung verfolgt der Hauptvertreter des Neokonfuzianismus, der *kangaku*-Gelehrte Hayashi Razan (1583–1657), einen radikalen Korrelationismus.[333] Mittels topischer Manipulationen entwickelt er ein Korrespondenzengeflecht, in dem das menschliche Verhalten, der Kosmos, die Natur und die Gesellschaft in einem (letztlich politischen) Diskurs miteinander kurzgeschlossen sind. Der Mensch ist in dieses Geflecht eingeschlossen, er muß seiner Ordnung folgen, oder er begeht ein Sakrileg. Die Ordnung ist heilig, die Zeit nach dem Muster des *in illo tempore* stillgestellt. »Alles wird reduziert auf eine Gleichzeitigkeit und Unmittelbarkeit, die am Mythischen und Ewigen teilhat«.[334] Denker wie Razan schrieben zwar mit am Text der Tokugawa-Ideologie, aber sie waren keine Vollzugsgehilfen einer staatlich oktroyierten Orthodoxie. Dennoch lesen sich seine Doktrinen über weite Strecken als Legitimationsverfahren von Herrschaft und nationaler Superioritätsansprüche.

Razan setzte den Geist(-qua-Herz) mit dem höchstem Gipfel (*taikyoku*) Chu Hsis und mit dem höchsten Geist des *Nihon shoki*-Pantheons, *Kunitokotachi*, dem *Verehrungswürdigen des Großen Ursprungs* (*Daigenson*), dem *Wurzelgrund aller zahlreichen Erscheinungen* (*Issai shoshin no kompon*) gleich. Aber: »Einen solchen ›Einen Geist‹ (*Isshin*) sieht Chu Hsis Kosmologie nicht vor. Vielmehr wird dort unter Anschluß an Chou Tun-i und im Rückgriff auf das *I-Ching* eine Symbolisierung gewählt, die dem ›Geist‹ unterhalb der Ebenen des ›Höchsten Gipfels‹, des ›Prinzips‹ und der ›Materie‹ einen nachgeordneten Stellenwert zuweist. Verglichen mit der Kosmologie des Chu Hsi zeigt Razans Interpretation aus *Lun-yü*-konfuzianischer

Sicht die *Hypertrophie* des Geist-Begriffs, der hier zudem eine Verbindung mit einem für den chinesischen Konfuzianismus nicht existenten mythologischen Legitimationsraum eingeht.«[335]

Der Diskurs der frühen Tokugawa-Zeit war vornehmlich für die *samurai*-Klasse bestimmt. Adressat der neokonfuzianischen Gelehrten Fujiwara Seika (1561–1619), Hayashi Razan (1583–1657) und Yamazaki Ansai (1618–1682) war die neue herrschende Elite ihrer Zeit. Folgerichtig wählte ihr Diskurs als relevantes Kriterium die Dichotomie Einschluß/Ausschluß. Um zur Elite zu gehören, mußte man über die orthodoxe Rhetorik verfügen. Die *samurai*-Herrscher waren die Patrone, bisweilen auch die Produzenten, vor allem aber die Rezipienten, das Thema und die Inspiration des Diskurses. In den Diskurs eingeschlossen und in ihm aufgehoben waren die tugendhaften Herrscher-Krieger. Ausgeschlossen waren die andern, die keine Krieger waren, nicht herrschten und daher auch keine Tugend besaßen. Denn die Tugend (*toku*) war dem Topos vom Herrscher-Krieger sozusagen amalgamiert. Die herrschende Elite besaß die Optionen auf das verfügbare Wissen. Wenn die Bauern und städtischen Kaufleute nach Wissen verlangten, erhoben sie zwangläufig Anspruch auf einen ihnen wesensfremden Diskurs, einen Diskurs, in dem sie nicht vorkamen. Erst im 18. Jahrhunderts begannen die Bauern, eine eigene Topik zu buchstabieren und den Kriegern das Tugendprivileg streitig zu machen. Es war jedoch auch hier ein kritisch denkender *samurai*, Andô Shôeki (1703–1762), der die Voraussetzungen dafür geschaffen hatte. Shôeki warf den neokonfuzianischen Doktrinen Raubbau an der Welt und den Doktrinären, vor allem aber Hayashi Razan, Raub am einfachen Volk vor.

10.2 Abriß der gesellschaftlichen Verhältnisse der Tokugawa-Zeit

Der politische Ehrgeiz des ersten Tokugawa-Shôguns, Ieyasu (1542–1616), zielte auf eine statische Gesellschaft mit einer konservativen sozialen Ordnung. Dies bedeutete zunächst eine Drosselung, ja Umkehrung des im Vergleich geradezu expansiven Charakters der Wirtschafts- und Handelspolitik der beiden vorausgegangenen Jahrhunderte mit ihren äußerst lebhaften außenwirtschaftlichen Kontakten.

Die Tokugawa-Shôgune erwarteten von einer Weiterführung des intensiven Überseehandels zu Recht einen destabilisierenden Effekt, nicht zuletzt wegen seiner Verquickung mit der christlichen Mission. Auch unter diesem Aspekt erscheint die Abschließung des Landes (*sakoku*) – nach einer Phase massiver Christenverfolgung Ende der 30er Jahre des 16. Jahrhunderts – als kluger Akt des Selbstschutzes.

Mit und nach der Meiji-Restauration im Jahre 1868 wählten die Japaner einen radikal anderen Weg, um derselben Gefahr, nämlich der Kolonialisierung durch westliche Mächte, vor allem einer geistigen Kolonialisierung, zu entgehen. Das Christentum hatte sich als nicht kompatibel mit den traditionellen ›politischen‹ Werten erwiesen. Die Option auf Transzendenz, was Tokugawa-Japan auch immer darunter verstanden haben mag, blieb dem japanischen Mythos vorbehalten. Erst das 20. Jahrhundert entdeckte in diesem Mythos die Aufforderung zu einem *danse macabre* um dem »mystischen Leib« (*kokutai*) eines zentralistischen Nationalstaates. Die Konzeption des *kokutai* zeigt im übrigen ihre Ambivalenz darin, daß sie ihren mystischen Anspruch mit einer sozialethischen und politischen Definition des Raums verbindet, in dem auch die Natur und selbst die Götter gesellschaftlich vermittelt erscheinen.

Nach 1630 bemühte sich Japan, westliche Waffen und westliches Denken, so gut es eben ging, zu vergessen. Wie schwer das zumindest den japanischen Christen fiel, davon legt die Geschichte der *kakurekurishitan*, der »heimlichen Christen« der Edo-Zeit, erschütterndes Zeugnis ab. Von den westlichen Ländern durfte nur noch Holland einen Handelsposten auf der Nagasaki vorgelagerten kleinen Insel Deshima aufrechterhalten. Daneben waren über die Ryûkyû-Inseln noch lockere politische und ökonomische Beziehungen zu China zugelassen.

Die *sakoku*-Politik bewirkte, unbeabsichtigt und unterderhand, eine Art sozialer Entropie, eine Diffusion politischer und kultureller Ortsvorteile an die Peripherie des Reichs. Unter dem durch die Abschließung des Landes erzeugten Überdruck entwickelte sich eine fast hektische Geschäftigkeit. Zwei hervorstechende Charakteristika der Tokugawa-Zeit sind ökonomische Integration und sozialer Kosmopolitismus. Für die Befriedigung der neuen Bedürfnisse gewannen die zeitgenössischen Medien eine immer größere Bedeutung. Das Buch wurde im Laufe der Tokugawa-Zeit zu einer Ware, brachte ein ausgearbeitetes Kommunikationssystem hervor und verbreitete neue – politische, ökonomische und kulturelle – Information im ganzen Land. Es enstand ein landesweites Informationsnetzwerk.

Ein Grundproblem der Tokugawa-Gesellschaft lag darin, daß ihre agrarische Basis die steigenden Bedürfnisse der herrschenden Klasse in Umfang und Qualität nicht befriedigen konnte. Seit dem Ende des 17. Jahrhunderts entwickelte sich die Handelsökonomie auf eine Weise, die mit der agrarischen Struktur der Gesellschaft immer weniger vereinbar war. Die durch strikte, in einem prägnanten Sinne dirigistische Maßnahmen hergestellte und aufrechterhaltene politische Stabilität des Tokugawa-Systems sicherte eine wirtschaftliche Entwicklung, die schließlich zum Niedergang des Systems führte, das sie ermöglicht hatte.

Die Tatsache, daß das Tokugawa-System trotzdem länger als zweihundertfünfzig Jahre bestehen konnte und endgültig erst durch massive, wenn auch verdeckte, Interventionen von außen zu Fall gebracht wurde, hatte gute Gründe: Die Teile (Systeme) der Tokugawa-Konfiguration entsprachen genau der unausgesprochenen Ordnungsstruktur, die das soziale Verhalten beherrschte. Dieses Netzwerk von Strukturen bildete eine ausgewogene und dauerhafte Basis. Darüber hinaus wurde der

Dirigismus der Zentralregierung konterkariert durch die Bereitschaft, ja den Wunsch der *daimyô*, innerhalb der feudalen Ordnung einen *primus inter pares* anzuerkennen, unter der Bedingung, daß dieser die relative Autonomie der Domänen respektierte. Das unausgesprochene Balance-Abkommen, man möchte sagen, das Balance-Spiel zwischen Zentrum und teil-autonomen Peripherien, war über eine lange Zeit imstande, zum Nutzen des Ganzen Belastungen gleichsam abzufedern und Spannungen auszugleichen. Das System spiegelte die strukturelle Tendenz wider, ein Set unterscheidbarer politischer Einheiten aufrechtzuerhalten, weil dies das japanische Reich vor Einfluß von außen sicherte. Aber es hielt auch die einzelnen inländischen Einheiten, die *han*, in einem annähernden Gleichgewicht.

Die vier Statusgruppen, denen Individuen angehören konnten, waren – mit anderen Doktrinen aus China importiert und den japanischen Verhältnissen angepaßt – schon von Toyotomi Hideyoshi (1536–1598) festgeschrieben worden. Die Herren waren die Krieger (*shi*), ihnen folgten die Bauern (*nô*), die für ihr elendes Leben mit einem hohen Sozialstatus belohnt wurden, weil sie mit ihrer Hände Arbeit für die Subsistenz der ganzen Gesellschaft sorgten. Die Landwirtschaft galt als Fundament des nationalen Reichtums. Die Handwerker (*kô*), die den dritten Rang einnahmen, verschönerten durch ihre Kunstfertigkeit immerhin noch den Alltag (vornehmlich der Herren), während die Händler (*shô*) in den Hades gesellschaftlicher Wertschätzung verbannt waren, da sie als unproduktiv und schmarotzerhaft galten. Sie luxurierten, nach edozeitlicher Überzeugung, im Schweiße des Angesichts anderer. Aus diesem sozialen *rating*-System erwuchsen große Probleme. Die paradoxe Verteilung politischer und ökonomischer Macht – die Händler liquide, die Krieger livide – zeitigte absurde Folgen. Die *samurai*, denen offiziell jede Art von Geldhandel verboten war, besaßen das Privileg des *kirisute gomen*, das Vorrecht willkürlicher Selbstjustiz. *Samurai*, die sich bei Kaufleuten rettungslos verschuldet hatten, konnten durch Generalamnestien der Regierung entschuldet werden, was bisweilen den Ruin von Handelshäusern zur Folge hatte.

Es gab da noch eine fünfte ›Klasse‹, nobilitiert durch Namenlosigkeit: die Parias, deren Anonymität durch Bezeichnungen wie *hinin*, »Nicht-Menschen«, und *eta* besiegelt wurde. *Eta*, ein bis heute etymologisch nicht eindeutig bestimmter Begriff, weist immerhin in die Richtung der Tätigkeiten, mit denen die edo-zeitlichen Parias befaßt waren: mit ›schmutzigen‹ Okkupationen wie dem Schlachten von Tieren, dem Verarbeiten von Leder, kurz mit allem, was mit dem Unreinen (*kegare*) assoziiert wurde. Alles, was im Ruch des *kegare* steht, verfolgten und verfolgen die Japaner mit einer unerbittlichen Idiosykrasie. Eigentümlich ist jedoch, daß nicht nur Schlachter und Gerber als unrein galten, sondern auch Korbmacher, Schuhmacher, die nicht mit Leder arbeiteten, und sogar Bambusverarbeiter. Das Tokugawa-*bakufu* klassifizierte die Menschen in *ryômin*, »gute Leute«, und *senmin*, »niederes Volk«, das die *eta* und *hinin* umfaßte. Das *bakufu* ließ *hinin* für sich in Gefängnissen, als Henker und Totengräber, arbeiten. Die *hinin* waren völlig rechtlos, durften Mitglieder anderer Schichten der Gesellschaft nicht heiraten, mußten in Ghettos leben. Es war ihnen auch nicht erlaubt, Tempel oder Schreine zu betreten. Ein Tokugawa-Beamter hat bei Gelegenheit eines Mordes an einem *eta* die Rechnung aufgestellt, daß ein *eta* nur ein Siebtel des Werts eines normalen Stadtbürgers (*chônin*) besitze. Folglich könne ein Stadtbürger erst dann bestraft werden, wenn er sieben *eta* umgebracht habe. Gegen Ende der Tokugawa-Zeit galten von den etwa 29 Millionen Japanern 380.000 als *senmin*.

Schon in der Tokugawa-Zeit zeigte das Suffix *-rashii* die Annäherung an ein ideales Existenzmodell (*kata*) an; etwa an die – oft nach Alter gestaffelten – als ideal vorgestellten, ja vorgeschriebenen Modelle eines ›Bauern‹, eines *samurai* oder auch einer ›Frau‹. Das *bakufu* erließ in regelmäßigen Abständen Richtlinien für diese Existenzmodelle.[336]

Handbücher gaben Auskunft über die jeweils angemessene Art zu sprechen, sich zu kleiden, zu essen. Das *bakufu* verbot in den sogenannten *fûzoku torishimari*, »Kontrollen der Sitten und Gebräuche«, Frauen jede mit dem Theater verbundene Tätigkeit und schrieben ihnen häusliche Arbeiten, Nähen und Weben, vor. Die idealen Frauen des *kabuki*-Theaters wurden alle von Männern gespielt (*onnagata*), nicht nur auf der Bühne. Die *onnagata* verkörperten Männerphantasien von Weiblichkeit, sie kompensierten die Elimination des wirklichen, angstbesetzten Körpers der Frau mit dem männlichen Konstrukt einer imaginären Weiblichkeit. Ein Hinweis darauf, daß in der Tokugawa-Zeit implizit aber deutlich zwischen Geschlecht – im Sinne von »sex« – und Geschlechterrolle – im Sinne von »gender« – unterschieden wurde. Erziehung geriet vor diesem Horizont leicht zu einem Synonym für Indoktrination. Das konfuzianisch-bürokratische Ambiente erlaubte keinen Zweifel an der Inferiorität der weiblichen Geschlechts gegenüber dem männlichen. Die Anatomie besiegelte das Schicksal. Kaibara Ekkens (1630–1714) *Onna daigaku*, *Hohe Schule für Frauen* (1672), in der Sätze zu lesen sind wie »Eine Frau sollte in ihrem Mann den Himmel selbst sehen«, wurde als misogyner Knigge der Tokugawa-Gesellschaft beschrieben. Ekken war ein Vertreter der sogenannten *jitsugaku*-Schule des Konfuzianismus. Der pragmatische Zugriff dieser Schule eröffnete die Einsicht, daß die Pflicht der Frau der Gehorsam sei, daß sieben oder acht von zehn Frauen die fünf Schwächen der Unbelehrbarkeit, der Unzufriedenheit, der Klatschsucht, der Eifersucht und der Dummheit besitzen, daß die weiblichen Genitalien zwar zur Reproduktion unverzichtbar, aber auch unlösbar mit »Dummheit, Faulheit, Lüsternheit, Unbeherrschtheit und einer ungeheuren Fähigkeit, Haß zu hegen«,[337] verbunden seien. Keines dieser Merkmale galt als ›fraulich‹ (*onna-rashii*). Auch Ekken spaltete das weibliche Geschlecht radikal von gesellschaftlich kodierter Weiblichkeit ab. Sex und gender widersprechen sich bei Ekken nicht nur, sondern schließen sich gegenseitig aus. Explizit wurde dies bei Tejima Toan, einem Schüler Baigans: »Es war eine unmögliche Situation: tugendhafte Frauen waren in jeder Hinsicht unverzichtbar für den Weiterbestand des Haushalts, aber die weibliche Anatomie schloß tugendhaftes Verhalten aus. Toans Lösung war eine willkürliche Trennung der Geschlechtsrolle (nämlich das Gebären von Nachkommen) von der Sexualität (Begehren) verheirateter Frauen. Sexualität wurde nur Konkubinen und Prostituierten zugestanden.«[338] Diese Situation wurde offensichtlich nicht als Paradox wahrgenommen. Noch Yoshida Shôin (1831–1859), Parteigänger des Kaisers und wichtiger Vordenker der Meiji-Restauration von 1868, schrieb eine *Instruktion für Frauen* (*Jokun*), in der die weibliche Subordination als ein Garant der gesellschaftlichen Stabilität erscheint.

Wie schon in früheren Epochen war auch das Gesellschaftsgefüge der Tokugawa-Zeit auf Reis gebaut. Der Wert der Domänen (*han*), in die Japan aufgeteilt war, bestimmte sich nach der Menge ihrer Reisproduktion. Die Herren der *han*, die *daimyô*, genossen als Revenuen die Reisabgaben, welche die Bauern als Steuern entrichten mußten, und bezahlten ihrerseits ihre Vasallen und Beamten – alle *samurai* – mit Reisdeputaten. In einem gewissen Sinne waren die Reissteuern noch die einzige vitale Verbindung der Lehnsherren (*daimyô*) mit ihren Lehen (*han*). Denn anders als in früheren Jahrhunderten lebten sie zum großen Teil nicht mehr auf Ländereien in ihren Domänen, sondern hatten sich auf Burgen zurückgezogen, um die sich lokale Zentren bildeten, sogenannte *jôka-machi*.

Das System des *sankin kôtai*, das die *daimyô* zwang, alternierend in ihren Domänen und in der Hauptstadt präsent zu sein, wo ihre Familien als halbpermanente Geiseln lebten, wurde erdacht als eine Maßnahme zur politischen und ökonomischen Disziplinierung und Subordination der Lehensfürsten. Es hatte, wie viele andere Maßnahmen, einen unvorhergesehenen stimulierenden Effekt auf die Wirtschaft. Da die *daimyô* nicht umhin konnten, sich für ihre aufwendigen, ja ruinösen Prozessionen (*gyôretsu*) in die Hauptstadt und wieder zurück in die Provinz hoch zu verschulden, mußten sie sich neue Methoden ausdenken, Geld zu beschaffen; was eine Explosion nicht-physiokratischer Aktivitäten im Gefolge hatte. Außerdem forderte die Regierung, daß die *daimyô* sich in der Hauptstadt Residenzen errichteten und in einem Ambiente lebten, das ihrem sozialen Status entsprach. Das brachte Handwerker und Arbeiter in die Stadt und unversteuerten Reichtum in deren Hände. In welchem Umfang das *sankin-kôtai*-System die Budgets der *daimyô* belastete, kann am Beispiel des Daimiats Saga in Hizen auf Kyûshû verdeutlicht werden. In der Mitte des 17. Jahrhunderts entfielen 20% der Ausgaben der Domäne Saga auf Reisekosten für das *sankin kôtai* und 28% auf Aufwendungen für ihre Residenz in Edo. Und dennoch: Das feudale System wurde während der gesamten Tokugawa-Zeit niemals ernsthaft bedroht, trotz zahlreicher regionaler Bauernaufstände, die entweder unterdrückt wurden oder mit der Erreichung ihrer pragmatischen Ziele befriedet waren, da sie weder Standesunterschiede noch ökonomische Ungleichverteilungen prinzipiell in Frage stellten.[339]

Der ökonomische Boom im 17. Jahrhundert hatte auch auf die Provinzstädte eine gewaltige Auswirkung; neue (Binnen-)Märkte konnten erschlossen, das Netzwerk des Handels erweitert werden. Dies hatte auch ökonomische Konsequenzen für das Landleben: Bauern konnten nun auch als Verkäufer auftreten (etwa von Düngemitteln und Feuerholz). Zugleich entwickelte sich auch eine Art von Ideen-Markt. Das Wissen um die Steigerung der Erträge verbreitete sich und wurde auch angewandt. Die allmähliche Weiterentwicklung der Tauschwirtschaft ermutigte die Bauern, sich zu spezialisieren und die Besonderheiten des Klimas und des Bodens ihrer Regionen in Rechnung zu ziehen und zu nutzen. Die *jôka-machi* büßten ihren militärischen Charakter ein und wurden zu kleinen Handels- und Produktionszentren. Die *daimyô* förderten die Vielfalt regionaler Produkte. Zwischen den einzelnen Domänen herrschte zwar auch Wettbewerb, aber gerade dieser Wettbewerb provozierte neue innovative Kommunikationsformen.

Das ausgeprägte Informations-Netzwerk, das sich in der Tokugawa-Zeit etablierte – die mächtigeren Domänen unterhielten regelrechte Informationsbüros in der ›Reisstadt‹ Ôsaka –, darf in seiner Bedeutung nicht unterschätzt werden. Auch die Händler klinkten sich in dieses Netzwerk ein und entwickelten ein hochkarätiges Marktinformationssystem, das die drei großen Metropolen umfaßte. Die sogenannten *kuni don'ya*, die Provinz-Großhändler, nutzten dieses System, um die Produkte ihrer Regionen »just in time« auf die Märkte Edos, Ôsakas und Kyôtos zu bringen, denn: »Welch eine angenehme geistreiche Sorgfalt ist es, alles, was in dem Augenblicke am meisten gesucht wird und doch bald fehlt, bald schwer zu haben ist, zu kennen, jedem, was er verlangt, leicht und schnell zu verschaffen.«[340] Das Ziel der *kuni don'ya* war es, genügend Informationen zu sammeln, um zu wissen, was, wann, wo in welcher Quantität gebraucht wurde. In der Wertschätzung und dem pragmatischen Einsatz von Information zeigt sich eine erstaunlich moderne Seite bestimmter gesellschaftlicher Gruppen in der Tokugawa-Zeit.

Die Hauptstadt Edo war in der zweiten Hälfte des 18. Jahrhunderts mit ihren fast 1,5 Millionen Einwohnern die vielleicht größte Stadt der Welt, während Ôsaka und die Hauptstadt, die heute Kyôto heißt (mit 200.000 Einwohnern bis ins 17. Jahrhundert die einzige Metropole Japans), jeweils über 300.000 Einwohner zählten. Als kulturelle und wirtschaftliche Zentren galten die drei Metropolen (*santo*) und die drei Häfen (*sangetsu*). Daneben gab es aber Hunderte kleinerer urbaner Zentren in der Provinz mit bis zu 100.000 Einwohnern.[341]

Bis tief in die Tokugawa-Zeit hinein blieb Kyôto, als *miyako*, die »kaiserliche Hauptstadt«, auch die größte Industriestadt Japans. Die Nishijin-Textilproduktion kontrollierte einen großen Teil des japanischen Marktes; mehrere tausend Weber arbeiteten für sie an *takabata*- und *hirahata*-Webstühlen. Im Umkreis der Nishijin-Textilindustrie, so schätzt man, arbeiteten mehr als 100.000 Menschen, also mehr als die Hälfte der Bevölkerung Kyôtos. Kyôto blieb auch noch lange das kulturelle und intellektuelle Zentrum Japans. Hier konzentrierten sich Gelehrte, Schriftsteller und Künstler. Zum prestigeträchtigen Studium ging man »hinauf in die Hauptstadt« (*jôraku*). Fast die Hälfte der *daimyô* (um 105) unterhielt weiterhin Residenzen in Kyôto. Mit sieben- bis achttausend Tempeln und Schreinen und Zehntausenden von Mönchen, Nonnen und Shintô-Priestern war Kyôto darüber hinaus das unbestrittene religiöse Zentrum des Landes.

Nach der Übernahme durch die Tokugawa wurde Ôsaka von einer Militärbastion zu einer Metropole des Kommerzes umgerüstet. Seit dem 18. Jahrhundert wurde Ôsaka »die Küche des Reiches« (*tenka no daidokoro*) genannt. Es diktierte den Reispreis und den Wechselkurs von Gold, Silber und Kupfer im ganzen Land. Vom Shôgun Tokugawa Yoshimune (1677–1751), unter dessen Befehl 1742 auch der wichtigste Rechtskodex der Edo-Zeit, das *Kujikata osadamekaki*, zusammengestellt wurde, heißt es, daß er die täglichen Schwankungen des Reispreises in Ôsaka studierte, was ihm den Beinamen »Reis-Shôgun« (*kome shôgun*) eintrug.

Und Edo, immerhin der Sitz der Regierung? Trotz seiner Bedeutung als Wirtschafts- und Konsumzentrum war Edo vor allem eine Stadt der Politik. Der politische Apparat des Landes, das *bakufu*, residierte in Edo. Von hier aus wurden die beiden anderen Metropolen des Landes verwaltet und kontrolliert. Dies geschah in Kyôto durch einen Deputierten des *bakufu*, einen *shoshidai*, und in Ôsaka durch einen Aufseher der Burg Ôsaka, einen *jôdai*. Die politische Hegemonie Edos war offen sichtbar, und das *bakufu* in Edo spielte seine Hegemonie auch offen aus, so daß Edo in der Sprache seiner Bewohner zur »östlichen Hauptstadt«, Tôto, avancierte.

Die gewaltige Urbanisierung schuf neue soziale und ökonomische Bedingungen, neue Bedürfnisse. Der enorme Anstieg der Bodenpreise in der östlichen Hauptstadt läßt sich durch einen Eintrag des Konfuzianers Ogyû Sorai (1666–1728) illustrieren, der berichtet, daß ein Haus in Edo, das sein Großvater für 50 *ryô* gekauft hatte, von seinem Vater für 2000 *ryô* wieder veräußert worden war.[342] Die krassen Preisfluktuationen, ob sie nun Folge der Veränderungen im Verhältnis von Angebot und Nachfrage oder Folge von Geldmengenschwankungen waren, standen im Mittelpunkt des zeitgenössischen ökonomischen Diskurses. Immer mehr Geld kam in Umlauf, aber die verantwortlichen politischen Autoritäten verstanden von monetären Problemen nichts. Letztlich wollten sie davon auch nichts verstehen, weigerten sie sich doch, im Geld ein relevantes ›generalisiertes Medium‹ zu sehen. So standen Geld-, ja Währungskrisen auf der Tagesordnung. Das Unwissen der Verantwortlichen wurde kontrapunktiert von der Undurchschaubarkeit des japanischen Geldwesens. Gold-, Silber- und Kupfermünzen zirkulierten gleichzeitig, die Händler ließen selbstgedruckte Wechsel kursieren und die Domänen nicht konvertible Papiernoten drucken.

Die Tokugawa-Ideologie der Stabilität und des Status quo mußte zwangsläufig in Konflikt geraten mit den wirtschaftlichen Realitäten einer Gesellschaft, deren Dynamik ihren eigenen Gesetzen gehorchte. In der Wirklichkeit der großen Städte verflüssigte sich die Rigidität der sozialen Hierarchien zu einem Pelemele der Überlebensroutinen und des routinierten Lebensgenusses, wie Ibara Saikaku (1644–1695), der literarische Protokollant der mittleren Tokugawa-Zeit, sie aus westjapanischer (Ôsaka-)Perspektive in zahlreichen Variationen und Details beschreibt. In diesem Kontext ist es auch auffällig und bezeichnend, wie überaus häufig wirtschaftliche Themen in den Erzählungen Saikakus wie auch in Chikamatsu Monzaemons (1653–1724) Bühnenstücken zur Sprache kommen: Themen, die ihre Leser und ihr Publikum offensichtlich bewegten.

Das Bewußtwerden dieser Anomalie, des Widerspruchs zwischen der theoretischen Starre und der faktischen Dynamik und Fluidität des gesellschaftlichen und wirtschaftlichen Systems – wie läßt sich eine statische Sozialhierarchie mit einer oft rasant wechselnden Verteilung des Reichtums vermitteln? – brachte ein innovatives Fragen und Nachdenken in Gang, das durchaus die Qualität eines neuen Paradigmas hatte.

Von tiefgreifender Bedeutung für das intellektuelle Japan war auch die Erosion des Systems der esoterischen Übermittlung von Wissen, das für die mittel- und vormittelalterlichen Epochen Japans so kennzeichnend gewesen war. In den Jahrhunderten vor der Tokugawa-Zeit galt, daß jemand, der zum Beispiel den Weg des Tees oder der Dichtung erlernen wollte und einer Klasse angehörte, in der diese Künste als angemessen galten, sich einen Meister suchte. Wenn er einen fand, von diesem aufgenommen wurde und ausreichend begabt war, dann wurde er unter Umständen in die Geheimnisse (ein Wort, das hier ganz wörtlich genommen werden muß) der jeweiligen Kunst eingeführt. Diese esoterische Form des sogenannten *ishin denshin*, der Wissensvermittlung »unmittellbar von Herz zu Herz« durch einen Akt intellektueller Kommunion, war jedoch dem Tempo und den Bedürfnissen der Tokugawa-Zeit nicht mehr angemessen. Wissensübermittlung begann zu einem öffentlichen Akt zu werden, und die Kultur wagte sich auf den Markt. Was sie dabei an Würde verlor, gewann sie an Vielfalt und Farbe.

Das Tokugawa-System war schon *ab ovo* ein hybrides Gebilde. Weniger wertend formuliert: Es war in einem gewissen Sinne doppelt registriert. Von Anfang an war es ein »Staat aus Staaten«, ein System aus Sub-Systemen: Tokugawa-Japan sollte als eine Art geschlossenes und selbstregulierendes System von ›Staaten‹ betrachtet werden, wie etwa das frühe moderne Europa es war. Dieses Viel-Staaten-System war einem analogen, aber anders verankerten Verhaltenskode unterworfen, den man das ›japanische internationale Gesetz‹ nennen könnte. Alle seine Staaten waren konstituierende Bestandteile eines größeren Ganzen, das den Namen *tenka*, Reich, hatte, was wörtlich ›alles unter dem Himmel‹ bedeutet.

Es überrascht nicht, daß der ökonomische Diskurs der Tokugawa-Zeit um den Topos der Unterhöhlung der überlieferten Sozialordnung kreist. Noch weniger überrascht es, daß die in der ökonomischen Diskussion geäußerten Ansichten unmittelbare Rückschlüsse zulassen auf den Ort des Denkers, der sie geäußert hat: auf seinen Ort innerhalb der Sozialhierarchie der Tokugawa-Gesellschaft und/oder auf seinen Ort im Verfallsprozeß dieser Sozialhierarchie.

Die entscheidenden Veränderungen ereigneten sich in der späten Tokugawa-Zeit, als japanische Denker erkannten, daß die Realität, die sie wahrnahmen, nicht mehr mit dem ihnen vertrauten Kanon konfuzianischen Denkens konvergierte. Andererseits hatte die angestammte Forderung des Konfuzianismus gelautet, »die Sachen (wie sie sind) zu erforschen« (*kakubutsu kyûri*), durchaus im Sinne der Aufforderung Platos: »prüfe die Sachen selbst« (*auto to pragma*).[343]

Schon Itô Jinsai hatte die ganze Materialität des menschlichen Alltags unter dem Namen *jindô*, der »Weg der Menschen«, zu einem zentralen Thema seines Philosophierens gemacht. Ogyû Sorai machte darüber hinaus auch die harte Faktizität der den Menschen äußerlichen Welt zum Thema. Spätestens diese Denker erhoben den Anspruch, an der Realität orientierte Gelehrte zu sein, die den Ehrgeiz hatten, »Realienwissenschaft« (*jitsugaku*) zu betreiben, also Wissen zu produzieren, das handlungsleitend sein könnte und nützen sollte. Dennoch scheint es problematisch, in Tendenzen, die eher einen Denkstil oder einen psycho-sozialen Habitus dokumentieren, ein wissenschaftliches oder auch nur proto-wissenschaftliches Potential zu vermuten. Diese Tendenzen boten zwar zahlreiche Optionen, an welche die westlichen Wissenschaften effektiv und erfolgreich anschließen konnten; die eminente, aber oberflächliche Koppelungsfähigkeit verdeckt jedoch fundamentale Strukturdifferenzen, die in der Geschichte immer wieder aufbrachen und immer wieder aufbrechen werden.

10.3 Die Politik und das Denken

Das Tokugawa-Regime bediente sich der (neo-)konfuzianischen Ideologie als eines unverzichtbaren Accessoires, eines Extras, dessen jede politische Macht bedürfe. Der Terminus-a-quo, mit dem der Aufstieg des Neokonfuzianismus zur Staatsdoktrin begann, läßt sich mit einiger Sicherheit bestimmen. Hayashi Razan beschreibt in der 1620 verfaßten Biographie seines Lehrers Fujiwara Seika, wie Tokugawa Ieyasu am 15. September 1600, zwei Wochen nach seinem entscheidenden Sieg in der Schlacht von Sekigahara, den ehemaligen Mönch Seika zu einer Audienz lud. Seika, ein Apostat des Buddhismus und entschiedener Anhänger des Neokonfuzianismus, erschien im Gewand eines konfuzianischen Gelehrten. Ieyasu bot ihm ein Amt am *bakufu* an, aber Seika lehnte ab. Seika dachte »ethisch, politisch, positivistisch, eklektizistisch und humanistisch«.[344] Die Vielfalt der Dinge (*butsu*) sah er nach der Art der Neokonfuzianer im Prinzip (*ri*) vereinigt, die Welt der Phänomene deutete er mit den Zen-Buddhisten als eine Form der Leere und behauptete die Ungeschiedenheit des Selbst und der Dinge. Im Sinne Chu Hsis ordnete er die Dichtung dem »Weg« unter. Diese Hierarchisierung in der Form des stemmatischen Topos *hon-matsu,* »eine Beziehung wie zwischen Stamm und Ästen«, wurde später auch von Hayashi Razan und Yamazaki Ansai übernommen.

Itô Jinsai (1627–1705) wird hingegen die Komplementarität von »Weg« und »Dichtung« behaupten. Nur die Dichtung war nach Jinsais Überzeugung imstande, den »Weg«, in dem er letztlich nur einen anderen Namen für die »menschlichen Gefühle« (*ninjô*) sah, zu entbergen und sichtbar machen. Ganz unbuddhistisch war Seikas methodische Zuwendung zum *kakubutsu kyûri* des Neokonfuzianismus, dem »an die Dinge Herangehen, um das in ihnen innewohnende Prinzip zu ergründen«. Darin lassen sich Ansätze einer bourgeoisen Auffassung der Geschichte als eines materiellen Progresses sehen, der die aristokratische Wahrnehmung der Zeit als eines reinen Zerfallsprozesses ablöste. Seika interpretierte den geschichtlichen Wandel als einen natürlichen Verlauf, dessen ethischer Wert je nach Beurteilung schwanke: der Beginn einer historistisch-relativistischen Denkweise, die es späteren Denkern ermöglichte, die Beziehung zu China neu zu bestimmen und damit den Vorbildcharakter Chinas zu modifizieren.[345]

Bei Itô Jinsai, mit seiner Sympathie für das Menschliche und Allzumenschliche – »der ›Weg‹ existiert nicht außerhalb des Gewöhnlichen, und nichts Gewöhnliches außerhalb des ›Wegs‹« –, wird diese relativistische Denkweise ihre radikale Formulierung finden: »Wenn die Höheren die Lieder [des *Buchs der Lieder*] betrachten, sehen sie es von einer hohen Warte, wenn die Niederen es betrachten, sehen sie es von einer niedrigen Warte. Sie erachten es als rund oder eckig – je nach ihren Umständen, als groß oder klein – je nach ihrer Ansicht.«[346] Nach Jinsais eigener, extremer Ansicht ist »das, was niedrig ist, in sich selbst wahr und das, was hoch ist, notwendig falsch/leer«.[347] In der Betonung des Gewöhnlichen, ja Vulgären (*zoku*) schlägt sich der für die Edo-Zeit typische neue Geist des Positivismus nieder. Die Sitten, die Habitus einer Gesellschaft entschieden darüber, ob sie als barbarisch oder als zivilisert zu gelten habe.

Wie auch andere Konfuzianer der frühen Tokugawa-Zeit widersprach Jinsai nicht der Vorstellung, daß Japan im Vergleich zu China barbarisch sei, sondern erkannte gerade in der moralischen Transformierbarkeit Japans, mittels der Riten als Agenten der Rechtschaffenheit, eine Chance. Er schreibt in seinem Konfuzianismus-Kommentar: »Überall auf der Erde unter dem Himmel sind alle Menschen Menschen. Selbst ein Barbar, der Riten und Rechtlichkeit besitzt, ist ein Teil des ›Reichs der Mitte‹ [= der überlegenen Zivilisation Chinas]. Andererseits ist eine Chinese, dem Riten und Rechtlichkeit fehlen, Barbar.« Der Name »Chûgoku«, »Reich der Mitte«, mutiert hier gleichsam zur Idee von Zivilisation überhaupt. Auf eine gedanklich vertrackte Weise argumentierte Jinsai selbst an den Stellen, an denen er die Überlegenheit Japans über China proklamierte, »sino-zentrisch«. Zugleich behauptete er, daß die Lückenlosigkeit der Kaiserlinie beweise, daß Japan die konfuzianischen Tugenden Einfachheit, Wahrhaftigkeit, Respekt vor der hierarchischen Ordnung der Gesellschaft vollendeter verkörpere als China.

Der Theoretiker des *samurai*-Ideals, Yamaga Sokô (1622–1685), führte die verschiedenen Sitten in verschiedenen Ländern auf eine verschiedene *ki*-Ausstattung zurück. Die Einheit dieser Verschiedenheit wurde nach seiner Überzeugung durch das eine moralische Prinzip des *ri* garantiert, das die Angleichung der Sitten an den konfuzianischen Standard ermöglichte. Sokô trieb den topischen Tausch so weit, daß der Ausdruck »Reich der Mitte«, als Idee der Zivilisation, nicht mehr für China, sondern für ein Japan stand, das konfuzianischer war als China es je hatte sein können.

Im Jahre 1605 übernahm Hayashi Razan eine Funktion in der Bürokratie Ieyasus, die er über fünfzig Jahre lang ausüben sollte. In seinem sehr bewußt und mit legitimatorischen Absichten formulierten Bericht über die Audienz seines Lehrers Fujiwara Seika bei Ieyasu etabliert Razan eine Verbindung zwischen *bakufu*, Neokonfuzianismus und Ideologie. Er beschreibt, welche Akteure daran beteiligt waren, nämlich Tokugawa Ieyasu, Fujiwara Seika und Hayashi Razan selbst. Razan legt darüber hinaus nahe, daß es sich dabei um eine überlegte Politik Ieyasus handelte, mit dem Ziel, Macht mit Ideologie kurzzuschließen. Das neokonfuzianische Ideen-Korpus sollte gleichsam en bloc übernommen werden. Für Razan bedeutet dies einen Paradigmawechsel, die Substitution der religiösen Doktrinen des Buddhismus durch die rational-säkulare Lehre des Konfuzianismus.

Dieses von Razan gezeichnete Bild ist jedoch falsch, zumindest irreführend. Ganz so kann es nicht gewesen sein. Ooms fragt: »Sind wir hier wirklich mit einer offiziellen Förderung eines Diskurses qua Ideologie konfrontiert?

Und, falls dies so ist, was bedeuten diese Ausdrücke hier? Außerdem findet man im 12. und im 14. Jahrhundert, als das erste und das zweite *bakufu* errichtet wurde, nichts, was den Gedankenkonstruktionen des 17. Jahrhunderts auch nur vergleichbar wäre. Warum entwickelte sich eine politische Ideologie (wenn es wirklich eine war) genau in dieser Zeit, während die politischen Regimes früher Jahrhunderte mit weniger artikulierten Doktrinen auskamen?«[348] Die frühen Tokugawa-Shôgune haben in Wirklichkeit den Neokonfuzianismus weniger als den Shintôismus und den Buddhismus protegiert. Das *bakufu* hat nicht einmal den Konfuzius-Tempel finanziert, der im Jahre 1631 in der Provinz Owari erbaut worden war, während es für den Ise-Schrein und das Nikkô-Mausoleum, Grabstätte des ersten Shôguns Ieyasu, über lange Zeiträume gewaltige Summen aufgebracht hat. Die Shôgune Ieyasu, Iemitsu und Ietsuna zeichnen sich geradezu aus durch ihren Mangel an Aufmerksamkeit für den Neokonfuzianismus als einer eigenen Tradition. Ieyasu hat zwar mindestens 112 buddhistischen Lehrvorträgen beigewohnt, in seiner Verwaltung gab es aber keinen Posten für einen *jusha*, einen konfuzianischen Lehrer. Hayashi Razan war nur einer von dreizehn *ohanashishû*, Rezitatoren moralisch-erbaulicher Geschichten. Razan war »ein frustrierter Funktionär, ein ehrgeiziger Bibliotheksbeamter, dessen Talente selten für Lehrvorträge in Anspruch genommen wurden und dessen Zukunft als Gelehrter oder Bürokrat düster war«.[349] Als Razan 1614 darum bat, eine Schule eröffnen zu dürfen, der sein Lehrer Seika vorstehen sollte, lehnte Ieyasu ab. 1656 erst, ein Jahr vor seinem Tod, war es Razan vergönnt, als bestallter neokonfuzianischer Gelehrter vor dem fünfzehnjährigen Tokugawa Ietsuna (1642–1680) eine Vorlesung über das *daigaku*, die *Große Lehre*, halten zu dürfen.

Es waren die Söhne Razans, die in der Biographie, die sie ihrem Vater widmeten, das Monopol auf Orthodoxie beanspruchten. Es war die Familie Hayashi selbst, welche die prägnanten Verbindungen zwischen dem *bakufu*, Fujiwara Seika, dem Neokonfuzianismus und Razan geschmiedet und die Fiktion einer vom *bakufu* geforderten und geförderten neokonfuzianischen Orthodoxie erfunden hat. Diese erfundene Tradition einer Orthodoxie wird später Matsudaira Sadanobu dazu bringen, heterodoxe Doktrinen zu verbieten. »Nicht das *bakufu*, sondern die Familie Hayashi ist darauf bedacht gewesen, den Neokonfuzianismus deutlich als eine Tradition unter ihren eigenen Ägide zu markieren«.[350] Die Söhne Razans hatten das Leben ihres Vaters auf eine Weise rekonstruiert, welche die Existenz eines Tokugawa-Neokonfuzianismus eigenen Rechts unterstellte und die Familie Hayashi zu dessen maßgeblicher Autorität stilisierte. Ideologie funktioniert hier als ein epistemologisches Konstrukt, das sich der privaten Initiative von Vollzugsgehilfen einer herrschenden politischen Elite verdankt.[351] Die Shôgune selbst waren an der Durchsetzung und Etablierung einer »overall ideology« nicht interessiert. Die Familie Hayashi hat sie jedoch als Waffe strategisch in ihrem Kampf um einen gesicherten Platz innerhalb des *bakufu* eingesetzt.

Wie und warum konnte eine solche ideologische Konstruktion an diesem Punkt der japanischen Geschichte erfolgen? Auch in Ideologien ist eine topische Logik am Werk. »Es ist hilfreich, Ideologien in einer konstruktivistischen Perspektive zu sehen. Wenn man sie als Gedankenkonstrukte sieht, sucht man nach Hinweisen auf eine Konstruktion, auf ein konzeptuelles ›engeneering‹ mittels gezielter Maßnahmen, die einer bestimmten Logik folgen; auf die symbolische Macht von Ideen, die wahrscheinlich nicht nur aus einer Tradition stammen. Diese Logik wird geprägt von den Erfordernissen der politischen Praxis und von Schemata, die auf die Wirksamkeit von Symbolen in der Welt abzielen; diese Logik diktiert, welche Ideen ausgewählt und wie sie angewendet werden. Das Problem bleibt dasselbe, unabhängig davon, ob man mit ausgeliehenen oder neuen Konzepten konfrontiert wird: das politisch gelenkte Plazieren von Symbolen.«[352] Ideologie ist also zu verstehen als »konzeptuelles *engeneering*«, als ein politisch motiviertes Ver-orten von Topoi vor allem in ihrer von

Bornscheuer genannten Funktion als »Merkformen (Symbolizität)«.

Die Doktrin der Shushi-Lehre im Anschluß an die Philosophie Chu Hsis hatte gegenüber der Lektüre und dem Studium der konfuzianischen Klassiker die Betonung auf Übung und Meditation gelegt, durch die das reine *ri*-Prinzip im einzelnen gleichsam aufgedeckt und aktualisiert werden sollte. Die japanischen konfuzianischen Denker des 18. und 19. Jahrhunderts wie Ogyû Sorai, »vielleicht der wichtigste philosophische Denker seiner Zeit«[353], und Arai Hakuseki forderten, nach Maßgabe eines neuen Positivismus (*jitsugaku*), mehr praktische Ethik und politische Anwendbarkeit, kurz mehr Praxis, wiesen zugleich aber den Worten der Klassiker wieder größeren Wert und größere Bedeutung und Autorität zu. »Die chinesische Sprache besteht aus Schriftzeichen. Die Gestalt der japanischen Sprache hat sich im Laufe der Zeit verwandelt, auch die des alten Chinesischen hat sich verwandelt. Die Kommentatoren der Sung-Zeit sind dafür verantwortlich, daß die Alte Sprache verloren gegangen ist; aber sie kann wiedergefunden werden durch das Studium der Alten Texte.«[354] Zur gleichen Zeit revalorisierte der japanische Nativismus (*kokugaku*)[355] die Shintô-Klassiker wie das *Kojiki* und das *Nihon shoki*, Texte, die japanische Mythen, Legenden und Genealogien in fremder, chinesischer Form übermittelten. Ein Unterfangen, dem Sorai wenig Erfolg voraussagte: »Für japanische Gelehrte ist es daher besonders wichtig, chinesische Gedichte und Prosa zu schreiben. Auch wenn japanische Dichtung dieselbe Bedeutung wie die chinesische haben mag, hat sie eine irgendwie weibliche Ausstrahlung, weil sie aus einem Land stammt, das keine Weisen hatte.«[356] Die provokative These, daß Japan ein Land ohne Weise – *philosophoi* – und seine Dichtung weiblich und weichlich sei, wird von dem Nativisten Kamo no Mabuchi (1686–1759) scharf zurückgewiesen werden, und zwar mit dem Argument, daß es gerade eine spezifische Männlichkeit (*masuraoburi*) sei, die die ältesten japanischen Gedichte im *Manyôshû* (8. Jahrhundert) auszeichne.

Exkurs. Holländisches Wissen

Das Denken der Tokugawa-Zeit war ausgeprägt enzyklopädisch orientiert. Zu seinen unausgesprochenen Leitworten gehörten: Sammeln, Sortieren und vor allem Kommentieren. Deutlich wurde dies an der Vorliebe für »erörternde Erklärungen« (*ronsetsu*). Die Tendenz zu einem – in systematischer Hinsicht – enzyklopädischen und – in psychologischer Hinsicht – pragmatischen Denkstil ist auch einer der Gründe dafür, daß sich die Gelehrten der Holland-Wissenschaften (*rangaku*) vornehmlich Bereichen zuwandten, die von empirischen Beobachtungen ausgingen, daß sie das Beschreiben und das Systematisieren zu ihrem Hauptgeschäft machten und auf praktischen Nutzen zielten. Die Holland-Wissenschaften, die als geistige Strömung um 1720 entstanden, nachdem das *bakufu* das Verbot ausländischer Bücher gelockert und den Import nicht-christlichen Schrifttums erlaubt hatte, propagierten, getragen von einem kleinen Kreis interessierter Gelehrter, westliches Wissen: Astronomie, Physik, Botanik, Medizin, Anatomie bis hin zum Studium der Elektrizität und der Kartographie.

Der *rangaku*-Gelehrte Aoki Konyô (1698–1769) vollendete im Jahre 1758 ein japanisch-holländisches Wörterbuch. Die Ärzte Maeno Ryôtaku (1723–1803) und Sugita Gempaku (1733–1817) veröffentlichten im Jahr 1774 die japanische Übersetzung eines holländischen Werks über Anatomie, dessen Aussagen sie überprüft hatten und dessen in Japan bis dahin unbekannte und auch unvorstellbare Präzision sie faszinierte. Inô Tadataka (1745–1818) stellte eine erste genaue Karte Japans her. Miura Baien (1723–1789), Konfuzianer und Naturphilosoph, und Shiba Kôkan (1738–1818), ein egalitär denkender Verehrer der »westlichen Wissenschaften«, der als Maler im »westlichen Stile« berühmt geworden ist, gehörten zu den ersten, die die Ideen des Kopernikus in Japan verfochten. Baien, den man mit gutem Recht einen Skeptiker nennen könnte, forderte, die Kriterien der Naturbetrachtung in der Natur selbst zu suchen, statt Annahmen über das menschliche Wesen auf die Natur zu übertragen. Die originelle Logik, die er entwickelte, konnte jedoch von seinen Zeitgenossen noch nicht verstanden werden. Honda Toshiaki (1744–1821), der Japan zur größten Nation der Erde machen wollte, glaubte, daß das *bakufu* die ökonomische Verelendung des Landes zu verantworten habe, und plädierte für eine umfassende zentrale Kontrolle, den Auf- und Ausbau des Außenhandels und sogar für die Errichtung von Kolonien (Hokkaidô, Sachalin, Kamchatka), um die wirtschaftliche Kraft Japans zu steigern: »Es ist eine nationale Verpflichtung, das Land zu vergrößern, selbst wenn dies die Invasion anderer Länder einschließt.« Da er aber seine Ideen nicht veröffentlichte, brachten sie dem Land keinen Nutzen und ihm selbst keinen Schaden.

Da die Gelehrten der *rangaku* die Abschließungspolitik der Regierung zunehmend als anachronistisch kritisierten, registrierte auch die Regierung mit zunehmend kritischem Blick ihr Wirken. Matsudaira Sadanobu ließ Hayashi Shihei (1738–1793) verhaften, weil er ein Buch veröffentlicht hatte, in dem er zu Verteidigungsmaßnahmen zur Garantie der nationalen Sicherheit aufgerufen hatte. Im 19. Jahrhundert wurden Watanabe Kazan (1793–1841) und Takano Chôei (1803–1850) wegen ihrer kritischen Haltung gegenüber der Politik des *bakufu* verfolgt und in den Selbstmord getrieben.

10.4 Anfänge ökonomischen Denkens

Welches waren die Voraussetzungen für das Entstehen ökonomischen Denkens in Japan? Auf die knappste Formel gebracht: die Ausweitung des Handels, die Fluktuation der Preise und die fortschreitende Arbeitsteilung. Diese Voraussetzungen bildeten sich unter dem Regime der Tokugawa-Shôgune (1603–1868) aus. Unter den besonderen, um nicht zu sagen einzigartigen Bedingungen einer weitgehenden kulturellen und ökonomischen Isolation (*sakoku*), eine bewußt eingeführte, wenn auch nicht immer strikt durchgeführte Maßnahme zur Förderung der Stabilität des Landes, entwickelten die japanischen Denker vom Normenstandpunkt der modernen westlichen Ökonomie aus gesehen durchaus abweichende Konzepte, die jedoch in zentralen Argumenten erstaunliche Ähnlichkeiten mit denen ihrer europäischen Zeitgenossen aufwiesen.

Bereits die Konfuzius zugeschriebenen Texte enthalten Bemerkungen über Armut und Reichtum in der Gesellschaft. Aber erst die mohistische Schule hat eine rudimentäre Theorie über das Verhältnis zwischen Preisen und Geldmenge formuliert.[357] Bei Menzius schließlich werden einige Vorteile der Arbeitsteilung aufgezählt. Ähnliche Diskussionen über wirtschaftlichen Tausch, Preis und Wert finden sich auch in indischen Schriften aus dem 4. Jahrhundert vor der Zeitenwende. »The common thread connecting these economic ideas is the fact that they evolved in societies with well-developed divisions of labour, complex commercial systems, thriving cities, and widespread use of money. In societies of this type, political and social relationships increasingly acquired an economic form. Prosperity and status were no longer determined purely by military or political custom, but could be influenced by mysterious and apparently impersonal forces such as the level of prices or the scarcity of specific commodities. Philosophers and administrators who were concerned with questions of social order and justice were, therefore, more and more often forced to turn their attention to unmistakably ›economic‹ issues. These historical considerations help to explain the vitality of economic thought in Tokugawa Japan.«[358]

Die ökonomischen Überlegungen der Denker der Tokugawa-Zeit können und wollen ihre Herkunft aus der konfuzianischen Tradition nicht leugnen, handelt es sich dabei doch um mehr oder minder stark modifizierte Reformulierungen zentraler Topoi des Konfuzianismus, etwa des Topos des Weisen (*seijin*) als eines End- und Gipfelpunkts disziplinierter Persönlichkeitsentwicklung oder des Topos universaler Ordnung und Harmonie unter der Herrschaft eines vollkommenen Weisen. Das tiefverwurzelte sozialethische Interesse des Konfuzianismus, sein Interesse an praktischer Politik und an der pragmatischen Umsetzbarkeit seiner Lehren erleichterte den Bogenschlag zum ökonomischen Diskurs. Überhaupt galt die pragmatische Neugier der vormodernen japanischen Denker den Formen als Oberflächen, sozusagen der sichtbaren Seite des Unsichtbaren und des Rätselhaften. Es fungierte als Leere, als unbetretbarer Raum, als das Mystische im Sinne des Unverfügbaren, das bisweilen zum Verehrbaren stilisiert wurde. Es konnte viele Namen annehmen, auch den Namen *ri*: allumfassendes Prinzip, entfernt der zweiten der vier Ursachen (*aitia*) des Aristoteles zu vergleichen, die »Gestalt und das Muster« einer Sache ist, »das heißt die Formel seines Wesens«.[359]

Die französischen Physiokraten formulierten ihre Ideen, als die Beschäftigung mit der chinesischen Kultur im Westen einen ungeahnten Zenith erreicht hatte. Das physiokratische Konzept des Staates war tief von der Idee des Prinzips (*ri*) beeinflußt, der Idee, daß der natürlichen Ordnung, den Lebewesen und dem sozialen System ein einziges organisierendes Prinzip inhärent sei. So schrieb der Abbé Baudeau: »Der eine höchste Wille, der die höchste Macht ausübt, ist, genaugenommen, kein menschlicher Wille. Er ist nur die Stimme der Natur – der Wille Gottes. Die Chinesen sind das einzige Volk, deren Philosophie diese höchste Wahrheit erfaßt zu haben scheint, und sie betrachten ihren Kaiser als den ältesten Sohn Gottes.«[360] Über François Quesnay, von Zeitgenossen »der ehrenwehrte Konfuzius Europas« genannt, fand die Idee einer natürlichen, harmonischen und selbstregulierenden und selbstregulierten Ordnung, die der Herrscher symbolisiert, Eingang in die ökonomische Theorie Adam Smiths.

10.5 Kumazawa Banzan

Kumazawa Banzan (1619–1691) verkörperte den Typus des gesellschaftskritischen Konservativen. Obgleich er die soziale Wirklichkeit nur seinem theoretischen, konservativen

Ideal angenähert sehen wollte, traf seine Schrift *Daigaku wakumon, Jemand fragte nach der Großen Lehre* (1687), der Bann der Regierung.

Banzan sah im Buddhismus einen Vorläufer des Christentums, vom dem er annahm, daß es den Buddhismus einmal mittels seiner besseren Lehre besiegen würde. Seine Sozialkritik hatte ihren Ausgangspunkt in der Armut der Bauern und der niederen *samurai*, mithin in seiner eigenen Biographie. Banzan war der Sohn eines sogenannten *rônin*, d.h. eines herrenlosen *samurai*. Die *rônin*, »*drifters*«, befanden sich in einer höchst paradoxen Situation. Als Krieger waren sie nicht mehr gefragt, von der Geschichte ausgemustert, aber das Status-System der Tokugawa-Zeit verbot es ihnen, Handel zu treiben und sich den Lebensunterhalt zu verdienen, für den kein Kriegsherr mehr sorgte.

Banzan studierte als Schüler Nakae Tôjûs (1608–1648) unter schwierigsten Bedingungen die konfuzianischen Schriften, geriet aber immer stärker unter den Einfluß der Doktrin des Wang Yang-ming (Ô Yômei, 1472–1529), des heterodoxen Konfuzianers und Kritikers des Neokonfuzianismus, mit seinen rationalistischen Spekulationen um den Begriff des *ri*. Wang lehrte statt dessen spontanes Wissen, Gelassenheit und Meditation. Dinge und Ereignisse sind nichts anderes als der Geist selbst, der sich verwirklichen will. Bei Wang hat das »Gute Wissen« (*ryôchi*) den Primat, auch wenn daraus die entsprechende richtige Handlung nicht unmittelbar hervorgeht. Er spricht explizit von der »Einheit des Wissens und der Handlung« (*chikô gôitsu*). Das Prinzip *ri* ist für Wang das menschliche Herz (*kokoro*) selbst und das menschliche Herz der universelle Geist (ebenfalls *kokoro*). So ist Denken für Wang Yang-ming unmittelbar Handeln.

Banzan verfährt in seinen Schriften höchst eklektizistisch. Er erlaubt sich weitreichende Anleihen beim Buddhismus und scheut sich nicht, Elemente des orthodoxen Neokonfuzianismus in den Diskurs Wang Yang-mings wiedereinzuführen. Die Leitdichotomie seiner Hauptschriften, die in den letzten Jahrzehnten seines Lebens entstanden, die er als wandernder Gelehrter verbrachte, ist die von Luxus und Armut. Die luxurierende Stadt, in der es, wie der Topos bei Banzan lautet, mehr Schätze als gute Menschen gibt, wird dem verelendeten Land gegenübergestellt, wo die Menschen wie die Tiere leben. Wie Hegel aus einer radikal anderen Perspektive sah auch Banzan die Armut als eine notwendige Folge des Reichtums. Banzan verwarf die zu seiner Zeit in Japan verbreitete Ansicht, daß die Knappheit an bewirtschaftbarem Land für die Armut verantwortlich sei. Er glaubte nicht, daß die Kultivation neuen Landes das Problem lösen könnte, sondern forderte eine Reform des ganzen Systems, die seiner Meinung nach infolge der sich entwickelnden Geldökonomie notwendig geworden war. Es gebe zahlreiche Gründe für die Verarmung der Bauern und der *samurai*: »Erstens werden in großen und kleinen Städten urbane Ansammlungen an Fluß- und Seeufern, die für den Transport vorteilhaft sind, errichtet, und der Luxus wächst unkontrolliert Tag für Tag. Die Kaufleute werden reicher und die Krieger werden ärmer. Zweitens verschwindet die Sitte, Reis gegen andere Güter zu tauschen, zusehends; nur noch Gold, Silber und Kupfer werden gebraucht. Die Preise steigen, und das Gold und Silber des Landes fließt in die Hände der Kaufleute. Als Folge haben die höheren und niederen *samurai* Zahlungsprobleme. Wenn drittens die richtigen gesellschaftlichen Gebräuche abgeschafft werden, werden die (ökonomischen) Angelegenheiten komplizierter. Die *samurai* tauschen ihre Reisstipendien gegen Gold, Silber und Kupfer und kaufen sich damit Waren. Wenn der Reispreis niedrig ist und der Preis der Waren aber hoch, dann fehlt ihnen das Geld [...] Wenn die *samurai* in Schwierigkeiten sind, dann nehmen sie den Leuten das Doppelte ab [...] Die Armut der *samurai* bedeutet, daß die Kaufleute niemanden haben, mit denen sie ihre Waren gegen Reis tauschen können. Nur die großen Kaufleute werden immer reicher.«[361]

Wie die französischen Physiokraten sah auch Banzan im Ackerbau die Quelle allen Reichtums. Die Geldökonomie gesundet, wenn »die Körner verehrt und das Gold verachtet« (*kikoku senkin*) werden. So glaubte er auch, daß die Reisproduktion zunehmen würde, wenn man die Steuerlast, unter der die Bauern litten, reduzierte. Es gelang ihm jedoch noch nicht, die Ökonomie als komplexes Netzwerk zu beschreiben. Statt dessen beschwor er mit einem nostalgischen Topos die Zeit, in der nicht das Gold, sondern die »fünf Zerealien« noch das Maß aller Dinge waren. »Der wahre Schatz des Volkes ist der Reis. Gold, Silber und Kupfer sind nur die Diener des Reises [...] Der kluge Herrscher speichert große Mengen Reis, und wenn alles Kaufen und Verkaufen sich über Reis abspielt, erfreut sich das Volk des Überflusses [...] Es ist schwer, große Mengen Reis zu transportieren, daher kann der Handel, solange Reis (als Mittel des Austauschs), benutzt wird, nicht so leicht monopolisiert werden. So werden die Waren billiger und der Luxus wird eingeschränkt. Die *samurai* und die Bauern sind wohlhabend, und die Handwerker und Kaufleute sind gesichert.«[362]

Banzan hatte erkannt, daß eine Restriktion der Geldökonomie eine fundamentale Umgestaltung der Gesellschaft erfordern würde: eine Rückkehr zu einer an archaischen Bildern orientierten Selbstgenügsamkeit, wie sie zu einer Zeit herrschte, als die *samurai* als »Bauern-Soldaten (*nôhei*) unter den anderen Menschen lebten, auf den Feldern halfen, in den Bergen jagten, in den Flüssen und Strömen fischten und ihre Körper in Wind und Regen stählten«.[363] So wäre die herrschende Klasse in die Reproduktion integriert, und die Landwirtschaft würde aufblühen.

Banzans analytischer Blick war scharf und getrübt zugleich. Er hatte wahrgenommen, daß die Absonderung der *samurai*-Klasse vom Land die Monetarisierung der Ökonomie beschleunigte und so über den hypertrophen Gewinnzuwachs der Kaufleute zuletzt das Statussystem der Tokugawa-Zeit unterhöhlen würde. Das Regime war, als Banzan die Gründe für seinen notwendigen Zusammenbruch benannte, noch keine achtzig Jahr alt. Seine Diagnose war scharfsinnig, aber seine Therapievorschläge waren anachronistisch, um nicht zu sagen absurd.

10.6 Ogyû Sorai und Arai Hakuseki

Der plötzliche Aufschwung der Handelsökonomie in den letzten Jahrzehnten des 17. Jahrhunderts, vor allem in den Jahren der Genroku-Epoche (1688–1704), bewirkte eine neue Art von Instabilität. Das Währungssystem konnte den mit dem Wachstum des Markts gestiegenen Geldbedarf nicht decken. Die Shôgune litten unter dem Ungleichgewicht zwischen den stetig zunehmenden Ausgaben einerseits und stagnierenden Einnahmen andererseits. Der bescheidene Handel mit dem Ausland bestand fast nur aus Importen. Garne, Stoffe, Gewürze, Pflanzen für die Arzneimittelherstellung, Spiegel, Brillen und Schreibstifte für die Bürokratie wurden gegen Gold und Silber eingetauscht.

Um dem Schrumpfen der Staatseinkünfte Einhalt zu gebieten, wurde 1695 die Geldmenge erhöht (diese im Endeffekt erfolglose Prozedur wurde bis zur Meiji-Restauration im Jahre 1868 noch zwölfmal wiederholt). Dies brachte dem Shôgunat kurzfristigen Gewinn, reizte aber auch die Inflation an und irritierte das ganze Finanzsystem.

Ogyû Sorai (1666–1728), auf philosophischem Feld durchaus ein Revolutionär, dachte auf ökonomischem Gebiet ›physiokratisch‹ wie Kumazawa Banzan. Sorai sah die Lösung für die zeitgenössischen wirtschaftlichen Schwierigkeiten in der von den frühen chinesischen Herrschern festgelegten Gesellschaftsordnung. Die Geldökonomie attackierte diese rigide Ordnung des Status quo – Nolens volens war der philosophische Diskurs mit dem ökonomischen gekoppelt.

Sorai machte für den Niedergang der politischen und der ökonomischen Ordnung zwei Übel namhaft: den Verlust der Etikette (*reihô*) und die schmarotzerhafte Lebensführung der *samurai*, für die Sorai die Formel »wie Gäste in einem Hotel leben« (*ryoshoku no kyokai*) prägte.

Der Verlust der Etikette zeigt sich in topischer Devianz, im Verfehlen des Ortes, der jedem einzelnen in einer wohlgeordneten Gesellschaft zusteht. Wie Banzan wünschte sich auch Sorai, daß die *samurai* aus ihren urbanen Hotels wieder aufs Land zurückkehren. Anders als Banzan wollte er aber das Geld als Tauschmedium nicht abschaffen, sondern seinen Gebrauch minimieren. Auch Sorai hatte begriffen, daß der Prozeß, der zur Ausbildung einer Geldökonomie geführt hatte, nicht mehr umkehrbar war. Arai Hakuseki (1657–1725) vermochte sich darüber hinaus von konfuzianischen Traditionalismen so weit zu lösen, daß er im Geld die wichtigste Quelle des Reichtums anerkennen konnte:

»Gold und Silber sind von Himmel und Erde gemacht. Wenn wir das Bild des menschlichen Körpers benutzen, können wir sagen, daß sie wie die Knochen sind, während alle anderen wertvollen Güter dem Blut, den Muskeln, der Haut und dem Haar vergleichbar sind. Blut, Muskeln, Haut und Haar wachsen wieder, wenn sie einmal zerstört wurden, aber die Knochen nicht. Gold und Silber sind wie die Knochen von Himmel und Erde, wenn sie einmal entfernt wurden, können sie nicht wieder neugeschaffen werden.«[364]

So weit konnte der Theoretiker und Ethiker Sorai dem Praktiker und Empiriker Hakuseki, der Beobachtung über Systemstrenge stellte, nicht folgen. In den Diskussionen über die Gründe der Inflation verfocht Hakuseki eine strikte Geldmengentheorie:

»Wenn der Wert der Güter hoch ist, ist der Wert des Geldes gering, und der Grund für einen geringen Wert des Geldes liegt in seiner großen Menge. Wenn wir in dieser Situation die Gesetze nutzen, um das Geld zu kontrollieren und seine Menge zu verringern, wird der Wert der Güter fallen und der Wert des Geldes steigen. Wenn der Wert des Geldes hoch ist, weil seine Menge gering ist, sollten wir die Gesetze benutzen, um die Menge von Münzen, die im Umlauf sind, zu erhöhen. So werden der Wert des Geldes und der Güter im Gleichgewicht gehalten, und der Reichtum wird sich über das ganze Land verbreiten.«[365]

Hakuseki hatte als Berater des Shôguns Tokugawa Ienobu (1662–1712) die Möglichkeit, seine Vorstellungen in die Tat umzusetzen. Es erwies sich aber, daß die ökonomische Wirklichkeit komplizierter war, als Hakuseki es sich gedacht hatte. Das Gleichgewicht, das er sich von seinen drastischen Maßnahmen erwartet hatte, stellte sich nicht ein. Im Gegenteil, das Währungssystem wurde noch verschlungener und undurchschaubarer, als es gewesen war, und provozierte ausholende Spekulationen in den Kreisen der Kaufleute. Hakusekis Mißerfolg ermutigte auch Sorai zu einem Angriff auf die Geldmengentheorie seines Rivalen. Hakusekis Maßnahmen mußten scheitern, weil sie, so Sorai, die sozialethische Dimension der Inflation vernachlässigten. Sorai glaubte seine eigenen Ideen bestätigt. Die Gründe für die Inflation waren nach seiner Überzeugung noch immer darin zu suchen, daß »die Menschen wie Gäste in einem Hotel leben, daß die rechte Etikette fehlt und die Macht der Kaufleute zugenommen hat«.[366]

In einem Punkt ist der Beitrag Sorais dem Ansatz Hakusekis in der Tat überlegen. Statt wie Hakuseki eine monokausale Erklärung anzubieten, besteht Sorai darauf, daß mehrere Faktoren in Betracht gezogen werden müssen: Produktionskosten, das Verhältnis von Angebot und Nachfrage, das Entstehen eines landesweiten Markts, ja sogar die Grundstückskosten in der Hauptstadt, der wachsende Einfluß der Kaufleute auf die Festlegung der Preise, das Auftreten zahlungskräftiger neuer Konsumentengruppen. Sogar die Bedeutung des Kreditwesens und der Geschwindigkeit des Zahlungskreislaufs sind Sorai nicht entgangen. »Gold und Silber bleiben nicht immer am selben Platz, sie bewegen sich von Ort zu Ort, aus einer Richtung in die andere. So können hundert *ryô* die Arbeit von hunderttausend *ryô* verrichten. Aber hinter Schuldscheinen im Wert von hunderttausend *ryô* arbeiten wirkliche Münzen im Wert von nur hundert *ryô*.«[367]

10.7 Dazai Shundai

Die konfuzianischen Fundamentialien behielten ihre Geltung auch für das ökonomische Denken der Tokugawa-Zeit. Im Begriff *keizai*, »Wirtschaft«, war alles das enthalten, was die Konfuzianer der Tokugawa-Zeit für die wesentlichen Aufgaben des Konfuzianismus hielten. Das Kompositum war entstanden aus der Phrase *KEIkoku* (oder *keisei*) *SAImin*, »das Land verwalten und das Leid des Volks lindern«. Die Tokugawa-zeitliche Vorstellung von *keizai* wurzelte in der konfuzianischen Sozialethik und dem mit ihr kurzgeschlossenen Ideal vom tugendhaften Herrscher. Damit blieb sie eng an die Frage nach Gerechtigkeit, Gesetz und Moralität gebunden.

Dazai Shundai (1680–1747), Schüler Sorais, veröffentlichte im Jahre 1729 eine Schrift mit dem Titel *Keizairoku*, *Aufzeichnungen zur politischen Ökonomie*, in der er den Begriff *keizai* erklärt:

»*keizai* bedeutet, das ganze Reich [*tenka*, ›die Oikumene‹] zu beherrschen; es meint die Tugend, die Gesellschaft zu regieren und das Leid des Volks zu lindern. *kei* ist kluge Staatskunst (*keirin*) [...] *kei* bedeutet wörtlich ›einen Faden lenken‹. Die ›Kette‹ eines Stücks Stoff wird *kei* genannt, der ›Einschlag‹ *i*. Wenn eine Weberin Seide webt, bereitet sie erst die ›Kette‹ vor [...] und webt dann den ›Einschlag‹. *kei* meint auch ›Handhabung‹ [›Management‹, ›Konstruktion‹] (*keiei*) [...] Wenn man einen kaiserlichen Palast konstruiert, muß man erst den Plan für das Ganze entwerfen, dann führt man den Plan aus. Das ist *kei*. *sai* bedeutet die Tugend der Rettung (*saidô*). Man kann (das Schriftzeichen) auch *wataru* lesen, dann bedeutet es wörtlich ›jemanden über einen Fluß ans andere Ufer tragen‹ [...] Es meint auch die Tugend der Hilfe/Rettung (*kyûsai*); dann kann es noch *sukuu* gelesen werden mit der Bedeutung ›das Volk von seinem Leid befreien‹. Darüber hinaus kann es interpretiert werden als ›Vollendung‹ oder ›Verwirklichung‹. Der Begriff *keizai* hat also viele Bedeutungen, aber der wesentliche Punkt aller dieser Bedeutungen ist: Angelegenheiten regeln und diese Angelegenheiten zu einem erfolgreichen Abschluß bringen.«[368]

Diese allgemeine und umfassende Bedeutung von *keizai* erlaubte es Dazai Shundai, in seinem *Keizairoku* sowohl über Verbrechen und Strafe als auch über Geographie und Erziehung zu schreiben. Arai Hakuseki, in der gleichen Tradition, hatte keine Probleme, unter dem Titel *keizai* nicht nur über Geld- und Handelspolitik nachzudenken, sondern auch Ratschläge über das Abfassen eines angemessenen Epitaphs für einen verstorbenen Shôgun zu erteilen.

Die Metaphern Textur und Text – mit *kei* bezeichnete man auch die klassischen konfuzianischen Texte – verliehen dem Begriff *keizai* sein spezifisches soziales Gewicht: Er umfaßte das ganze gesellschaftliche Gewebe, das ganze Netzwerk des gesellschaftlichen Lebens. Politische Ökonomie im Sinne der *keizai* beschäftigte sich mit den Formen des Austauschs, durch den die gesellschaftlichen Beziehungen reguliert werden. Das Motiv, im Schutz der *samurai*-Klasse das Ziel aller Wirtschaftspolitik zu sehen, verbindet die Ideen Hakusekis und Sorais mit denen Dazai Shundais, der zwar den Kommerz überhaupt fördern wollte und die Domänen darin bestärkte, Monopole auf bestimmte lokale Produkte zu errichten, aber keineswegs die Steigerung des Profits der Kaufleute im Sinne hatte, die ja, wie sein Meister Sorai es plastisch ausgedrückt hatte, »anders als die Handwerker und Bauern ihr Geld damit verdienen, einfach nur dazusitzen, ohne einen Muskel zu bewegen«.[369]

Bemerkenswert ist, daß Shundais Angriffe auf den Buddhismus darauf zielten, daß er das Volk ökonomisch ausblute. So schreibt er, daß die buddhistischen Mönche »das unwissende Volk betrügen und ihm, indem sie es dazu bringen, ihr Vertrauen in den Buddhismus zu setzen, Geldspenden und die Produkte der Felder abgaunern. Diese Mönche sind entgegen der Lehre Buddhas und der Gründer ihrer Sekten schamlos verlogen und betrügen mit gemeiner und lasterhafter Rede unwissende Frauen.«[370]

10.8 Ishida Baigan

Seit der legendären Genroku-Zeit entwickelten die Kaufleute, die *shônin*, ein eigenes Ethos. »Der Name *Genroku* bezieht sich in seinem engen Sinn auf eine bestimmte Ära in der japanischen Geschichte (1688–1704), in einem weiteren Sinne wird er als Bezeichnung eines Lebensstils gebraucht, der sich in den letzten beiden Jahrzehnten des 17. und dem ersten Jahrzehnt des 18. Jahrhunderts in den Städten ausprägte.«[371] Der Anteil der Bevölkerung, die in Ansiedelungen mit mehr als 10.000 Einwohnern lebten, wuchs in diesen Jahren um das Zehnfache. Am Ende des 17. Jahrhunderts lebten zwischen 5 und 7% der japanischen Gesamtbevölkerung in Städten mit mehr als 100.000 Einwohnern, in Europa waren es 2 bis 3%. Trotz verheerender Brandkatastrophen in der Hauptstadt, dem heutigen Kyôto (1692), und in Edo (1698), trotz ökonomisch folgenreicher Geldentwertungen, trotz mehr als 159.000 Todesopfern bei einem Erdbeben in der Kantô-Ebene im Jahre 1703 entdeckten und entwickelten die städtischen Japaner in dieser Periode ein neues Lebensgefühl und einen neuen Lebensstil. Signifikant ist auch die Tatsache, daß in der zweiten Hälfte des 17. Jahrhunderts in der Regel Mitglieder der *samurai*-Klasse Produzenten der Popularkultur waren, während ihre Konsumenten die Händler und Handwerker waren. Bis zur Mitte des 18. Jahrhunderts hingegen rekrutierte sich der größte Teil der Produzenten und Konsumenten aus der Klasse der Kaufleute: »Die *Genroku*-Jahre markieren eine Zeit beispielloser sozialer und kultureller Interaktion zwischen den verschiedenen Klassen im Tokugawa-Japan.«[372] In dieser Zeit sollen 70% der Kunden der Freudenhäuser in Edo *samurai* gewesen sein.

Die Kaufleute waren trotz ihres niedrigen Status ein integrierter Bestandteil der Tokugawa-Gesellschaft, deshalb war auch ihr Denken zutiefst vom konfuzianischen Paradigma geprägt, ja abhängig.[373] Aber sie ergänzten und bereicherten das konfuzianische Inventar um den Sinn für kühle Kalkulation und merkantilen Pragmatismus. Exemplarisch verdeutlichen sich Geist und entschiedene Pragmatik der Kaufleute in den 1722 formulierten Hausregeln der Familie Mitsui: »Leute im öffentlichen Dienst sind in der Regel nicht sehr wohlhabend. Weil sie sich darauf konzentrieren, ihre öffentlichen Pflichten zu erfüllen und ihre eigenen Familienangelegenheiten vernachlässigen. Vergiß nicht, daß du ein Kaufmann bist! Den Umgang mit der Regierung mußt du immer als ein zweitrangiges Geschäft betrachten. Es ist ein großer Fehler, die Familiengeschäfte in den Hintergrund zu stellen und sich vornehmlich dem Dienst für die Regierung zu widmen [...] Es ist die Pflicht eines jeden, an die Götter und an Buddha zu glauben und den Lehren des Konfuzius zu folgen. Man sollte dabei jedoch nicht zu weit gehen. Die es mit der Religion übertreiben, werden nie erfolgreiche Kaufleute sein; sie werden ihre Geschäfte vernachlässigen und ihre Häuser in den Ruin führen. Vor allem sollte man Tempeln und Schreinen keine zu großen Summen Geldes oder andere Schätze schenken. Die Götter und die Buddhas sind in unserem Herzen. Deshalb solltest du ihnen kein Gold oder Silber schenken und eine bestimmte Gegenleistung dafür erwarten. Statt dein Gold und Silber an Schreine und Tempel zu verschwenden, solltest du den Armen und Notleidenden angemessene Geschenke machen; dann wird dein Gewinn tausendfach sein, und deine guten Taten werden gelobt werden.«[374]

Der in einem Bauernhaus geborene, aber in einer Kaufmannsfamilie in Kyôto erzogene Ishida Baigan (1685–1744) – ein profunder Kenner der shintôistischen, buddhistischen und konfuzianistischen Traditionen – eröffnete im Alter von 45 Jahren eine Lehrstätte, an der er seine Shingaku, seine »Lehre vom Herzen« vorstellte, die – eklektisch in ihrer Form und religiös in ihrem Wesen – den Bedürfnissen seiner Hörer aus der Kaufmannsschicht in idealer Weise entsprach. Das Ziel seiner Lehre war, allgemein gefaßt, die durch die rapide Entwicklung der Marktwirtschaft destabilisierte Gesellschaftsordnung zwar nicht zu reformieren, aber wieder »richtigzustellen«. Er wandte sich gegen die soziale Marginalisierung der *chônin*, der Städter, im allgemeinen und der *shônin*, der Kaufleute, im besonderen. In Baigans Augen war die gesellschaftliche Rolle der Kaufleute – als Führungsklasse de facto – der der *samurai* homolog.[375] Baigan strebte eine moralische Rechtfertigung kommerzieller Aktivitäten an. Der »Weg der Krieger« und der »Weg der Kaufleute« sollten gleichsam fusioniert werden.

Baigan predigte Hingabe an die Forderungen des Tages, Besinnung und Selbstkontrolle. Anders als seine konfuzianistischen Zeitgenossen rückte er die Tätigkeiten der Händler und Kaufleute, selbst das Profitmachen in ein positives Licht, ohne freilich die soziale Ordnung des Tokugawa-Staates in Frage zu stellen. Was er forderte, war eine höhere Wertschätzung der Kaufleute innerhalb der gegebenen Ordnung. Die Kaufleute sollten sich in ihrem Profitstreben von Redlichkeit (*shôjiki*) und einem Geist der Selbstlosigkeit leiten lassen, wobei Baigan sich unter Redlichkeit eine angeborene Tendenz, ein inneres ethisches Regulativ vorstellte. Der »Weg des Kaufmanns« besteht für ihn darin, diese innere und angeborene Natur, das »ursprüngliche Herz« zu entdecken (*honshin hatsumei*) und zu kultivieren. Das bedeutet, das Ego (*ware*) so weit zurückzunehmen, daß es das ursprüngliche Herz nicht mehr verdecken kann. Dabei stelle sich mit Notwendigkeit heraus, daß das wahre Interesse eines Kaufmanns im Fleiß und in der Bescheidenheit liegt. Für Baigan definiert der Markt die Grenzen erlaubten Profits. Die Marktmechanismen, so glaubt Baigan, strafen die, die unehrenhaften Gewinn machen. Kaufleute, die die »Erleuchtung« (*satori*) erlangt haben, bereichern hingegen die ganze Gesellschaft durch ihr legitimes Gewinnstreben.

Die Lehre einer ursprünglich guten Menschennatur, die aber immer in Gefahr ist, korrumpiert zu werden, hatte Baigan von Menzius übernommen. Als besonders anfällig für moralische Degeneration und moralischer Rehabilitation besonders schwer zugänglich galten auch bei Baigan, dem allgemeinen zeitgenössischen Diskurs entsprechend, die Frauen. Die Frauen, so lehren Baigan und sein Nachfolger Tejima Toan (1718–1786), können ihr ursprüngliches Herz am besten im Rahmen einer Ehe entdecken. Der Übergangsritus der Heirat ›tötet‹ die Frau in der Frau und ermöglicht es ihr, ihr Geschlecht qua (kodifizierter) Rolle zu entdecken. Toan spart nicht mit deutlichen Worten: »Eine Braut muß wie eine Tote werden; sie kann in ihr Vaterhaus nicht mehr zurückkehren [...] Um ihren Tod anzuzeigen, muß sie ein [Trauer-]Feuer entzünden, um ihre Beziehung zu ihren Eltern (*en*) abzubrechen.«[376] Darüber hinaus soll sie eine liebevolle und duldsame Haltung gegenüber der Konkubine (*mekake*) ihres Mannes einnehmen. Das ursprüngliche Herz der Frauen ist durch die von ihnen geforderten sechs konfuzianischen Tugenden des Gehorsams, der Reinheit, der Gutwilligkeit, der Einfachheit, der Bescheidenheit und des Fleißes gekennzeichnet. Bei Toan entscheidet das Geschlecht – im Sinne von *gender* – über die Verortung im Raum: Frauen sollten die Tür (*nakado*), die das Innere des Hauses (*oku*) vom »Kontor« (*omote*) trennt, nicht durchschreiten.[377] Auch in den Shingaku-Kollegs (*kôsha*) wurde den Frauen ein eigener Raum – »ein Laboratorium zu Erzeugung von Shingaku-Frauen«[378] – und während öffentlicher Vortragsveranstaltungen Frauen-Plätze (*nyoshi-seki*) zugewiesen. Möglicherweise war die geschlechtsspezifische Aufteilung des Raums inspiriert vom Design des Kaiserpalasts und/oder der Burgen des Shôguns und seiner Vasallen.[379]

Es gelang den Schülerinnen der Shingaku-Gelehrten, keine »Shingaku Women« zu werden. Ihr Geschlecht beschützte sie davor: »die weibliche Anatomie schloß nämlich Weiblichkeit aus. Die Logik des anatomischen Reduktionismus garantierte, daß Frauen nur an der *Dekonstruktion* von Weiblichkeit teilnehmen konnten, wie sie von der patriarchalischen Intelligenz definiert wurde.«[380]

10.9 Die »Krise« und Matsudaira Sadanobu

In der zweiten Hälfte des 18. Jahrhunderts geriet das *bakufu* zunehmend in wirtschaftliche Schwierigkeiten. Die Maßnahmen des korrupten Tanuma Okitsugu (1719–1788), der unter den Shôgunen Ieshige und Ieharu diente – Geldentwertung, Monopolvergabe, Besteuerung von Schulden –, zeigten nicht den erwarteten Effekt. Im Gegenteil, die Preise stiegen ins Unermeßliche. Hungersnöte in den Jahren 1783–87 und Bauernaufstände verschlimmerten die Lage noch.

Matsudaira Sadanobu (1758–1829) stellte sich dieser Situation mit höchst unpopulären Reformen. 1787, in einem Jahr, in dem Naturkatastrophen, Inflation, Nahrungsmangel und Aufstände auf der Tagesordnung standen, wurde Sadanobu zum Staatsrat (*rôjû*) ernannt und drei Jahre später zum Regenten (*hosa*). Er begann sofort mit der Durchsetzungen von Reformen, die nach der Kansai-Periode (1789–1801) die Kansai-Reformen genannt werden und sich auf fast alle gesellschaftlichen Bereiche – Schule, Erziehung, Rechtswesen, Verwaltung – erstreckten.

Seine Maßnahmen waren durchweg konservativer Natur. Er reduzierte die Staatsausgaben, rief zum Maßhalten, zur Frugalität auf und ließ die Preise kontrollieren. 1789 annullierte er die Schulden der direkten Vasallen des *bakufu*, der *hatamoto*, die diese vor 1784 angesammelt hatten, und reduzierte die Zinsen für die Schulden, die danach angefallen waren. Durch diesen Schuldenerlaß verloren sechsundneunzig Finanziers insgesamt 1.200.000 *ryô*. Sadanobu ließ, um künftigen Hungersnöten vorzubeugen, die Reisreserven des *bakufu* aufstocken und verlangte von den *daimyô*, je 10.000 *koku* [1 *koku* = 180 Liter] Reis, die sie einnahmen, 50 *koku* zurückzulegen. 70 % der Haushaltseinsparungen der Stadt Edo gab er als Hilfe an die Bedürftigen und gegen sehr niedrige Zinsen als Kredite an die Armen aus. Darüber hinaus richtete er ein Schulungs- und Besserungsprogramm für Arbeitslose und Vagabunden ein. Um die landwirtschaftliche Produktion zu erhöhen, forderte er die Bauern, die nach Edo übergesiedelt waren, auf, wieder aufs Land zurückzukehren. Legendär und zu einem beliebten Thema der zeitgenössischen Satire wurden aber vor allem seine Gesetze zur Einschränkung des Luxus. So verbot er z.B. das gemeinsame Baden von Personen verschiedenen Geschlechts, wenn sie älter als sechs Jahre waren.

Ideengeschichtlich von Bedeutung ist, daß Sadanobu im Versuch, »unorthodoxes« Denken zu blockieren, in den Schulen des *bakufu* nur noch den Neokonfuzianismus Chu-Hsischer Prägung duldete. Alle anderen wurden aus dem Curriculum ausgeschlossen. Wer eine ›unorthodoxe‹ Ausbildung genossen hatte, hatte keine Chance, an einer staatlichen Schule angestellt zu werden. Dennoch konnte Sadanobus Kansai-Edikt die Verbreitung nicht-neokonfuzianischen Denkens nicht wesentlich beeinträchtigen oder gar verhindern. Auch die bedrohlichen Probleme des *bakufu* konnten Sadanobus Maßnahmen nicht lösen, und so blieb er nur sechs Jahre im Amt.

Unter dem oft als hedonistisch charakterisierten Shôgun Tokugawa Ienari – immerhin hatte er vierzig Frauen und Konkubinen zu versorgen – , der mehr als fünfzig Jahre (1786–1837) regierte, folgte nun eine freizügigere Epoche, in der die moralischen Standards wieder absanken und die Bestechung wieder ein probates Mittel der Politik wurde. Die Staatsausgaben stiegen wieder, ebenso die Preise, mit Ausnahme des Reispreises. Zur Sanierung der maroden Finanzen fiel der Regierung außer wiederholter Geldentwertung wenig ein. Zwischen 1806 und 1813 zog sie zwangsweise von wohlhabenden Städtern und Kaufleuten 1,4 Millionen *ryô* ein, was den Staatshaushalt jedoch nicht gesunden ließ.

Nach dem Tod Ienaris führte der *rôjû* Mizuno Tadakuni (1793–1815) erneut Reformen im Stile Sadanobus durch: die Tenpô-Reformen. Auch diese blieben erfolglos, weil sie letztlich nur kaschierten, daß notwendige Veränderungen und Erneuerungen im Bereich des Handels und der Geldökonomie nicht stattfanden. Tadakuni nahm auch die Monopolprivilegien, die Tanuma vergeben hatte, zurück, weil er annahm, daß ein freier Warenfluß die Preise senken würde. Dadurch blieben aber auch auch die Gebühren aus, die die Monopole dem *bakufu* eingebracht hatten. Zum Ausgleich wurden reiche Kaufleute in Ôsaka zu Geldschenkungen gezwungen. Mit der Schließung von Theatern (*nô* und *kabuki*) und Teehäusern ging er noch weiter als Sadanobu in seiner Luxusgesetzgebung, was Tadakuni zu einem vielgehaßten Mann machte. Eigenwillig, ja absurd war auch sein Eintreten für eine Einschränkung sekundärer Produktionsformen wie des Webens. Er glaubte, solche Arbeiten verkürzten nur die Zeit, die die Bauern sinnvoller auf ihren Feldern verbringen könnten. Diese und andere seiner Maßnahmen wurden bald nach seiner Entlassung im Jahr 1843 rückgängig gemacht. Ein Berater Tadakunis, Satô Nobuhiro (1769–1850), hatte zwar schon die Notwendigkeit der Übernahme westlicher Wissenschaft und Technik und der Entwicklung der Wirtschaft (nicht zuletzt zu militärischen Zwecken) erkannt, aber seine von shintôistisch-nationalistischem Expansions-Pathos getragenen Vorschläge zu einer radikalen Neuorganisation der Wirtschaft – totale Kontrolle durch die Zentralregierung, Nutzung und Regulierung aller natürlichen und menschlichen Ressourcen – wurden, obgleich sie Gehör fanden, nicht umgesetzt. Erst nach der Meiji-Restauration wirkten sie sich unter dem Schlagwort *fukoku kyôhei*, »ein reiches Land und ein starkes Militär«, prägend aus.

10.10 Kaiho Seiryô

Kaiho Seiryô (1755–1817) forderte eine Anpassung der überlieferten Ideen an die Gegebenheiten seiner Zeit und seiner Gesellschaft. Traditionen sollten sich im Säurebad der Erfahrung und der Praxis bewähren: »Gelehrtheit bedeutet nicht nur, eine genaue Kenntnis über die alten Dinge zu besitzen; wahre Gelehrtheit bedeutet auch, eine genaue Kenntnis der gegenwärtigen Angelegenheiten zu haben. Viele Taten, die heute geschehen, sind nicht im Wissen der Alten enthalten. Im allgemeinen gilt, daß Gelehrtheit nutzlos ist, wenn sie kein Licht auf die Gegenwart wirft.«[381] Auch Seiryô hatte, obgleich er aus einer *samurai*-Familie stammt, eine große Hochachtung vor den *shônin*, er erklärte sogar das merkantile Gewinnstreben (*kôri*) zu einem entscheidenden Faktor zur Überwindung der wirtschaftlichen Probleme seiner Zeit.[382]

Er sah, daß das *bakufu* nicht Schritt hielt mit der ökonomischen Entwicklung im Land. Um die Verarmung der *samurai* aufzuhalten, schlug er nicht, wie es noch Banzan getan hatte, eine Einschränkung der Geldwirtschaft vor, sondern verlangte von ihnen, ihre Verachtung für den Kommerz aufzugeben und das wertschaffende Profitstreben der Kaufleute nachzuahmen. Seiryô entwickelte die für Japan revolutionäre Idee, daß alle sozialen Beziehungen ihrem Wesen nach Marktbeziehungen seien. »Seit alten Zeiten ist die Beziehung zwischen Herrn und Vasall eine Marktbeziehung. Der Vasall erhält eine Vergütung und leistet dem Herrn dafür seine Dienste. Der Herr kauft beim Vasallen, und der Vasall verkauft an den Herrn; es ist ein Markttausch, und dieses Kaufen und Verkaufen ist nichts Schlechtes, sondern etwas Gutes.«[383]

Die philosophische Pointe der Wirtschaftslehre Seiryôs besteht darin, daß er das konfuzianische Ordnungsprinzip (*ri*) mit dem Markttausch identifiziert. Alle Sozialbeziehungen fußen auf Tausch, und Tausch wird von dem Wunsch motiviert, Vorteile zu erlangen. Handel und Gewinnstreben sind folglich die Kräfte, die die Welt im innersten zusammenhalten: »Alle Dinge zwischen Himmel und Erde sind Tauschwaren. Es ist das Gesetz der Waren, daß sie andere Waren hervorbringen, eine ›Tauschware‹ generiert die andere: Felder produzieren Reis und Geld produziert Profit. Es ist das Gesetz des Kosmos, daß Berge Bäume hervorbringen, daß das Meer Salz und Fische hervorbringt und daß Geld und Reis Profit hervorbringen.«[384]

10.11 Itô Jinsai, der kogigaku-Gelehrte

Der im Jahre 1627 als Sohn eines Kaufmanns in Kyôto geborene Jinsai hatte sich schon sehr früh für ein Leben als

Gelehrter entschieden. Er lehnte es ab, Arzt zu werden, wie seine Eltern es von ihm gefordert hatten, und übertrug als Neunundzwanzigjähriger die Leitung der Familiengeschäfte seinem jüngeren Bruder. Noch mit sechsundvierzig Jahren sollte er sich weigern, in die Dienste eines *daimyô* zu treten. Zunächst widmete er sich dem Studium des Sung-Konfuzianismus, bis ihn Krankheit und miserable Lebensbedingungen zu taoistischen und buddhistischen Schriften greifen ließen. In seinem vierten Lebensjahrzehnt fand er schließlich zu seiner eigenen Doktrin, die er *kogigaku*, die »Schule der alten Bedeutungen«, nannte. Im Jahre 1662 gründete er eine private Akademie, der er den Namen Kogidô (Horikawa-gakuha), »Halle [zum Studium] der alten Bedeutungen«, verlieh. Dieser Schule, die Tausende von Schülern anzog, stand er bis zu seinem Tod im Jahre 1705 vor.

Unter seinen zahlreichen, größtenteils exegetischen Werken[385] gilt seine Schrift über die *Bedeutungen der Wörter im Lun-yü und Meng-tzu* (*Gomô jigi*) als Höchstleistung: ein Begriffswörterbuch in dreißig Kapiteln und zwei Anhängen, dessen Sprache sich, ein Charakteristikum Jinsaischen Denkens, gleichsam am Leitfaden des alltagssprachlichen Diskurses bewegt. Jinsais Schriften dokumentieren neben einer großen Kenntnis der neokonfuzianischen Klassiker auch Vertrautheit mit dem dezidierten Korrelationisten Tung Chung-shu und Chou Tun-i, die er ausführlich und zustimmend zitiert. Daneben ist es vor allem Menzius, auf den er seine Argumente stützt und dessen Lehre von der wesentlichen Gutartigkeit der menschlichen Natur er immer wieder zitiert. Viel Mühe wendet Jinsai auf, die Einheit und Homogenität der Lehren des Konfuzius und des Menzius gegenüber ihren sungzeitlich-neokonfuzianischen Verzerrungen zu beschwören und verteidigen.

Jinsai, der in seinem Alter die vitale, ja rasante Genroku-Epoche (1688–1704) miterlebte, hielt sich selbst nicht für einen Reformer, sondern für einen Revolutionär. Gleichwohl hat er, dies wirft einiges Licht auf seinen Charakter, in seinem Leben die Hauptstadt nur sehr selten und nur für kurze Ausflüge verlassen und wurde daher als »Dorfbrunnengelehrter« verunglimpft.

Jinsais Diskurs ist im Begriff des Lebens verankert, für ihn sind »Himmel und Erde ein großes Lebewesen«, in dem die Menschen »pausenlos trinken, essen, reden, sich unterhalten, sehen, hören, sich bewegen und schaffen – bis an ihr Ende«.[386] Pollack vermutet, daß in Jinsais Gleichsetzung des Lebens mit dem Guten und des Todes mit dem Bösen eine Präferenz für den Shintôismus zum Ausdruck komme.[387] Dazu fügt sich, daß Jinsai die konfuzianische Kardinaltugend der »Menschlichkeit« mit der »Liebe« geradezu gleichsetzte.

Der Akzent, den Jinsai auf das Leben und die emotionale Seite des Menschlichen legte, erklärt sich indes nicht allein aus der Zwangsläufigkeit seines Denkens. Man kann darin auch ein zeittypisches Phänomen sehen, für das sich zahlreiche Parallelen in den Werken von Zeitgenossen aufzeigen lassen. Ibara Saikakus (1642–1693) Prosa kreist um die Themen der Sexualität, der Gewalt und des, wie man in moderner Diktion sagen könnte, sozialen Ungehorsams. Chikamatsu Monzaemons (1653–1724) Theater feiert, ja glorifiziert den »Doppelselbstmord der Liebenden« (*shinjû*), und den Holzschnitten Hishikawa Moronobus (?–1694) eignete eine erotische Dimension, »deren Reiz, den sie auf die Städter der Genroku-Zeit ausübten, keiner Erklärung bedarf«. Jinsais Affirmation der Affekte paßte zu den neuen Realitäten urbanen Lebens in einem Zeitalter des Wohlstands und des Friedens.[388]

Jinsais Lehre schließt eine »Genesis« des Kosmos im wörtlichen Sinne aus. Das Hervortreiben aller Dinge schrieb Jinsai einer ursprünglichen, kosmischen Energie zu, die er *genki* nannte. Insofern war er ein strikter Monist: »In der Welt gibt es nur die eine Ursprüngliche Energie [...] Die Welt hat weder einen Anfang, ein Ende, noch kennt sie eine Schöpfung. [...] Es ist das Tao des Himmels und der Erde, alle Dinge ohne Ende hervorgehen zu lassen [...] Daß die leichten und reinen Stoffe sich sammelten und den Himmel formten, und die schweren und gemischten Stoffe sich zur Erde ballten, das sind nur ungenaue Auffassungen, die aus der Zeit der Han-Konfuzianer stammen. Sie sind genauso falsch wie die Theorien des Buddhismus von der anfangslosen [Seelenwanderung] und die taoistischen Theorien [von einem Chaos] noch vor dem Unendlichen (*mukyoku*).«[389]

Der Kosmos Jinsais ist ewig, geordnet und gekennzeichnet durch Perfektibilität. Die Zehntausend Dinge vervollkommnen sich stetig. Ausgehend von seiner These von der einen »ursprünglichen Energie« (*genki*) spricht Jinsai der Materie-Energie *ki* Priorität vor dem Ordnungsprinzip *ri* zu: »Nimm sechs Bretter und forme daraus eine Schachtel. Wenn der Deckel geschlossen ist, ist sie von selbst bereits (*soku*) mit *ki* angefüllt. Wenn die Schachtel voll *ki* ist, dann bildet sich von selbst Schimmel; und aus dem Schimmel gehen Würmer hervor. Das ist die Ordnung (*ri*) der Natur (*shizen*)! Himmel und Erde sind eine solche große Schachtel, Yin und Yang sind das *ki*, das sie ganz ausfüllt, und die Zehntausend Dinge (*banbutsu*) sind der Schimmel und die Würmer; sie sind das *ki*! Da ist nichts, was sie hervorgebracht hat, da ist nichts, woher sie kommen. Wo eine Schachtel ist, da ist auch schon (*soku*) *ki*. Wo keine Schachtel ist, da ist auch kein *ki*. Daher ist klar: im Kosmos gibt es nur dieses eine ursprüngliche *ki* (*ichigenki*). Offensichtlich gibt es nicht erst das *ri*, während das *ki* später entsteht. Was ich *ri* nenne, ist nichts anderes als die Muster des *ki*.«[390]

Drastischer noch ist Jinsais Verdikt im 66. Abschnitt seiner Schrift *Dôjimon*, *Knabenfragen*, in dem er in leichtverständlicher Form in Grundfragen der Ethik einführt. Hier schreibt Jinsai: »*ri* ist nur ein totes Wort; es ist in den Dingen, ohne sie beherrschen zu können (*ri wa moto shiji, mono ni atte mono o tsukasadoru koto atawazu*)«.[391] Die sechs Bretter spielen auf die Himmelsrichtungen plus oben und unten an, deren Gesamtheit *u* genannt wird. Tritt zu *u* das Zeitelement im Sinne des Übergangs von einer vergangenen Zeitstelle zur gegenwärtigen anderen, *chû*, hinzu, ergibt sich der sinojapanische Name für Kosmos: *uchû*. »Die sechs Raumkomponenten sind endlos; und man weiß auch, daß [die Zeitkomponenten] Vergangenheit und Gegenwart endlos sind. Das heutige Universum (*tenchi*) ist das Universum der Vorzeit (*manko no tenchi*). Das Universum der Vorzeit ist das heutige Universum. Wo sind da Anfang und Ende? Wie könnte es da einen ›Beginn‹ [des Universums] (*kaibyaku*) geben!«[392]

Ebenfalls mit deutlicher Kritik an Chu Hsi definiert Jinsai das Tao und seine Beziehung zu Yin und Yang. Er schreibt: »K'ao t'ing [= Chu Hsi] sagt, daß Yin und Yang nicht das Tao seien, sondern daß das Tao die Ursache von Yin und Yang sei, aber das ist nicht richtig. Yin und Yang sind gewiß nicht das Tao. Das endlose Kommen und Gehen von Yin und Yang, das ist das Tao! Chu Hsi behauptet, das Allumfassende (*taikyoku*) sei das Äußerste und Yin und Yang seien die Bewegung und die Ruhe des *taikyoku*, aber damit weicht er von der Lehre des *Ekikyô* (*Leitfadens der Wandlungen*) ab.«[393]

Chu Hsi hatte *taikyoku*, »höchster Gipfel«, synonym mit *ri*, »kosmisches und sittliches Prinzip«, gebraucht. Jinsai interpretierte *taikyoku* hingegen als einen anderen Namen für die eine Ursprüngliche Energie *ichigenki*. Die Identifikation des *taikyoku* mit dem *mukyoku* lehnte er ab, da die alten Konfuzianer, auf die er sich berief, diesen Begriff noch gar nicht kannten, wie Tôgai, der Sohn Jinsais, in einem Kommentar zu Chou Tun-i vermerkt.

Jinsai repräsentiert in gewisser Weise den »Philobaten« unter den japanischen Kritikern des Neokonfuzianismus. Die Vorstelllung eines passiven Moments im Kosmos widerstrebt ihm zutiefst: Alles ist Bewegung und Fortschritt, alles folgt einem unhintergehbaren Vervollkommnungstrieb. »Optimismus räumt all die Hindernisse weg, die sich in den Weg von Jinsais *élan vital* stellen wollen.«[394] Gleichzeitig bleibt der Begriff des Himmels (*ten*) eigentümlich personalistisch konzipiert, und der des Himmelsmandats (*tenmei*) behält die fatalistische Färbung, die Menzius ihm gegeben hatte:

»Der Himmel ist das, was ganz aus sich selbst (*shizen*) entstanden ist, etwas, das die Kräfte des Menschen nicht hervorbringen könnten. Das Mandat/der Auftrag (*mei*) scheint durch menschliche Kraft hervorgebracht, ist in Wirklichkeit aber menschlichem Einfluß entzogen: Der Himmel ist wie ein Herrscher, das Mandat ist wie sein Befehl. Der Himmel ist der Ort, dem das Mandat entspringt; das Mandat ist etwas, das dem Himmel entspringt. Deshalb ist das Mandat dem Himmel untergeordnet [wie die Folge einer Ursache, wie ein Verb einem Nomen].«[395]

Vor allem mit seiner Zurückweisung der abstrakten *ri*-Konzeption, die Ch'eng I und Chu Hsi vorgelegt hatten, einer neuen Betonung der Kategorie der Nähe und der lebensweltlichen Evidenz gab Jinsai der neokonfuzianischen Diskursökonomie eine neue Wendung. Nach Jinsai fehlte dem Sung-Rationalismus das Wesentliche, eben genau das, was eine Lehre real (*jitsu*) macht. In seinen Augen enthielten die menschlichen Gefühle »die authentische Antwort auf alles, was das Herz bewegte. Er sagte, sie seien aus diesem Grunde alle *jitsu*: wahr, wirklich, faktisch. Dieses zentrale Element seines Denkens erscheint als eine absolute Umkehrung der konventionellen chinesischen Theorie, die grundsätzlich das Geschehen (die ›Szene‹) mit der Realität und das ›Gefühl‹ mit Unwahrheit und Erfindung identifizierte.«[396] Die Arena, die über den Wert einer Doktrin entscheidet, ist für Jinsai die Lebenswelt, »jene mit alltäglichen Trivialitäten gesättigte Arena«.[397] Jinsai übernahm die binären Oppositionen des Sung-Rationalismus, kehrte ihre Vorzeichen aber um. Überdies ignorierte er die sung-konfuzianische Unterscheidung zwischen *honnen no sei* und *kishitsu no sei* sowie die zwischen *mihatsu* (Latenz oder Potenz) und *ihatsu* (Akt oder Manifestation). Das Begriffsinventar selbst, die basale konfuzianische Terminologie, blieb weitgehend unangetastet, wurde aber gemäß den Erfordernissen einer Neubestimmung der subjektiven und sozialen Position des einzelnen radikal umgewertet. Die kritische, lexikographische Evaluierungsarbeit Jinsais konnte sich einerseits zwar auf eine lange innerkonfuzianische Tradition berufen, gewann andererseits jedoch eine neue Qualität.

Jinsai wandte in seiner Chu-Hsi-Kritik eine Art von Parodieverfahren an, nicht unähnlich der musikalischen Kontrafaktur. Man hat von der parasitären Natur der Philosophie Jinsais gesprochen. Allerdings war auch schon jede Äußerung der sung-zeitlichen neokonfuzianischen Denker, die die Folie für Jinsais Absetzungsrhetorik bereitstellte, selbst eine Bestätigung oder Verwerfung anderer Texte gewesen.[398] Bezeichnenderweise überarbeitete Jinsai seine eigenen Texte unermüdlich, um nicht zu sagen manisch, bis die Abnahme seiner körperlichen Kräfte dieser virtuell endlosen intellektuellen Rangierarbeit ein Ende setzte. Es liegen bis zu sechs Veröffentlichungen unter demselben Titel vor. Seine Denkform ist die iterativer Revision und Reformulierung: eine Form zäher Diskursivität, die in einem bedeutsamen Spannungsverhältnis zu Jinsais Betonung von Emotionalität und lebensweltlicher Dynamik steht, zumindest aber den Sinn von Emotionalität und Dynamik im Zusammenhang der Jinsaischen Doktrin erheblich einschränkt: Sie finden nur als Störelemente Aufmerksamkeit, die domestiziert werden müssen. Vor allem das Konzept der Ernsthaftigkeit der Reverenz unterzog Jinsai einer umfassenden Revision. Jinsai unterstellte den sung-zeitlichen Neokonfuzianern Heuchelei: Sie adjustierten ihr Selbst ihrem ethischen Ideal, als würden sie ihre Toilette vor einem Spiegel richten. Jinsai knüpft ein subtiles Argument an diese Kritik: Gerade der Akt, sich selbst mit den Augen eines »anderen« zu betrachten (wie im sich-versichernden, kontrollierenden Blick in den Spiegel), indiziert ein unsichtbares Inneres. Die Auslöschung des einzelnen in einem übergreifend-fluidalen Subjekt, die der Sung-Rationalismus für möglich gehalten und im Sinne eines idealen Zustands gefordert hatte, wird nach Jinsais Überzeugung verhindert durch die vermeintliche Fähigkeit des einzelnen, sich in einen anderen zu versetzen und sich durch dessen Augen zu sehen.

Jinsais Argument mutet ein wenig wie eine vorweggenommene Kritik an dem von George Herbert Mead eingeführten Konzept vom »generalisierten anderen« an, aus dessen Position sich ein handelndes Ich nur anzusehen habe, um erschließen zu können, was es zu erwarten hat. Gerade die Fiktion, den Blickpunkt wechseln zu können, verschleiert die Unmöglichkeit, den anderen in seiner aktuellen Andersheit erfassen zu können; verschleiert sogar das Wissen um diese Unmöglichkeit. Denn gerade »ohne das Bewußtsein von der untilgbaren Andersheit des anderen wäre auch die Einfühlung in den anderen, jeder Edelmut dem anderen gegenüber nur eine andere Form der Bestätigung des eigenen bewußten Selbst«[399] und zwänge den einzelnen, in der Hermetik seines Selbst unwiderruflich eingeschlossen zu bleiben. Sein empathischer Umgang mit der Umwelt bliebe Illusion. Der Sung-Rationalismus besteht indes auf einer empathischen Solidarität des einzelnen mit der Welt und den anderen, die sie verkörpern. Diese dient nach Jinsais kritischer Einschätzung aber nur dazu, die zentrale Stellung des einzelnen als sozialen Akteurs zu kaschieren und dadurch zu zementieren.

Jinsai setzt sein Konzept von Ernsthaftigkeit und Wahrhaftigkeit (*sei, makoto*) entschieden ab von dem Begriff der Ernsthaftigkeit der Reverenz (*kei*) bei Chu Hsi, der primär »the subjective social positions of addresser and addressee«[400] betrifft und daher die Jeweiligkeit und Besonderheit der einzelnen Begegnung verfehlen muß. Die Ernsthaftigkeit, die Jinsai fordert, zielt auf konkrete Ereignisse und Begegnungen, auf die Einzigartigkeit von Situationen und der in ihnen handelnden Individuen. Denn weder die Situation noch die in ihr Handelnden oder in sie Verstrickten lassen sich unter ein Ordnungsprinzip des von Chu Hsi definierten Genus subsummieren. Von unorthodoxer Folgerichtigkeit ist es, wenn Jinsai schreibt: »Wer die Prinzipien der Vier Klassiker versteht, wird die Höchsten Prinzipien auch in Erzählungen und Romanen entdecken und den Höchsten Weg in Gedichten und Schauspielen.«[401] Jinsais Akzentuierung der geradezu materiell-greifbaren

Realität der menschlichen Gefühle nimmt auf philosophischer Ebene die für die mittlere Edo-Zeit typische Deutung der »›human emotions‹ (*ninjô*) as inner native Japanese reality« vorweg; *ninjô* steht im edo-zeitlichen Diskurs in systematischer Opposition »to an external, alien fiction of ›the principle of restraint‹ (*giri*)«.[402] *Giri* ist die verpflichtende Gewalt des Gesellschaftlichen, welche die Neigung (*ninjô*) einschränkt und modelliert, das heißt der menschlichen Neigung den gesellschaftlich geduldeten Grad, die gesellschaftlich ratifizierten Konturen vorschreibt, *giri* umfaßt die menschlichen Verpflichtungen in der Gemeinschaft, denen die eigenen natürlichen Regungen (*ninjô*) zu opfern sind. Die Opposition *giri–ninjô* verliert jedoch etwas von ihrer Härte, wenn sie im Sinne Jinsais als Komplementarität gedeutet wird.

In seinem kurzen, aber hochkarätigen kunsttheoretischen Traktat *Naniwa miyage* verdeutlicht der Dramatiker Chikamatsu Monzaemon (1653–1724) die komplementäre Beziehung zwischen dem menschlichen Gefühl, bei ihm Pathos und Rührung genannt, und dem gleichsam als Stoppregel fungierenden *giri* als ein grundlegendes wirkungsästhetisches Prinzip: »Das Pathos ist ganz und gar eine Sache des *giri*. Denn Rührung (*aware*) stellt sich ein, wenn alle Teile der Kunst (*gei no rikugi*) von *giri* eingeschränkt werden; je stärker und fester die Melodie und die Worte sind, desto stärker wird der Eindruck der Rührung sein (*aware naru mono*).«

Chu Hsis Ernsthaftigkeit der Reverenz fungiert als formalisierter Akt der Sozialhygiene, sie abstrahiert von den besonderen einzelnen und bezieht sich auf sie ausschließlich als auf soziale Akteure, die klar bestimmte Rollen spielen, als auf Subjekte, deren Identität durch eine Reihe sozialer Codes determiniert ist.[403] Die Reduktion des einzelnen auf einen Rollenspieler verhindert die Begegnung oder auch Konfrontation mit jenem Überschuß an Andersheit, der im Rollenspiel nicht aufgeht – oder versucht sie zu verhindern. Die Menschen des Altertums (*kojin*) hingegen, schreibt Jinsai mit implizitem Bezug auf eine Passage bei Konfuzius, »übten ihre Ernsthaftigkeit der jeweiligen Gelegenheit entsprechend aus« (*koto ni tsuite kei o itasu*).[404] In Jinsais Augen führt die überwertige Betonung der Ernsthaftigkeit der Reverenz bei Chu Hsi zur Reduktion der einzelnen auf Träger fest umschriebener sozialer Rollen, was einer Amputation möglicher Andersheit im Sinne eines individuellen Überschusses gleichkommt.

Jinsai weist den Gedanken, daß die einzelnen sozial und ontologisch definiert und fixiert seien, zurück. Er versucht den Spielraum des einzelnen als eines individuellen Akteurs zu erweitern, indem er ihn der Möglichkeit des Scheiterns in immer wieder neuen Begegnungen mit anderen aussetzt. Seine Identität erlangt der einzelne nicht in der Erfüllung der ihm diktierten sozialen Rollen, sondern als Variable der konkreten Begegnung und des konkreten Dialogs. Jinsai versucht, die Würde des einzelnen zu retten, indem er ihn der sung-konfuzianischen Formaldefinition entzieht und ins Unkalkulierbare lebensweltlicher Begegnung verstößt. Daraus erhofft er sich auch eine Auflösung der Dichotomie innen/außen. Denn anders als die Sung-Rationalisten behaupten, beziehe sich der Begriff »innen« nicht auf die Wesensnatur des Menschen. Vielmehr bedeute »das Wort ›innen‹ ›Nahsein, Vertrautsein‹ (*shin/shitashimu*) und das Wort ›außen‹ ›Fern-, Entfremdetsein‹ (*so/utonsuru*)«.[405] Die neokonfuzianische Doktrin verdinglicht das »Innere« des einzelnen zu einer Monade und ist daher gezwungen, eine Art prästabilierte Harmonie anzunehmen, damit diese fensterlosen Innerlichkeiten überhaupt miteinander kommunizieren können. Imperative Gesetze und Argumente treten an die Stelle unmittelbarer Affektivität, für Jinsai ein Zeichen von Dekadenz: »Solange Moralität vorherrscht (*dôtoku sakan naru toki*), sind die Argumente zurückhaltend (*hi, hikuku*); wenn die Moralität degeneriert (*otorofuru toki*), herrschen die Argumente (*giron takashi*). [...] Wenn die Menschen alle ihren Spaß an ausgeklügeltem und übermäßigem Argumentieren haben, dann ist die Moral in Wirklichkeit schon degeneriert (*kudari-otorofuru*).«[406]

Ethisch relevante Erfahrungen müssen von der Kategorie der Nähe gleichsam gedeckt sein; aber Argumente transzendieren bereits die Szene, der sie entstammen und auf die sie sich beziehen. In ihnen hat sich die Sprache schon von ihren Sprechern und vom Ort ihrer Äußerung entfernt, entfremdet. Diese Loslösung des Gesprochenen vom Sprechen, des Sprechakts von seinem Inhalt, schafft keine Universalität, wie die Sung-Rationalisten glaubten, sondern Trennung. Sprache, die sich von der Szene ihrer Äußerung entfernt hat, ist entstellt, korrupt und schädlich. Sie ist abstrakt und verstellt den Blick auf die Vielfalt des Konkreten. Diese kritische Bewertung ist Jinsais erster Schritt, »eine andere Weise einzuführen, über soziale und Beziehungen und die Praxis zu sprechen«[407], eine Weise, die sich durch Nähe und Intimität auszeichnen soll. Jinsai, das ist entscheidend, meint mit dem »Inneren« nicht die subjektive Innerlichkeit des einzelnen (Sprechers), sondern das Innere der sozial grundierten Situation, an der der einzelne (Sprecher) teilnimmt. »Therefore, the inner is the adherence of an actor to a performative situation and also such involvement in it that the actor and the situation cannot be separated. Accordingly, Ito constantly speaks of ›congruity,‹ which refers to one's attachment both to the situation and to others.«[408] Dies heißt prägnant: Das konkrete Beteiligtsein an einer Situation kann nie als solches bezeichnet werden. Es entgeht der Registrierung.

Das Selbst ist für Jinsai zunächst einmal der Körper im Sinne eines Konsorten der Dinge, die sich bewegen, verwandeln und auflösen – wenn auch das getriebenste Ding unter den Dingen. Damit hat sich Jinsais Denken weit von den Geist-Konzepten Chu Hsis entfernt. Bei Chu Hsi ging die Wesensnatur im Sinne eines Niederschlags des Prinzips, *ri*, im Menschen dem Gefühl (*jô*) voran. Jinsai kehrt dieses Verhältnis um: »Chu Hsi behauptet, daß der Geist Natur und Gefühl miteinander verbindet, indem er Natur mit dem *tai* [der Substanz, dem Träger] des Geistes und Gefühl mit dem *yô* [der Funktion] des Geistes identifiziert. [...] Gefühl ist die Bewegung der Natur und gehört daher zum Begehren. Die ›Vier Ursprünge/Anfänge‹ (*shitan*) und der Zorn sind vom Geist gedacht und sollten nicht Empfindungen genannt werden. [...] Empfindung ist etwas, das sich bewegt ohne gedacht zu sein. Wenn es nur ein wenig mit Denken verbunden ist, wird es Geist/Herz genannt.«[409]

Der Wille (*shi/kokorozashi*) ist für Jinsai das Daraufhin des Geistes[410], und der Geist des Menschen ist zwar »eine Bastion, ein Schlachtfeld, dem Angriff ausgeliefert, aber in seinem Grunde – durch seinen Trieb zum Guten und seine Neigung zur Tugend – unter dem Befehl des Willens«.[411] Der Himmel verleiht dem Menschen sein Wesen (*sei*), damit seine emotionale Disposition, damit wiederum ein verpflichtendes moralisches Potential. Dies ist entweder so zu verstehen, daß seine Natur dem Menschen Empfindungen verleiht, die er zu Tugenden veredeln muß, oder daß die naturgegebenen Empfindungen die Tugenden bereits enthalten, die freizulegen und zu aktualisieren dem Menschen aber aufgegeben ist. In jedem Falle ist es Pflicht und Pensum des Menschen, die Notwendigkeit seiner Erziehung zu den konfuzianischen Tugenden zu akzeptieren. Leben ist auch hier das Nachzeichnen vorgegebener Tugendmatrizen. Die individuellen, charakteristischen Markierungen, die auch »himmlische Natur« (*tensei*) sind und die der Mensch bei seiner Geburt erhält, verkümmern in diesen Zusammenhängen zum Dekor.

Ähnlich verhält es sich mit der doppelten Registierung des Begriffes Weg bei Jinsai. Einerseits ist der Weg, als »Weg des Himmels« (*tendô*), etwas, das – alle Verhältnismäßigkeit übersteigend – ursprünglich und für sich existiert; andererseits ist er als »Weg des Menschen« (*jindô*) das ganze bestimmende Beziehungsgefüge, in das der Mensch eingespannt ist und das ihn als Menschen definiert. Der Weg des Menschen materialisiert sich nach Jinsais Überzeugung in den konfuzianisch verstandenen fünf Beziehungen. Dies geschieht aber mit zirkelhafter Notwendigkeit, da die Natur des Menschen, eine Gabe des Himmels, es gar nicht anders zuläßt – im Sinne des Goetheschen: *So mußt du sein, dir kannst du nicht entfliehen.* Der Kunstgriff Jinsais scheint in einer Überblendung der Vorstellungen von Natürlichkeit und Notwendigkeit zu liegen. Die Paradoxa, die daraus entstehen, werden, wie es auch in anderen Formen des Konfuzianismus üblich ist, durch Verzeitlichung gelöst, im Prozeß der Erziehung und der (Selbst-)-Kultivierung. Vielleicht spielt daher auch das Lebensweltliche im Diskurs Jinsais eine so große Rolle. Denn das Wesen wird immer nur *post festum* greifbar, nachdem es sich im Lebensweltlichen gezeigt hat.

Neuere Interpreten seiner Lehren behaupten daher, daß Jinsai keine naturgegebene innere Beziehung zwischen dem Wesen und dem Weg mehr annahm, denn dies verbot schon seine radikale Infragestellung des neokonfuzianischen Wesenskonzepts. Er leugnete auch die beziehungsstiftende Rolle der Weisen. Jinsai argumentiert zunächst, Chu Hsi habe Menzius mißverstanden; die Menzianische Lehre vom ursprünglich guten Wesen des Menschen beziehe sich auf das sichtbare Wirken der sogenannten »vier Ursprünge« (*shitan*) – Mitleid, Scham, Bescheidenheit und den Sinn für Recht und Unrecht –, aber nicht auf eine unsichtbare Disposition des Wesens. Das Gute (*zen*) zeige sich erst in der Spur, die das Wirken der vier Ursprünge hinterläßt. Das Gute sei eine nachträgliche Benennung. In der Tat fragt Jinsai in seiner Schrift *Gomô jigi*, was man denn gut nennen könne, wenn davon noch keine Spur zu sehen sei. Implizit weist er damit die *tai-yô*-(Substanz-Funktion-)Lehre Chu Hsis zurück. Für Jinsai sind die dynamischen und wahrnehmbaren Empfindungen keine aus der Latenz des statischen und nicht wahrnehmbaren Wesens (*sei*) gehobenen Momente. Das Gute ist für ihn die erfahrungsweltliche Wirklichkeit, das lebensweltliche Wirken der vier Ursprünge/Anfänge (*shitan*). Das Wesen wiederum signifiziert keine verborgene Wesensnatur, es ist die Spezifik der menschlichen Lebenswelt als solche. Enssprechend sieht Jinsai im »Auftrag des Himmels« (*tenmei*), der nach Chu Hsis Auffassung den Menschen unmittelbar mit dem himmlischen Ordnungsprinzip (*ri*) als seinem Wesen (*sei*) ausstattet, nicht mehr als eine dem Menschen vom Himmel gegebene Eigenschaft. Eine Eigenschaft, ein Geschenk, ein ›Datum‹, das ihm mit dem Faktum des Lebens gegeben wurde. Das Wesen ist nicht mehr und nicht weniger als die Eigenschaft, die den Menschen zum Menschen macht.

Der Mensch existiert jedoch nie als Mensch in einem allgemeinen Sinne, er ist immer schon – nach Maßgabe der fünf konfuzianischen Grundbeziehungen – präzise im gesellschaftlichen Kontext plaziert: er ist Vater oder Sohn, Herrscher oder Untertan, Mann oder Frau, älteres oder jüngeres Geschwister, führender oder geführter Freund. Und mit der gesellschaftlichen Plazierung ist auch immer schon eine spezifische sittliche Norm (*rin*) gegeben, ein eigener Weg für jede gesellschaftliche Position. Jinsai nennt sie *shin-gi-betsu-jo-shin no michi*. Dem in diesem Sinne stets vorgefundenen Weg zu entsprechen, so interpretiert Jinsai das *Chûyô*, ist das Wesen (*sei*). Das Wesen ist nicht ein himmlisches Deputat, wie Chu Hsi gelehrt hatte. Chu Hsis Argument, daß sich der Weg einstellt, wenn der Mensch seinem Wesen folgt, kehrt Jinsai in gewisser Weise um. In den Augen Jinsais ist der Weg vorgefunden, widerständig, allgemein, objektiv. Das Wesen haftet, als dessen je angeborene Spezifik, am einzelnen, am Subjekt. Jinsai definiert: das Wesen ist das Leben. Es ist das jeweilige Leben des Menschen selbst, etwas, dem nichts hinzugefügt und nichts genommen werden kann. Jinsai weist die Vorstellung zurück, daß das Wesen, bestimmt durch Besonderheit und Jeweiligkeit, Agent des Wegs im Sinne eines Allgemeinen sein kann.

Im 14. Kapitel des *Dôjimon* gibt Jinsai seiner Interpretation eine ideengeschichtliche Wendung, indem er darauf hinweist, daß zur Zeit der Entstehung des *Chûyô* ein großer Gedankenpluralismus geherrscht habe: Hundert Schulen hätten hundert Wege gelehrt. Das *Chûyô* legte den Akzent auf das Wesen (*sei*), um dadurch mittelbar den »Weg der Weisen« aufzuwerten. Der Diskurs über das Wesen diente, mit anderen Worten, dem Autor des *Chûyô* dazu, die Orthodoxie des Wegs der Weisen zu untermauern. Ogyû Sorai übernahm dieses Argument Jinsais und entwickelte es weiter. Jinsai und Sorai glaubten erkannt zu haben, daß zwischen dem Wesen und dem Weg keine notwendige Beziehung herrscht und daß die Dependenz oder Interdependenz zwischen Wesen und Weg in Laufe der Geschichte verschieden gedeutet worden ist und werden muß; auch, wie im Falle des *Chûyô*, mit der ideologischen Absicht, die konfuzianische Orthodoxie zu konsolidieren. Ähnlich wie Jinsai sah Sorai im Wesen die »Natur des Lebens« (*sei no shitsu*), eben das, was die chinesischen Denker der Sung-Zeit *kishitsu* genannt haben. Sorai sah die Charaktere der Menschen als verschieden und vielgestaltig an. Ihren angeborenen Charakter vermögen die Menschen zwar nicht zu verändern, aber durch Bildung zu verbessern; und Bildung bedeutet, den durch die »alten Könige« (*sennô*) eröffneten Weg zu beschreiten.

10.12 Yamaga Sokô und Ogyû Sorai, die kogaku-Gelehrten

In China war die bedrohlichste Herausforderung des orthodoxen Neokonfuzianismus Chu-Hsischer Prägung von der Lehre des Wang Yang-ming (1472–1528) ausgegangen, die die Einheit von Denken und Handeln propagierte. In Japan waren es die Neoklassizisten, die Anhänger der *kogaku*, der »Alten Schule«, die dem Neokonfuzianismus am entschiedensten Paroli boten.

Die *kogaku* ging von der Vorstellung aus, daß man die klassischen Texte selbst lesen muß, wenn man die klassischen Texte verstehen will – und nicht die späteren Auslegungen ihrer Exegeten, wie es der üblichen Praxis entsprach. Neben Yamaga Sokô (1622–1685), Itô Jinsai (1627–1705) und Itô Tôgai (Jinsais Sohn, 1670–1736) verschaffte vor allem Ogyû Sorai (1666–1728) der *kogaku* eine solide methodologische Grundlage. Zugleich japonisierte die *kogaku* den Konfuzianismus.

Yamaga Sokô (1622–1685), Banzans Zeitgenosse, sieht eine große Gefahr in der neokonfuzianischen Doktrin von einer »ursprünglichen Wesensnatur« (*honnen no sei*). Sie verführe dazu, den Weg der Weisen zu mißachten, weil sie nicht weit von der zen-buddhistischen Lehre von der »unmittelbaren Wesensschau« (*chokushi kenshô*) entfernt sei. Der Weg aber ist eindeutig und unverrückbar: Der Weg der Weisen ist der Weg des Menschen. Durchgehend vom Altertum bis heute, sich erstreckend auf Oben und Unten, kann man sich in seinen Handlungen auf ihn stützen. Bezöge er sich auf Geschaffenes und Konstruiertes, oder wenn ich, aber kein anderer danach handeln könnte, oder wenn man früher danach hätte handeln können, aber heute nicht mehr, dann wäre es nicht der Weg des Menschen und nicht der Weg, der dem Wesen folgt. Die Menschen und Erde-und-Himmel haben nach Sokô zwar denselben Ursprung, aber ihre Charaktere sind verschieden und vielgestaltig. »Das Wesen (*sei*) der Menschen und Dinge hat ein und denselben Ursprung. Dennoch gibt es beim Austausch der Gefühle zwischen Prinzip (*ri*) und Materie (*ki*) von selbst ein Zuviel oder ein Zuwenig, und auch in ihren geheimnisvollen Funktionen und ihrem gefühlsmäßigen Erreichen der Dinge unterscheiden sich die Wesen voneinander.«[412]

Worin unterscheidet sich das Wesen in der Deutung Sokôs von dem, was Chu Hsi im Gegensatz zum *honnen no sei* in seiner Lehre *kishitsu no sei* nennt? Wie im Neokonfuzianismus-Kapitel dargelegt, besitzt das ursprüngliche Wesen bei Chu Hsi, *honnen no sei*, nur *ri*, während das individualisierte *kishitsu no sei* eine Mischung aus *ri* und *ki* in sich trägt. Bei Sokô zeichnen sich alle Wesen (*sei*) durch ein spezifisches Mischungsverhältnis von *ri* und *ki* aus. Dennoch macht Sokô deutlich, daß sein Wesenskonzept nicht mit der Vorstellung vom *kishitsu no sei* bei Chu Hsi verwechselt werden darf. Sokô weist Chu Hsis wertende Zweiteilung in *honnen no sei* und *kishitsu no sei* zurück. Für Sokô entspringen alle Wesen dem wunderbaren Zusammenwirken, den »geheimnisvollen Funktionen« (*myôyô*) von Prinzip und Pneuma-Materie. Im Gegensatz zu Sokô akzentuiert Chu Hsi die *ri*-Ausstattung des Menschen, wodurch die Seite des *ki* eine zu negative Valenz erhält. Sokô identifiziert im Gegenzug das »materielle Wesen« (*kishitsu no sei*) mit dem »vom Himmel verliehenen Wesen« (*tenmei no sei*) und setzt so den Menschen und die Welt in eine unmittelbare Entsprechung zueinander.[413]

Sokô stellt die Frage: Wenn die Funktionen (*yô*) Sehen, Hören, Sprechen, Handeln, die Ausstattungen (*ben*) Gehen, Stehen, Sitzen, Liegen, und die Begierden (*yoku*) Trinken, Essen und körperliche Liebe, die aus der materiellen Beschaffenheit (*kishitsu*) hervorgehen und von ihr motiviert werden, nicht das Wesen (*sei*) sind, was ist es dann? Das Wesen kann, so Sokô, nur in der Faktizität dieser Funktionen, Ausstattungen und Begierden liegen. Wodurch aber werden sie kontrolliert, was garantiert, daß sie dem »Weg« entsprechen? Sokô scheint eine dem menschlichen Wesen als geheimnisvolle Funktion von *ri* und *ki* innewohnende Ordnungskraft anzunehmen, die alle Handlungen dem Weg gemäß koordiniert. Diese Ordnungskraft identifiziert Sokô jedoch nicht – wie Chu Hsi – mit dem Ordnungsprinzip. Sokô meint damit vielmehr die Fähigkeit, ja Notwendigkeit, aus den Lehren der Weisen zu lernen und sich zu vervollkommnen im »Kultivieren des Wegs«. Schon das *Raiki*, die *Aufzeichnungen über die Riten*, hatte festgestellt, daß es sich mit dem Menschen wie mit einem Jadestein verhalte: Wenn er nicht poliert wird, ist er zu nichts zu gebrauchen.

»Welchem Zweck dient das Studium der Weisen? Es dient dazu, den Weg zu erlernen, der den Menschen zum Menschen macht. Wozu dient die Lehre der Weisen? Sie dient dazu, den Weg zu lehren, der den Menschen zum Menschen macht. Wenn der Mensch nicht lernt, kennt er den Weg nicht. Auch derjenige, der nach der angeborenen Beschaffenheit seines Charakters schön und in seinen Kenntnissen klug ist, besitzt viele Mängel, wenn er den Weg nicht kennt.«[414]

Darin liegt aber auch eine gewisse – wenn auch immer gefährdete – Naturwüchsigkeit, ja Automatik, da sich genau in diesem Prozeß der »Auftrag des Himmels« (*tenmei*) aktualisiert und materialisiert. Die Gefahr, vom Weg abzuweichen und das Wesen zu verfehlen, bleibt jedoch bestehen:

»Diejenigen, die den Weg kultivieren (*michi o shû shite*) und damit dem ihnen vom Himmel verliehenen Wesen folgen (*ten no mei no sei ni shitagau*), sind die Weisen (*seijin*) und die Edlen (*kunshi*). Diejenigen, welche die materielle Beschaffenheit (*kishitsu*) ihres Charakters zur Gewohnheit werden lassen und ihren Empfindungen (*jô*) folgen, sind geringe Menschen (*shôjin*) und Barbaren (*iteki*). Das Wesen besteht einzig und allein darin, die Lehre zur Gewohnheit zu machen (*shûkyô*). Es handelt sich um eine von der Geradheit abweichende Auffassung (*itan*), wenn man eifrig nach dem ursprünglich guten Wesen sucht, ohne sich dabei auf die Lehre der Weisen (*seikyô*) zu stützen.«[415]

Das 17. Jahrhundert ist als dunkles Zeitalter bezeichnet worden, das auf Ogyû Sorai warten mußte, um ein wenig illuminiert zu werden. Erst mit Sorai sei ein signifikanter Fortschritt gemacht worden. Sokô und Jinsai hatten neue monistische Ontologien, naturalistische Ethiken und pragmatische Staatslehren formuliert.[416] Nicht so Ogyû Sorai, obgleich er, wie auch Sokô und Jinsai, an den Primat einer aktiven materiellen Kraft glaubte. Andererseits hätten Jinsai und Sokô Sorais hohe Wertschätzung der materiellen Kultur Chinas nicht teilen und die Emphase, die Sorai auf die literarische Form legte, nicht verstehen können.[417] Jinsai selbst verkörpert in seiner Person einen Topos, »dem Diskursivität als solche in Frage gestellt wird, ein ›Topos‹ namens Itô Jinsai«.[418] Er hatte die begrifflichen Bestimmungen des Sung-Rationalismus ererbt, um eine große intellektuelle Anstrengung darauf zu verwenden, seine doktrinäre Distanz zum Denken des Sung-Konfuzianer zu demonstrieren. Sorais Ansatz war vieldeutiger.

Ogyû Sorai, auch unter dem Namen Butsu Sorai bekannt und am 21. März 1666 als Sohn eines *samurai* geboren, soll schon mit neun Jahren chinesische Gedichte geschrieben haben. Zwischen seinem vierzehnten und seinem fünfundzwanzigsten Lebensjahr, von 1679–90, als seine Familie aus Edo verbannt war, widmete er sich in Kaizusa (heute Präfektur Chiba) eingehend einem von Hayashi Razan verfaßten Kommentar zum Klassiker der *Großen Gelehrsamkeit*, dem *Daigaku genkai*. Nach seiner Rückkehr nach Edo wirkte er erfolgreich als konfuzianischer Gelehrter. Fürst Yanagisawa Yoshiyasu (1658–1714) nahm ihn für Verwaltungsarbeiten in seine Dienste und entlohnte ihn großzügig – nämlich mit 15 *fuchi*, womit Sorai sich nach zeitgenössischen Vorstellungen fünfzehn Mal hätte ernähren können. 1709 gründete Sorai im Händlerviertel Kayabachô in Edo seine »Schilfgrasgartenschule«: Ken'engaku. In seiner 1714 erschienenen Schrift *Ken'en zuihitsu* kritisierte Sorai, daß Jinsai und andere keine echten Adepten der Lehre Chu Hsis, der Shushigaku, seien. Diese Schrift bezeichnet eine Wendemarke im Leben Sorais. Während er bis zu diesem Zeitpunkt hauptsächlich philologisch gearbeitet hatte, begann nun seine eigentlich philosophische Phase. Nach und nach entfremdete er sich jedoch selbst der neokonfuzianischen Lehre und beschäftigte sich mehr und mehr mit Fragen der Literatur und des praktischen sozialen Lebens. Die 1717 fast zur gleichen Zeit entstandenen Werke *Klärung der Namen*, *Benmei*, und *Klärung des Weges*, *Bendô*, besiegeln seine Wendung zu einem neo-klassischen Denken.

Es war die Differenz im Stil, die Sorai von den Kommentarwerken der Neokonfuzianer mit ihrer – wie er in *Bendô* schreibt – Fehler provozierenden, übertriebenen Tendenz zum Unterscheiden (*ben*) zu den konfuzianischen Klassikern zurückführte. Denn Wahrheit liegt im korrekten Stil beschlossen, der sich nur in den alten Schriften (*kobunji*) findet; und erst, »wenn sich Dinge und Namen nicht widersprechen, läßt sich über den Weg der Weisen reden«.[419] Diesen neuen archäologischen Blick hatte Sorai bei den Ming-Gelehrten Li P'an-lung (1514–1559) und Wang Shihcheng (1526–1590) gelernt.[420] Bei Sorai selbst spielte zweifellos das artistisch-ästhetische Moment eine große Rolle; es scheint, daß ihm – auf seinem Weg »Zurück zu den Alten!« (*fukko*) – stilistische Korrektheit bisweilen mehr galt als gedankliche Tiefe.

Im Gegensatz zu Jinsai, der Menschlichkeit und Charakterbildung ins Zentrum stellte, erwartete sich Sorai die größten erzieherischen Effekte von den Riten (*rei/rai*) und der Musik (*gaku*). Wo Jinsai das Wirken des Wegs sieht, sieht Sorai die Erfindungen der »alten Weisen«. Folgt man Maruyama Masaos Deutung, so sahen Chu Hsi und seine Anhänger im Tao ein transzendentes, dem Willen, dem Mandat des Himmels (*tenmei*) eng assoziiertes Element, das als solches Teil der Natur und ihrer Ordnung war. Der Weise wußte nach der Lehre des Chu Hsi um die sozusagen apriorische Beschaffenheit des Wegs und seine Bedeutung für die Gegenwart. Der Weise fungierte gleichsam als Entdecker apriorischer Fährten und – um im Bild zu bleiben – als Wegweiser für weniger scharfsichtige Zeitgenossen. Nach Meinung Maruyamas war es nun Ogyû Sorai, der dies Verhältnis umkehrte und so den konfuzianischen Diskurs revolutionierte. Für Sorai war nach Maruyamas Ansicht der »Weg« ein Sammelbegriff: »der Weg ist ein allumfassender Begriff; er enthält die Riten, die Musik, die Bestrafungen, die Regierung (*rei / gaku / kei / sei*), überhaupt alles, was die frühen Könige errichtet haben«.[421] Der Weg repräsentierte nun kein Korpus apriorischer Werte mehr, sondern ein Repertoire von Formen und Praktiken, die dem Ziel dienten, eine soziale Ordnung nach konfuzianischen Vorstellungen herzustellen. Die Weisen »erfinden« den Weg, und sie sind Weise »dank ihrer Erfindungen«.[422] Bei Sorai haben sich die Weisen also von Entdeckern und Deutern zu Erfindern gewandelt, zu Erfindern des Weges, dessen Interpreten sie vorher nur waren. Der »Weise« und der »Weg«: Zwei Topoi haben ihren Ort getauscht. Um im Volk (kulturelle) Einheit zu stiften, haben die Weisen nach Sorai auch die Geister (*oni, ki*) gebändigt.

In einer Art Topik der Verkehrung hingegen argumentiert Hirata Atsutane (1776–1843): Weil alle Menschen eine

Disposition zur Verehrung der Götter (*kami*) in sich tragen, waren auch die Weisen imstande, den religiösen Umgang mit den Göttern und den Geistern zu regeln. In diesem Sinne deutet Atsutane einen Eintrag im *Chûyô*, der besagt, der Weg bedeute, seinem eigenen »Wesen zu folgen« (*sei ni shitagau*). Sorai hatte dieselbe Stelle – in seiner Schrift *Bendô* – umgekehrt gedeutet: die alten Weisen hätten »dem Wesen der Menschen gemäß den Weg geschaffen«. Das Wesen des/der Menschen, das für den *kogaku*-Gelehrten Sorai ein Gegenstand der Betrachtung der alten Weisen war, wird bei dem *kokugaku*-Gelehrten Atsutane die Basis der »Selbstsorge«, um mit Foucault zu sprechen.[423] Dieser Perspektivenwechsel ist für den Unterschied der beiden Doktrinen bezeichnend. Dabei gehen beide mit der Textstelle aus dem *Chûyô* gleichermaßen eigenwillig, ja willkürlich um. Das *Chûyô* definiert das Wesen (*sei*), den Weg (*dô*) und die Lehre (*kyô*) in ihrem Bezug aufeinander: Das Wesen ist das, was der Himmel gebietet/verleiht (*ten no meizuru kore o sei to iu*). Dem Wesen zu folgen, das ist der Weg (*sei ni shitagau kore o dô to iu*). Den Weg zu üben/kultivieren, das ist die Lehre (*dô o osamuru kore o kyô to iu*). Chu Hsi hatte aus diesen Definitionen auf eine notwendige Interdependenz von Himmel, Wesen und Weg geschlossen: Durch den Auftrag des Himmels (*tenmei*) ist der Mensch immer schon mit *ri* ausgestattet. Das *ri* motiviert auf komplexe Weise das Wesen (*sei*). Diesem Wesen zu entsprechen bedeutet, auf dem »Weg« (*dô*) des Himmels zu sein. Sorai schiebt gleichsam zwischen das Wesen und den Weg die alten Könige und Weisen. Für Sorai ist der Weg mit dem Wesen längst nicht mehr gegeben – schon gar nicht von Natur aus. Erst die Weisen stiften einen Bezug zwischen Wesen und Weg. Sorai denaturalisiert den Bezug zwischen Wesen und Weg; der Bezug war nicht schon immer, er mußte von den Weisen (*seijin*) erfunden, gestiftet, geschaffen werden.

Jinsais Interesse war seiner Tendenz nach ontologisch ausgerichtet, das Sorais soziologisch: »Geschichte, nicht Philosophie; Praxis, nicht Spekulation; eine gesunde Verwaltung wird die Welt retten, nicht das Diskutieren. So sieht es Sorai. Es wird hier allzu deutlich, daß sein utilitaristisches Geschichtsverständnis seine Philosophie zu verschlucken droht.«[424] Während für Jinsai der Begriff *dôtoku* Lebenswelt und Alltäglichkeit konnotiert, konstatiert Sorai unmißverständlich: »Der Weg (*dô*) gehört den Alten Königen, seine Macht, das heißt seine Tugend (*toku*), der Umgang mit dem Weg gemäß der Natur des einzelnen gehört dem Menschen.«[425] Sorais Psychologie des Normalmenschen – die Alten Könige gehören gleichsam einer anderen Welt an – ist geprägt durch einen »zerstörerischen Fatalismus«.[426] Zugleich bietet seine in *Seidan* (geschrieben vor 1727) niedergelegte Soziallehre eine bunte Fülle von Reformvorschlägen: die Einrichtung eines staatlichen Familienregisters, die Ansiedlung von *samurai*-Familien auf dem Land, die Kultivierung des nordöstlichen Japan, die Abschaffung der Bettelei, die Aufteilung großer Ländereien, die Festlegung eines Höchsteinkommens, die Förderung der Sparsamkeit, die Reform des Erziehungssystems.

Ogyû Sorais Schule, die Kenengakuha, die mit der Kogigakuha Itô Jinsais rivalisierte, argumentierte mehr aus dem Blickwinkel einer politischen Ökonomie als aus dem der Moralität, vor allem in ihrer Kritik am Buddhismus. Für Sorai, anders als für Jinsai, der den Buddhismus mit einer für einen *kangakusha* untypischen Fairneß behandelte, bietet der Buddhismus keine Handhabe, das »Reich zu befrieden« und die »Menschlichkeit zu kultivieren«. In der – vielleicht apokryphen – Schrift *Taiheisaku* räumt er allerdings ein, daß wenigstens Frauen und Kinder, die kein Interesse an der Politik haben, einigen Nutzen aus dem Buddhismus zur Vervollkommnung ihrer Tugend und zur Verbesserung ihrer Lage ziehen könnten. Im 4. Kapitel seines *Seidan* beschreibt Sorai en detail, wie staatliche Autoritäten buddhistische Tempel und Mönche unter ihre Kontrolle bringen können, mit Methoden, die sich schon in China als erfolgreich erwiesen hatten, z.B. mit Hilfe eines Ordinationszertifikats (*dochô*), das die Zahl der buddhistischen Klerikalen einschränken sollte.[427] Selbst die Zerstörung von Klöstern schlägt er vor, falls davon ein Vorteil für die öffentlichen Finanzen zu erwarten sei. Sorai befreite sich und seine Doktrin vom sung-zeitlichen Erbe, indem er dem menschlichen Fühlen und Begehren einen Platz im Diskurs einräumte, von dem er bisher ausgeschlossen war. Zu diesem Zweck mußten die Worte der Weisen, die im Laufe der Jahrhunderte im Schutt der Kommentare versunken waren, mittels einer positivistischen Methode und auf der Basis philologischer Forschung wieder freigelegt werden. Das bedeutete aber vor allem, die neokonfuzianischen Lagen moralisierender Interpretationen von der Literatur und Dichtung abzuschälen, um über die wahren Empfindungen, die dabei (wieder)entdeckt wurden, in unmittelbaren Rapport mit dem »Weg der Weisen« zu treten. Beim Studium muß der Glaube an die Weisen an prominenter, ja »an erster Stelle« stehen. In Grundidee und -forderung unterschied sich dies nicht von dem, was Sorais nativistischer Rivale Motoori Norinaga wollte. Maruyama nennt drei Bereiche, in denen sich die Interessen Sorais und Norinagas überschneiden: die Ausarbeitung einer positivistischen philologischen Methode, die Ausbildung eines historischen Bewußtseins und die Ablehnung jedes ethischen Determinismus.[428] Ohne die Neubewertung des menschlichen Gefühls (*ninjô*), wie es sich im altchinesischen Buch der Lieder ausdrückte, als Garanten des Wahren und Echten (*jitsu*) durch Jinsai und Sorai hätte Motoori Norinaga schwerlich sein Konzept des *mono no aware*, des »Herzzerreißenden der Dinge«, wie es sich in der altjapanischen Dichtung niedergeschlagen hatte, formulieren können.

Zu den Topoi, die Sorai mit dem schlichten Namen »Dinge«, *mono*, versah und in seinen Schriften ausführlich behandelte, gehören auch Maßsysteme, das System öffentlicher Ränge, Namen, Gebräuche und der Austausch von Geschenken; alle unverrückbar eingelagert in den Horizont der »Riten«. In seiner Schrift *Bendô* schreibt Sorai: »In den sechs Klassikern ist die Rede von den Dingen (*mono*), im Buch der Riten und in den *Analekten* (des Konfuzius) von den Bedeutungen (*gi*) [...] Ein Ding ist das Gesamt seiner Binnentextur[429] [...] Mit Dingen sind die Guten Dinge der Riten (*rei no zenbutsu*) gemeint.« Was die gesellschaftlichen Beziehungen stabilisierte und garantierte, das waren die Riten – ein Sammelbegriff für Umgangsformen und Zeremonien – und die Musik – ein Sammelbegriff für Singen, Tanzen und Musizieren als Formen geordneter Körperbewegungen, nicht jedoch für ein schöpferisches Potential, welches das andere der Ordnung hervorlocken könnte, was die Musik ja gerade verhindern soll. Musik kultiviert. Sie dämpft die Empfindungen (*jô*), damit das Wesen (*sei*) nicht Schaden nimmt durch ungehemmte Verausgabung.

Auch Dazai Shundai (1680–1747) rückt von der Überzeugung seines Lehrers Sorai nicht ab: »Um die Welt zu regieren (*keirin*), geht nichts über die Riten und die Musik.«[430] Denn Worte, so Dazai weiter, erreichen nicht das Herz der Menschen. Die unmittelbare Wirkmächtigkeit der Riten und der Musik – Dazai weist darauf hin, daß das Schriftzeichen für »Musik« auch »Freude« bedeuten kann – ist nicht zu übertreffen. Dies hatte Konfuzius selbst schon so gesehen: »Kennt man die Riten [*ri*] nicht, ist man ohne festen Stand.«[431] Und: »Die Lieder erheben den Menschen. Die Riten geben ihm Halt. Die Musik macht ihn vollkommen.«[432] Schließlich: »Konfuzius sprach mit dem Hofmusikmeister des Staates Lu über Musik; er sagte: ›Der Einsatz sei gleichmäßig; dann erklinge alles voller Harmonie, klar und deutlich und so fortlaufend bis zum Schluß.‹«[433] »Die Harmonie der Musik sollte der ästhetisch-sinnliche Widerschein des Ideals einer harmonischen Gesellschaft sein; sie sollte die Menschen kultivieren helfen [...] Damit war Musik so an Moral gebunden, daß sie selbst fast zur Moral wurde. Sie sollte als Bindeglied zwischen innerer und äußerer Welt des Menschen fungieren. So betrachtete Konfuzius Musik als eine Art sittlicher Therapie.«[434] Dies hat weitreichende psychologische und soziale Konsequenzen, denn die Riten und die Musik betreffen unmittelbar die Körper; sie verorten Körper und choreographieren ihre Bewegungen. Die Riten und die

Musik stehen in einer supplementären Relation zueinander: Die Riten haben eine differenzschaffende Funktion, sie definieren und festigen eine Hierarchie gesellschaftlicher Orte; und die Musik harmonisiert diese getrennten Orte, konfiguriert die getrennten gesellschaftlichen Positionen, ohne die Entfernung zwischen ihnen aufzuheben. In den Riten kristallisiert sich, was die Menschen unterscheidet; die Musik soll verhindern, daß Unterscheidung in Entfremdung umschlägt. Die Musik und die Riten regeln somit im Namen des *ri*-Prinzips das Begehren auf eine Weise, die es sozial bekömmlich macht. Zu diesem Zweck müssen sie auf eine geradezu gewaltförmige Weise den Körpern antrainiert werden, bis sie dort eingeschrieben und die Körper zu »storehouse[s] of habits«[435] geworden sind: »Konfuzius« – schreibt Dazai – »sagte: Gewohnheit ist wie Natur. Wenn die Lieder [= das *Buch der Lieder*], wenn die Geschichte [= die *Frühlings- und Herbstannalen*] eins mit deinem Mund geworden sind, die Riten [= das *Buch der Riten*] und die Musik [= das *Buch der Musik*] eins mit deinem Körper, wenn sie dir so gewohnt wie die Natur geworden sind, dann ist dein Lernen vollendet.«[436] Die Moralität eines einzelnen wird hier offensichtlich als eine Funktion äußerer Variablen verstanden: es sind die extrapersonalen Riten, die – verinnerlicht – das Rückgrat der Person ausmachen. Der Name der Riten umfaßt den ganzen Komplex des Zivilisiertseins, im Sinne korrekten Verhaltens.

Noch einen Schritt weiter geht ein anderer Schüler Sorais, Hattori Nankaku (1683–1759), »der die ›private‹ Seite im Hauptstrom der Schule Sorais repräsentiert«.[437] Er dezentralisiert das Subjekt als solches und analysiert es als Funktion äußerer Variablen. Nankaku beschreibt das Dichten als einen paradoxen Vorgang, in dem nicht der Schreiber einen Text schreibt, sondern selbst vom Text geschrieben wird. Bezeichnenderweise gebraucht er dabei den geläufigen Topos des Webens: »Es ist nämlich vielmehr so, daß der Webstuhl [= der Text, das Gedicht] dich [= den Schreiber, Dichter, das ›Subjekt‹] webt.«[438] Vielleicht beweist dies, daß Sorai und seine Schule, denen eine positivistische Methode und ein historisches Bewußtsein zugeschrieben wird, den Prozeß der Formation von Gesellschaft in wesentlichen Punkten durchschaut hatten. Sie waren sich zumindest dessen bewußt gewesen, daß das Subjekt nur innerhalb der beschriebenen Textur möglich sei: Der Text geht dem Subjekt voraus. Dies entspricht den Annahmen heutiger Sozialpsychologen, daß das japanische »Ich« durch eine Neigung zur Heterodynamik, poröse Ich-Demarkation und Bereitschaft zur Außengeleitetheit gekennzeichnet sei. Es verlange nach Anlehnung, Abhängigkeit, es sei nicht mehr als ein kontextsensitiver Kristallisationspunkt, es werde von dem ihn umgebenden Netz modelliert und sei zugleich Träger und Stabilisator dieses Netzes. Sorai und seine Schüler hatten erkannt, daß die gesellschaftlichen Realitäten, die sie *mono* nannten, ihrem Wesen nach textuell waren; die Subjekte und die Dinge hatten sich ihnen als Knotenpunkte des Öffentlichen und des Privaten zu erkennen gegeben.

Die Sorai-Schule hatte die Politik und die »sechs Klassiker« (*rikkei*) auf dieselbe Stufe gehoben. Das Surplus und die Heterogenität, die sich in der Textualität der gesellschaftlichen Wirklichkeit verbargen und sie von innen her hätten bedrohen können, wurden von Sorai und seinen Schülern ignoriert: Sie annihilierten die explosive Seite von Textualität. Sie verkürzten die japanische Paideia auf die Disziplinierung der Körper, auf das bewährte Mittel sozialer Kontrollgewalten, habituelle Schemata anzudressieren. »Concurrently, the body was defined in its historicity as a place where a historically specific set of habits was installed.«[439] Während Jinsai – trotz seines programmatischen Konservatismus – im Körper eine Heterogenität und eine Kreativität am Werke sah, die nur schwer einem Modell zu unterwerfen waren, waren Sorai und seine Schüler vor allem an der ursprünglichen Vorstellung des Körpers als Modell interessiert.[440] Der neokonfuzianische Rationalismus hatte im Begehren einen Agenten der Abweichung und der Unordnung erkannt; sein Blick darauf war diagnostisch. Begehren konnte nur therapiert und – vielleicht – kuriert werden. Das Begehren als Begehren des Subjekts nach seiner Wahrheit zu denken, wäre ihnen absurd erschienen. Für Sorai jedoch war das Begehren nicht notwendig den Forderungen des allumfassenden Prinzips (*ri*) heterogen. In seiner Schrift *Benmei* benutzt Sorai das Wort *ri* als Verb im Sinne von regulieren. Das Begehren erhält einen Ort in der Ökonomie der Selbstkonstitution. In fernem Anklang an Hegel begehrt das Begehren bei Sorai, vom anderen anerkannt zu werden. Dazu muß es jedoch von den Riten (*rei*) und der Musik (*gaku*) diszipliniert werden. Sorai schrieb in einem Brief an den konfuzianischen Gelehrten Yabu Shin'an, daß »literarische Form« (*ji*) das einzige sei, von dem man sicheres Wissen erwerben könne, aber selbst dieses welke und verginge mit der Zeit. In den Augen Sorais zeigten Stil und echte Verehrung für den Himmel, die Weisen und die alten Könige Wahrheit an. Er pries die »Alten«, weil sie die (rechte) Form dem (rechten) Inhalt vorgezogen hatten und kritisierte die Zeitgenossen, wenn sie den Inhalt über die Form stellten. Der in gewisser Weise schriftbesessene Sorai demonstriert hier auf seine Weise, daß der Konflikt zwischen Inhalt und Form nur den zwischen Oralität und Literalität fortspinnt.

Auch Sorai bediente sich topischer Rekonstruktionen. Er versuchte einerseits, retrospektiv das aufzudecken und zu erhellen, was er die alten literarischen Formen nannte, und andererseits, die alten zeremoniellen Formen zu rekonstruieren, denen er den einfachen und schlagenden Namen *koto*, »Sachen«, gegeben hatte. Unterderhand verschmolzen bei ihm Politik und Epistemologie. Im Gegensatz zu Jinsai sah er in der menschlichen Natur keine Quelle der Tugend. Diese hatte er vielmehr in der klassischen chinesischen Literatur und Kultur erkannt. Sorai verkehrte in gewisser Weise die Bedeutungen von *res* und *verbum*, von *jitsu* (Tat-Sache) und *na* (Name/Konzept). Sorais topisches Kredo lautete: Um seine Gedanken auszudrücken, sollte man die Worte der Alten, die überliefert wurden und im Kosmos existieren, memorieren und anwenden. So war es nur konsequent, daß Sorai dem Begriff eines (universellen) moralischen Bewußtseins (*dôshin*), wie er von Fujiwara Seika, Nakae Tôjû und zu Sorais Zeit von Yamazaki Ansai propagiert und popularisiert wurde, heftig widersprach. Sorais Leitmotiv, sozusagen sein persönlicher *locus classicus*, war: Zeremonielle Form ist die Ordnungshüterin des Geistes. Instinktiv macht Sorai ernst mit der im Schriftzeichen für den chinesischen Begriff *shih*, Sache, akkumulierten Semantik: Ursprünglich bedeutete dieses Zeichen nämlich »Abgesandte«, es stellte eine Hand dar, die eine Stange hält, an der ein Behälter für (ursprünglich auf Bambusstäbe geschriebene) Dokumente befestigt ist. Die Dokumente enthielten wahrscheinlich königliche, mit dem Opferritual verbundene Anrufungen an lokale Gottheiten. Der Begriff *shih* wurde dann zunächst auf Funktionäre übertragen, die mit Aufzeichnungen und der Sorge für die Dokumente betraut waren, später auf die Chronisten astronomischer Ereignisse, die für die Mantik relevant waren. Durch weitere semantische Amplifikation erhielt das Zeichen die Bedeutung »aufgezeichnete Geschichte« und schließlich: jede Art »bedeutender Ereignisse«.

10.13 Von der kogaku zur kokugaku

Daß zwei Dekaden nach Sorais Tod der Konfuzianismus entschieden an intellektuellem Einfluß verlor, der Nativismus nun das freigewordene Terrain übernahm und eine Art intellektueller Hegemonie-Stellung eroberte, interpretiert Maruyama Masao als Folge eines für die Tokugawa-Zeit symptomatischen *horror vacui*. Schon zwischen den Auffassungen der Sorai-Schule und den Gedanken des Nativisten Kamo Mabuchi (1697–1769), des eigentlichen Gründers der *kokugaku*, bestand ein enger Nexus. Der Name *kokugaku* markiert im weitesten Sinne Lehren, deren doktrinärer Fokus nicht China, sondern Japan war. Die Verbindung zu Sorai drückte sich indes vor allem in den Versuchen Mabuchis aus, sich von Sorai zu lösen; konnte er doch nicht akzeptieren, daß Dichtung keine Bedeutung für das Wohlergehen des Staates habe, wie Kada Arimaro (1706–1751) behauptet hatte. Für Mabuchi konnte nur die Dichtung die ganze »Wahrheit des Gefühls« (*nasake no makoto*) und das »unverfälschte Sehnen« (*warinaki negai*) des Menschen zum Ausdruck bringen. Dichtung hatte somit für Mabuchi auch eine Ventilfunktion. In Dichtung abgeleitete menschliche Emotionen können dem Staat nicht mehr gefährlich werden.

Mabuchis Auffassung vom »wahren Herzen« (*magokoro*) verdankte jedoch neokonfuzianischen Lehren mehr, als er zugeben konnte; *magokoro* erscheint wie ein Derivat der neokonfuzianischen Idee von der »ursprünglichen Natur« (*honzen no sei*). Diese ursprüngliche Güte des menschlichen Herzens war nach Überzeugung der Neokonfuzianer den menschlichen Leidenschaften zum Opfer gefallen. Mabuchi hingegen war davon überzeugt, daß der (japanische) Mensch seine Unschuld verlor, als er den chinesischen Weg einschlug.

Chu Hsi forderte als Antidot gegen den Abfall des Menschen von sich selbst, den Weisen folgend zum Prinzip des Himmels zurückzukehren. Mabuchi forderte eine gleichsam interesselose Hingabe an den »Weg des Himmels und der Erde«. Am Verhältnis des Nativisten zum Neokonfuzianismus kann man ermessen, welche argumentativen Spiel-Räume durch topische Affinitäten eröffnet werden können. »Wer im philosophischen Teich gebadet hat, ist mit vielen Wassern gewaschen: das ist zugleich ein Plädoyer für eine variable philosophische Topik.«[441]

Auch Motoori Norinaga (1730–1801) war von konfuzianischem Denken infiziert. Deutlich wird dies in seiner entschieden deterministischen Auffassung vom menschlichen Handeln als einer unmittelbaren Manifestation des Willens der Götter (*kami*). Auch wenn die bei Norinaga deterministisch begründete menschliche Vielfalt als Ausdruck individueller Diversifikation eine positive Wertung erfährt, haben beide Konzepte strukturell eine große Familienähnlichkeit.

Der nativistische Fundamentalismus und der tokugawazeitliche Buddhismus waren dem konfuzianischen Fundamentalismus in vierfacher Hinsicht verpflichtet.[442] Wie der Neokonfuzianismus geht auch der Nativismus davon aus, daß der Mensch bei Geburt seinem Wesen nach gut ist und daß der Abfall von seinem ursprünglichen Wesen prinzipiell wieder »rückgängig« gemacht werden kann. In den (philologischen) Methoden der *kogaku* sehen die *kokugakusha* ein angemessenes Instrument zur Erforschung der autochthonen (literarischen) Tradition. Wie die Schule Ogyû Sorais sehen auch die Nativisten in den Weisen nur Menschen, können aber nicht nachvollziehen, warum sie gerade deswegen höchster Verehrung würdig sein sollen. Mit den Konfuzianern stimmen auch die Nativisten in die Zeitenklage ein: daß das Leben früher besser gewesen sei, als die Gesellschaft noch geordnet, der Staat vorbildlich regiert und die Familien friedlich und zufrieden waren, und daß eine Wiederherstellung solch ›arkadischer‹ Verhältnisse von einem gründlichen Verständnis der Vergangenheit abhängig sei, ganz nach dem Modell des Topos der »zurückprojizierten Utopie«.

Wie Sorai ging es auch Motoori Norinaga um die Rückkehr zum Ursprung: *fukko*. Sorai sah ihn im alten China und versuchte die geographische Ferne zwischen China und Japan und die zeitliche Ferne zwischen alt und modern ›wegzubrennen‹. In seiner Radikalität wollte er zugleich auch die japanischen Vermittler neokonfuzianischen Räsonierens gleichsam ausradieren, weil sie sich nicht unterschieden von jenen »japanischen Buddhisten, die nichts von Shakyamuni [dem historischen Buddha selbst] wissen und stattdessen solche spätgekommenen ›Heiligen‹ wie Hônen und Shinran anbeten«.[443] Die von Yamazaki Ansai (1618–1682) begründete Kimon-Schule, für die der Name Asami Keisai (1652–1711) repräsentativ ist, vertrat einen höchst synkretistischen Konfuziano-Shintôismus und behauptete eine »wunderbare Entsprechung« der Lehren des Chu Hsi mit denen des Shintôismus. Durch diese mirakulöse Korrespondenz fühlten sich die Vertreter der Kimon-Schule dazu legitimiert, andere Versuche, den japanischen »Weg der *kami*« mit dem konfuzianischen »Weg« zu versöhnen, als plump und verächtlich zu diffamieren. Die logische Inkonsequenz, ja Absurdität der Lehren der Kimon-Schule regten die Gelehrten der *kokugaku* dazu an, alle Maßstäbe für ihre Werturteile nur aus der eigenen Tradition zu filtern. Hierin liegt einer der Gründe, warum Interpreten wie Harootunian in der *kokugaku* »Erfindung und Ausbruch eines neuen Diskurstyps« sehen.[444] Die *kokugaku* versuchte nach dieser Ansicht, die Sprache neu zu erfinden, um den Sinn und die Natur geschichtlicher und gesellschaftlicher Veränderungen zu verstehen. Mit anderen Worten: Das sprachliche Inventar, das der Konfuzianismus und der Neokonfuzianismus zur Verfügung stellten, schien zur Beschreibung der erfahrenen und erlebten Wirklichkeit nicht mehr angemessen.

Die überlieferten kosmologischen Ähnlichkeits- und Entsprechungsbeziehungen waren fragwürdig geworden, sie hatten ihre orientierende und legitimierende Kraft verloren. Sie konnten die Überlast der neuen Daten gleichsam nicht mehr tragen. Die *kokugaku* erkannte den Bruch zwischen dem, was gesagt werden konnte, und dem, was tatsächlich gesagt wurde. Sie versuchte, die metaphorischen Verfahren des Neokonfuzianismus durch metonymische zu ersetzen. Sie formte die Sprache sowohl lexikalisch als auch syntaktisch mit dem Ziel um, die Welt der Erfahrung neu zu ordnen.

Diese Transformation der Sprache vollzog sich unter anderem in der Gestalt einer Rückwendung zu archaischen Quellen und einer Rekonstruktion archaischer Artikulation.[445] Unvermerkt und ungewollt glichen sie dabei ihre Sprache aber auch dem gesprochenen Idiom ihrer Zeit an, was dem rhetorischen und ideologischen Appeal ihrer Texte durchaus zustatten kam. Indem sie einen fremden Sprachkäfig demontierten, bauten sie sich einen eigenen. Vielleicht fungierte der Nativismus vor allem als »a sense-making device.«[446]

Motoori Norinaga, der sich auf die Ideen des *Manyôshû*-Forschers Keichû (1640–1701) berief, der das schriftlose japanische Altertum vom »Weg der *kami*« (*shintô*) bestimmt sah, erkannte den Ursprung im alten Japan und versuchte folglich, China selbst als irrelevant zu eliminieren. Er glaubte sogar in einer Art rückgewandtem Messianismus, sich in die Perspektive des Götterzeitalters (*kamiyo*) versetzen zu können: »Die Menschen haben über das Götterzeitalter aus einem menschlichen Blickwinkel nachgedacht. Ich aber habe vom Götterzeitalter her die menschlichen Dinge erfaßt (*kamiyo o motte hito no koto o shireri*).«[447] Es ist bemerkenswert und aufschlußreich für seine Art zu denken, daß es Norinaga nicht auffiel, wenn er dem Götterzeitalter Qualitäten zusprach, die in grellem Widerspruch standen zu den Qualitäten, die er an literarischen Werken späterer Epochen bewunderte.

Sowohl Sorai als auch Norinaga sahen in der Geschichte einen Prozeß, in dem sich auf eine eigentümliche Weise räumliche Nähe entfaltete. Für Sorai war er verankert im chinesischen Weg und den Weisen (*sei naru mono*), die ihn im Laufe von Jahrtausenden in unwiederholbarer konkret-historischer Einmaligkeit als »Schaffende/Entwerfende« (*sakusha*) entbargen. Ein Weiser kann seither niemand mehr werden. Das einzige Ziel, das jetzt noch offen steht – wenn auch nur dem, der eine entsprechende Disposition besitzt – ist, sich zu einem Edlen (*kunshi*) zu vervollkommnen. Für Norinaga entfaltete der Geschichtsprozeß die Kontinuität des japanischen Volkes und seiner Götter (*kami*). Sorai beklagte den epistemischen Bruch zwischen den Weisen des Altertums und ihren späteren chinesischen Interpreten, und er beklagte 1717 in seiner Schrift *Gakusoku*, daß Japan, wie auch die Länder westlich Chinas, nie einen »Weisen« hervorgebracht habe. Norinaga pries den niemals gebrochenen Bund der Japaner mit ihren Göttern.

10.14 Die Relevanz der Dichtung

Schon Fujiwara Seika (1561–1619) hatte den später in Japan immer wieder aufgegriffenen und erweiterten Topos etabliert, daß die Dichtung dem menschlichen Gefühl entspringe und dessen ernstester, ehrlichster und wahrster Ausdruck (*makoto*) sei. Die einzige Zierde dieser Wahrheit sei die Schlichtheit, alles andere sei Ornament und Lüge. Dabei sind Seikas poetologische Überlegungen durchaus komplex. So glaubt er z. B., daß vier Faktoren zusammenspielen müssen, damit echte Dichtung entstehen kann: »Wenn der Dichtung ›Geist‹ (*i*) fehlt, ist sie grob. Wenn ihr das ›Szenische‹ (*kei*) fehlt, ist sie welk. Wenn ihr ›Gefühl‹ (*nasake, jô*) fehlt, ist sie unecht. Wenn ihr das ›Sachliche‹ (*koto, ji*) fehlt, ist sie leer.«[448] In die Sprache Chu Hsis übersetzt bedeutet dies: Das eher materielle Moment des *ki* muß durch den immateriellen Geist, *shin*, geformt, ja kontrolliert werden – und umgekehrt.

Die philologisch-archäologischen Untersuchungen der Wegbereiter der *kokugaku*, der nationalen oder nativistischen Schule, galten zunächst dem Ziel, in den ältesten japanischen literarischen und mythohistorischen Quellen den »Weg des Altertums« (*kodô*) freizulegen und zu revitalisieren. In einer Art Dreisprung formierte sich dieses Anliegen vom Ende des 17. Jahrhunderts bis zur Mitte des 18. Jahrhunderts zu einer veritablen Ideologie: vom *Manyôshû*-Kommentar des Shingon-Priesters Keichû (1640–1701) über die Bittschrift des ersten distinguierten *kokugaku*-Gelehrten, Kada Azumamaro (1669–1736), im Jahre 1728 an den Shôgun Tokugawa Yoshimune (1677–1751), mit der Aufforderung, eine Nationale Schule zu gründen, bis zur sogenannten *Kokka-hachiron*-Kontroverse nach 1740 – ein literarästhetischer Disput, dessen letztlich aporetische Fragestellung, ob der Weg (*dô*) eine Gabe der Natur (*shizen*) oder ein Erzeugnis menschlicher Tätigkeit (*sakui*) sei, eine enorme ideologische Sprengkraft enthielt. Kada Azumamaro war für die weitere Entwicklung der Nationalen Schule auch insofern von größter Bedeutung, als er der erste war, der die Rivalität zwischen den konfuzianischen und den nativistischen Schulen artikulierte und so einer unabhängigen Entwicklung der *kokugaku* den Weg bereitete. Andererseits prägte Azumamaro mit seiner Verteufelung des Konfuzianismus und des Buddhismus auch entscheidend den xenophobischen Ton seiner nativistischen Nachfolger.

Im 8. Monat des Jahres 1742 begann die folgenreiche Debatte über die Beziehung zwischen der Dichtung, dem Staat und dem Menschen, an der Kada Arimaro (1706–1751), Tayasu Munetake (1715–1771) und Kamo Mabuchi (1697–1769) beteiligt waren.[449] Am Ende dieser Debatte, die vier Jahre lang dauerte, galt Mabuchi als der profilierteste Vertreter der *kokugaku*, und Wert und Bedeutung der Dichtung für diese Schule des Denkens waren ein für alle Mal festgeschrieben. Tayasu Munetake forderte Kado Arimaro, der seit 1728 im Dienst des *bakufu* stand und als Autorität im Bereich »japanischer Studien« (*wagaku goyô*) galt, auf, eine Abhandlung über den »Weg der Dichtung« zu verfassen. Arimaro versuchte, sich der Aufgabe mit dem Argument zu entziehen, sein Stiefvater, Azumamaro, habe kein Interesse an Fragen der Dichtung gehabt. In Wirklichkeit war Kada Azumamaro durchaus an der Dichtung interessiert gewesen, aber seine geradezu technizistisch geprägte Poetologie, die der reinen poetischen Inspiration mißtraute, unterschied sich wesentlich von anderen zeitgenössischen Theorien, die sich an der (vermeintlichen) Schlichtheit und Spontaneität der Gedichte des *Manyôshû* orientierten.

Munetakes Antwort auf Arimaros Manöver war entwaffnend: »Dann schreibe einfach deine eigenen Ideen nieder!« Arimaro tat es; innerhalb von drei Tagen entstanden so die *Acht Theorien über japanische Dichtung* (*Kokka hachiron*). Munetake, der in konfuzianischem Geist gelehrte Adlige, mußte davon enttäuscht sein. Er hatte einen Diskurs über die Rolle der Dichtung bei der Verwandlung eines Mannes in einen Edelmann erwartet und erhielt eine protokollarische Liste von Gedanken über Dichtung. In seinem Zorn und seiner Enttäuschung parierte er mit einer eigenen Schrift: *Meine Ideen zu den Acht Theorien über japanische Dichtung* (*Kokka hachiron yogon*), in der er auch Kamo Mabuchi aufrief, seine Meinung zu äußern. Mabuchi, Schüler Azumamaros und Kollege Arimaros, stand 1742 bereits einer eigenen Schule vor. Er legte rund drei Monate, nachdem er dazu aufgerufen worden war, Munetake eine *Nachlese auf Meine Ideen zu den Acht Theorien über japanische Dichtung* (*Kokka hachiron yogon shûi*) vor und machte die topische Amplifikation damit geradezu handgreiflich. So ging es weiter, bis Munetake 1746 mit seiner *Summa der Poetik* (*Katai yakugen*) die Debatte stoppte.

Die zentrale Aussage in Arimaros *Kokka hachiron* war die, daß der Dichtung gesellschaftliche Relevanz fehle: »Die Dichtung gehört nicht zu den Sechs Künsten (*rokugei*), sie war nie von Nutzen für die Regierung des Staates, noch hilft sie bei den täglichen Verrichtungen.«[450] Mit den sechs Künsten sind die Fähigkeiten gemeint, die einen konfuzianischen Edelmann ausmachen: Etikette (*rei*), Musik (*gaku*), Bogenschießen (*sha*), Reiten (*gyô*), Kalligraphie (*sho*) und Mathematik (*sû*). Eine so radikal entwertete Dichtung kann nur noch, nach dem Vorbild der Gedichte des *Shinkokinwakashû*, der *Neuen Sammlung japanischer Gedichte aus alter und neuer Zeit* von 1205, mit hohen artistischen Reizen für sich werben. Aber auch diese können nichts daran ändern, daß die Dichtung nicht den Anspruch erheben kann, ein Weg zu sein. Wer von dem »Weg der Dichtung« spricht, beweist nicht nur seine Ignoranz bezüglich der Herkunft der Dichtung, sondern auch bezüglich dessen, was einen Weg ausmacht. Er ist nicht einmal wert, daß man ihm widerspricht. Auch ein Spiel mit Worten blieb in Arimaros Augen ein Spiel. Arimaro erweist sich hier als ein Statthalter der Soraischen Doktrin. Wer akzeptiert, daß der »Weg« ein Werk, eine Erfindung von – wenn auch weisen – Menschen ist, für den kann ein

Gedicht, ein Kunstprodukt, nur noch nach künstlerischen Kriterien beurteilt werden.

Nach Munetakes orthodox neokonfuzianischer Auffassung hingegen hatte die Dichtung didaktische und normsetzende Aufgaben zu erfüllen. Für ihn war auch die Dichtung, die er der Kunst der Etikette (*rei*) zurechnete, wie der ganze Kosmos, wie alle zehntausend Dinge (*banbutsu*), Teil des universellen Prinzips (*ri*) und somit zwangsläufig mit dem Staat und seinem Wohlergehen aufs engste verknüpft. Und wenn Dichtung Teil des umfassenden kosmologischen Prinzips war, mußte ihr ästhetisches Raffinement wesensfremd sein.

Kamo Mabuchi, der Nativist, ging, was die Dichtung als Instrument der Staatsregulierung betraf, noch weiter als die neokonfuzianische Orthodoxie. Dichtung war in seiner Sicht mehr als Instrument und Medium, denn ihre unmittelbare Wahrheit und wahre Unmittelbarkeit legen mehr von der menschlichen Natur frei als mit Hilfe des »Prinzips« erklärt werden kann. Er schreibt: »Prinzip ist eben nur Prinzip.«[451] Der paradiesisch-harmonische Einklang von Mensch und Kosmos war zwar durch den Einbruch fremder Wege, die den alten Japanern ihre Unschuld und Naivität raubten, verlorengegangen, aber Mabuchi glaubte, daß der alte eigene Weg in den Japanern noch schlummerte und wiedererweckt werden könnte – vor allem durch das Lesen alter japanischer Dichtung. Zudem, auch das wußte Mabuchi, nützt und schützt die Abfuhr des nicht domestizierten, unverstellten Begehrens, welche die Dichtung ermöglichte, dem Staat. Dabei bleibt sie der natürlichen Ordnung eingelagert. Dichten bedeutet für Mabuchi natürliches Hervorgehen, das keiner Anstrengung oder technischer Hilfestellungen bedarf.

Mabuchis geistiger Erbe, Motoori Norinaga (1730–1801), obgleich auch *kokugaku*-Gelehrter, Nativist, wird die Betonung des Spontanen und des Natürlichen nicht übernehmen. Bei ihm werden das religiöse und das schicksalhafte Moment mit besonderen Akzenten versehen werden. Mabuchi war ein Klassizist, der den Geist des Altertums aus den Versen des *Manyôshû* zu destillieren versuchte, Norinaga aber ein Fundamentalist, der die Essentiale des »alten Wegs« aus dem Text des *Kojiki* dekodieren und ihnen zu neuer Gegenwart verhelfen wollte.[452] Mabuchis Weg war der des Himmels und der Erde (*tenchi*), Norinagas Weg war der der Götter (*kami*), deren Wirken freilich den Menschen undurchschaubar ist, es sei denn, daß Schriften wie das *Kojiki* ein wenig Licht in das dem Menschen prinzipiell Inkomprehensible bringen. Den *kami* können die Menschen nur mit Liebe, Vertrauen – und Angst begegnen. Für Norinaga galt unumstößlich, daß die eigentlichen Fragen der menschlichen Existenz unbeantwortet bleiben.

Mabuchi versuchte über das Medium des Gedichts den Geist der Zeit zu erfassen, in dem es geschrieben worden war. Norinaga sprach dem Gedicht einen von Ort und Zeit seines Entstehens unabhängigen Eigenwert, fast eine Art ästhetischer Autonomie, zu. Mabuchi sah im Gedicht aufgrund seiner aus dem Gemüt gleichsam hervorbrechenden Spontaneität zwangsläufig einen Reflex seiner Zeit. Norinaga sah im Abfassen eines Gedichts einen bewußt(er)en Akt (*waza*), mit dem der Dichter auf das Pathos (*aware*) der Situation antwortete. Mabuchi adjustierte den Wert eines Gedichts an den Wert der Epoche, aus der es stammte. Norinaga bewertete Gedichte (auch) unabhängig von ihrem epochalen Milieu. Mabuchi historisierte. Norinaga enthistorisierte. Die Spontaneität der »Menschen des Altertums« jedenfalls war verlorengegangen.

Im Altertum – so Mabuchi – waren Gedichte noch »spontan-unmittelbare« (*onozukara*) Äußerungen der menschlichen Empfindsamkeit. Sie entstanden auf dieselbe Weise, in der die Welt sich damals gleichsam noch »von selbst« (*onozukara*) regierte.[453] ›Damals‹ konnte der Mensch sich noch auf seine innere Stimme verlassen, die ihm natürlich und spontan, ohne die Zwischenschaltung eines ideologischen Souffleurs, den Weg zu einer wohlgeordneten Gesellschaft wies. Wenn Mabuchi aber die Anwendbarkeit seines Spontaneitätskonzepts in der Gegenwart anspricht, verkümmert es zu einem konfuzianischen Formular: »Wenn die Oberen sich der Dichtkunst erfreuen, werden die Unteren ihrem Beispiel folgen. Wenn die Oberen den Geist und die Worte des Altertums gebrauchen, werden auch die Unteren zum Altertum zurückkehren.«[454] Immerhin bewirkte solcherart konfuzianisch-topische Magie einen wissenschaftspolitisch motivierten Ortswechsel: Mabuchi brachte sie im Jahre 1746 die Einladung Munetakes ein, die Stelle Arimaros als Sachverständiger für japanische Studien am *bakufu* zu übernehmen. Mit fast fünfzig Jahren war er somit zum ersten Mal in seinem Leben finanziell gesichert.

Mabuchi entwickelte auf seiner neuen Stelle, die er bis 1760 innehatte, seine Vorliebe für das *Kojiki* als Quelle für Informationen über das hohe Altertum und für das Japan der Nara-Zeit, als das wahre Herz (*magokoro*) noch herrschte. Seine Idealvorstellung von Japans »Altem Weg« als dem »erhabenen Weg, der Himmel und Erde entspricht« (*aga sumeragi no hiroku tenchi ni kanaeru michi*) prägte sich endgültig aus, und seine Klagen über den Niedergang der japanischen Sitte, seit die chinesischen Schriften die alten japanischen Schriften verdrängt hatten, mehrten sich. Damit lieferte er die Themen, die über ein Jahrhundert lang den Diskurs der Nativisten steuern sollten.[455] In der Tat galten Gedichte vor der Einführung der Schrift nicht als Kunststücke, Artefakte, sondern als »performances or acts«.[456]

Die Grenzen zwischen Politik, Religion und Dichtung waren, wenn überhaupt vorhanden, fließend. Die Dichtung, der »Gesang« – das japanische Wort *uta* macht keinen Unterschied zwischen Gedicht und Gesang war ein bedeutender, ja unverzichtbarer Teil des gesellschaftlichen Lebens. Das Gedicht und der Gesang übten Macht aus. Dichtung warb nicht nur um ästhetisches Wohlgefallen, sondern kontrollierte und ordnete die Welt; zumindest wurde ihr ein solcher Effekt unterstellt. Einen Nachklang dieser Überzeugung, daß sich mit Dichtung Macht ausüben läßt, weil dem Wort (*koto*) eine magische Kraft (*tama*) innewohnt, findet sich noch in Ki no Tsurayukis (ca. 868–

945) Vorwort zum *Kokinwakashû, Sammlung japanischer Lieder aus alter und neuer Zeit* (komp. 905–914), in dem es heißt, daß das »japanische Gedicht« (*Yamato no uta*) ohne Anstrengung Himmel und Erde zu bewegen vermag, die Gefühle der sichtbaren und unsichtbaren Götter erregen kann, die Beziehung zwischen Mann und Frau besänftigt und die Herzen wilder Krieger beruhigt.

Der Glaube an die Macht der Worte (*kotodama shinkô*) existierte in Japan sicher schon vor dem 8. Jahrhundert, auch wenn der Begriff *kotodama* zum ersten Mal im *Manyôshû* auftaucht. Gerade die Tatsache, daß dieses Wort vor dem *Manyôshû* nicht nachzuweisen ist, kann als ein Indiz dafür gedeutet werden, daß die Japaner sich um diese Zeit bereits nach einer Epoche zurücksehnten, die noch frei von fremden, das heißt chinesischen und koreanischen Einflüssen war, nach einer Zeit, in der die politisch-religiösen Rituale noch in einem reinen, ursprünglichen, »unverfälschten« Japanisch vollzogen wurden. Dem Einbruch fremder Kulturen und fremder Sprachen begegnete man, indem man die magische Valenz der eigenen Sprache, ihre grundsätzliche und »naturgegebene« Überlegenheit beschwor. Norinaga war davon überzeugt, daß das *kotodama* eine numinose Kraft besitzt, die es ihm ermöglicht, jede zeitliche und räumliche Entfernung zu überwinden und eine Brücke zwischen dem Bereich des Menschlichen und dem des Göttlichen zu schlagen.

Der Einbruch der chinesischen Schrift hatte die japanische Kultur tiefgreifend verändert. Sie hatte einen hohen Prestigewert und war zu einem Machtmittel des Hofs avanciert. Dem versuchten die alten Kultfunktionäre, deren Macht das gesprochene Wort gewesen war, durch eine neue Akzentuierung der Oralität entgegenzuwirken. Deutlich wird dies etwa im 894. Gedicht des *Manyôshû*, das als Gebet für die sichere Fahrt und Heimkehr eines nach China abreisenden Gesandten fungierte. Das Gedicht, ein sogenanntes *chôka*, Langgedicht, soll aus dem Jahr 734 stammen und wird dem Dichter und Politiker (Statthalter in Chikuzen) Yamanoe Okura (ca. 660–733) zugeschrieben:

Durch alle Zeiten
seit dem Zeitalter der Götter
wurde es übermittelt [*kataritsugi* = wörtl.: mündlich weitergegeben]
daß dieses Land Yamato
das hohe Land der Erhabenen Götter ist
und ein Land gesegnet mit *kotodama*
auch alle heutigen Menschen
sehen das klar vor Augen
und wissen es.[457]

10.15 Motoori Norinaga, der kokugaku-Gelehrte

Mit sieben Jahren begann Norinaga, Lesen und Schreiben zu lernen, mit elf Jahren las er die konfuzianischen Klassiker und erlernte die Nô-Rezitation, mit sechzehn Jahren das Bogenschießen, mit achtzehn die Teezeremonie (*cha no yu*), und mit neunzehn Jahren wurde er in die hohe Schule des Konfuzianismus eingeführt. Parallel dazu hatte er schon früh ein waches Interesse an der literarischen Tradition (*waka* und *monogatari*) Japans entwickelt. Seine frommen Eltern zogen ihn im Sinne der Lehre des Jôdo-Buddhismus auf. Norinagas Mutter, seine Tante, sein Onkel, seine beiden Schwestern und sein jüngerer Bruder verbrachten ihre späten Jahre im Kloster. Was sie freilich nicht daran hinderte, auch den Göttern des Shintô-Pantheons die gebotene Verehrung entgegenzubringen. Seine Eltern sahen in Norinaga ein Wunschkind, ein Geschenk des *kami* Mikumari, dessen Schrein in Yoshino stand. Die jôdo-buddhistische Lehre, daß die Gegenwart eine Endzeit (*mappô*) sei und nur der Glaube an die göttliche »Fremdkraft« (*tariki*) Rettung bringen könne, fand in Norinagas Konzept vom »Weg des Altertums« einen spürbaren Niederschlag.

Im Jahre 1748 erhielt Norinaga die »Fünf Unterweisungen« (*gojû sôden*). Nun nahm er in den Augen der Jôdo-Schule den Status eines Erwachsenen ein. Im Jahr darauf erwies Norinaga aber auch Amaterasu-ô-mikami in Ise seine Reverenz, bei Gelegenheit einer *sengû*-Zeremonie zur Feier des Wiederaufbaus des Schreins der Sonnengöttin, der noch heute alle zwanzig Jahre vollzogen wird. Der Tod seines Stiefbruders machte Norinaga im Jahre 1751 plötzlich zum Oberhaupt der Familie. Er hätte nun Kaufmann werden können. Aber seine Mutter ermunterte ihn, nach Kyôto zu gehen und Medizin zu studieren. Sofort nach seiner Ankunft in der alten Hauptstadt schrieb er sich in der Schule des Konfuzianers Hori Keizan (1689–1757) ein, ließ sich aber eineinhalb Jahre Zeit, bevor er seine medizinischen Studien begann. Norinaga lebte von 1752–1757 in Kyôto. Er dichtete, ging ins Theater, besuchte Schrein- und Tempelfeste, rauchte mit Leidenschaft *kiseru*-Pfeifen und liebte den Reiswein, eine Liebe, die ihm 1756 seine Mutter brieflich auszureden versuchte. Dennoch waren seine Studien in dieser Zeit überaus umfassend und vielseitig. Auch die Sorai-Schule übte in dieser Zeit noch einen erheblichen Einfluß auf Norinagas Denken aus. Erst Ende des Jahres 1757, nachdem er zu seiner Mutter nach Matsusaka zurückgekehrt war und eine Arztpraxis eröffnet hatte, las er Kamo Mabuchis *Kanji kô*, ein Werk, das die Superiorität des *Kojiki* gegenüber dem *Nihon shoki* behauptet. In seiner ersten bedeutenderen Schrift *Ashiwake no obune* (*Ein kleines Boot im Schilf*), die wahrscheinlich in diesem Jahr entstand, steckte der noch nicht Dreißigjährige zum erstenmal die Themen ab, denen sein ganzes weiteres Wirken gewidmet sein sollte:

(1) Ein idealisiertes japanisches Altertum, der shintôistische »Weg der *kami*« als Regulativ für das alte und das zeitgenössische Japan. Den *shintô*, den er meinte, nannte Norinaga den »natürlichen *shintô*« (*shizen no shintô*), um ihn trotz vieler inhaltlicher Überschneidungen mit den Lehren eines Watarai Nobuyoshi (1615–1690) oder eines Yoshimi Yukikazu (1673–1761) von dem *shintô* abzusetzen, von dem die Zeitgenossen sprachen. Den »natürlichen *shintô*« beschrieb und definierte Norinaga als den Weg, der seit der Entstehung der Welt und seit dem

Götterzeitalter existiere. Dieser autochthone japanische Weg befähigte die Menschen des Altertums, die noch nicht von ihm abgefallen waren, von Natur aus ohne Moralität moralisch zu sein und beherrscht zu sein ohne beherrscht zu werden, ja sogar konfuzianisch ohne die Lehren des Konfuzius. Diese seien erst als eine Art Heilmittel importiert worden, als Täuschung und Unordnung dem götterzeitlichen Arkadien ein Ende bereitet hatten – eine Auffassung, die Norinaga später korrigierte.

(2) Eine Poetik, die eine diskrete l'art-pour-l'art-Auffassung verfocht. Norinaga unterschied das Wesen (*hontai*) der Dichtung von den in ihr eingelagerten Möglichkeiten, ihrer Virtualität (*mochiyuru tokoro*). Ihr Wesen sah er im »unmittelbaren Ausdruck des Herzens«. Daher könne sie weder den Staat noch den einzelnen regulieren. Das hatten auch Arimaro und Sorai gedacht und gesagt. Die Virtualität der Dichtung hat nach Norinagas Überzeugung aber wenigstens einen indirekten Effekt: Da die Dichtung spontaner Ausdruck des Gefühls ist, bietet sie Informationen über den anderen und hilft so, ihn besser zu verstehen – und bietet damit auch den Herrschenden eine Grundlage für die Verbesserung ihrer Regierung.[458] Auch hier wird der *kokugaku*-typische Emotionalismus Norinagas deutlich, der der affektiven Dimension der menschlichen Erfahrung zu ihrem Recht verhelfen will. Anders als Kamo Mabuchi zog Norinaga jedoch immer eine klare Trennlinie zwischen dem »Weg der *kami*« und dem »Weg der Dichtung«.

(3) Die gleichzeitige Unhintergehbarkeit und Unerreichbarkeit gewisser Momente des Lebens, seine »wunderbaren« und inkalkulablen Qualitäten, über die nur die *kami* Auskunft geben könnten, es aber nicht tun.

Norinaga schreibt: »Es gibt Dinge in der Welt, die die Erkenntnisfähigkeit eines gewöhnlichen Menschen übersteigen.«[459] ›Wissenschaftspolitisch‹ richtete sich diese Akzeptanz des Unerklärlichen und Rätselhaften gegen den neokonfuzianischen Rationalismus einiger seiner Zeitgenossen wie Arai Hakuseki, gegen die »stinkenden

Konfuzianer, die glauben, daß alles Wunderbare falsch sei und nicht existieren könne«.[460]

In den Jahren zwischen 1759 und 1761 hielt Norinaga Vorlesungen – in der Regel in acht oder neun Sitzungen im Monat – über zahlreiche Werke der japanischen Literatur vom *Manyôshû* bis zum *Genji monogatari*. Im fünften Monat des Jahrs 1763 fand die wahrscheinlich einzige Begegnung Norinagas mit Mabuchi statt – eine Begegnung, die unter dem Namen »die Nacht in Matsusaka« zu einer Legende geworden ist. Dreißig Jahre später, 1793, schrieb Norinaga in seiner Schrift *Tamakatsuma* (*Der edelsteinverzierte Bambuskorb*) nieder, was Mabuchi ihm in dieser Nacht geraten hatte. Mabuchi soll auf Norinagas Ankündigung, einen Kommentar des *Kojiki* zu schreiben, geantwortet haben: »Ursprünglich hatte ich auch vor, dieses *Buch der Götter* [*kami no mifumi* = *Kojiki*] zu erklären, aber erst mußte ich mich des *chinesischen Herzens* (*karagokoro*) entledigen und das *wahre Herz* (*magokoro*) des Altertums erwerben. Aber um das wahre Herz zu verstehen, mußte ich zuerst die alten Worte lernen, und der beste Weg, die alten Worte zu erlernen, war, das *Manyôshû* zu studieren. So versuchte ich von Anfang an, das *Manyôshû* aufzuhellen; darüber bin ich zu einem alten Mann geworden, der nur noch ein paar Jahre zu leben hat, nicht lange genug, um das *Buch der Götter* zu deuten. Aber du, du bist noch jung und hast das Leben noch vor dir. Wenn du deine Studien fleißig weiterführst, dann wirst du das, was du dir vorgenommen hast, auch verwirklichen. Die Gelehrten heutzutage wollen, noch bevor ihre Vorbereitungen abgeschlossen sind, die Gipfel betreten. So erreichen sie nicht einmal die Täler, geschweige denn die Gipfel.«[461]

Mehrere Indizien sprechen dafür, daß Mabuchi dies zumindest nicht so gesagt haben kann. Er benutzte in seinen Schriften niemals den Ausdruck *kami no mifumi*, und den Begriff *karagokoro* hat Norinaga selbst erst nach 1770 geprägt. An einer späteren Stelle in *Tamakatsuma* wirft Norinaga seinem Mentor Mabuchi, der sich immer eine gewisse Sympathie für taoistische Denker bewahrt hatte, sogar vor, daß seine Texte bisweilen von chinesischem Geist infiziert seien, weil er sich selbst nie ganz seines *karagokoro* hätte entledigen können. Jedenfalls begann Norinaga bald nach diesem Gespräch seine Auslegung des *Kojiki*, die mehr als 33 Jahre in Anspruch nahm und sich in den 48 Bänden des *Kojikiden* niederschlug. Während der fünf Jahre, die Mabuchi noch lebte, »the two carried on a lively and at times bitter correspondence«.[462]

In den noch im Jahr 1763 verfaßten Schriften *Shibun yôryô*, einer Interpretation des *Genji monogatari*, und *Isonokami sasamegoto*, einer poetologischen Abhandlung, expliziert Norinaga sein Konzept des *mono no aware*, in dem sich sein Denken auf eine exemplarische Weise verdichtet. »Wenn Menschen aussprechen, was sie in ihrem Herzen fühlen, dann ist das das Bewußtsein von *mono no aware*.«[463] Ein Mensch beginnt zu dichten, wenn er »das *mono no aware* nicht mehr erträgt«.[464] Das Herzzerreißende (*aware*) der Dinge (*mono*) erfaßt den Menschen, der selbst *mono no aware* im Sinne einer akuten Sensibilität, ja Verletzlichkeit für die pathoserregenden Qualitäten des Lebens und der Dinge hat. Mit dem Konzept des *mono no aware* versucht Norinaga, eine ästhetisch (im ursprünglichen Sinne von: wahrnehmungsbezogen) geprägte, existentielle Grundbefindlichkeit, von Norinaga auch *miyabigokoro*, das elegante Herz genannt, zu kennzeichnen, die ethisch-normative Regularien überflüssig macht. Die Entdeckung des *mono no aware* »führt zu einem wirklich mythischen (und somit metaphorischen) Verständnis der Welt – indem es die wesentliche Bedeutung der Phänomene intuitiv erfaßt und sich einfühlend damit identifiziert. Einfühlung und Intuition ersetzen das rationale Verstehen; Besonderheit und Einzigartigkeit ersetzen das Prinzip, die Kategorie und die Typologie; und das Greifbare ersetzt das Unfaßbare.«[465] Ethik und Moral hingegen greifen kompensatorisch ein, wenn dieser tragende Boden gesellschaftlichen Einverständnisses nicht vorhanden ist oder einbricht. Historisch gewendet: Chinesische Ethik und Moral griffen kompensatorisch ein, nachdem der japanische Boden gesellschaftlichen Einverständnisses – im Mittelalter (*chûsei*), wie Norinaga sagt – eingebrochen war.

In seiner Schrift *Naobi no mitama* (*Geist der Erneuerung*) von 1771 erscheint Norinagas nostalgische Perspektive bereits vollständig ausgebildet: »Im alten kaiserlichen Japan gab es diese ärgerlichen schulmeisterlichen Lehren noch nicht, und doch fanden sich auf keiner Ebene der Gesellschaft Brüche und Risse. Der Staat wurde friedlich regiert.«[466] Aber fremde Wege gelangten nach Japan, im Laufe der Zeit wurden chinesische »Schriften eingeführt und die Leute begannen, diese Schriften zu studieren und die chinesischen Handlungsweisen, die dahinter steckten, nachzuahmen und zahllose Elemente des chinesischen Lebens zu übernehmen«.[467] Die Handlungen der japanischen Herzen (*kokoro*) waren fortan nicht mehr gradlinig und rein (*naoku kiyoki*), sondern schmutzig (*kitanaki*). Schließlich wandten die Japaner sich in ihrer Ahnungslosigkeit dem konfuzianischen Weg der Weisen zu, der ihre Dekadenz doch verschuldet hatte. Gerade weil die Menschen des Altertums unschuldig und naiv waren, lebten sie spontan nach Maßgabe des »Wegs der Götter«. Gerade weil sie nichts anderes kannten, sahen sie in dem Weg keinen Weg. Als sie nach dem Eindringen anderer, fremder »Wege« den »Weg« überhaupt erst als »Weg« erkannten, hatten sie sich bereits von ihm entfremdet, hatten sie – in einem Sinne, wie Kleist ihn in *Über das Marionettentheater* beschreibt – ihre Unschuld verloren.

Das japanische Herz im Stande der verlorenen Unschuld nannte Norinaga – chinesisches Herz, *karagokoro*, oder widerstrebendes, widerborstiges Herz, *sakashiragokoro*. Wer ein *karagokoro* besitzt, sieht im Herz des Kaisers nicht mehr das eigene Herz und denkt nur noch an sich selbst.[468] Drastisch sagt Norinaga in einem Gedicht aus dem Jahr 1786:

karazama no
sakashiragokoro
utsurite zo

yo no hito no kokoro
ashiku narinu

Seit ihre Herzen
auf chinesische Weise
gegen den Strich sich
kehrten, ach, wie verdorben
sind doch seither die Menschen!

Der Abfall (*tsumi*) vom »Weg der Götter«, so glaubte Norinaga zunächst, hatte sich während der Regierung des Kaisers Kôtoku (645–654) ereignet. Aber der chinesische Geist kann wieder ausgetrieben werden: Wenn man, so weiß Norinaga zu trösten, sich von der Beschmutzung, die aus der Lektüre chinesischer Texte resultiere, reinigte (*harai kiyomete*) und die alten japanischen Texte mit japanischer Herzens-Attitüde liest, wird sich von selbst (*onozukara*) der »Weg der Götter« wieder einstellen.[469] Überraschenderweise findet man in *Tamakatsuma*: »Solange man weiß, daß chinesische Praktiken durch und durch schlecht sind und solange man unerschütterlich am japanischen Geist (*mikuni-damashii*) festhält, wird das Herz nicht in die Irre gehen, selbst wenn man Tag und Nacht solche [chinesische] Texte liest.«[470]

Den Inbegriff der ursprünglichen Schaffenskraft des Kosmos sah Norinaga in der Gottheit Takami Musubi, die, wie ihr Name andeutete, über die Macht verfügte, zu binden, zu verknoten, zusammenzufügen: *musubu*. Diese Macht war über die Sonnengöttin Amaterasu-ô-mikami in direkter »himmlischer Sonnenlinie« (*amatsu hitsugi*) auf ihre Nachkommen, die japanischen Kaiser, übergegangen. Daher sind die japanischen Kaiser mit »himmlischen Götterherzen« (*amatsu kami no mikokoro*) ausgestattet. Die Herzen der Kaiser sind mit den Herzen der Götter also gleichsam kurzgeschlossen. Sie sehen im Herzen der Amaterasu-ô-mikami ihr eigenes Herz, wie Norinaga es unmißverständlich fomuliert.[471] Bisweilen haben die Kaiser dennoch ein wenig Wahrsagerei nötig, um den Willen des himmlischen Herzen der Sonnengöttin zu erfahren.[472]

»Der Kaiser war ein imperialer Schamane, der genetisch und *ex cathedra* imstande war, die Wünsche seiner göttlichen Ahnen zu erfassen und sie in die Tat umzusetzen.«[473]

Der »Weg der Götter« war für Norinaga doppelt konnotiert. Einerseits meinte er den Zustand und den Zusammenhang der Welt, wie sie zur Zeit der Götter war, andererseits meinte er das, was die Spätgeborenen noch immer unmittelbar mit den ursprünglichen und göttlichen Kräften des Kosmos verband. Norinagas deterministische, um nicht zu sagen: fatalistische Weltsicht sah in allem, was sich zwischen Himmel und Erde ereignete, die menschlichen Handlungen eingeschlossen, die unsichtbaren Hände der Götter am Werk. Da es unter den Göttern aber gute und böse gab, waren auch die bösen Handlungen der Menschen letztlich den Göttern zuzuschreiben. Der Bosheit der Gottheit Magatsubi aber waren nach Norinagas Überzeugung nicht einmal die guten *kami* gewachsen, wieviel weniger also die Menschen. Das einzige, was die Menschen tun konnten, war, *kami*-gefällig, »nach der Art der *kami*« (*kannagara*) zu handeln, jede »Widerstrebigkeit« (*sakashira*) zu vermeiden und sich diskret dem Götterwillen zu fügen. Um zu erfahren, was sich ziemt, konnten sie nur bei den alten Schriften wie dem *Kojiki* anfragen. In den Augen Norinagas wurde der Mensch durch seinen interaktiven Umgang mit dem Göttlichen definiert. Die ideelle und zeitliche Entfernung zum Götterzeitalter schrumpfte so durch die Tatsache, daß es noch immer gewisse Kongruenzen zwischen der Gegenwart und dem idealisierten Altertum gab, daß beide Zeitalter noch wichtige Qualitäten gleichsam teilten. Als zeitliche und ideelle Angel, als ideelles und zeitliches Relais zwischen Altertum und Gegenwart fungierten die Kaiser, denen die Sonnengöttin, die für Norinaga zugleich auch die Sonne selbst war, ihr himmlisches Mandat anvertraut hatte und die sich ihrer treuen Minister bedienten, die das Volk unmittelbar regierten: Die Kaiser erhalten ihr Mandat unmittelbar von Amaterasu-ô-mikami, die Kaiser delegieren es an die Minister, die Minister regieren das Volk, die gewöhnlichen

Menschen, heute noch so wie *in illo tempore*. Das schwache Glied in dieser Kette sind, so Norinaga, die gewöhnlichen Menschen. Denn anders als im goldenen Altertum, als »die Untertanen in jedem Augenblick den Wünschen ihrer Vorgesetzten folgten«,[474] sind sie nicht mehr in gänzlicher harmonischer Übereinstimmung mit dem himmlischen Götterherzen: Die göttlichen und die menschlichen Interessen sind – unterscheidbar geworden – ein Symptom dafür, daß die Menschen ihre Beziehung zum Göttlichen verloren haben. »Nach Norinagas Vorstellung sollte nun nicht das Altertum rekonstituiert werden, sondern die Menschen sollten hier und jetzt wieder in ihre ursprüngliche Beziehung zum Göttlichen treten und den Himmel auf die Erde bringen«.[475] Seit 1771 zog Norinaga es vor, vom »japanischen Herzen« (*mikunigokoro*) zu sprechen, statt, wie Mabuchi es getan hatte, vom »wahren Herzen« (*magokoro*). Beide Begriffe meinten »a virtual genetic prerogative, a feature that distinguished the Japanese from less fortunate souls abroad. The difference between Mabuchi and Norinaga in this regard was that, where, for Mabuchi, the reanimation of the true heart represented the fulfillment of the nostalgic quest, for Norinaga, the Japanese heart was more like a piece of racial armament that equipped Japanese man for the task of claiming those blessings that were his birthright.«[476]

Norinaga stimmte mit Sorai darin überein, daß der Wert der Dichtung nicht in ihren didaktischen, sondern in ihren ästhetischen Qualitäten liegt. Sorai, der in dieser Hinsicht keinen Unterschied zwischen der chinesischen und japanischen Literatur machte, bestand darauf, daß die Dichtung als Dichtung wertgeschätzt werden sollte, während der orthodoxe Neokonfuzianismus in der Dichtung ein Mittel der Selbsterziehung sah. Für Norinaga war der Weg, wie er in *Naobi no mitama* schreibt,[477] »erfunden« (*tsukurite*) und die chinesischen Weisen waren »Menschen (*hito*), die das Land ordneten und die Gesetze schufen, welche die Späteren übernahmen«.[478] Aber gerade darin materialisierte sich für Norinaga der qualitative Unterschied zwischen dem chinesischen und dem japanischen Weg: Dem »erfundenen« chinesischen Weg stand in den Augen Norinagas der japanische Weg gegenüber, nicht der, den Mabuchi meinte, wenn er von dem »natürlichen Weg des Himmels und Erde« sprach, sondern der Weg, welchen der Gott Takami-musubi kraft seiner wunderbaren Machtvollkommenheit geschaffen hatte.[479] Der japanische Weg ist der »Weg der Götter« (*kami no michi*) und als solcher über den menschlichen Verstand erhaben.[480] In *Kuzubana* (1780) differenziert Motoori Norinaga: »Es gibt einen Weg, der nicht von Menschen erfunden wurde und der seit dem Götterzeitalter auf natürliche Weise bestanden hat: es ist der von den *kami* geschaffene Weg, also eigentlich kein natürlicher Weg, aber verglichen mit dem, was Menschen hervorbringen, ähnelt er der Natur.«[481] Die *inventio* wird den Menschen zugeschrieben und dadurch entwertet. Götter sind Schöpfer, keine Erfinder. Dazu werden sie erst, wenn die Menschen sie zu denken versuchen. In seinen späteren Jahren näherte sich Norinaga Mabuchis Konzept vom »wahren Herzen« wieder an, entwickelte dessen Vorstellungen von der wunderbar-numinosen Qualität des Lebens weiter, nahm die Existenz zweier Musubi-Gottheiten, Takami Musubi und Kami Musubi, an und arbeitete eine Art shintôistischer Eschatologie aus. In *Kuzubana* feiert er geradezu hymnisch die Natur: »Betrachte dir auch den menschlichen Körper. Er hat Augen zu sehen, Ohren zu hören, einen Mund zu sprechen, Füße zu gehen und Hände zu zahllosen Verrichtungen. Sind sie nicht wirklich wunderbar? Vögel und Insekten fliegen in der Luft, Pflanzen und Bäume blühen und bringen Früchte hervor. Sie alle sind wundervoll. Wenn seelenlose Wesen sich in Lebenwesen wie Vögel und Insekten verwandeln, wenn Füchse und Dachse menschliche Form annehmen, ist das nicht höchst verwunderlich? Die Welt und alles, was in ihr ist, ist ohne Ausnahme seltsam und erstaunlich. Selbst die Weisen könnten das nicht alles erklären. Denn die menschliche Einsicht reicht nicht an die unbeschränkten und herrlichen Taten der Götter heran.«[482]

Den Abfall vom »Weg der Götter« datierte der späte Motoori Norinaga weiter zurück. Er glaubte nun, daß die entscheidenden Veränderungen schon während der Regierungszeit des Kaisers Ôjin (270–310) begonnen hatten und zur Regierungszeit des Kaisers Tenmu (673–686) abgeschlossen waren. Jetzt mußten die Japaner das *Nihon shoki* befragen, wenn sie etwas über das goldene Götterzeitalter erfahren wollten, ein Werk, das ironischerweise nach dem Vorbild chinesischer Historiographien in einer hybriden sino-japanischen Sprache geschrieben war – und somit selbst zur »Sinifizierung« Japans beigetragen hatte! Rettung erhoffte sich der späte Norinaga von der Heilkraft der Gottheit Naobi. Vertrauen und Glaube waren an die Stelle getreten, die intellektuell-wissenschaftliches Bemühen einmal eingenommen hatten. 1786 schrieb Norinaga:

karagokoro
naoshi tamae to
ônaobi
kami no naobi o
koi nomi matsure.[483]

Mache dich ganz frei
vom chinesischen Herzen!
Vertraue dich im
Gebet der heilenden Kraft
des Großen Naobi an!

Interpreten Norinagas wollen in dieser Haltung einen deutlichen Einfluß der Fremdkraft-Lehre des Amida-Buddhismus erkennen. Die Chinesen seien einem untalentierten Menschen vergleichbar, der sich ständig genau der Qualitäten rühmte, die ihm in Wirklichkeit fehlten, während die Japaner wie ein wahrhaft überragender Mensch ihre Verdienste nicht dauernd zu beteuern brauchten. Motoori Norinaga beschreibt das Goldene Zeitalter als ein Götterzeitalter, »eine Zeit, in der alles vom Numiosen erfüllt war, und die Menschen ihren von den Göttern verliehenen Instinkten folgten«.[484] Und Japan galt ihm als das ersterschaffene unter allen Ländern. Alle Länder

der Erde sind der segenspendenden Amaterasu-ô-mikami zu höchstem Dank verpflichtet: »Kein Land der Welt, das nicht die Segnungen dieser Göttin genießt!«[485] Vom Gefilde des hohen Himmels, Takamagahara, beschenkte sie wie Dainichi nyorai (Vairocana), der »Buddha solaris« des Shingon, alle Länder der Erde mit Licht, Wärme und Leben. Alle Länder der Erde, nicht nur die Länder Asiens. Norinaga ist der erste japanische Denker, der dieses ungeheuerliche Postulat zu äußern wagte. 1786 nannte er Japan »die ursprüngliche, große Quelle« (*genpon taiso*) und 1798 sogar das »urspüngliche Ahnenland« (*moto tsu sokoku*) aller anderen Länder der Erde. Was Norinaga hier vertrat, war »ein Mythos rassischer und nationaler Überlegenheit: Japan war auf Grund seines kosmogonischen Vorrangs und weil seine heimischen Götter alles Leben schufen und erhielten, besser als andere Länder; und die Japaner waren bessere Menschen, weil die anderen böse Herzen hatten und sich schlecht benahmen.«[486]

11 Übergänge – Japans Weg in die Moderne

Die Öffnung Japans in der Mitte des 19. Jahrhunderts folgte keinem einheitlichen Konzept. Sie war von außen erzwungen worden und setzte ganz unterschiedliche Vorstellungen darüber in Gang, was sie eigentlich bedeuten und was sie bewirken sollte. Allerdings wurde die Frage nach einer spezifisch japanischen Moderne schon bald von der massiven Umgestaltung aller Lebensverhältnisse überrollt. Diese Macht des Faktischen bildete zugleich den kleinsten gemeinsamen Nenner: daß Japan nach dem Vorbild Westeuropas und Amerikas ein moderner Staat werden sollte. Jener atemlosen Dynamik konnte sich auch die Philosophie nicht entziehen. Mit der Öffnung war der gesamte Bestand europäischer Wissenschaft und Philosophie zugänglich geworden. Auswahl und Bearbeitung dieser gigantischen Informationsmenge waren pragmatisch bestimmt; von Interesse waren zunächst Positivismus, Utilitarismus, Evolutionismus. »Die Meiji-Philosophie sah jenes sinngebende tragende Bewußtsein in den ersten Jahrzehnten maßgeblich in der Konzentration auf die physische Welt und auf den evolutionären Aufstieg und war damit beschäftigt, aus der Vielzahl der Ismen ganz bestimmte gesellschaftspolitische Schwerpunkte zu setzen.«[487]

11.1 Zivilisation und Aufklärung

Charakteristisch für die frühe Meiji-Zeit (1868–1888) war eine Aufklärungsbewegung (*bunmei-kaika*), deren Ziel die Modernisierung Japans nach westlichem Vorbild war. Aufklärung meint hier im wesentlichen Informationen über den Stand westlicher Gesellschaften und schließt alle Bereiche der Lebenswelt ein. Unter dem Stichwort *keimô* bezeichnet Aufklärung einen Diskurs, der am Pragmatismus des 19. Jahrhunderts ausgerichtet ist und als Kritik am traditionellen Denken auftritt. Kern der Aufklärungsbewegung war die Intellektuellengesellschaft Meirokusha, die von Mori Arinori (1847–1889) begründet wurde. Die Mitglieder dieser Gesellschaft stammten fast alle aus dem niederen Adel, waren formal klassisch gebildet und verfügten über Kenntnisse in den westlichen Sprachen. Die meisten von ihnen waren der Meiji-Regierung als Beamte oder Professoren verbunden. Zu den vorrangigen Aufgaben der Gesellschaft zählte es, die gerade erst entdeckte schöne neue Welt des Westens vorzustellen und mit dem Programm der Modernisierung zu verbinden. Für einige Jahre war die Gesellschaft so etwas wie ein Informationsstelle, an der die theoretischen Instrumentarien zur Modernisierung Japans gesammelt wurden. Den Aufklärern ging es um ein breit angelegtes Wissen über die Bedingungen des westlichen Fortschritts. Zu einem großen Teil übersetzten sie die Materialien, auf die sie sich beriefen, ins Japanische: Mill, *On Liberty* (1871), *Utilitarism* (1877); Buckle, *History of Civilization in England* (1874); Guizot, *Civilization in Europe* (1872). Zu einer Krise der Aufklärungsgesellschaft kam es 1875, als die Regierung versuchte, Einfluß auf deren Zeitschrift (*Meirokuzasshi*) zu nehmen. Das führte zunächst zur Einstellung der Zeitschrift und schließlich zur Auflösung der Gesellschaft. Jetzt wurden auch Unterschiede zwischen den einzelnen Mitgliedern sichtbar. Einige kehrten zum Traditionalismus zurück, andere plädierten für ein Nebeneinander westlicher und japanischer Formen. Fukuzawa und Nishi gehörten zu denen, die weiterhin auf eine starke Modernisierung setzten und diese ersten Jahrzehnte der Moderne durch ihre Arbeiten geprägt haben.

Fukuzawa Yukichi (1835–1897) kam aus dem niederen Adel; in seiner Autobiographie heißt es, er habe schon früh das Ständesystem der Tokugawa-Zeit als überholt empfunden. Zwischen 1860 und 1867 nahm er als Übersetzer an mehreren Gesandtschaften nach Europa und Amerika teil. Fukuzawa setzte auf die Öffnung Japans, und er plädierte für eine konsequente Verwestlichung. Seine Frage war, nach welchen Gesetzen der Westen modern geworden war; sein Interesse galt den bürgerlichen Gesellschaften des 19. Jahrhunderts. Die positivistischen Fortschrittsmodelle hielt er für universell gültig. Weil die Geschichte der Menschheit wie die Naturgeschichte nach den Gesetzen der Evolution verläuft, konnte Japan von der Logik der Geschichte nicht ausgenommen sein. Den nicht entwickelten Stand Japans setzte er in ein Verhältnis zum Westen, und er las an dieser Konstellation ab, daß Japan sich in einer historischen Phase befand, die er nach Comte als die »Halbzivilisation« des Feudalismus auslegte: Diesem Stadium mußte das positive Zeitalter des Liberalismus folgen, in der sich die Zivilisation vollenden würde. Die Vollendung der Geschichte ist jedoch an Faktoren gebunden, die in Japan nur schwach ausgebildet waren. Dazu gehörten vor allem die Kritik an den überkommenen Verhältnissen und die Ausbildung von Individuen, die eine solche Einstellung tragen. Fukuzawas Arbeit war gegen das Ständesystem der Tokugawa-Zeit und den Neokonfuzianismus gerichtet, den er als Ideologie des Feudalismus verstand. In der Unfähigkeit, historischen Wandel zu denken und im Desinteresse an der Empirie sah er den eklatanten Mangel vormodernen Denkens, vor allem des Neokonfuzianismus. Die traditionelle Geschichtsauffassung schien ihm fatal, weil sie keinen Fortschrittsbegriff zur Verfügung stellte und Geschichte in der rückgewandten Utopie des »Goldenen Zeitalters« gebunden blieb. Fukuzawa hielt den Konfuzianismus für unfähig, die Modernisierung Japans philosophisch begreifbar zu machen, und er gehörte deswegen zu den konsequentesten Kritikern des traditionellen Denkens.

Fukuzawas Arbeiten sind weniger philosophisch bedeutsam als politisch wirksam geworden. Dagegen gilt Nishi Amane (1829–1897) als Begründer der modernen japanischen Philosophie. Tatsächlich geht der japanische Ausdruck für Philosophie (*tetsugaku*) auf Nishi zurück. Nishi wurde 1862 von der Tokugawa-Regierung in die Niederlande geschickt, um Rechtswissenschaft zu studieren, sein besonderes Interesse galt jedoch der Philosophie. Nach seiner Rückkehr arbeitete er bis zum Ende der Tokugawa-Zeit als Professor, 1870 übernahm er in der neuen Meiji-Regierung eine Stelle im Kriegsministerium.

Nishi hat keine eigenständige Philosophie begründet; interessiert war er vor allem an philosophischen Argumenten für den Fortschrittsoptimismus der Meiji-Zeit und an Modellen für die Organsation von Wissenschaft. Wie Fukuzawa folgte auch Nishi einer Geschichtsauffassung, die den Zivilisationsstand einer Nation an den Stand des Wissens bindet. Es schien dann offenkundig, daß die japanische Gesellschaft über zuwenig Wissen verfügte, um am Fortschritt teilzuhaben. Wahres Wissen ist der Aufgabe verpflichtet, den Fortschritt zu befördern. Daraus ergibt sich für Nishi der Haupteinwand gegen den Neokonfuzianismus: Dort folgt das Wissen einem zyklischen Modell des ewigen Wandels, das die Gesetze der Evolution mißachtet; es erfüllt deswegen die Ansprüche auf wahres Wissen nicht. Wie Fukuzawa hat auch Nishi sehr genau verstanden, daß die entscheidende Bedingung für die Modernisierung Japans in der Etablierung von Wissenschaft und Technik lag. Sein Wissenschaftsverständnis ist am Positivismus orientiert: Objektives Wissen ist an Tatsachen festgemachtes positives Wissen auf der Grundlage von Erfahrung und Beobachtung. Mit seiner Arbeit *Hyakugaku renkan* (*Der Zusammenhang der Wissenschaften*) hat Nishi ein Modell zur Systematisierung der Wissenschaften vorgelegt, das an Comtes Klassifikation angelehnt ist. Unterschieden werden allgemeine Wissenschaft, besondere Wissenschaft und Naturwissenschaft. Zur allgemeinen Wissenschaft gehören Geschichte, Geographie, Literatur und Mathematik. Dabei kommt der Geschichtswissenschaft die Rolle zu, einen Orientierungsrahmen zu liefern, der Auskunft gibt über den Stand der Zivisilation. Als besondere Wissenschaften gelten Geisteswissenschaft, Theologie, Philosophie, Politik, Volkswirtschaftslehre, Statistik. Die Philosophie soll grundlegende Prinzipien erforschen und Ergebnisse aus den Wissenschaften verallgemeinern; das ist sicherlich mehr, als Comte der Philosophie zugestanden hatte. Nishi hat verschiedene Übersetzungen für Philosophie vorgeschlagen, durchgesetzt hat sich schließlich der Ausdruck *tetsugaku*. Unter den Naturwissenschaften finden sich Physik, Astronomie, Chemie, Naturgeschichte. Daß die Naturwissenschaften für die Modernisierung Japans eine außerordentliche Bedeutung haben würden, hat Nishi frühzeitig gesehen. Und er hat zugleich bemerkt, daß der zentralen Stellung, die den Naturwissenschaften in Europa seit der Renaissance zukommt, im vormodernen Japan nichts entspricht. Die Trennung in Natur- und Geisteswissenschaften ist gegen den Konfuzianismus gerichtet, der in der Naturbetrachtung den ewigen Wandel wiedererkannte und vor allem daran interessiert war, sittliche Maßstäbe zu gewinnen. Die Natur soll jetzt nicht mehr im Blick auf menschliches Verhalten ausgelegt, sondern nach den Grundsätzen positiven Wissens analysiert werden. Andererseits können jetzt auch die Regeln in den Blick kommen, unter denen menschliches Handeln steht; auch für die Etablierung von Psychologie in Japan hat Nishi die Voraussetzungen geschaffen.

Es ist gerade die Unterbewertung der positiven Wissenschaften, die Fukuzawa und Nishi zum Anlaß für eine Kritik am Neokonfuzianismus genommen haben: Beiden ging es um eine Umwertung »wahrer Wissenschaft« (*jitsugaku*). Konfuzianisch war dieser Begriff strikt ethisch ausgelegt und an das Ziel sittlicher Vervollkommnung gebunden. Dem Konfuzianismus hielt Nishi vor, daß die ethischen Prinzipien bloß dogmatisch eingesetzt sind und deswegen ohne Legitimation durch den Wissensfortschritt bleiben. Das ist direkt gegen die neokonfuzianische Formel vom »Wandel der Dinge« gerichtet, in der Nishi nicht mehr sehen konnte als den Stillstand von Geschichte. Die Vermischung ethischer und ontologischer Prinzipien verstand er als Grundübel des Konfuzianismus. Im Sinne seines Wissenschaftsmodells plädierte er für die Autonomie von Gegenstandsbereichen, vor allem, um die Naturwissenschaften von kosmologischen Rücksichten zu befreien.

Die Ausdifferenzierung von Wissensbereichen verschaffte aber auch der Philosophie Denkräume, die frei waren vom Einheitsdenken des Konfuzianismus. Schließlich kollidierte Nishis optimistische Geschichtsauffassung, die auf die Zukunft zielte, mit der konfuzianischen Vorstellung von der normativen Kraft des Goldenen Zeitalters. Nishis konzentrierte Kritik am Neokonfuzianismus hat sicher dazu beigetragen, daß die kosmologisch verstandene Legitimation der Tokugawa-Gesellschaft auseinandergebrochen ist. Es ist nur konsequent, daß Nishi sich für die Rechte der Individuen eingesetzt hat: An sie waren zum ersten Mal in der Geschichte Japans die Versprechen auf Fortschritt und Glück gerichtet. Den utilitaristischen Grundsätzen gemäß sollten die Individuen dieses Versprechen als Gesundheit, Wissen und Wohlstand einlösen können. In der Frage allerdings, wieviel individuelle Rechte notwendig sind, um den Fortschritt in der Geschichte zu ermöglichen, blieb Nishi wie alle Aufklärer unentschieden. Es zeigte sich immer deutlicher, daß die Individuen, die sich als ›Ich‹ entdecken und entfalten sollten, dem Projekt der Modernisierung untergeordnet wurden und daß die Modernisierung als nationale Bewegung verstanden wurde. Die Identifikation von Ich und Nation setzte der Emanzipation der Individuen Grenzen und brachte Formen der Gruppenidentität hervor, die auch heute noch als ›japanisch‹ gelten.

Spätestens mit dem Ende der Meiji-Zeit war auch die Phase intensiver Aneignung westlicher Tradition abgeschlossen. Erst jetzt wurde fundierte Kritik an der abendländischen Kultur möglich. In diesem Spielraum, der sich in der Distanz zum Westen öffnete, begann sich das philosophische Denken der japanischen Moderne zu artikulieren.

11.2 Vom Pragmatismus zum Idealismus

In der zweiten Hälfte der Meiji-Zeit wurde das Bild komplexer, ja geradezu paradox: auf der einen Seite noch immer gründerzeitliche Hektik, auf der anderen Seite ein fast pietistisch anmutendes Interesse am »inneren Leben« (*naibu seimei*), um Kitamura Tôkokus (1868–1894) Terminus zu benutzen. In seltsamer Entsprechung arbeitete man an der Schaffung Großjapans, und gleichzeitig versuchte man, den »inneren Kontinent« der Seele, wenn man *seishin* so übersetzen kann, zu erobern. Eine der Zeitschriften jener Zeit, die unter Intellektuellen einen außerordentlichen Einfluß hatte, trug nicht zufällig den Namen *Seishinkai, Seelenreich*. Ihr Gründer Kiyozawa Manshi faßte seine Botschaft unter dem Titel *Seishinshugi* zusammen, was auf den europäischen Spiritualismus anspielte.

Das japanische Denken der beiden ersten Meiji-Jahrzehnte stand weitgehend unter dem Einfluß angelsächsischer und französischer Denktraditionen des 19. Jahrhunderts. Abgesehen davon, daß es sich dabei um philosophische Strömungen handelte, die auch in Europa gerade *en vogue* waren, hatte der positivistische, pragmatische und utilitaristische Charakter dieser Traditionen sie höchst geeignet erscheinen lassen, sie in den Dienst des Aufbaus eines modernen, industrialisierten, im weitesten Sinn technik-orientierten Japan zu stellen. Sie sollten mithelfen, den Übergang von einem feudalistischen zu einem kapitalistischen System zu erleichtern und zu beschleunigen. Die Idee einer »Erneuerung durch Zivilisierung« (*bunmei kaika*) gründete sich ausschließlich auf solchen als Realienwissenschaften verstandenen Disziplinen. Es scheint, daß während der frühen Meiji-Jahre die Ergebnisse und Methoden des philosophischen Denkens, unabhängig von ihrer Herkunft und ihrer Geschichte, alsoperationalisierbar und instrumentalisierbar galten: Einerseits spielten die importierten Denksysteme ja auch die erwartete Rolle, dem japanischen Geist, *wakon*, das westliche »know how«, *yôsai*, vertraut zu machen; andererseits – und das war für Japan eine ganz neue Erfahrung – brachten die sich verändernden Verhältnisse auch ein verändertes Bewußtsein mit sich. Das neue Denken, das notwendige Voraussetzung dafür war, Japan den Anschluß an die Welt finden zu lassen, zeitigte ganz neue, überraschende und höchst unliebsame Nebeneffekte. Es stellte sich heraus, daß der berühmte Satz aus dem *Seitaisho*, dem »konstitutionellen Dokument« vom 17. Juni 1868: »Überall in der Welt soll Wissen gesucht werden, um damit die Fundamente der kaiserlichen Regierung zu stärken« unverzeihlich naiv war. Man hatte nicht bedacht, daß die Denkweisen, die man importiert hatte, Produkte der bürgerlichen Revolutionen im 18. und 19. Jahrhundert waren. Neben den systemtragenden, ja systemfördernden Momenten wurden auch systemkritische, ja potentiell systemsprengende Momente sichtbar. Die Freidemokratische Bewegung (*Jiyû minken undô*) war ihr augenfälligstes Symptom. Zwar kann man nur mit großen Vorbehalten von einer japanischen Aufklärung sprechen, auch war das Freiheitsdenken dieser Bewegung äußerst rudimentär und ähnelte mehr einem jugendlichen Freiheitspathos, doch genügte es dem Meiji-Regime schon, um darin ein ›Zuweitgegangensein‹ (*yukisugi*) der Moderne zu diagnostizieren. Schon bevor die Verfassung 1889 das absolutistische Programm der Meiji-Regierung zum Ausdruck brachte, hatte mit der Umbenennung der 1877 gegründeten Universität Tôkyô in *Teikoku daigaku*, Kaiserliche Universität, im Jahre 1886 die Entschärfung der Intelligenz und ihres Denkens mittels einer Art Akademisierung begonnen. Die Freidemokratische Bewegung hatte vor allem das Regime klüger gemacht, das die subversive Macht nichtkanalisierten Denkens erkannte nun und eine neue Strategie entwickelte. Einerseits versuchte man an konfuzianische und shintôistische Traditionen anzuknüpfen; andererseits wurde das deutsche Denken dazu ausersehen, gleichsam staatsphilosophische Schützenhilfe zu leisten. Ein revitalisierter Konfuzianismus allein wäre niemals imstande gewesen, ein neugierig gewordenes proto-bürgerliches Bewußtsein in die Schranken zu weisen. Man kann sagen, daß die Revitalisierung des Konfuzianismus, des Shintôismus und des Buddhismus mit deutschen Methoden durchgeführt wurde. Es besteht kein Zweifel daran, daß das Meiji-Regime mit strategischem

Kalkül den Deutschen Idealismus als Waffe gegen den zu erwachen drohenden Bürgersinn einsetzte. Schon die Gründung der Universität Tôkyô hatte das strategische Ziel, den amerikanischen Evolutionismus in der Gestalt des Sozialdarwinismus in Japan zur Geltung zu verhelfen.

1884 war an der Universität Tôkyô die »Philosophische Gesellschaft« (*Tetsugakkai*) gegründet worden; ab 1887 erschien als ihr Publikationsorgan die *Tetsugakkai zasshi.* Im selben Jahr wurde der Deutsche Ludwig Busse (1862–1907) auf einen Lehrstuhl an die Tôkyô-Universität berufen. Er benutzte für seine Übungen vornehmlich Kants *Kritik der reinen Vernunft* als Textgrundlage. 1893 wurde Busse von Raphael Koeber (1848–1923) abgelöst. Schon vorher hatte der Amerikaner Ernest Fenollosa (1853–1908), der einen merkwürdigen, mit hegelianischen und spinozistischen Gedanken durchsetzten amerikanischen Evolutionismus vertrat, wenn auch auf sehr vermittelte und eigenwillige Weise, deutsches Denken in Tôkyô gelehrt. Im übrigen war der Deutsche Idealismus schon Nishi Amane, Tsuda Mamichi u.a. bekannt gewesen, signifikant ist aber, daß sie kein besonderes Interesse an deutscher Metaphysik entwickeln konnten. Ein wesentlicheres Interesse am deutschen Denken entwickelten erst Mitte der 80er Jahre Männer wie Motora Yûjirô (1858–1911), der u.a. die Psychologie Wilhelm Wundts in Japan bekannt machte und Nakajima Rikizô (1858–1918), der neben der Ethik des Neu-Idealisten Thomas Hill Greens vor allem die Kantsche Philosophie vorstellte. Der frühverstorbene Ônishi Hajime (1864–1900), der zwei Jahre in Leipzig und Jena Philosophie studiert hat, eine Ausnahmeerscheinung, der vielleicht einzige unter den von der deutschen Philosophie ausgehenden Denkern der Meiji-Zeit, der die aufklärerische, kritische und antinationalistische Seite der idealistischen Metaphysik deutscher Provenienz betont. Ganz anders Inoue Tetsujirô (1855–1944), mit dem Ônishi einen philosophischen Streit über die Bedeutung des Erziehungserlasses von 1890 ausfocht. Inoue Tetsujirô, der eigentliche ›Staatsphilosoph‹ der Meiji-Zeit, hatte als Stipendiat des japanischen Erziehungsministeriums von 1884–1890 in Deutschland hauptsächlich bei Eduard von Hartmann Philosophie studiert und wurde nach seiner Rückkehr sofort Professor an der Tôkyô-Universität. Sein Amt hatte er bis 1923 inne. Inoue behauptete später von sich selbst, er habe entscheidend dazu beigetragen, daß das deutsche Denken in Japan eine solch beherrschende Rolle spielen konnte. Am Beispiel Inoues beschreibt der Philosophiehistoriker Funayama Shinichi das strategische Modell des in der Meiji-Zeit entstandenen japanspezifischen idealistischen Denkens: (1) die deutsche Philosophie als Grundlage und Regulativ, (2) eine buddhistisch-konfuzianische Tendenz, (3) ein hybrider Realidealismus, (4) ein nationalistisches Ethos.

Eine auffällige Eigentümlichkeit der akademischen Philosophie dieser Jahre ist die große Zahl von Publikationen, die zum Typus »Einführung in die Philosophie« (*Tetsugaku gairon*) und zum Typus »Grundriß der Philosophiegeschichte« (*Tetsugakushi gaisetsu*) gehören. Ein genauerer Blick zeigt, daß diese Publikationen sich zum größten Teil auf deutsche Quellen stützten, ja oft nicht mehr sind als Adaptionen deutscher Vorbilder. Im letzten Drittel der Meiji-Zeit nahm die Beschäftigung mit der deutschen Philosophie eine Wendung zu einer mehr systematischen Betrachtungsweise. An die Stelle problemgeschichtlicher Fragestellungen traten erkenntnistheoretische (*ninshikiron*) und ontologische (*sonzairon*) Erörterungen.

Neben der Verbreitung deutscher Philosophie durch die Übersetzung einschlägiger Texte, durch Deutschlandaufenthalte japanischer Philosophiestudenten und die Berufung deutscher Philosophielehrer nach Japan war ein weiterer Typ der Verbreitung von größter Wichtigkeit: die indirektere durch die Einführung nichtdeutscher Philosophie, die aber unter dem starken Einfluß deutscher Philosophie entstanden war. Repräsentativ hierfür ist die »self-realization«-Theorie des Engländers Thomas Hill Green, der bis in die 20er Jahre unseres Jahrhunderts eine außerordentlich wichtige Rolle für die Intellektuellen der Meiji- und Taishô-Zeit (1912–1926) spielte. Der Kantianer Nakajima Rikizô, der Green in Japan vorstellte, hatte Theologie und Philosophie an der Yale Universität studiert. Nach seiner Rückkehr wurde er Professor für Ethik und Philosophie an der Universität Tôkyô. Er benutzte in seinen Seminaren Greens *Prolegomena to Ethics* als Textgrundlage; zu seinen Schülern zählten Ônishi Hajime, Takayama Chogyû und Nishida Kitarô. Selbst Nishimura Shigeki, der tief in der konfuzianischen Tradition wurzelte, behauptete von Greens Ethik, sie sei »das Beste, was man bisher habe«. 1902 schließlich empfahl noch Inoue Tetsujirô in *Waga kuni tokuiku no zento* (*Die Zukunft der Moralerziehung in unserem Lande*) das Studium der Greenschen Gedanken. Die Elemente der Greenschen Philosophie, die sie für die zweite Hälfte der Meiji-Zeit so attraktiv machten, waren keineswegs angelsächsischen Charakters. Es waren vielmehr die Elemente, die ihre Herkunft aus dem deutschen Idealismus kenntlich machten: eine starke metaphysische Tendenz, die Ablehnung des Utilitarismus und die Betonung des Selbst. Zudem verstand Green unter dem Selbst letztlich nicht das individuelle Selbst eines Menschen in seiner Einzelheit und Einzigartigkeit, sondern ein Medium, in dem sich der allgemeine, universelle Geist ausdrückt und objektiviert. Greens Theorie der Selbstverwirklichung entsprach den Bedürfnissen der Zeit, weil sie behauptete, daß der Wert des Menschen sich danach bestimme, inwieweit er sich an ein ideales Selbst annähern könne; dieses Ideal werde definiert durch die Regeln der Gesellschaft, die den Interessen des Kaisers und des Staats gehorchten. Was von heute aus betrachtet wie eine konspirative Mißinterpretation erscheinen mag, war durchaus bestimmend für die Rezeptionsgeschichte Greenscher Ideen im Meiji-Japan. Attraktiv an Green war zudem, daß er als Neo-Hegelianer wie ein Vertreter des Staatsabsolutismus erschien. Piovesana macht 1963 noch Greens Neo-Hegelianismus verantwortlich für die »reification of the state« bei Takayama Chogyû.[488] Eine Interpretin, die sich ausführlich mit der Rezeption Greens in Japan beschäftigt hat, faßt lakonisch zusammen: »In short, the National Moralist version of Green's theory of self-realization was a veritable ethic of absolute monarchy.«[489] Wenn man bedenkt, daß noch große Teile von Nishida Kitarôs Studien *Über das Gute* sich wie Variationen zu Greens Theorie der Selbstverwirklichung lesen, wird klar, von welcher Reichweite Hirais Behauptung ist. Die vielleicht komplexeste Form der Rezeption deutscher Philosophie ist die, für die das Verfahren Inoue Enryôs (1858–1919) stellvertretend stehen kann. Er benutzte eine simplifizierte Form der Hegelschen Dialektik als heuristisches Mittel, um zu beweisen, daß es gar nicht nötig sei, auf Hegel zurückzugreifen, da sich alles, was Hegel gesagt habe, schon im buddhistischen Denken finde; ein hegelianisch verstandener Buddhismus würde Hegel obsolet machen. Vergleichbares hatte schon Kiyozawa Manshi behauptet. Ein ähnliches Argumentationsmuster findet sich auch beim späten Inoue Tetsujirô, der aber nicht dem Buddhismus, sondern dem Neokonfuzianer Shushi unterstellt, schon alles gewußt zu haben.

Das Denken Inoue Enryôs, ebenfalls ein Schüler Fenollosas, verdichtete sich zu dem Slogan *gogoku airi,* »Schütze die Nation und liebe die Wahrheit/das Prinzip«. Es überrascht nicht, daß der sehr konservative Erziehungsminister Mori Arinori ihm einen Posten im Erziehungsministerium anbot. Inoue lehnte ab, weil er glaubte, seinen Patriotismus in der Förderung des Buddhismus erfolgreicher einsetzen zu können. Inoue begrüßte die Verfassung von 1889 begeistert, weil er einen neuen Geist darin spürte, von dem er hoffte, daß er auch den Buddhismus erfassen würde. Obgleich er in dieser Hoffnung enttäuscht wurde, schrieb er auf eine Schriftrolle für ein Sanktuarium: »Von allen Nationen der Welt ist unser Kaiserreich das schönste.«

12 Die philosophische Moderne: Einige Motive und Themen

Mit der Öffnung Japans in der Mitte des 19. Jahrhunderts wurde die philosophische Tradition Europas mit einem Schlag zugänglich. Die nachfolgende Phase einer gigantischen Lektüre- und Übersetzungsarbeit war im wesentlichen zu Anfang des 20. Jahrhunderts beendet; Nishidas Arbeit *Über das Gute* (*Zen no kenkyû*) stellte 1911 den Anschluß an die europäische Denktradition her. Damit eröffneten sich zugleich Perspektiven auf die vormoderne japanische Philosophie, besonders auf den Buddhismus. Diese vielfältigen Linien lassen sich auch für das 20. Jahrhundert unter der Perspektive einer topischen Philosophie zusammenfassen und interpretieren.

Die akademische Philosophie, die sich schon bald nach der Öffnung Japans etablierte, suchte den Anschluß an die philosophischen Stömungen der Zeit und war deutlich am Ausbildungskanon des Neukantianismus orientiert. Bei fast allen Philosophen der ersten und zweiten Generation der Moderne sind solche Spuren bemerkbar. Und doch findet sich unter den bedeutenden Arbeiten keine, die im Kern neukantianisch wäre. Wenn Nishida die produktive Phase der modernen Philosophie eröffnet, spielt die Kritik am Neukantianismus keine ausdrückliche Rolle, so selbstverständlich scheint es zu sein, daß eine szientistische Ausrichtung von Philosophie nicht in Frage kommt. Sehr bald werden Pragmatismus, Phänomenologie, Existenzialontologie oder Lebensphilosophie aufgenommen und implizit als Kritik an neukantianischen Positionen verstanden. Insbesondere die Philosophie Heideggers hat die Nachfolger Nishidas beinflußt und die Konturen der Kyôto-Schule geprägt. Auch die philosophische Kultur ist von den Widersprüchen bestimmt, die das gesamte Projekt der japanischen Moderne prägen. Die europäische Philosophie erscheint als Ausdruck entwickelter Subjektivität und daher als Vorbild für eine moderne Gesellschaft; zugleich werden gerade die Formen des Subjekts und der Vernunft im Namen japanischer Tradition kritisiert und zurückgewiesen. In der Philosophie wie überall sonst in der neueren Geschichte Japans überkreuzen und vermischen sich diese beiden Tendenzen und bilden das philosophische Potential der japanischen Moderne.

Der Philosophie kommt in dieser Konstellation eine doppelte Aufgabe zu. Zum einen schließt sie an den Stand philosophischer Diskussion an und analysiert die Bedingungen, unter denen die Formen des Wissens in Europa stehen; zum anderen muß sie nach den Voraussetzungen für das Wissen in der Kultur Japans fragen und Modelle der Selbstinterpretation entwickeln. Darin liegt die hermeneutische Dimension moderner Philosophie in Japan, aus der sie ihre Möglichkeiten und ihre Originalität bezieht. Es ist die zweifache Differenz von Ost und West, von Tradition und Moderne innerhalb der japanischen Kultur, die philosophisches Denken in Japan prägt. Diese Einstellungen bestimmen auch die Rezeption der westlichen Philosophie, und sie schärfen den Blick dafür, daß Philosophie kein einheitliches Bild europäischer Kultur darstellt, sondern vor allem Ausdruck eines Krisenbewußtseins ist. Die Krisen der Vernunft, des Subjekts oder der Reflexion, von denen die westliche Philosophie seit der Mitte des 19. Jahrhunderts handelt, bekamen für die japanische Philosophie eine besondere Bedeutung. Sie lösten die Konturen des *animal rationale* auf: Diese Bestimmung des Menschen galt in Japan als Schlüssel für die westliche Moderne.

Am Bild des vernunftbegabten Menschen gemessen, erschienen die Formen des Subjekts und der Vernunft in der Kultur Japans eher ungewiß und schwach zu sein. An dieser Ausrichtung auf die rationale Tradition des Westens konnte sich eine Rhetorik des Mangels entfalten, die der Erfahrung Rechnung trug, daß die Japaner sich im Spiegel europäischer Kultur nicht wiederfinden konnten. Auf der Liste dieser Fehlanzeigen standen vor allem Titel wie »Subjekt«, »Vernunft«, »Gott« oder »Wissenschaft«. In den zwanziger Jahren formiert sich aber auch die Gegenposition, die den Mangel auf der westlichen Seite sieht, die Reden vom Untergang des Abendlandes wörtlich nimmt und mit der philosophischen Kulturkritik zusammenschließt. Die westliche Kritik an der Moderne enthält von Japan aus gesehen vielfältige Impulse, in der eigenen Tradition nach symbolischen Formen zu suchen, die einer japanischen Moderne Sinn verschaffen könnten. So läßt sich die Suche nach Strukturen jenseits des Logozentrismus mit der Analyse spezifischer Formen japanischer Subjektivität verbinden.

Philosophie in Japan erscheint als gigantisches Lektüreprojekt, das die europäische Tradition in einem rasanten Zugriff erschließen wollte; zugleich ging es darum, Anschluß an die aktuellen philosophischen Strömungen am Ende des 19. Jahrhunderts zu gewinnen; und schließlich gehört der Bezug auf die japanische Vormoderne zu den Bedingungen, unter denen philosophische Kultur in Japan steht. Im Verhältnis dieser drei Linien haben sich Konstanten herausgebildet, die mehr oder weniger für alle Autoren gelten. Die verblüffende Modernität, der wir gelegentlich in den Texten japanischer Philosophen begegnen, läßt sich im Blick auf diese Bedingungen relativieren. So können auch die Gründe für ein mögliches Mißverständnis sichtbar werden, das unterstellt, philosophisches Denken in Japan sei immer schon modern gewesen. Festgemacht ist diese Vermutung z. B. an der Vernunftkritik, an der Zurückweisung der Reflexionsphilosophie oder des Subjekts. Wie für das Projekt der japanischen Moderne insgesamt erscheint auch für die Philosophie die umgekehrte Vermutung plausibel: daß die modernen Formen dazu dienen, vormodernes Denken auszulegen und zu bewahren. Watsujis Theorie der Intersubjektivität (*aidagara*) oder Nishidas Logik des Orts (*basho no ronri*) sind Beispiele dafür. Im Spannungsfeld zwischen Einsicht in die Moderne und Auslegung der Tradition ist Philosophie in Japan gerade dort, wo sie Eigenständigkeit gewinnt, topisch ausgerichtet.

Vicos Kritik an Descartes galt dem Anspruch des Rationalismus, den tradierten Sinn reflexiv in Frage zu stellen und das gemeinschaftliche Wissen abzuwerten. Die Zurückweisung dieser cartesianischen Geste bildet den gemeinsamen Nenner moderner japanischer Philosophie und markiert deren topische Ausrichtung. Ihre Kritik am Rationalismus beziehen die japanischen Autoren aus ganz unterschiedlichen Positionen. Der topischen Differenz von Pathos und Logos kommt Miki am nächsten, allerdings übernimmt er dieses Vokabular aus den *Pensées* Pascals. Tatsächlich spielen Rhetorik, Topik und Humanismus keine ausdrückliche Rolle für das Selbstverständnis japanischer Philosophen. Insofern bleibt »topische Philosophie« ein Interpretationsmodell, an dem wir uns philosophische Kultur in Japan verständlich machen können.[490] Im Spannungsfeld zwischen Tradition und Moderne haben sich Konstanten japanischen Philosophierens herausgebildet, die sich z. B. an den Ausdrücken »Erfahrung«, »Raum« und »Sprache« beschreiben lassen.[491]

Nishida hat als erster einen Begriff von Erfahrung in die moderne japanische Philosophie eingeführt. Was er unter »reiner Erfahrung« versteht, erweist sich als Gegenteil eines empirisch gesättigten Zugangs zur Welt; vielmehr sollen dadurch die Bedingungen überhaupt erst benannt werden, unter denen Gegenstände für uns erfahrbar sind. Rein ist diese Erfahrung, insofern ihr eine transzendentale Funktion zukommt. Zugleich setzt Erfahrung aber eine Welt voraus, die sinnlich-anschaulich schon gegliedert ist: allerdings ohne ein Subjekt, das sich die Artikulation des Anschaulichen als Leistung zurechnen könnte. Im Begriff der reinen Erfahrung ist die Trennung in Subjekt und Objekt noch nicht gedacht, deswegen erscheint auch die diskursive Sprache mit ihrem Vermögen zur Unterscheidung nicht. Der Vorrang der Erfahrung vor dem Subjekt ist konstitutiv für die Bestimmung des Subjekts oder des Selbst (*jiko*): es bleibt gegenüber der Erfahrung nachträglich und sekundär. Offenkundig ist reine Erfahrung gegen die Konstruktion des Cogito in der Reflexionsphilosophie Descartes' gerichtet. Später hat Nishida den Vorrang von Erfahrung als »Ort« ausgelegt, den das Subjekt nicht überschreiten kann. Daß die Subjekte hier nicht mit den reflexiven Mitteln ausgestattet sind, um das Gegebene in Bedingungen der Subjektivät umzuwandeln, macht auch die Prädikatenlogik deutlich. Sie entzieht der logischen Urteilsfunktion und der Aussageform ihre Grundlagen: Das Subjekt kann sich nicht aussagen, ohne von seinen Prädikaten selbst bezeichnet zu werden. Das zielt eher auf die poetisch-metaphorische als auf die begriffliche Dimension von Sprache. Auch sprachlich ist das Subjekt an die Bedeutungsräume symbolischer Formen gebunden und erweist sich als Teil der Tradition. Es ist die reine Erfahrung, die dem Subjekt wie ein Schatten folgt: Sie bindet es an eine diskursiv nicht zugängliche Gliederung der sinnlich-anschaulichen Welt und relativiert damit zugleich die Bedingungen, unter denen sich das Subjekt konstituiert. Auf dem Hintergrund reiner Erfahrung durchkreuzen Immanenz und Transzendenz das Subjekt. Es ist der jeweils bestimmte, durch Tradition geprägte Ort, an den Erfahrung das Subjekt bindet; und es ist wiederum Erfahrung, die das Subjekt an einen Ort verweist, der einen unmittelbaren Zugang zu den Dingen (*mono*) ermöglicht.

Auch Watsuji denkt einen Zugang zur Welt, der nicht durch einen methodischen Zweifel eröffnet ist. Die Zurückweisung von Zeit und Linearität als Modi der Reflexion und der Sprache findet zunächst Ausdruck im Begriff des Klimas (*fûdo*). Watsuji hat das Klima als empirisch-transzendentales Doppel konzipiert. Transzendental ist es, weil es die reflexive Gliederung der Welt erst ermöglicht; empirisch ist es, weil es zur Natur gehört: Zwar ist das Klima schon Interpretation, es bleibt dennoch Auslegung des natürlich Gegebenen. Die symbolischen Formen gehen aus den Bedingungen des Klimas hervor, sie erzeugen aber das Klima überhaupt erst – insofern existiert es nur als Kultur. Watsujis Klimatheorie ist an der Einteilung Vicos gemessen ebenso wenig kritisch oder rationalistisch wie die Philosophie Nishidas. Dagegen lassen sich Erfahrung oder Klima als Ausdrücke einer Topik verstehen, deren Ziel die Auffindung (*inventio*) von Grundbeständen des Wissens ist, die der Bildung abstrakter Prinzipien vorausliegen. Die eigenartige Struktur von Erfahrung im Kontext japanischer Philosophie – zwar Grundsatz des Denkens zu sein, zugleich aber jenseits der logischen Urteilsfunktion zu liegen – weist Erfahrung selbst als topischen Begriff aus: Ihr kommt eine transzendentale Funktion zu, weil sie Wissen überhaupt erst ermöglicht; zugleich meint Erfahrung aber auch den gemeinschaftlichen Sinn in einer symbolisch schon erschlossenen und tradierten Welt. Das gilt auch für Mori, der seinen Begriff von Erfahrung an Nishida und an Watsujis Theorie der Intersubjektivität orientiert. Der intuitive Zugang zu den Dingen (*mono*) soll den Logozentrismus in der Tradition des Westens unterlaufen und eine Präsenz sichern, die den Instanzen von Subjekt und Sprache vorausgeht und sie ermöglicht. Allerdings hat Mori – anders als Nishida oder Watsuji – auch gesehen, daß es im Begriff der Erfahrung liegt, die kritischen Impulse der Moderne im Namen der Tradition zu neutralisieren.

Nishida hat erst nach und nach eine Topik entwickelt, aber schon die reine Erfahrung ist räumlich konzipiert. Der Vorrang des Raums vor der Zeit gilt für sein gesamtes Werk und zählt zu den Merkmalen japanischen Philosophierens überhaupt. An die Stelle des cartesianischen »Ich denke (alles)« setzt Nishida »Ich bin (hier)« und versteht darunter, daß »Sein« bedeutet, an einem Ort zu existieren. Das Denken kann diese ursprüngliche Ortsbindung nicht aufheben, sondern nur auslegen. Auch die Prädikatenlogik verläßt die linear-diskursive Auffassung von Sprache und bezieht sich auf den Bedeutungsraum der Orte, in dem die Zeichen wie in einem Bild simultan verknüpft sind, so daß Übertragungen von einem aufs andere möglich sind, ohne eine gemeinsame Gattung vorauszusetzen: Sie kann deswegen in der Metapher einen angemessenen Ausdruck finden. Schließlich hat Nishida die Situierung des Körpers zu den Bedingungen gerechnet, unter denen Subjektivität sich konstituiert.

Noch deutlicher als Nishida hat Watsuji seine Philosophie als Vorrang des Raums vor der Zeit konzipiert und sogar in Heideggers Bestimmung des Seins als Zeitlichkeit die Nachwirkungen eines theologischen Denkens kritisiert. Die Auslegung des »Zwischen« (*aida*) als Intersubjektivität soll die Reihe idealtypischer Orte freilegen, an denen Beziehungen zwischen den Menschen möglich sind. In der Philosophie Watsujis steht das Zwischensein dafür, daß sich die Subjekte im Medium reiner Reflexion nicht interpretieren können. Die Selbstbegründung von Subjektivität rechnet Watsuji noch zum Bestand kultureller Formen, die überschritten werden können. An die Stelle des Cogito tritt daher das Nicht-Ich (*muga*), das konsequent auf Selbstbegründung verzichtet. Aber auch als dezentriertes Subjekt bleibt das Nicht-Ich an das Zwischensein gebunden: Es überschreitet zwar die jeweiligen Bedingungen von Intersubjektivität; doch es gehört zu seiner Bestimmung als Nicht-Ich, daß es ohne Bezug auf das Zwischensein von Orten nicht existiert.

Mori hat sich auf Watsujis Theorie der Intersubjektivität bezogen und das »Zwischensein« zugleich kulturell relativiert. Er versteht die räumliche Ausrichtung von Intersubjektivität in Japan als Merkmal einer vormodernen Gesellschaft. Hier erscheint das Zwischen als Last der Tradition, die es den Individuen verwehrt, sich jenseits der Überlieferung selbst zu bestimmen. Daß die Subjekte das Zwischensein nicht überschreiten können, hat Mori als Instanz der »zweiten Personen« benannt: Die Individuen verstehen sich nur als das, was sie für den anderen jeweils sind. Ihrem Status als zweite Personen, als »Du des Du«, wie es pointiert heißt, können die Subjekte unter den gesellschaftlichen Bedingungen Japans nicht entgehen. Vorsichtig hat Mori für die »erste Person« plädiert: für den Anschluß der

Subjekte an eine Sprache, die nicht von der Grammatik der zweiten Person geregelt ist, sondern Zugang zur Geltung eines Allgemeinen hat, das jenseits der konkreten sozialen Verpflichtung liegt.

Nishida hat keine Theorie der Sprache vorgelegt; die Prädikatenlogik ist eher der Erkenntnistheorie oder der Ästhetik zuzurechnen. Sprache wird hier nicht als Ursprungsphänomen verstanden, im Kern ist reine Erfahrung sprachlos. Keiner symbolischen Form kann es zukommen, reine Erfahrung zu repräsentieren. Nishidas Prädikatenlogik kehrt die diskursive Richtung von Sprache um und bezieht das Subjekt in ein Netzwerk von Bedeutungen ein, die sich auf die Aussageform nicht reduzieren lassen. Deswegen erscheint das Subjekt als Metapher und nicht als Begriff. Nishida rechnet die diskursive Sprache zu den sekundären Instanzen, die aus der Differenz von Subjekt und Objekt hervorgehen. Primär dagegen ist ein intuitiver Zugang zu den Dingen (*mono*), eine Präsenz, die den diskursiven Charakter von Sprache hintergeht. Eine reine Sprache ist nicht denkbar; daß Sprache aber dennoch zur Bezeichnung reiner Erfahrung fähig sein soll, stellt sich der Philosophie Nishidas als Problem.

Watsuji ist in seiner *Klimatologie* (*Fûdo*) auch den Sprachspielen Heideggers gefolgt, um ein philosophisch tragfähiges Vokabular des Japanischen zu gewinnen. Dennoch bleibt die Sprache nur eine unter den Eigenschaften des Klimas und erscheint als bloßes Arsenal der Kultur. Watsuji hat weder das Klima noch das Zwischensein als sprachlich fundiert verstanden. Sprache ist nicht mehr als der Vollzug intersubjektiver Beziehungen. Deswegen kommt ihr Eigenständigkeit nicht zu. Allerdings ist das Klima schon symbolisch ausgelegte Natur; Watsuji hätte sich deswegen auf eine allgemeine philosophische Symboltheorie beziehen können.

Die Zurückweisung von Sprache in der modernen japanischen Philosophie ist orientiert an der Interpretation von *logos* als »Wort« und legt Sprache auf ihre diskursive

Form fest. Die Sprachskepsis ist in der Hauptsache gegen eine rationalistische Sprachauffassung gerichtet; die wenigen Entwürfe für eine Sprachtheorie jenseits der Repräsentation sind vor allem an Heidegger angelehnt. Einzig bei Mori finden wir eine linguistisch gestützte Analyse der Sprache. Zum Thema wird das Japanische unter der Voraussetzung, daß es sich von den »grammatischen« Sprachen unterscheidet: Mori hält die japanische Sprache im Unterschied zu den europäischen Sprachen für grammatisch nur unvollständig geregelt. Unter den Aspekten seiner Sprachanalyse erscheint dann der Vorrang von Erfahrung und Raum als Mangel an Sprache. Charakteristisch für die japanische Sprache ist, daß sie in hohem Maß von außersprachlichen Faktoren gesteuert wird. Insgesamt hält Mori das Japanische für eine Sprache der zweiten Personen, in der sich die ersten Personen der modernen Gesellschaften nur schwer ausdrücken können. Daraus läßt sich ein Plädoyer für eine andere Sprache ablesen und schließlich für eine moderne japanische Philosophie, die nicht nur als Topik auftritt, sondern sich zugleich als Kritik versteht.

12.1 Nishida Kitarô (1870–1945)[492]

Nishida studierte Philosophie an der Universität Tôkyô, 1910 übernahm er eine Professur in Kyôto. Er selbst hat sich nicht als Gründer einer Schule verstanden; sein Werk und seine Arbeit an der Universität Kyôto haben jedoch einen Diskussionszusammenhang entstehen lassen, der seit den dreißiger Jahren als »Kyôto-Schule« wahrgenommen worden ist. Mehr oder weniger sind alle Philosophen der ersten Generation von Nishida beeinflußt. Besonders gilt das für Tanabe und Miki; weniger für Watsuji. Kennzeichnend für Stil und Themen der Kyôto-Schule ist vor allem der Rückgriff auf das philosophische Potential in der religiösen Tradition Japans.[493] Mit Nishida gewinnt Philosophie in Japan Anschluß an die westliche Tradition.

Über das Gute (*Zen no kenkyû*) erscheint 1911 und ist weitgehend im Kontext westlicher Tradition fomuliert.[494] Zugleich wird Nishidas Text nicht nur in Japan als Beispiel östlicher Philosophie gelesen oder sogar als Synthese westlicher und östlicher Denktraditionen verstanden. Für die Entwicklung der Philosophie in Japan ist *Über das Gute* außerordentlich wirksam geworden, vor allem durch den zentralen Begriff einer »reinen Erfahrung«.

Nishida geht es um die Frage nach dem Guten, die er aber nicht in einer Ethik entfaltet, sondern unter den Voraussetzungen von Erkenntnistheorie und Ontologie nach den Grundbedingungen von Bewußtsein befragt. Seine Antworten gewinnt er an einer Konstellation, die er reine Erfahrung (*junsui keiken*) nennt.[495] Erfahrung ist hier als Wahrnehmung oder Empfindung gedacht, in der Unterschiede zwischen wahrnehmendem Subjekt und einer wahrgenommen Welt von Gegenständen noch gar nicht gesetzt sind. »Das meint z. B., daß wir in dem Augenblick, in dem wir eine Farbe sehen oder einen Ton hören, weder überlegen, ob es sich um Einwirkungen äußerer Dinge handelt, noch ob ein Ich diese empfindet. Selbst das Urteil, was diese Farbe und dieser Ton eigentlich sind, ist auf dieser Stufe noch nicht gefällt. Somit sind *Reine* und unmittelbare Erfahrung eins. In der unmittelbaren Erfahrung des eigenen Bewußtseinszustands gibt es noch kein Subjekt und kein Objekt.«[496] Der Begriff der reinen Erfahrung ist die Basis für Nishidas Auslegung von Wirklichkeit: Sie soll das Allgemeine und das Besondere zugleich sein; sie überschreitet jede Unterscheidung und muß als dieser Nicht-Unterschied verstanden werden. Daß wir sie überhaupt verstehen können, hat Nishida stets vorausgesetzt; sein Werk ist der Versuch, diese Voraussetzungen einzulösen. Ein solcher Begriff von Wirklichkeit läßt sich z. B. im Vokabular der Philosophie Hegels und Fichtes darstellen, davon hat Nishida auch Gebrauch gemacht. Zugleich gewinnt er aber mit seiner Auslegung von Wirklichkeit Anschluß an die Mahâyâna-Lehre von der höchsten, nichtdualistischen Wirklichkeit (*tathatâ*), die dort im »Prinzip der Gleichheit« formuliert ist: Einheit von materieller und spiritueller Welt, Durchdringung aller Seinselemente, Immanenz der höchsten Wirklichkeit. *Über das Gute* hält die buddhistische Philosophie im Hintergrund; in den Vordergrund tritt sie auch im späteren Werk Nishidas nicht. Es ist aber offensichtlich, daß es von Anfang an darum geht, ein Vokabular zu entfalten, mit dem sich auch die Ergebnisse buddhistischer Philosophie interpretieren lassen.

Der reinen Erfahrung kommt eine Form von Selbstwahrnehmung (*jikaku*) zu, die Nishida als Prinzip von Bewußtsein überhaupt auslegt: Sie bildet »das basale Prinzip der Nishida'schen Philosophie«.[497] Hier zeichnet sich Selbstwahrnehmung dadurch aus, daß sie zwar als selbstbezüglich, nicht aber als reflexiv gilt. Nishida vermeidet die Probleme reflexiver Begründung von Selbstbewußtsein, vor die z.B. Fichte sich gestellt sah. In Novalis' Fichte-Studien findet sich der Vorschlag, Selbstbewußtsein und Reflexion voneinander zu trennen und ein Bewußtsein anzunehmen, das keine Unterschiede setzt. »Was die Reflexion findet, scheint schon da zu seyn.«[498] Nishida geht es um das, was noch vor aller Reflexion ist. Unter diesem Aspekt bildet reine Erfahrung den Grund, der Reflexion, Bewußtsein, Wissen und schließlich das Gute erst möglich macht: »Ich möchte, indem ich die reine Erfahrung zur einzigen Erfahrung erkläre, versuchen, *alles* zu erklären«.[499] Zugleich bleibt reine Erfahrung die einfache Tatsache einer Wahrnehmung; ausdrücklich hat Nishida sich auf James' Pragmatismus bezogen und die unaufhebbar empirische Seite reiner Erfahrung betont. Diese doppelte Bestimmung macht deren Konstruktionsprinzip aus: Als unmittelbare Wahrnehmung überschreitet sie sich selbst durch Reflexion (*hansei*) und erhält sich zugleich als einfache Tatsache der Wahrnehmung, die vor jeder Reflexion liegt.

Hier zeigt sich ein Verhältnis, das Nagatomo für die Konstitution des Selbst bei Kûkai und Dôgen als Unterschied von horizontal und vertikal beschrieben hat: Horizontal oder diskursiv wird die Unmittelbarkeit von Einstellungen überschritten, die aufs Ich zentriert waren; vertikal oder intuitiv werden die diskursiven Formen wiederum als unmittelbare Erfahrung integriert.[500] Für die buddhistischen Denker war vertikale Transzendenz an die Erfahrung von Meditation gebunden, dagegen hat Nishida die Verbindung zur eigenen Zen-Praxis nicht ausdrücklich hergestellt. Im Verhältnis dieser beiden Dimensionen von Transzendenz hat sie aber ihren theoretischen Ort. Auch das Konstruktionsprinzip von *Über das Gute* läßt sich daran deutlich machen.

Horizontal oder diskursiv setzt mit dem Denken (*shii*) ein Prozeß der Diffenrenzierung und Entwicklung von Erfahrung ein. Im Urteil ist die Unterscheidung von Subjekt und Objekt schon gesetzt und bringt neue Unterscheidungen hervor. Aber auch die schlechte Unendlichkeit des Denkens, das stets im Zustand der »Nicht-Vollendung« bleibt (*mikan no jôtai*), legt Nishida als Selbstdifferenzierung reiner Erfahrung aus, die vertikal oder intuitiv die Einheit mit sich selbst herstellt – allerdings auf einer Stufe, die nicht hinter den erreichten Grad an Differenzierung zurückgehen kann. Dem Denken schließt sich im Prozeß horizontaler Entfaltung von Erfahrung der Wille (*ishi*) an, der die formalen Differenzierungen des Denkens überschreitet und wiederum auf die Einheit des Bewußtseins zurückbezieht. In der intellektuellen Anschauung (*chiteki chokkan*) schließlich treffen die beiden Dimensionen von Transzendenz zusammen: Jetzt werden die diskursiven Formen des Wissens intuitiv zugänglich.

Dieses Modell von Differenzierung und Vereinheitlichung auf der Basis reiner Erfahrung gilt für die Darstellung aller tragenden Begriffe in *Über das Gute*: Realität, das Gute, Religion. Die Dimensionen von Transzendenz erweisen sich als Selbstbewegung reiner Erfahrung, «die das Universum erfaßt« (Nishida). Das macht verständlich, warum Nishida das Gute nicht in ethischen Begriffen interpretiert, sondern vorrangig in ontologischen: Die Selbstdifferenzierung des Universums als Prozeß von Selbstwahrnehmung hat ihr Ziel in der Idee des Guten. »Das Gute ist die Selbst-Verwirklichung (self-realisation) des Selbst.

Unser Geist entfaltet seine verschiedenen Vermögen, bis sie sich zum höchsten Gut entwickelt haben. (Das Gute ist das, was Aristoteles ›entelechie‹ nannte).«[501] Die Artikulation des Selbst in der Idee des Guten findet ihre Vereinheitlichung in der Religion. Sie bildet die höchste Stufe intuitiven Wissens; die Religion ist auch der Ort, an dem sich sich die horizontal-diskursive mit der vertikal-intuitiven Richtung in der Selbstbewegung reiner Erfahrung überkreuzen. «Somit ist das religiöse Bedürfnis das tiefste Bedürfnis der Menschen-Seele. Unsere verschiedenen körperlichen und geistigen Bedürfnisse sind nur Teilbedürfnisse unseres Selbst. Nur die Religion ist die Lösung für das Ganze Bewußtsein [...] All unsere Bedürfnisse differenzieren sich aus dem religiösen Bedürfnis, und das Resultat dieses Prozesses ist, daß sie in dieses wieder zurückkehren.«[502]

Nishida hat die Theorie der reinen Erfahrung im Kontext westlicher Philosophie entfaltet; die Wirkung seiner Arbeit hängt aber auch mit der Vermutung zusammen, daß reine Erfahrung in der westlichen Tradition nicht aufgeht, sondern ein Ausdruck östlicher Philosophie ist. Die Begründung des Wissens in einem Prinzip, das nicht sprachlich repräsentierbar ist, bietet Anschlußstellen an die östliche Tradition, vor allem an den Buddhismus. Nishida hat sich gelegentlich zu Fragen der Kultur geäußert; so heißt es an einer Stelle, im Kern gehe es in den östlichen Kulturen darum, »das, was ohne Form ist zu sehen und das, was ohne Stimme ist, zu hören.« Das ist eine Formel, für die sich in der buddhistischen Philosophie Auslegungen finden; sie spricht aber zugleich die Tendenz moderner japanischer Philosophie aus, Prinzipien jenseits diskursiver Logik zu suchen. Mehr oder weniger ausdrücklich ist das gegen eine Metaphysik des selbstbegründeten Seins oder der Substanz gerichtet. Hier liegen die Einsatzpunkte für eine Theorie des Nichts, die an das philosophische Potential des Budddhismus anschließt und zugleich als Kritik an traditioneller westlicher Philosophie auftreten kann. Darin drückt sich auch bei Nishida ein topisches Interesse aus, das gegen den Optimismus begründender Vernunft gerichtet ist.

Nishida selbst hat an seiner Arbeit *Über das Gute* kritisiert, sie sei zu psychologisch. Das betrifft jedoch nicht den Grundsatz einer nicht-reflexiven Selbstwahrnehmung (*jikaku*), der verpflichtend bleibt.[503] In *Anschauung und Reflexion in der Selbstwahrnehmung* (*Jikaku ni okeru chokkan to hansei*) von 1917 beginnt Nishida damit, sein Modell der Selbstwahrnehmung transzendentalphilosophisch zu interpretieren, indem er die diskursive und die intuitive Richtung von Transzendenz an ein transzendentales Ich bindet und Selbstwahrnehmung als absolut freien Willen (*zettai ishi*) auslegt. Orientiert ist diese Wende an Fichtes Modell des Absoluten als Überschreiten aller vom Denken gesetzten Gegensätze; und es ist die nichtempirische Bestimmung der Tathandlung, in der Nishida eine Möglichkeit vermutet, seinen Begriff von Selbstwahrnehmung als Grund des Bewußtseins und nicht als dessen Modus verständlich zu machen. Diese Orientierung an der idealistischen Bewußtseinsphilosophie hat Nishida bald wieder aufgegeben. 1927 erscheint die Arbeit *Vom Handelnden zum Sehenden* (*Hatarakumono kara mirumono e*), sie enthält eine »Logik des Orts« (*basho no ronri*), die seitdem als Kennzeichen seiner Philosophie gilt.

Grundlage dafür ist die Unterscheidung in drei mögliche Welten des Allgemeinen: die natürliche Welt, die Bewußtseinswelt, die intelligible Welt. Jede dieser drei Welten hat einen »logischen Ort«. Die natürliche Welt ist logisch als »Urteilsallgemeines« (*handanteki ippansha*) bestimmt: die propositionale Welt der gedachten und ausgesagten Gegenstände. Der logische Ort, der die natürliche Welt bestimmt, ist aber als Urteilsallgemeines nicht zugänglich. Um sich selbst wahrzunehmen, muß die natürliche Welt sich selbst überschreiten, um sich dann als »Selbstwahrnehmungsallgemeines« (*jikakuteki ippansha*) zu thematisieren. Das Selbstverhältnis hat seinen logischen Ort jedoch schon in der zweiten, der Bewußtseinswelt; hier findet sich das Selbst noch einmal unterschieden in »theoretisches« und »willensmäßiges« Selbst. Auch für die zweite Welt gelten die gleichen Bedingungen des Selbstbezugs wie in der ersten: Der logische Ort liegt jenseits derjenigen Welt, die durch ihn bestimmt ist.

Die Differenz zwischen der jeweiligen Welt und ihrer Selbstwahrnehmung nötigt das Selbst, auch die Bewußtseinswelt zu überschreiten und die Stufen der dritten, der intelligiblen Welt zu durchlaufen: die Ideen des Schönen, des Guten, des Wahren. An der Idee des Wahren, die Nishida dem religiösen Selbst zurechnet, zeigt sich schließlich, daß die Differenz von Welt und Ort nicht aufhebbar ist. Die Abfolge von Dezentrierungen auf der horizontalen Ebene des Diskurses hat keine Form von Allgemeinheit hervorgebracht, die sich repräsentieren läßt: Der Ort bleibt der diskursiv nicht einholbare Hintergrund des Allgemeinen. »Das Allgemeine muß die Bedeutung eines Ortes haben. Solange ein Ding nur zum Vermittelnden seiner selbst wird, kann es nicht auf anderes wirken [...] Daß voneinander unabhängige Dinge gegenseitig aufeinander wirken, heißt, daß der Ort sich selbst bestimmt. Daß der Ort sich selbst bestimmt, bedeutet, daß die Dinge gegenseitig aufeinander wirken. Stellt man sich die dialektische Einheit akthaft als Bejahung-zugleich-Verneinung, Verneinung-zugleich-Bejahung vor, so kann man die Vorstellung, daß ein Einzelnes zu seinem eigenen Vermittelnden wird, noch nicht abstreifen. Daher handelt es sich hier noch um eine subjektive Dialektik, bei der unser Selbst sich selbst zum Vermittelnden macht, und nicht um die wirkliche, absolute Dialektik. Man kann sagen, daß sogar Hegel sich nicht von diesem Standpunkt lösen konnte.«[504]

Diesen Stand einer subjektiven Dialektik will Nishida überwinden, indem er den Ort als nicht repräsentierbar oder als »Nichts« auslegt. Das religiöse Selbst wird nicht auf einen neuen logischen Ort verwiesen, sondern darauf, daß es selbst Ort ist, der nicht begriffen werden kann und daher Nichts ist; der zugleich aber alles, was ist, ermöglicht. Die Logik des Orts bringt so den Begriff eines absoluten

Nichts (*zettai mu*) hervor, der sich als religiöse Erfahrung des Buddhismus auslegen und zugleich als das Besondere östlicher Philosophie verstehen läßt.

Die wechselseitige Bestimmung des Nichts als Ort und des Orts als Nichts findet ihre Entsprechung im Begriff der Realität, die Nishida in seiner Spätphilosophie als absolut widersprüchliche Selbstidentität (*zettai mujunteki jikodôitsu*) faßt: von Einzelnem und Allgemeinen, von Subjekt und Objekt. Wenn die Realität zugleich das Eine und das Viele sein soll, läßt sie sich nicht widerspruchsfrei beschreiben. Deshalb hält Nishida die diskursive Logik mit ihrer formalen Verpflichtung zur Widerspruchsfreiheit für unfähig, einen angemessenen Begriff von Realität bereit zu stellen. Nishida setzt auf eine Dialektik, weil nur sie den Widerspruch integrieren kann. Dabei orientiert er sich an Hegel und kritisiert die Geistphilosophie doch zugleich als neue Spielart der alten Zentrierung auf das Subjekt, die er an der abendländischen Metaphysik bemerkt. Die Logik des Orts versteht Nishida als Dialektik, die nicht auf den Kategorien von Subjekt oder Substanz beruht; sie folgt nicht dem Satz vom zureichenden Grund, unter den Hegel die Wirklichkeit stellen wollte. Die Subjekte sind durch den Platz bestimmt, an dem sie sich befinden. Aus diesem Bezug stellt sich ihre Allgemeinheit her, die nicht auf abstrakten Prinzipien beruht, sondern ortsbestimmt bleibt. Einer solchen Dialektik gemäß ist das Sein Bezug auf den Ort, aus dem es seine Allgemeinheit bezieht, während der Ort sich im Sein konkretisiert. Als Allgemeines bezieht sich der Ort nur auf sich selbst und ist daher überhaupt kein Sein, sondern Nichts.

Die diskursive Logik hält Nishida für unfähig, den als Nichts ausgewiesenen Ort sprachlich zu repräsentieren: Das soll eine Logik der Prädikate (*jutsugo ronri*) leisten. Die Prädikaten-Logik bietet der Interpretation erhebliche Schwierigkeiten. Vorläufig können wir sie uns im Rückgriff auf eine Theorie der Metapher verständlich machen. Die an der logischen Urteilsfunktion orientierte Aussageform ist nach Nishidas Auffassung eine Logik der Subjekte:

Über- und Unterordnung von Einzelnem und Allgemeinem gelten als Leistung formal bestimmter Subjekte. Dagegen funktioniert, wie Gadamer gezeigt hat, die Metapher als Übertragung von einem aufs andere: keine Leistung des Subjekts, sondern der Sprache. »Darin besteht die Genialität des sprachlichen Bewußtseins, daß es solchen Ähnlichkeiten Ausdruck zu geben weiß. Wir nennen das seine grundsätzliche Metaphorik, und es kommt darauf an zu erkennen, daß es das Vorurteil einer sprachfremden logischen Theorie ist, wenn der übertragene Gebrauch eines Wortes zum uneigentlichen Gebrauch herabgedrückt wird.«[505] Nishida hat die Prädikaten-Logik nicht als Sprachtheorie formuliert, sondern als Theorie der Orte. Im Verhältnis von Einzelnem und Allgemeinem im Aussagesatz geht das Prädikat in seiner logischen Funktion nicht auf, sondern bleibt zugleich an seine Bedeutungen gebunden, die ihm außerhalb der Prädikation zukommen und seinen sprachlichen Reichtum ausmachen. Diesen Überschuß, der sich logisch nicht bewältigen läßt, können wir uns als Metaphorik der Orte verständlich machen. Sie nötigt die Subjekte dazu, sich im Urteil nicht nur auf die logische Allgemeinheit, sondern zugleich auf die konkrete Bedeutung der Orte zu beziehen: Das Subjekt ist durch den Bedeutungshorizont der Prädikate selbst bezeichnet; insoweit bleibt es in seiner Zugehörigkeit durch einen Ort bestimmt.

Nishida hat die Logik des Orts weder auf die antike Rhetorik noch auf die neuzeitliche Topik bezogen. Sein philosophisches Interesse konvergiert aber mit der topischen Kritik an den Spielarten des Rationalismus.[506] Hier eröffnen sich Perspektiven auf einen Topos-Begriff, der im Vokabular westlicher Philosophie dargestellt ist, zugleich aber auch als Schlüssel zur Interpretation östlicher Philosophie dienen kann. Entscheidend an der topischen Philosophie Nishidas ist, daß er das Allgemeine als Bindung an einen Ort denkt, die Orte aber als sprachlich nicht repräsentierbar oder als Nichts auslegt. Es ist die Hintergehbarkeit der Sprache, die dem Denken Transzendenz sichert: Der Ort ist nichts Einzelnes, sondern das Allgemeine; aber auch das Einzelne läßt sich nur als Ort denken. Deswegen ist Nishida an einer Rhetorik konkreter symbolischer Formen nicht interessiert, sondern nur an der Möglichkeit, das Einzelne im Medium von Ortsbestimmungen zu denken. Daß die Logik des Orts nicht fähig sei, das konkrete Einzelne zu berücksichtigen, hat Tanabe der Philosophie Nishidas vorgehalten und damit eines der Themen benannt, das die Diskussion der Kyôto-Schule geprägt hat.

12.2 Miki Kiyoshi (1897–1945)[507]

Miki studierte bei Nishida, Tanabe und dem Religionsphilosophen Hatano; von 1922–1925 in Deutschland bei Heidegger und Rickert, später in Paris. Im Rahmen der neukantianisch orientierten Ausbildung in Japan hatte Miki sich schon früh dem Problem geschichtlicher Existenz zugewandt, das ist Thema seiner philosophischen Arbeit geblieben. In einer biographischen Notiz von 1919 beschreibt er sich als »Idealisten mit Sehnsucht nach dem Ewigen«. Darin kündigt sich schon das Programm an, »Logos und Pathos« zu versöhnen. Miki hat diese Begriffskonstellation bei Pascal aufgenommen und in ganz unterschiedlichen Kontexten entfaltet; dabei hat er sich auch auf die rhetorisch-humanistische Tradition bezogen. Sein Interesse an der historischen und sozialen Welt hat ihn früh auf Probleme des Verstehens aufmerksam gemacht, das belegen seine Dilthey-Studien. Für seinen Entschluß zur Philosophie hat Miki sich auf Nishidas Arbeit *Über das Gute* berufen, weil sie ihm gezeigt habe, daß Philosophie nicht nur vom Wissen, sondern vom Leben selbst handele. Auch das läßt sich als Hinweis auf die religiöse Dimension seines philosophischen Interesses verstehen.

Miki geht es um eine Kritik der Ontologie. Er will menschliche Existenz (*sonzai*) von ihren konkreten Bedingungen aus erfassen. Stichwort für dieses Programm ist die Auslegung von Existenz als Seinsgeschichte. 1925 veröffentlicht Miki eine Studie über das *Menschenbild bei Pascal* (*Pasukaru ni okeru ningen no kenkyû*). In den *Pensées* erscheint der Mensch nicht als formales Subjekt, sondern in den konkreten Bedingungen von Zeit, Endlichkeit und Angst vor dem Tod: »Nur ein Schilfrohr, das zerbrechlichste in der Welt ist der Mensch, aber ein Schilfrohr, das denkt.«[508] Miki interessiert daran vor allem, daß Endlichkeit und Elend des Menschen durch die Vernunft nicht behoben werden können. Pascal nimmt die Ansprüche der Vernunft durch die »Logik des Herzens« zurück: »Nichts ist der Vernunft so angemessen wie dieses Nichtanerkennen der Vernunft.«[509] Der Mensch ist Herz und Vernunft zugleich; deswegen läßt er sich auch nicht als animal rationale verstehen, sondern muß auf die Bedingungen befragt werden, die jenseits der Vernunft seine Existenz und sein Wissen ermöglichen. »Wir erkennen die Wahrheit nicht nur durch die Vernunft, sondern auch durch das Herz; [...] Das Herz spürt, daß es drei Dimensionen im Raum gibt und daß die Zahlen unendlich sind, während die Vernunft nachher beweist, daß es nicht zwei Quadratzahlen gibt, von denen die eine das Doppelte der anderen ist. Die Prinzipien lassen sich erfühlen, die Lehrsätze lassen sich erschließen, und beides mit Sicherheit, obgleich auf verschiedene Weise.«[510] Daß die Vernunft nachträglich zu arbeiten beginnt, führt Vico als Argument für seine Kritik am Rationalismus an, und er begründet damit die Notwendigkeit für ein Verfahren, das der Vernunft vorausgreift.[511] Auf solche Verfahren, Wissensformen jenseits der Vernunft freizulegen, hat auch Miki gesetzt, ohne sich dabei grundlegend auf Vico zu beziehen.[512]

Richtungsweisend an der anthropologischen Sicht der *Pensées* erscheint Miki, wie der Mensch unter den Bedingungen konkreter Existenz aufgefaßt wird. Daß der Mensch wesentlich *milieu* ist, hat Miki in seiner *Geschichtsphilosophie* 1932 dargelegt, aber auch diese Einsicht ist in den Pascal-Studien schon vorbereitet. Daß Pascal Herz und Vernunft nicht gegeneinander ausspielt und dennoch in der entscheidenden Frage nach Gott dem Herzen Vorrang einräumt, scheint Miki als Möglichkeit von Philosophie beeindruckt zu haben, auch wenn er die theologischen

Voraussetzungen der *Pensées* nicht teilt. Am Ende seines Lebens hat Miki diesen religiösen Faden im Buddhismus wiederaufgenommen.

Sein Interesse an einer philosophischen Anthropologie war offensichtlich schon früh durch Heidegger beinflußt. Noch während seines Deutschland-Aufenthalts hat Miki einen Zusammenhang von Sein und Geschichte hergestellt, der für ihn verpflichtend geblieben ist. »In einem allgemeinen Sinn glaube ich nicht, daß die Frage der Geschichte in der Geschichtswissenschaft ihren Schwerpunkt hat. Geschichte ist nicht ohne weiteres Geschichtswissenschaft. Was uns als gewichtige Frage betrifft, ist die Geschichtlichkeit der Existenz. Unsere Welt trägt in dieser Grundstruktur geschichtlichen Charakter. Die Geschichtlichkeit ist die ursprünglich konstitutive Kategorie der Existenz selbst. Bevor Geschichte als Erkenntnistheorie der Geschichtswissenschaft zum Thema wird, muß die Hermeneutik der Existenz selbst zum Thema gemacht werden.«[513] Allerdings sind hier die Akzente im Verhältnis von Sein und Zeit schon anders gesetzt als bei Heidegger. Für Miki ist Zeit nicht in erster Linie Vorlauf zur Endlichkeit des Todes, sondern Ermöglichungsgrund konkreter Formen des Lebens, die er als Geschichte auffaßt. Darin erscheint das frühe, noch neukantianisch inspirierte Interesse an der geschichtlichen Welt und verbindet sich mit der religiös-intuitiven Dimension, auf die Pascal den Menschen verweist. Zugleich zielt Miki jedoch auf eine Anthropologie, die das, was der Mensch ist, an den Fakten der Geschichte, an der Geschichte des Daseins und an der Ordnung der Vernunft ablesen will. Die Anthropologie muß der Bestimmung des Menschen gerecht werden, zugleich Geist und Herz zu sein – Logos und Pathos, wie es bei Miki heißt.

Die Verknüpfung von Anthropologie und Geschichte bleibt Mikis Thema auch in den marxistisch orientierten Arbeiten, die er 1927 zu veröffentlichen beginnt. In seiner *Genealogie der Theorien* (*Riron no keifugaku*) will Miki die Produktion von Bewußtseinsformen analysieren. Er nimmt eine »Grunderfahrung« (*kiso keiken*) an, die Sprache und Bewußtsein vorausliegt. Sie ist in der Notwendigkeit materieller Produktion und Reproduktion bedingt und kennzeichnet den Menschen als endliches Wesen; Miki hat sie als proletarische Erfahrung ausgelegt. Die Grunderfahrung bringt den Logos hervor, an dem sich zwei Modi unterscheiden lassen. Der Primärlogos ist direkter Ausdruck der Lebenswelt, in der die Grunderfahrung in den Subjekten manifest wird – komplexe Formen der Produktionsverhältnisse kann er jedoch nicht erfassen. Das soll der Sekundärlogos leisten: die Ideologie, zu der Miki alle Verfahren zählt, die es mit der Interpretation von Welt und der Selbstinterpretation des Menschen zu tun haben. Der Logos tritt als Auslegung der Grunderfahrung auf, die selbst, und zwar als Pathos jenseits der Repräsentation und des Bewußtseins bleibt. Miki versteht den Logos als Sprache, die in den Institutionen und im Bewußtsein manifest geworden ist. Soweit folgt er der Sprachauffassung bei Marx. Daß sein Entwurf zu einer marxistischen Anthropologie durchgehend materialistischen Grundsätzen verpflichtet ist, läßt sich kaum sagen. Nicht in den Produktionsverhältnissen, sondern in den Instanzen der Repräsentation materieller Erfahrung – in der Ideologie – sieht er den Grund für Entfremdung. Der Logos ist auf seinen Tauschwert reduziert und damit vom Pathos abgetrennt: Das ist Mikis Formel für Entfremdung. Um diese Verzerrung aufzuheben, hat Miki weniger die revolutionäre Veränderung der Gesellschaft im Auge als die Eröffnung einer Dimension, in der sich die Grunderfahrung artikulieren kann. Alles spricht dafür, daß Miki sich den freien Zugang zum Pathos nur als religiöse Praxis hat vorstellen können. Anthropologie als Geschichte des Seins soll die Vergegenständlichung des Menschen durch den Logos aufheben und den Reichtum an Lebensformen vorführen, die aus der Beziehung mit der Grunderfahrung sichtbar werden kann.

Die Differenz von Pathos und Logos hat für Miki von Anfang an eine hermeneutische Dimension, und zwar als

Frage der Anthropologie: Die sinnlich-anschauliche Welt muß verstanden werden, zugleich ist aber das Herz, von dem Pascal spricht, ein Organ der Erkenntnis. Auch die historischen und die sozialen Gegenstände sind von dieser grundlegenden Differenz geprägt. Miki unterscheidet in der Einstellung auf die historische Welt zwischen einer *historia rerum gestarum* und den *res gestae*. Die »Geschichte der Tatsachen« ist Gegenstand der Geschichtswissenschaft, die am Logos orientiert ist; die »Taten« müssen in einem anderen Medium dargestellt und verstanden werden, z. B. in der Kunst. Miki beläßt es aber bei dieser Verteilung nicht, ihm geht es auch um die Beziehung von diskursiv-logischen und narrativ-pathetischen Verfahren in einer Philosophie der Geschichte, die er allerdings als Anthropologie auffaßt: Sie müßte ihrer Idee nach topisch und kritisch zugleich sein. In seiner *Einführung in die Sozialwissenschaften*, die wie seine *Geschichtsphilosophie* 1932 erscheint, thematisiert Miki Einstellungen auf die soziale Welt, die jenseits der diskursiven Logik liegen. Es ist zunächst die Doxa, wie es im Anschluß an Aristoteles heißt, die Miki als gemeinschaftlichen Sinn auslegt und den Sozialwissenschaften zugänglich machen will, und zwar als Form des Wissens. Im Mythos sieht Miki nicht bloß eine Vorstufe rationaler Erkenntnis, sondern eine Form gesellschaftlichen Wissens, die dem Realitätsprinzip widersteht und insofern den Logos korrigieren kann: Als Sozialwissenschaft muß die Anthropologie deswegen auch Mythologie sein.

Der Vermittlung von Logos und Pathos ist auch Mikis letzte Arbeit verpflichtet (1939–43). Die *Logik der Einbildungskraft* (*Kôsôryoku no ronri*) entfaltet einen Begriff von Handlung, der alle menschlichen Tätigkeiten umfaßt und den Miki als *poiesis* auslegt: Es ist das Vermögen, Formen zu schaffen. Dieses Vermögen ist insofern Einbildungskraft, als die Handlungen unter Bedingungen der Kommunikation stehen und auf eine schon geformte Welt treffen. Deswegen ist jede Handlung Hervorbringen von Gegenständen und zugleich intuitives Verständnis des Gegebenen. Hier erscheint das, was Miki Einbildungskraft nennt, als Wissen des Konkreten oder als gemeinschaftlicher Sinn: »Einbildungskraft ist konkrete Vernunft und zugleich geschichtlich formierende Vernunft«.[514] Die Einbildungskraft hat aber nicht nur eine historisch-rhetorische, sondern auch auch eine technische Seite. Unter Technik (*gijutsu*) versteht Miki die Leistung der Einbildungskraft, nicht nur Gegenstände, sondern immer auch den Sinn von Gegenständen vorzustellen. Die Form, die dem Gegenstand zukommt, macht seinen Sinn in einem historisch bestimmten Kontext aus. Technischer Sinn ist für Miki immer auch historischer Sinn; beide Dimensionen von Sinn verweisen zugleich auf die Geschichte der Fakten und auf die Verstehensgeschichte der Existenz. »Indem wir Gegenstände herstellen, bringen wir das Selbst hervor. Unser Handeln formiert ein Milieu und zugleich unser Selbst. Der Mensch ist von den Verhältnissen hervorgebracht, aber als unabhängiges Wesen bringt er umgekehrt auch die Verhältnisse hervor. In dieser Weise formbestimmt ist unser Handeln geschichtlich. Geschichtliches Handeln ist dem Wesen nach technisch. Die geschichtliche Welt ist technisch hervorgebracht, Geschichtlichkeit läßt sich losgelöst von Technik nicht denken.«[515]

Aus der Zeit kurz vor Mikis Tod stammen einige Fragmente über den Jôdo-Buddhismus Shinrans. Dort ist der Grundsatz, Erleuchtung sei nur durch die »Kraft des anderen« (*tariki*) möglich, so radikal verstanden, daß sich der Buddhismus dem christlichen Erlösungsglauben annähert: Die Errettung aus den Verstrickungen in die Welt ist kein Verdienst der Gläubigen, sondern »Übertragung von Verdienst« (*ekô*), das Buddha selbst sich erworben hat, auf die Gläubigen. Miki hat aber auch bemerkt, daß im Buddhismus die christliche Vorstellung vom sündigen Menschen fehlt. Für Miki gehörte religiöse Erfahrung stets zu den grundlegenden Fragen der Philosophie. Sein Werk hat in den Studien zu Pascal philosophisches Profil gewonnen; die Shinran-Fragmente verweisen auf diese Anfänge.

12.3 Tanabe Hajime (1885–1962)[516]

Mit dem Programm, Philosophie und Mathematik miteinander zu verbinden, begann Tanabe seine philosophische Arbeit. 1915 erschien *Die neue Naturwissenschaft*, 1925 eine Studie zur Philosophie der Mathematik. Anfang der zwanziger Jahre verlagerte sich sein Interesse auf Fragen der Geschichte und der Kulturwissenschaften. 1922 ging er für zwei Jahre nach Berlin und Freiburg, nach seiner Rückkehr machte Tanabe die Philosophie Heideggers in Japan bekannt.

Die Abkehr vom Neukantianismus führt Tanabe aber nicht zur Hermeneutik, sondern zur Dialektik. Lange Zeit hatte er die Dialektik als Mythologie kritisiert. Hegel hielt er vor, Pantheismus zu betreiben; Marx, er würde Dialektik wie einen Zauberstab einsetzen, der alles mit allem zusammenschließt. Erst Ende der zwanziger Jahre ändert sich der Ton, als Tanabe seine eigene Philosophie als Dialektik zu verstehen beginnt. Dennoch bleiben grundsätzliche Vorbehalte gegen die traditionelle Dialektik, und zwar im Namen einer absoluten Dialektik. »Dies ist der Standpunkt der absoluten Dialektik, welche die dialektische Einheit bildet von dem, was dialektisch ist, und dem, was die Dialektik übersteigt; er entspricht dem dialektischen Selbstbewußtsein der Dialektik. Die absolute Dialektik ist deswegen absolute Dialektik, weil sie eine Dialektik ist, die in der Gegensatz-Einheit mit dem, was die Dialektik übersteigt, auch ihren eigenen Standpunkt dialektisch im Selbstbewußtsein erfaßt.«[517] Die Dialektik soll den Widerspruch von Idee und Materie auflösen und damit die Unterscheidung von idealistischer und materialistischer Dialektik überflüssig machen. Tanabe will eine »Dialektik der Tat« (*kô no benshôhô*) auf den Weg bringen, die den Widerspruch nicht wie die Philosophie Hegels im Geist aufhebt, sondern in der Realität fundiert und erst durch die Tat vermittelt. Diese Dialektik ist keine des Seins, sondern des Nichts. Hier schließt Tanabe an Nishidas Philosophie des absoluten Nichts an, formuliert aber gleichzeitig den Vorbehalt, Nishida habe das Nichts auf einen Gegenstand der Intuition reduziert. Dagegen setzt Tanabe sein Konzept einer Philosophie der Tat. Der Bezug auf eine Theorie des Nichts signalisiert zugleich einen Rückgriff auf die buddhistische Philosophie, in der Tanabe ein dialektisches Denken wirksam sieht, das er für konsequenter hält als das westliche, weil es nicht auf dem Standpunkt des Sein, sondern der Leere steht. Die Grundlage dafür bietet die Tendai-Lehre der drei Wahrheiten: Die Wahrheit von der Leere bezeichnet das Sein, sofern es ohne eigene Bestimmung und konkrete Form ist; die Wahrheit von der Vorläufigkeit besagt, daß die konkreten Phänomene nicht für sich, sondern in Relation zueinander existieren; die Wahrheit von der Mitte schließlich hebt die beiden ersten Bestimmungen als leer und vorläufig auf: In ihrer Einheit bezeichnen die drei Wahrheiten die Buddha-Natur. Tanabe setzt die drei Wahrheiten in das Vokabular seiner Dialektik der Tat ein: für die Leere das absolute Nichts, für die Vorläufigkeit das unmittelbare oder relative Dasein. Die Wahrheit der Mitte liegt im Handeln, das sich seiner selbst bewußt ist. Mit der Fundierung von Dialektik im Begriff des absoluten Nichts hält Tanabe die Restriktionen für überwunden, an die das westliche Denken gebunden bleibt, solange es das Sein als in sich gegründete Substanz versteht. Im Nichts wird die Bewegung der Vermittlung nicht stillgestellt wie im Sein: »Das absolute Nichts ist nicht unmittelbar vorhanden. Es besteht immer nur aufgrund des Wirkens des Wechsels, der das (endliche) Sein negiert. Folglich wechselt das absolute Nichts als absoluter Wechsel auch sich selbst aus. Das heißt: Es wechselt sein eigenes Nichts und erscheint als das (endliche) Sein«.[518]

Zwischen 1934 und 1940 veröffentlicht Tanabe eine Reihe von Arbeiten zu einer »Logik der Spezies« (*Shu no ronri*), in der es zunehmend um Fragen von Politik und Gesellschaft geht. Eingeleitet wird diese Wende mit einer Kritik an Nishidas Logik des Orts. Deren Schwäche sieht Tanabe jetzt darin, daß der Ort, den Nishida als Nichts auslegt, überhaupt nicht durch das Sein vermittelt, sondern bloß gesetzt ist, was einer Emanationslehre näher sei als einer Dialektik. »Ich denke, daß auch das absolute Nichts gleichzeitig durch Negation vermittelt werden muß. Doch was bedeutet es, daß das absolute Nichts durch Negation vermittelt werden muß? Weil das absolute Nichts durch und durch Nichts ist, muß das, was ihm in Negation gegenübersteht, Sein sein.«[519] Durch dieseVerkürzung kommt das konkrete Sein der geschichtlichen Welt nicht in den Blick. Dem entspricht, daß Nishida für die Kategorie des Besonderen keinen Ausdruck hat. Tanabe zieht daraus die Konsequenz, daß sich das konkrete Sein nur im Verhältnis von Allgemeinem, Besonderem und Einzelnem thematisieren läßt. Das ist der Einsatzpunkt für eine Logik der Spezies oder des Besonderen.

Tanabes Staatsphilosophie ist aber auch eine Reaktion auf die politische Lage Mitte der dreißiger Jahre. Die Rassenideologie in Deutschland und Japan hält er für irrational, weil sie die Kategorie der Spezies absolut setzt. Diese Fixierung muß nach der Vorstellung Tanabes durch eine »Praxis des Einzelnen« dialektisch aufgehoben werden; es liegt deswegen in der Verantwortung der Einzelnen, so zu handeln, daß der Staat das Allgemeine sein kann. Was Tanabe damit meinte, hat er 1940 in einem Vortrag vor Studenten der Universität Kyôto dargelegt: »Konkret gesprochen: Wenn der Einzelne sich selbst opfert für den Aufbau des Ewigen, indem er sich durch die Unterstützung des Staates auf den menschlichen Standpunkt stellt, kommt das der Transzendierung von Leben und Tod gleich. Ein anderer Weg der Transzendierung des Todes, als den Tod zu überwinden, indem man frei den Tod auf sich nimmt, ist undenkbar.«[520] Tanabe rechnet die Rassenideologie nicht dem Staat zu, sondern vorstaatlichen Formen, die durch den Staat selbst zur Vernunft kommen sollen. Die Logik der Spezies versteht den Staat als das Allgemeine und legt ihn in religiösen Bildern aus. «Meine Staatsphilosophie setzt an die Stelle Christi den Staat und macht ihn zum ›Erscheinungsleib‹, d.h. zur substratmäßigen Realisation des Absoluten Nichts [...] Auf Grund dieser Analogie versteht man besser die Bedeutung dessen, was ich behaupten will: daß der Staat das höchste Modell des Seins ist; daß er die Verbindung des objektiven Geistes und des absoluten Geistes darstellt; daß er auf die Weise des ›Erscheinungsleibs‹ die Verwirklichung des Absoluten ist.«[521] Kaum Zweifel besteht daran, daß Tanabe im Tennô-Staat der dreißiger und vierziger Jahre schon die Verwirklichung des Allgemeinen sah.

1946 hat Tanabe nach mehrjährigem Schweigen eine Kritik der Logik der Spezies veröffentlicht: *Philosophie als Weg der Reue* (*Zangedô toshite no tetsugaku*), die er auch »Metanoetik« nennt und darunter »Umkehr« aber auch »absolute Negation der Vernunftanschauung« versteht. Die Selbstkritik ist im wesentlichen an einen Wechsel gebunden, der im theologischen Vokabular als Verhältnis von Selbstkraft und Fremdkraft ausgedrückt ist. Damit ist zunächst ein Merkmal zur Einteilung buddhistischer Schulen gemeint: Die einen setzen darauf, durch eigene Kraft erleuchtet zu werden wie der Zen-Buddhismus; die anderen vertrauen auf die Kraft Buddhas wie der Amida-Buddhismus. Tanabe erklärt sich den Mangel an dialektischer Vermittlung in seiner Staatsphilosophie durch Zentrierung auf die Idee der Selbstkraft. Die Metanoetik setzt zugleich auf einen Wechsel vom moralischen zum religiösen Bewußtsein. Hier verschränken sich Vernunftkritik mit der religiösen Dimension, von der Tanabes Philosophie immer schon getragen war.

12.4 Watsuji Tetsurô (1889–1960)[522]

Watsujis Werk ist seit den zwanziger Jahren zunehmend von der Aufgabe geprägt, japanische Denkformen an die Philosophie anzuschließen und die Kultur Japans philosophischen Themen zugänglich zu machen. Die Abkehr von dem, was er bis dahin als modern empfand, leitete Watsuji im Namen Nietzsches ein: Jetzt erschien die moderne Welt als rabiate Zerstörung authentischer Werte und menschlicher Bindungen.

In zahlreichen Untersuchungen zur Kulturgeschichte Japans spürte Watsuji den Kräften nach, die das Individuum tragen. Die Bestimmung des Menschen hat er als »Zwischensein« ausgelegt (*aidagara* oder *aida*): Subjekt zu sein, heißt vor allem, in Relation zu den Formen der Gemeinschaft zu leben. Das ist ausdrücklich gegen die Konstruktion des Ich in der Bewußtseinsphilosophie Descartes' gerichtet. Vom Subjekt, das sich in der radikalen Skepsis als Cogito begründet, heißt es bei Watsuji: »Selbst wenn wir es von den Eigenschaften reinigen, in denen es durch Familie, Freundschaft, Beruf, Gesellschaft, Staat usw. bestimmt wird, bleibt dennoch etwas übrig, was Funktionen ausübt, und das ist das Ich (*ware*). Hier ist ein Punkt tiefer Individualität, in der es gar nicht möglich ist, etwas mit anderen Menschen gemeinsam zu tun.«[523] Gegen diese Funktion des Ich wendet Watsuji ein, das Subjekt lasse sich nicht als Cogito begründen, sondern nur in den konkreten Beziehungen zwischen den Menschen: als Zwischensein.

In dieser Kritik an der begründenden Vernunft liegt vielleicht die »orientalische Qualität« der Philosophie des Zwischen. »This ›Oriental‹ quality of Watsuji's aidagara intentionality has been overlooked by scholars. I would stress, however, that it was by virtue of Watsuji's clear grasp of the phenomenological concept in intentionality that he could explore the horizon of intersubjectivity as climatically, historically crystallized in Eastern traditions, while also discovering it as stadially present in modern Japaneses culture. Thus the aidagara intentionality historically crystalized in Shinto, Buddhism, and Confucianism could be philosophically repossed by Watsuji.«[524]

Watsujis Kritik an Descartes zielt nicht allein gegen die Grundlagen einer Bewußtseinsphilosophie. Am mentalistischen Paradigma nimmt er zugleich ein kulturelles wahr: Die Zentrierung auf das Individuum, das sich als Ich formiert, ist ihm Kennzeichen abendländischer Philosophie überhaupt. Aber auch im Hinblick auf einen hermeneutischen Zugang zur japanischen Kultur scheint ihm das Arsenal philosophischer Begriffe nicht zureichend. Watsuji hat diese Konstellation auf zwei verschiedenen Wegen aufzulösen versucht: zum einen durch eine Kulturtheorie, die an einem Begriff von Klima (*fûdo*) orientiert ist; zum anderen durch eine Ethik, die einen Begriff des Zwischensein (*aida*) entfaltet. Kulturtheorie und Ethik hat Watsuji als Lehre vom Menschen (*ningengaku*) eingeführt. Sie bilden die Teile einer Topik der Subjektivität. Klima benennt die Bestände an Symbolen, mit denen der Mensch sich im Verhältnis zur Natur interpretiert; Zwischensein die Bestände an Symbolen, mit denen der Mensch sich im Verhältnis zu anderen Menschen interpretiert.

Fûdo ist der Titel einer Arbeit, die Watsuji 1935 nach einer Europareise veröffentlicht hat. *Eine anthropologische Betrachtung* lautet der Untertitel, der darauf verweist, daß Kultur hier im Verhältnis der Ausdrücke Klima, Natur und Mensch eingeführt werden soll.[525] *Fûdo* schreiben wir mit den Zeichen für »Wind« und »Erde«. »Mit dem japanischen Wort *fûdo* ist die natürliche Umwelt eines bestimmten Landes gemeint, nämlich sein Klima, sein Wetter, die geologische und produktive Beschaffenheit seines Bodens, seine topographischen und landschaftlichen Charakteristika [...] Ich möchte hier nun diese natürliche Umgebung des Menschen nicht als ›Natur‹, sondern als ›Klima‹ (*fûdo*) in dem oben genannten Sinn verstehen.«[526]

Watsuji geht es aber nicht um eine Naturbetrachtung, sondern – im Anschluß an Heidegger – um eine »Hermeneutik des Daseins«. Die klimatischen Erscheinungen treten den Subjekten nicht als Objekte gegenüber, sondern verweisen auf einen Sinn, der tiefer fundiert ist und jenseits der Unterscheidung in Subjekt und Objekt liegt. An der sinnlichen Erfahrung von Kälte legt Watsuji das Klima als Existential aus. Mit Heidegger nimmt er die Etymologie von *existere* in Anspruch, um zu zeigen, daß diese Erfahrung nicht in der Vergegenständlichung klimatischer Eigenschaften liegt, sondern eine Weise der Selbstbegegnung ist. Das Klima stellt aber nicht nur einen Selbstbezug im individuellen Bewußtsein her, sondern erweist sich als symbolisch vermittelt; deswegen ermöglicht es auch einen Bezug auf das andere Ich. So eröffnet das Klima eine Dimension der Existenz, die Watsuji hier schon Zwischen nennt: *aida* zählt neben *fûdo* zu den Grundbegriffen seiner anthropologischen Kulturtheorie. »Dieses ›Wir‹ ist es, nicht das bloße ›Ich‹, für das das ›Hinaustreten‹ die grundlegende Daseinsstruktur ist. Das ›Hinaustreten‹ besteht nicht in erster Linie darin, in etwas wie Kälte, sondern in das andere ›Ich‹ hinauszutreten. Dies ist nun keine intentionale Beziehung mehr, sondern eine wechselseitige Beziehung, die ich mit dem Begriff ›Zwischen‹ bezeichne. Und diese ursprüngliche Beziehung des Zwischen ist es, die wir als uns selbst in der Kälte entdecken [...] Wir finden uns selbst – uns selbst, als ein Element im ›Zwischen‹ – im Klima.«[527]

Klima und Zwischen sind Ausdrücke einer Topik. Sie sollen den Vorrang der Zeit aufheben, den Watsuji in der abendländischen Auslegung von Sein bemerkt – ausdrücklich auch bei Heidegger. »Der Versuch, menschliches Dasein als bloß zeitlich strukturiert zu begreifen, verfällt der Einseitigkeit, welche darauf aus ist, das Wesen des menschlichen Daseins einzig im Grunde des individuellen Bewußtseins zu suchen.«[528] Die Gleichursprünglichkeit von Raum und Zeit ist nur eine der vier Korrelationen, an denen sich der »endlich-unendliche Doppelcharakter des Menschen« erweist: Individuum und Gesellschaft; Raum und Zeit; Gesellschaft und Geschichte; Klima und Geschichte.[529] Diese Kennzeichen, die den Doppelcharakter des Menschen markieren sollen, sind als Zwischen ausgelegt: menschliche Existenz ist eine in sich korrelative Struktur als Zwischensein. Das sind universelle Bestimmungen, die jedoch zugleich gegen die neuzeitliche Reflexionsphilosophie und an die philosophische Kultur Japans gerichtet sind.[530]

Nach dem Vorbild Heideggers hat Watsuji eine Reihe von japanischen Wörtern nach ihrem spekulativen Gehalt befragt, vor allem aber den Ausdruck für Mensch. Das sino-japanische Wort *ningen* wird mit den Zeichen für »Mensch« und »Zwischen« geschrieben. In der chinesischen Literatur und besonders im Buddhismus legt Watsuji Bestimmungen frei, nach der die Menschen sich als »In-der-Welt« (*yo no naka*) verstanden haben. Die Japaner haben mit diesem Ausdruck auch den einzelnen bezeichnet. Auf dieses Double in der Auslegung des Menschen kommt es Watsuji an. »Mit dem Ausdruck für Mensch (*ningen*) bezeichnen wir das In-der-Welt-Sein und zugleich den einzelnen Menschen in der Welt. Darum ist ›Mensch‹ nicht bloß der einzelne, aber er ist ebenso wenig bloß die ›Gesellschaft‹ (*shakai*). Hier wird die dialektische Einheit im Doppelcharakter des Menschen sichtbar.«[531]

Auch für die Rede vom Sein versucht Watsuji zu zeigen, daß die japanische Tradition über ein Vokabular verfügt, das philosophisch tragfähig ist. Heideggers Ausdruck »Dasein« für menschliches Sein findet eine Entsprechung im sino-japanischen Wort *sonzai:* »Die ursprüngliche Bedeutung von *son* ist subjektive Selbsterhaltung [...] die ursprüngliche Bedeutung von *zai*, daß ein Subjekt an einem Ort existiert [...] Wenn also, wie oben dargelegt, *son* nichts anderes als die Selbsterhaltung des Subjekts bedeutet und *zai*, in der Beziehung mit anderen Menschen zu leben, dann ist *sonzai* genau die Selbsterhaltung des Subjekts als Zwischensein (*aidagara*). D. h. der Mensch erhält sein eigenes Selbst [...] Deswegen gilt Existenz (*sonzai*) im strengen Sinn nur für die menschliche Existenz (*ningensonzai*).«[532] Entscheidend an dieser Auslegung von Existenz ist, daß sie als Zwischensein bestimmt ist und daher im strengen Sinn gerade nicht dem Menschen zukommt, sondern dessen Bindung an die konkrete Situation des Zwischen ausspricht. Das macht seinen Doppelcharakter als Individuum und als soziales Wesen aus. Heideggers Hermeneutik des Daseins hält Watsuji vor, am Ende den Menschen doch auf seinen Status als Individuum reduziert zu haben.

In der *Klimatologie* Watsujis verbindet sich der Einfluß Heideggers auf eigentümliche Weise mit der Kulturphilosophie Herders. Attraktiv an Herders »Klimatologie des Geistes« ist für Watsuji vor allem der Grundsatz, daß auch die Glückseligkeit klimatisch bedingt sei: Die Urteile darüber, was ein vollendetes Leben ist, bleiben an die bestimmten Umstände des Klimas gebunden. Watsuji hat das ohne weiteres als Kritik am Eurozentrismus gelesen, und er findet sie darin bestätigt, daß Herder die Kulturen in der Ordnung eines Nebeneinander verstehen will. »So versucht Herder, die schöne stille ›Seinsordnung‹ des Lebens zu entdecken, die im Gegensatz zu einer dialektischen Bewegung steht [...] Weiter versucht er im Gegensatz zu dem Standpunkt, der das Wesen eines Volkes in dessen dramatischer Tätigkeit sieht, von allen Seiten her das beständige Sein eines Volkes in seiner statischen Struktur zu begreifen. Schließlich zollt er der Besonderheit jedes Volkes die gleiche Achtung [...]«.[533]

Watsuji geht es vor allem darum, die japanische Kultur in ihrer Selbständigkeit darzustellen und ihren Begriff von historischen oder logischen Bezügen der universalistisch bestimmten Kultur des Abendlandes abzukoppeln. Die unaufhebbare Bindung an das Klima, die darin vorausgesetzt ist, gilt ihm zugleich als Merkmal von Subjektivität. Das verweist auf die beiden Voraussetzungen, unter denen seine Kulturtheorie steht: die Kulturen aus ihren klimatischen Bedingungen heraus zu verstehen; die Menschen aus ihren kulturellen Bedingungen.

Watsuji unterscheidet drei Klimazonen: das Wiesenklima (Europa), das Wüstenklima (Afrika, Arabien) und das Monsunklima (Indien, Ostasien). Im Verhältnis dieser drei Zonen entdeckt er eine Dialektik: Die Feuchtigkeit des Monsunklimas verbindet sich in Europa mit der Trockenheit des Wüstenklimas: »Das Klima Europas läßt sich also als eine Synthese von Feuchtigkeit und Trockenheit definieren.«[534] Watsuji nimmt die klimatologischen Kategorien als empirisch-deskriptive auf: die Feuchtigkeit des Monsunklimas z. B. gehört zur Natur. Als natürliche Unterschiede sind die Klimazonen von gleichem Rang; das müßte auch für die Kulturen gelten, in denen sich das jeweilige Klima ausdrückt. Und doch setzen sich hier wie in allen Klimatheorien seit Hippokrates Wertungen durch.[535] Die antike Dreiteilung des Klimas in heiß, kalt und gemäßigt, die wir aus den Schriften Aristoteles' kennen, enthält eine kulturelle Bewertung der klimatischen Unterschiede: Weil sich Kultur nur im gemäßigten Klima voll entfaltet, liegt es nahe, wie Aristoteles die eigene Kultur als gemäßigt zu verstehen. Daß extreme klimatische Verhältnisse sich ungünstig auf die kulturelle Entwicklung auswirken, unterstellt auch Watsuji. Wenn das Klima nicht nur feucht, sondern zusätzlich noch heiß ist wie in Südostasien, bleibt die Kultur auf dem natürlichen Stand des Klimas stehen. Allerdings sind aus derselben Klimazone auch entwickelte Kulturen hervorgegangen wie die chinesische; und schließlich gehört die Kultur Japans ebenso dem Monsunklima an. Watsuji muß deswegen mäßigende Elemente einführen, um die Kulturunterschiede innerhalb des Monsuns zu erklären: für China die Monotonie der weiten kontinentalen Landschaft, für Japan die Erfahrung polarer Kälte. Es ist offenkundig, daß Watsuji an den reinen Klimazonen wenig interessiert ist; weder an den feuchten Gebieten des Monsuns noch an der trockenen Wüste. Die klimatologischen Kategorien verraten, daß es vor allem um die Beziehung zwischen Japan und Europa geht: beide Zonen sind durch eine Synthese klimatischer Elemente gekennzeichnet: feucht und trocken in Europa; feucht und kalt in Japan.

Auch Japan ist eine Monsunregion; es bildet darin aber eine eigene Klimazone: eine Art abgekühlten Monsun. Für Japan spezifisch ist, daß die Sommer tropisch und die Winter polar sind. »Mit seinen heftigen Regen-und Schneefällen stellt Japan also einen Sonderfall innerhalb des Monsunklimas dar. Es hat eine Art Doppelcharakter, da es sowohl tropische Elemente wie solche der Kältezonen in sich vereint.«[536]

Das ist nicht im Sinne der ethnologischen Unterscheidung von heiß und kalt gemeint; aber auch die Rede vom abgekühlten Monsun weist der Kultur Japans den Status einer Mischkultur zu: Daß die natürlichen Bedingungen hier nicht einheitlich sind, muß sich in den symbolischen Formen der Kultur niederschlagen. Watsuji leitet aus dem klimatischen Doppelcharakter eine Reihe von Besonderheiten japanischer Mentalität ab. Empfänglich-resignativ zu sein, entspricht den emotionellen Qualitäten des Monsuns im allgemeinen. Für Japan spezifisch ist der abrupte Wechsel der Jahreszeiten, die Plötzlichkeit der Taifune; daher die Affekte sanfter Leidenschaft, traurig-sanfter Liebe und kämpferischer Selbstlosigkeit, wie sie in der klassischen Literatur dargestellt sind. Im Nebeneinander von tropischen und polaren Temperaturen, von aggressiven und resignativen Temperamenten sieht Watsuji den klimatischen Kern der japanischen Kultur, der auch die Subjekte in ihrem Selbstverständnis bindet.

An der Interpretation europäischer Kultur wird deutlich, daß die Klimatologie vor allem die Absicht verfolgt, kulturelle Leistungen an Natur zurückzubinden. Watsuji legt das Wiesenklima Europas als rational aus: hier ist die Natur gehorsam, hell und rational. »Es besteht also ein enger Zusammenhang zwischen dem Gehorsam und der Rationalität der Natur. Denn wo die Natur gehorsam ist, entdeckt der Mensch bereitwillig ihre Gesetzmäßigkeit. Und wenn er sich diesen Gesetzen entsprechend verhält, gehorcht sie ihm in immer stärkerem Maße, und so dringt der Mensch wiederum immer weiter in ihre Gesetzmäßigkeit ein. Von daher wird leicht verständlich, daß die europäische Naturwissenschaft nichts anderes als ein echtes Produkt des ›Wiesenklimas‹ ist.«[537]

Watsuji hat es nicht bei einer Analyse der affektiven Seite des japanischen Klimas belassen; die Mischkultur der Emotionen findet im Vorrang gemeinschaftlicher Formen eine Entsprechung. Als charakteristisch für den abgekühlten Monsun erscheint, was Lévi-Strauss als »bedingte Zurückweisung des Individuums« in Japan hervorgehoben hat. Das findet im »Haus« (*ie*) einen ursprünglichen Ausdruck. Dazu lesen wir im Japan-Kapitel der *Klimatologie*: »Die japanische Lebensweise als ›Haus‹ ist also nichts anderes als die familiäre Verwirklichung jenes für Japan charakteristischen ›Zwischen‹ im Sinne einer Verschmelzung von traurig-sanfter Liebe und kämpferischer Selbstlosigkeit. Erst dieses ›Zwischen‹ ermöglicht jenes für Japan typische Verständnis des ›Hauses‹. Die traurig-sanfte Liebe erlaubt es nicht, den Menschen abstrakt zu betrachten, und folglich ist sie ungeeignet zur Bildung größerer Gemeinschaften, welche auf dem Bewußtsein des Individuums beruhen. So erhält der Begriff ›Haus‹ in Japan, sozusagen als ›Gemeinschaft der Gemeinschaften‹, eine einzigartige Bedeutung.«[538]

Immer wieder hat Watsuji auf Unterschiede zum europäischen Haus hingewiesen, wie er sie offenbar im Berlin der zwanziger Jahre erfahren hat. Das Verhältnis von innen (*uchi*) und außen (*soto*) bezieht sich in Europa »vor allem auf das Herz des einzelnen« und entspricht deswegen dem Innen und Außen des Zimmers: »Einen Raum betreten oder verlassen hat also in Europa dieselbe Bedeutung wie das Verlassen des ›Hauses‹ in Japan. Ist man allein, so kann man, wenn man möchte, innerhalb eines Zimmers nackt umherlaufen. Verläßt man sein Zimmer und begibt sich unter die Familie, muß man jedoch ordentlich angezogen sein. Sobald man sein Zimmer verläßt, ist es eigentlich nicht mehr von Belang, ob man ins Eßzimmer des eigenen Hauses oder in ein Restaurant in der Stadt geht [...] Einerseits schrumpft das ›Haus‹ im japanischen Sinn zu einem verschließbaren Privatzimmer zusammen, andererseits dehnt sich in Europa der Familienkreis, wie wir ihn in Japan verstehen, auf die ganze Gemeinschaft – einer Stadt etwa – aus.«[539]

Watsuji hat das Haus als Urform des Zwischenseins ausgelegt und auf seine japanischen Besonderheiten befragt. In Europa meint Haus das Ensemble der vielen Zimmer: die Individuen, die dort wohnen, beziehen sich in erster Linie auf sich selbst und erst dann auf das Haus als Ganzes. In Japan besitzt das Haus im strengen Sinn keine Zimmer: in einem ganz konkreten Sinn sind die Subjekte hier präsent. Am japanischen Haus wird deutlich, daß die Subjekte den Kontext nicht überschreiten können, an den sie jeweils gebunden sind. Hier erfüllt das Haus seine Funktion als Zwischen.

Aidagara, aus den Zeichen für »zwischen« und für »Muster« zusammengesetzt, ist zunächst ein Ausdruck der Umgangssprache und bezeichnet dort Beziehungen zwischen Menschen, z.B. zwischen Vater und Sohn. Dieses alltägliche Verständnis klingt im philosophischen Gebrauch von *aidagara* mit. Watsuji versteht darunter die Formen, in denen gemeinschaftliche Beziehungen symbolisch artikuliert sind. Er zählt die klassischen fünf Orte aus dem Konfuzianismus auf: Vater und Sohn, Herrscher und Untertan, Mann und Frau, älterer und jüngerer Bruder, zwischen Freunden. Aber auch wirtschaftliche Organisationsformen, kulturelle Gemeinschaften und schließlich die Internationalität der Welt als Serie kultureller Klimata faßt er als Orte auf, die den Begriff des Zwischen erfüllen. Die Gesamtheit dieser Orte beschreibt die Möglichkeiten individueller Existenz: die Individuen existieren in den symbolischen Formen der Gemeinschaft. Was sie als Menschen ausmacht, liegt aber nicht jenseits, sondern in der Bindung an eine bestimmte Zahl gemeinschaftlicher Formen. Innerhalb solcher Orte konstituieren sich die Subjekte, als Intersubjekte, wie es bei Hamaguchi heißt. Entscheidend ist jedoch, daß es keinen Ort gibt, an dem die Subjekte sich in ihrer allgemeinen Bestimmung als Menschen repräsentieren und zugleich als Individuen leben können.

Das Zwischensein ist lokal bestimmt. »Nur in der Räumlichkeit des Subjekts ist etwa der Gegensatz von Ich und Du möglich und nur durch den Gegensatz von Ich und Du kann ›Du als Objekt‹ entstehen.«[540] Die Lokalisierung des Subjekts findet ihre Bestimmung wiederum im Klima, das Watsuji in der Ethik mit der Organisation des Hauses (*ie*) einführt. »Es wird gebaut, um Wind, Regen oder Kälte abzuwehren, es ist der Ort der Ruhe oder der Mahlzeiten.«[541]

Die Gliederung des Raums nach seinen subjektiven, klimatischen und gesellschaftlichen Modalitäten ist das Modell, an dem Watsuji seine anthropologische Ethik ausgerichtet hat. Dahinter bleibt die zeitliche Bestimmung des Zwischen zurück. Für das Programm einer sich selbst entwerfenden Subjektivität hat Watsuji keine Verwendung; der Vorrang des Raums ist immer auch gegen Heideggers *Sein und Zeit* gerichtet. Das Subjekt bleibt an die Lokalitäten gebunden, die seine konkrete Individualität ausmachen. Deswegen beschränkt sich seine zeitliche Dimension darauf, zwischen möglichen Lokalitäten zu wechseln: Es bleibt aber ein Übergang von einem Zwischensein zu einem anderen. So kann Watsuji die zeitlichen Bestimmungen umstandslos an die räumlichen anschließen. »Menschliche Existenz dehnt sich in ihrer Subjektivität aus. Nun muß aber diese Ausdehnung als subjektive Botschaft eine Struktur haben, die es erlaubt, die bestehenden Orte des Zwischen auf sich zu nehmen und in den aktuellen Handlungen mögliche Orte des Zwischen anzustreben. Das heißt, es handelt sich um nichts anderes, als daß die subjektive Ausdehnung zur zeitlichen Struktur geworden ist.«[542]

Watsujis Philosophie trifft auf eine Kultur, die wesentlich an den topischen Dimensionen des Denkens orientiert ist. Watsuji hat gesehen, daß »Bedeutung« in der Kultur Japans weniger an einem generellen Code, sondern eher an Kontexten ausgerichtet ist. Er hat die topische Ordnung durch Rückbindung an das Klima zu sichern versucht; auch der Begriff des Zwischen ist nur ein anderer Ausdruck für diesen Kontextualismus. Watsuji neigt dazu, den Kontextualismus der japanischen Kultur als partikulär auszulegen und gegen den Universalismus des Westens abzugrenzen. Unverkennbar ist auch, daß er in der Tradition des Kaisertums die Garantie für diesen Partikularismus gesehen hat. Daran vor allem hat sich die Kritik an seinem Denken entzündet.[543] Dennoch hat Watsuji die Philosophie des Zwischen nicht als Mythologie begründet, sondern als Theorie des Subjekts und sich dabei auf buddhistische Positionen berufen. »Daß die menschliche Existenz also ihrem Ursprung nach Bewegung der Negation ist, heißt nichts anderes, als daß der Ursprung der menschlichen Existenz die Negation selbst, d.h. die absolute Negativität ist. Das Individuum ebenso wie das Ganze sind in ihrer wahren Gestalt leer, und diese Leere ist die absolute Ganzheit.«[544]

Watsujis Philosophie ist wesentlich als Auslegung der Kultur Japans begründet. Seit den zwanziger Jahren hat er versucht, japanisches Denken an die europäische Tradition der Philosophie anzuschließen. Für sein Verfahren beruft er sich auch auf die Hermeneutik Diltheys. Hermeneutisch geht es Watsuji vor allem um den Nachweis, daß auch die japanische Tradition über ein philosophisches Vokabular verfügt, das eine Selbstinterpretation trägt. Die europäische Tradition dient ihm zur begrifflichen Klärung dieses Potentials, zugleich gewinnt er an den ostasiatischen Denktraditionen Maßstäbe für eine Kritik an der abendländischen Philosophie, weil sie den Menschen zu einseitig als Individuum, als Subjekt oder als Ich gedacht habe. Die europäischen Korrekturen an einer solchen Auslegung – von Kierkegaard bis Heidegger – scheinen ihm immer noch von einer Zentrierung auf das Individuum bestimmt zu sein. Watsujis Kritik an den philosophischen Modellen der Neuzeit und der Moderne ist eher blaß; vielmehr liegt die Bedeutung seiner Philosophie darin, eine nicht-europäische Kultur mit philosopischen Mitteln zu erschließen, ohne Kulturrelativismus zu betreiben. Die Theorie des Zwischen benennt eine kulturelle Form und eine philosophische Kultur, die ihre Prägnanz weniger in der Zeit als im Raum finden.

12.5 Kuki Shûzô (1888–1941)[545]

Wie sonst nur noch Watsuji hat Kuki seine Philosophie mit einer Hermeneutik der japanischen Kultur verbunden. Beide sind von Heidegger beeinflußt; wirksam geworden ist vor allem dessen Umgang mit der Sprache. Kukis Arbeit *Die Struktur von iki* ist eine Auslegung dieses japanischen Ausdrucks auf der Grundlage einer ontologischen Hermeneutik. In einem sehr allgemeinen Sinn bezeichnet *iki* eine ästhetisch ausgelegte Weltansicht, die sich seit dem 17. Jahrhundert in der Edo-Zeit formiert: *raffin* und *chic* hat Kuki zunächst als Orientierungspunkte für ein Verständnis angeboten.

Zu den Voraussetzungen, die eine Hermeneutik der japanischen Kultur ermöglichen sollen, zählt Kuki die Überwindung von Repräsentationsmodellen der Sprache. In der Einleitung zur *Iki*-Studie knüpft er an den Universalienstreit an, um für eine nominalistische Position zu plädieren. Aber das Argument, daß die Universalien erst nachträglich in unserem Bewußtsein gebildet werden, ist weniger erkenntnistheoretisch orientiert, es dient eher dazu, eine Art von Kulturrelativismus in Gang zu setzen. Vor allem geht es darum, zu demonstrieren, daß *iki* zu den Dingen einer japanischen Weltansicht gehört und im Kontext der Kultur Japans interpretiert werden muß. »Die Bedeutung eines einzelnen Worts oder die Sprache als Ganzes ist deswegen nichts anderes als der Selbstausdruck eines einzigen Volkes (*minzoku*) in seiner Vergangenheit und in seiner Gegenwart, die Selbstoffenbarung einer einzigartigen Kultur, die über ihre eigene Geschichte verfügt.«[546]

Die philosophischen Grundlagen für eine Interpretation, die sich an einer solchen Vorgabe orientiert, hat Kuki der modernen westlichen Philosophie entnommen. 1921 ging Kuki für acht Jahre nach Europa. Während seiner Studien in Deutschland und Frankreich hatte er Kontakt zu Rickert, Husserl, Heidegger, Bergson, Sartre. Es ist vor allem Husserls phänomenologische Parole »zu den Sachen selbst«, in der Kuki die Möglichkeit sah, das, was philosophisch nicht ausgewiesen war oder was jenseits der europäischen Kultur lag, zum Thema seiner Philosophie zu machen. Und es ist schließlich Heideggers Sprachontologie, in der Kuki Zugänge zu den symbolisch artikulierten ›Sachen‹ der japanischen Kultur fand. Daß sich ein Phänomen wie *iki* nur erschließen läßt, wenn wir es in seiner Existenz aufnehmen, bevor wir nach seiner Essenz fragen – Sartres Auslegung dieser traditionellen Begriffe hat Kuki für das Programm einer Hermeneutik in Anspruch genommen. »Das Vertständnis von *iki* als Erfahrung von Bedeutung kann nichts anderes sein als ein konkretes, aktuelles, einzigartiges Gewahrwerden von Sein. Wir müssen zuerst fragen, was die Existenz von *iki* ausmacht, bevor wir die Essenz von *iki* untersuchen. Kurz, das Studium von *iki* darf nicht formal sein. Es soll hermeneutisch sein.«[547]

Dieser Verpflichtung gemäß legt Kuki die *Iki*-Struktur wie eine Lichtung des Seins aus, in der die Spielräume der Subjektivität weiträumig gegliedert sind. In der Struktur von *iki* überkreuzen sich historische und soziale, affektive und kognitive Einstellungen. Kuki unterscheidet drei Momente: Koketterie (*bitai*), Stolz (*ikiji*) und Verzicht (*akirame*). Koketterie bezeichnet die eigentümliche Spannung, in der das Selbst sich um Anerkennung durch die anderen bemüht, ohne sich selbst aufzugeben. Das hat Kuki vor allem an der Beziehung zwischen Mann und Frau erläutert; Koketterie ist aber keine nur weibliche, sondern eine intersubjektive Haltung. Stolz meint dann eine bestimmte, kulturell geformte Art der Koketterie, die Kuki an der Samurai-Tradition des 18. und 19. Jahrhunderts festmacht. Verzicht ist Ausdruck der buddhistischen Einsicht in die Unaufhaltbarkeit des sich wandelnden und verschwindenden Lebens. In der Struktur von *iki* ist die Koketterie die affektiv-materielle Grundlage intersubjektiver Beziehungen; Stolz die an ethische Normen gebundene kulturelle Form der Koketterie; Verzicht meint den Bezug auf einen Sinn jenseits weltlicher Bindungen. Aus diesen drei Momenten hat Kuki schließlich das Panorama einer differenzierten Weltansicht rekonstruiert, die im 19. Jahrhundert situiert ist, zugleich aber das Selbstverständnis der japanischen Moderne und eine Interpretation der Vormoderne ermöglichen soll.

Kukis philosophische Arbeit hat auch im Westen an prominenter Stelle ein Echo ausgelöst – selten genug. Aus einem Gespräch über die Sprache nimmt Heidegger Kukis Auslegung von *iki* zum Anlaß, nach einem anderen Haus des Seins zu fragen. »Vor einiger Zeit nannte ich, unbeholfen genug, die Sprache das Haus des Seins. Wenn der

Mensch durch seine Sprache im Anspruch des Seins wohnt, dann wohnen wir Europäer vermutlich in einem ganz anderen Haus als der ostasiatische Mensch.«[548]

12.6 Mori Arimasa (1911–1976)[549]

In Moris Begriff von »Erfahrung« (*keiken*) sind die vielschichtigen Reflexionen gebündelt, die sich unaufhörlich um die Frage bewegen, was es heißt, als Japaner in einer fremden Kultur zu leben und durch die eigene Kultur bestimmt zu sein. Sie begleiten die nahezu dreißig Jahre seines Aufenthalts in Frankreich und stehen für die Intensität, mit der er sich dem Unterschied der Kulturen ausgesetzt hat. Moris Begriff von Erfahrung ist vom Stand seiner eigenen Erfahrung nicht zu trennen. Das gilt vor allem für die Beziehung von Sprache und Erfahrung. Die linguistischen Betrachtungen zum Vergleich von französischer und japanischer Sprache sind immer schon vom Interesse nach unterschiedlichen Mentalitäten geleitet, aber erst nach und nach erscheinen in den Sprachen »Weltansichten«. Wie Humboldt geht es auch Mori darum, die »Verschiedenheit der Köpfe« zum Thema der Philosophie zu machen. »Das Verfahren unseres Geistes, besonders in seinen geheimnisvolleren Wirkungen, kann nur durch tiefes Nachdenken und anhaltende Beobachtung seiner selbst begründet werden. Aber es ist selbst damit noch wenig geschehen, wenn man nicht zugleich auf die Verschiedenheit der Köpfe, auf die Mannigfaltigkeit Rücksicht nimmt, wie sich die Welt in verschiedenen Individuen spiegelt.«[550]

Für Humboldt kreuzen sich in der Sprache philosophische und philologisch-historische Momente. Mori hat diese Konstellation an der Erfahrung aufgenommen, aber nicht immer wird deutlich, um welche der beiden Seiten es ihm geht. Feststellen läßt sich zunächst an Moris Begriff von Erfahrung ein intuitiver nichtsprachlicher Bezug auf Gegenstände, der durch keine Setzung vermittelt ist. »Wir müssen uns von der Position befreien, das Selbst sei zuerst da und würde etwas anschauen. Es ist wohl eher so, daß die erfüllte Anschauung selbst der Ursprung ist, aus dem das Ich herausgefiltert kommt [...] Der Ausdruck Jungfräulichkeit der Anschauung hat für mich die Bedeutung eines direkten Bezugs auf Gegenstände, die nicht durch theoretische Ausdrücke, Sätze oder Vorstellungen vermittelt ist. Das Erkennen dieses gegenständlichen Bezugs selbst nenne ich Erfahrung, dabei ist die sinnliche Anschauung nicht ein Teil der Erfahrung.«[551]

Hier ist Erfahrung als Apriori bestimmt, das jeder möglichen Beziehung auf Gegenstände vorausliegt. Ausdrücklich hat Mori sein Modell von Erfahrung gegen die neuzeitliche Subjektphilosophie gerichtet und am Unterschied zur Selbstbegründung des Denkens bei Descartes eingeführt. Konstitutiv ist der direkte Bezug auf mögliche Gegenstände sinnlicher Anschauung: auf die Dinge. Unter diesem Aspekt kann Mori seine Theorie der Erfahrung an Nishidas Begriff einer reinen Erfahrung anschließen.

Gegen Ende seines Lebens hat Mori seine Meditationen zum Verhältnis von Erfahrung und Sprache unter dem Stichwort »binäre Kombination« (*nikôhôshiki*) zusammengefaßt. In *Erfahrung und Denken* (*Keiken to shisô*) orientiert er sich an einem Modell von Intersubjektivität, das zugleich interkulturell angelegt ist. Im Kontext japanischer Erfahrung sind die Subjekte nicht vorrangig durch den Bezug auf sich selbst bestimmt, sondern durch den Bezug auf den anderen. Subjektivität ist hier als reziprokes Verhältnis verstanden; was die Subjekte jeweils sind, bestimmt sich wechselseitig im Verhältnis zueinander: eine Subjektivität der »zweiten Personen«. Ihre Identität beziehen die Subjekte aus dem gemeinsamen Kontext, indem sie sich als anderen des anderen setzen. »Auf den wesentlichen Punkt beschränkt, kann man sagen, für ›Japaner‹ ist das, was dem ›Du‹ gegenübersteht, kein ›Ich‹; es ist wiederum ein ›Du‹ für den Partner, was ihm da gegenübersteht [...] Im Kern haben wir es mit einer Beziehung zwischen ›Du‹ und ›Du‹ zu tun. Wenn ›Ich‹ sich äußert, dann tut es das nach dem Grundsatz, daß ›Ich‹ ein ›Du‹ für das ›Du‹ ist. Wenn sich die Sprecher im Japanischen äußern, indem sie auf die Bedingungen eingehen, unter denen der Partner steht, dann heißt das über die schlicht psychische Tatsache hinaus, daß die menschlichen Beziehungen selbst, die Sprachorganisation selbst über eine solche Struktur verfügen.«[552]

Der binären Kombination hat Mori zwei Eigenschaften zugeordnet: Sie beruht auf affektiver Bindung oder Direktheit, und sie ist vertikal gegliedert. Vor allem an der japanischen Sprache sind die Merkmale binärer Kombinationen abzulesen, wiederum im Kontrast zu europäischen Sprachen. Allerdings dient (vor allem) das Französische nicht nur dazu, Unterschiede zu markieren, es gibt zugleich die Kriterien vor, nach denen die Sprachansicht des Japanischen beschrieben und als Weltansicht ausgelegt werden kann. Wie Humboldt nimmt auch Mori die Flexion zum Maß für den Entwicklungsgrad von Sprachen. Deswegen erscheint ihm das Französische als die sprachlichere Sprache, während das Japanische wesentlich von Regeln bestimmt wird, die nicht sprachimmanent sind. Humboldt hatte von den flektierenden Sprachen solche mit »weniger vollkommenen Sprachbau« (die polysynthetischen) unterschieden und am Beispiel einiger amerikanischer Sprachen erläutert. Mori würde nicht zögern, auch die japanische Sprache dazuzurechnen, weil er sie im Kern für keine grammatisch geregelte Sprache hält: Sie verfügt nicht hinreichend über Prinzipien, die es erlauben würden, daß die Sprecher sich auf ihre sprachliche Kompetenz beziehen könnten. Statt dessen ist das Japanische von den Grundsätzen der binären Kombination geleitet: affektive Bindung und vertikale Gliederung gelten in Japan gleichermaßen intersubjektiv und semiotisch: als Sprach- und als Weltansicht.

Nach dem Befund Moris mangelt es der japanischen Sprache an Sprachlichkeit. Ihre Elemente sind linear in der Einheit von Sätzen nur schwach organisiert; dagegen sind sie an außersprachliche Instanzen gebunden. Das Japanische ist weniger bildendes Organ des Denkens als die europäischen Sprachen, an denen Humboldt seine Sprachphilosophie entwickelt hatte. Mori streitet den Sprechern des Japanischen ab, Fragen nach der Wahrheit, der logischen Urteilsfunktion oder nach der Sprache selbst stellen zu können. Am Verhältnis von Sprache und Erfahrung zeigt sich, daß Mori »japanische Erfahrung« am Ideal europäischer Sprachen mißt. Solchen Ansprüchen gegenüber erscheinen nicht nur an der Sprache, sondern auch an der Erfahrung vor allem die Defizite.

Nicht nur die binäre Kombination, sondern auch die Differenzen im Begriff von Erfahrung hat Mori über eine Sprachanalyse erschlossen. Im Japanischen bemerkt er die Tendenz zum Nebeneinander sprachlicher Elemente, die nicht zu neuen Einheiten verschmelzen und sich deswegen in ihrer ursprünglichen Form erhalten. Syntaktische Funktionen werden durch Markierungen (Postpositionen oder Suffixe) angezeigt; die sprachlichen Äußerungen haben ihren Schwerpunkt in den einzelnen Wörtern und nicht im Satz. »Japanisch scheint eine ›Sprache‹ zu sein, in der das ›Wort‹ und vor allem das Nomen im Zentrum steht. Von dieser Eigenschaft der Sprache wird es wohl auch herrühren, daß Äußerungen wie Haikus oft mit einem Nomen enden. In den europäischen Sprachen dagegen – nehmen wir z. B. das Französische – wird das Subjekt der ›Sprache‹ deutlich in einem abgeschlossenen Satz beglaubigt. Das ist von außerordentlicher Wichtigkeit. Die Sprache ist das wesentliche Moment an der Erfahrung, habe ich vorhin gesagt; und das könnte bedeuten, daß Sprache und Erfahrung simultan oder identisch sind. Die Möglichkeit von Erfahrung wird jedenfalls durch den ›gegenständlichen Bezug‹ eröffnet. Ich habe deutlich den Eindruck, daß der Anstoß, der aus diesem ›Bezug‹ hervorgeht, im Japanischen durch das einzelne ›Wort‹ bestimmt ist, in den europäischen Sprachen dagegen durch den Satz.«[553]

Mori geht es ebensowenig wie Humboldt nur um eine Typologie der Sprachen. In der Tendenz der japanischen Sprache, die Zeichen nebeneinander zu stellen und die syntaktische Organisation nicht festzulegen, sieht Mori eine Weltansicht, eine Erfahrung manifestiert. Entscheidend an der japanischen Sprache ist, daß die sprachlichen Faktoren sich im Medium der Sprache nicht entfalten, sondern begrenzt werden und an nichtsprachliche Instanzen gebunden sind. Die Wörter beziehen ihre Bedeutung nicht aus der sprachlichen Kompetenz der Subjekte, sondern stehen – wie es bei Mori heißt – unter einem »Bann« (*kowaku*).[554] »Wenn wir annehmen, das einzelne ›Wort‹ bilde das wesentliche Element von Erfahrung, dann heißt das in gewissem Sinn, daß der ›gegenständliche Bezug‹ unvermittelt bleibt. Er ist deswegen von sinnlicher Anschauung, von Begehren, von Abneigung und in dieser Hinsicht vom ›Bann‹ bestimmt. In den europäischen Sprachen dagegen – das heißt in einem ›gegenständlichen Bezug‹, der den Satz zur Form nimmt – ist diese Berührung vermittelt und in dieser Hinsicht vom ›Urteil‹ bestimmt [...] Diese Beziehung, in der die einen die anderen mit Bann belegen, ist hierarchisch gegliedert. Zudem besteht die hauptsächliche Quelle für den ›Bann‹ in den Klassenbeziehungen der Gemeinschaft.«[555]

Moris Analyse der japanischen Sprache hat ein paradoxes Resultat: Die Erfahrung, die sich im Japanischen artikuliert, tendiert zur Aufhebung der grammatischen Form, setzt damit den diskursiven Kern von Sprache außer Kraft und schwächt ihren Systemcharakter als Code. Ihrer kulturellen Bedeutung nach fehlt es der Sprache an Sprachlichkeit, weil sie ihr Potential auf dem Niveau von Sätzen nicht ausspielen kann. Es ist offenkundig, daß Mori sich an den Bildungssprachen Europas orientiert und dort die Vermittlung von grammatischer Gliederung und logischer Ordnung in der Sprache verwirklicht sieht. Moris Analyse der Topik in der Kultur Japans ist kritisch gemeint; er will japanische Erfahrung zur Disposition stellen und wird doch ständig darauf verwiesen.

Was Mori hier beschreibt, können wir uns als eine topische Sprache verständlich machen, die vor allem durch den Bezug auf den *sensus communis* der Orte geregelt ist. Die Reduktion von Sprache auf ein Ensemble von »Wörtern«, in denen sich der gemeinsame Sinn ausdrückt, hebt die Codebindung weitgehend auf. Hier verliert die Sprache ihre Form als »overall-code« (Jakobson) und erscheint in den lokalisierten Sprachen, für die jeweils besondere Kompetenzen gelten. Deswegen können die Zeichen aus dem Kontinuum der Sprache herausgenommen, von außen zugänglich und für Kontexte geöffnet werden. So geraten sie unter den »Bann« von Bedeutungen, die sprachlich nicht zugänglich sind. In diesen Diskurs-Lücken kann sich jetzt das Subjekt artikulieren, indem es die Zeichen auf sich bezieht.

Es ist offenkundig, daß sich die Subjekte in Moris Modell binärer Kombination nicht als Individuen verstehen lassen. Sie sind »teilbar«, weil sie ihre Identität aus der Relation mit einem anderen Subjekt gewinnen: Ihr Selbstverständnis ist topisch ausgelegt. Ein solches Rollenverständnis hat der Sozialpsychologe Hamaguchi »Intersubjekt« (*kanjin*) genannt und sich dabei auch auf Moris Analyse binärer Kombination berufen. Hamaguchi unterscheidet das Intersubjekt (*kanjin*), das er den ostasiatischen Gesellschaften zurechnet, vom Individuum (*kojin*), das charakteristisch ist für westliche Gesellschaften.

»Das mit dem ›Individuum‹ kontrastierende ›Intersubjekt‹ bezeichnet eine menschliche Seinsweise, in der man sich bewußt wird, daß innerhalb der zwischenmenschlichen Zusammenhänge die Beziehungen an sich das Selbst sind und nicht Verknüpfungen oder Verlängerungen eines unabhängigen ›Ego‹ [...] Dem Hinweis Kimura Bins zufolge ist das Selbstbewußtsein der Japaner, das sie mit dem Wort ›Ich‹ bezeichnen, kein Abstraktum, das sich wie beim ›Ego‹ im eigenen Inneren befindet, sondern es bezeichnet ›vielmehr die Realität, die außerhalb des Selbst, konkret gesprochen, zwischen dem Selbst und dem anderen, jeweils in Erscheinung tritt und jeweils von dorther als ›Anteil‹ erworben wird‹.«[556]

Die Subjekte sind auf die Ergänzung durch den anderen angewiesen. Aber diese Unvollständigkeit ist kein Mangel, sondern vielmehr Kennzeichen der topischen Ausrichtung auch der gemeinschaftlichen Formen. Deutlich wird das an

Hamaguchis Illustration der beiden Subjekt-Modelle. Die Beziehung zwischen Individuen läßt sich als Verbindung zwischen zwei Punkten A und B auf einer Linie darstellen. Zwar beziehen sich A und B auf die besonderen Bedingungen ihrer Beziehung; entscheidend ist aber, daß sie sich gegenseitig als das wahrnehmen, was sie unabhängig von einem Kontext jeweils sind. Die Summe dieser Eigenschaften macht ihre Individualität aus, die sie für einander symbolisieren. Dagegen besteht zwischen Intersubjekten keine direkte Verbindung; sie finden sich auf zwei Linien angeordnet, die sich kreuzen und deswegen nur eine indirekte Verbindung von A und B zulassen. Die Beziehung, die sie eingehen, ist nicht linear, sondern räumlich. Sie umfaßt den Raum zwischen den beiden Linien und bildet mit dem Scheitelpunkt C ein Dreieck, in dem A und B jetzt lokalisiert sind. Diese »Logik des nicht ausgeschlossenen Dritten« (Berque) hat Hamaguchi in seinem Modell von Subjektivität Kontextualismus genannt: »Beim ›Intersubjekt‹ gibt es keine Trennung zwischen dem eigenen Subjekt und seinem mitmenschlichen Umfeld, denn es könnte auch als ›Mensch im Umfeld‹ bezeichnet werden.«[557] Im Kern meint Kontextualismus hier, daß die Orte, an die das Subjekt gebunden ist, nicht überschritten werden können. Und es entspricht der Kontextgebundenheit der Subjekte, daß in der Kultur Japans keine außerweltliche Transzendenz ausgebildet worden ist. Die Subjekte können sich in ihrer Bestimmung nicht überschreiten, ›zwischen‹ den Menschen zu sein.

Schlußbemerkungen.
Zur Aktualität topischer Philosophie – Nakamura Yûjirô

Vor allem Nakamura Yûjirô (geb. 1925) hat Voraussetzungen und Materialien zur topischen Philosophie bereitgestellt. Nakamura gehört zu den vielen Intellektuellen in Japan, die von Mori gelernt, und zu den wenigen, die Konsequenzen aus Moris Werk gezogen haben. Wie Miki und Mori beginnt Nakamura seine philosophische Arbeit mit

Pascal; 1965 erscheint *Pascal und seine Zeit* (*Pasukaru to sono jidai*). Auch Nakamura ist vor allem an der Diversität von Vernunft interessiert. Gegen die Dominanz der diskursiven Logik setzt er die Bindungen der Vernunft an die Sinnlichkeit, den Körper und die Sprache. Im Rückbezug auf diese Instanzen sieht er Möglichkeiten für die Rehabilitierung einer praktischen Vernunft. Wie Mori ist auch Nakamura Yûjirô sehr französisch von der Philosophie Descartes' beeindruckt und zugleich von der Notwendigkeit einer Kritik am neuzeitlichen Rationalismus überzeugt. 1975 erscheint eine Arbeit zur Neubewertung von Sinnlichkeit (*Kansei no kakusei*, *Das Erwachen der Sinnlichkeit*), die deutlich macht, daß es Nakamura weniger um eine ästhetisch motivierte Kritik am Logozentrismus geht, sondern um die konkreten Formen des Wissens, die Pascal *esprit de finesse* genannt und vom *esprit de géometrie* unterschieden hat. In den *Pensées* ist der Begriff des *esprit des finesse* im Blick auf Aristoteles' Konzept praktischer Vernunft (*phronesis*) formuliert und als Wahrnehmung von konkret Einzelnem ausgelegt; explizieren läßt er sich aber im Rückgriff auf die rhetorische Tradition, weil zugleich immer die Wahrnehmung des sittlich Angemessenen gemeint ist. Diesen Zusammenhang hat Nakamura Yûjirô 1979 in einer materialreichen Arbeit zur rhetorisch-topischen Tradition von Aristoteles bis Gadamer dargelegt. *Vom gemeinschaftlichen Sinn* (*Kyôtsûkankaku ron*) ist ein Plädoyer zur Neubewertung der Rhetorik: Die Formen des *sensus communis* gehen aus der Teilhabe an gemeinschaftlichen Orten hervor und bilden ein Gegengewicht zu den Formen des Wissens aus abstrakten Prinzipien. Nakamura geht es wie Vico darum, den rationalistischen Ausschluß dieses konkreten Wissens aus der Vernunft rückgängig zu machen. Seine Kritik am Logozentrismus ist vor allem vom Begriff des *sensus communis* getragen, den er im Kontext aktueller französischer Philosophie immer wieder expliziert und an Positionen zur Vernunftkritik angeschlossen hat. Über die Topoi der japanischen Tradition hat Nakamura sich in mehreren Arbeiten philosophisch Rechenschaft abgelegt: 1967 in *Kindai Nihon ni okeru seido to shisô* (*Institution und Denken im modernen Japan*); ebenfalls 1967 in *Nihon no shisôkai* (*Die Gedankenwelt Japans*). Die Gedankenwelt Japans sieht Nakamura entscheidend durch den Vorrang konkreten Wissens geprägt, plausibel wird das vor allem an der japanischen Sprache.[558]

Nakamura Yûjirô hat sich dabei auf die Sprachtheorie Tokiedas bezogen. In seinen historischen Studien ist Tokieda der Tendenz in der Kultur Japans nachgegangen, zwischen den Wörtern und den Dingen eine Einheit zu suchen. In der Literatur läßt sich diese Beziehung bis zur Jahrtausendwende (Heian-Zeit) nachweisen. Tokieda sieht darin ein Merkmal japanischer Kultur, das wirksam geblieben ist, auch nachdem die Wörter und die Dinge ihre alte Verbundenheit verloren haben. Und er hat den Sinn dieser kulturell bestimmten Indifferenz von Wort und Ding in der modernen japanischen Sprache im Anschluß an Nishida durch eine »Theorie des Orts« zu sichern versucht. Tokieda unterscheidet zwischen objektiven (*shi*) und subjektiven Ausdrücken (*ji*). Unter *ji* versteht er grammatische Mittel wie Partikel, Hilfsverben oder Suffixe, in denen sich die Einstellungen, Absichten oder Affekte der Gesprächspartner direkt ausdrücken und ihren Ort markieren. Mit *shi* sind Lexeme und die grammatische Struktur gemeint. Im Japanischen werden die grammatischen Zeichen (oder Markierungen) den lexikalischen nach dem Prinzip der Agglutination nachgestellt, so daß der Satz aus einer Reihe von Einschachtelungen besteht, die jeweils nachträglich durch subjektive Ausdrücke geprägt sind. Nakamura hat die Sprachansicht Tokiedas auf das Japanische folgendermaßen charakterisiert:

»1. Im Japanischen können alle Teile in einem Satz beliebig oft von nachfolgenden Markierungen (*ji*), d.h. von subjektiven Ausdrücken eingebunden werden; das führt dazu, daß Sätze, die mit mehr oder weniger Subjektivität (*shutaisei*) angereichert sind, daß affektiv bestimmte Sätze der Normalfall sind. 2. Im Japanischen ist der Satz durch diese Markierungen mit dem sprechenden Subjekt verbunden und demgemäß mit der Situation, in die dieses Subjekt gestellt ist, mit seinem Ort (*bamen*). So sind die Verbindlichkeiten groß, die von diesem Ort ausgehen. 3. Der japanische Satz schließt die Subjekt-Objekt-Verschmelzung von lexikalischen Elementen und Markierungen in ihrer Überlagerung ein, und das begünstigt es, die Sprache in der Erfahrung anzureichern. Ungünstig ist es dagegen, eine Welt objektiver, begrifflicher Ideen zu begründen. 4. Im japanischen Satz wird durch diese Struktur, die durch die Verbindung von lexikalischen Elementen und Markierungen entsteht, das wahre Subjekt in seiner Funktion ausschließlich innerhalb der Markierungen registriert – selbst wenn dem Anschein nach die lexikalischen Elemente (als begrifflich gefaßtes Subjekt) d.h. als Nomen oder als Pronomen zum Satz-Subjekt werden. Deswegen ist die Rolle eines formalen Satz-Subjekts nach Maßgabe einer Grammatik nicht von besonderer Wichtigkeit.«[559]

Hier ist die Sprache ein Schauplatz für die Dinge, die es dem Subjekt erlauben, sich zu artikulieren. Die Dinge oder das Subjekt sind nicht nach den syntaktischen oder logischen Regeln des Diskurses organisiert; auch in der Sprache erscheinen sie nur nebeneinander. Ihre Identität geht nicht aus der Konstanz einer Bedeutung hervor, sondern aus der Möglichkeit, einem Ort zugewiesen zu werden. Deswegen sind nicht nur Wort und Ding miteinander verschränkt, in diese Korrelation einbezogen ist das Subjekt. Wort, Ding und Subjekt verweisen aufeinander und bilden gemeinsam, das, was wir mit Tokieda einen Ort (*bamen*) nennen können – einen Sprachort. In diese Abschattungen und Verschränkungen ist das Subjekt eingebunden. Es setzt die Sprache nicht als Medium ein, um sich selbst darzustellen, und umgekehrt ist die Sprache ihrer Grundregel nach auf die außersprachlichen Instanzen der Subjekte bezogen.

In der Analyse der japanischen Sprache gewinnt eine Weltansicht Konturen, die sich gegen ihre Repräsentation durch Sprache sperrt. Diese paradoxe Konstellation ist in den Diskursen über Japan unzählige Male variiert worden: Japan als Reich der Zeichen, das sich vom Sinn befreit hat oder als Kultur des Schweigens. Es ist diese Sprachansicht, die in der philosophischen Kultur Japans ein topisches Denken trägt: reich an Sinn und äußerst beredt.

Anmerkungen

1 Hegel: 138.
2 Hegel: 141.
3 Schopenhauer: 508.
4 Gadamer: 342.
5 Vgl. Gadamer: 343.
6 Gadamer: 423.
7 Für Fragen nach Transkription und Aussprache, aber auch als begleitende Lektüre bietet sich das *Lexikon der östlichen Weisheitslehren* an.
8 »Japanese thought consistently referred the question of signification back to China, with the result that a dynamic and dialectical concept of meaning developed as something composed of the interplay of two terms, the Japanese term emerging into meaning only as its content took form against the background of China [...] as the appearance of native ›pattern‹ (*mon*) against the alien ›ground‹ (*ji*) of China.« Pollack: 185.
9 Nakamura hat das pointiert dargestellt: »In the first place, we should notice that the Japanese are willing to accept the phenomenal world as Absolute because of their disposition to lay greater emphasis upon intuitive sensible concrete events, rather than upon universals. This way of thinking with emphasis upon the fluid, arresting character of observed events regards the phenomenal world itself Absolute and rejects the recognition of anything existing over and above the phenomenal world. What is widely known among post-Meiji philosophers in the last century as the ›theory that the phenomenal is actually the real‹ has a deep root in Japanese traditon.« Nakamura: 350.
10 Vgl. Moritz: 241.
11 Moritz: 248.
12 Vgl. Berque in Rosenberger: 103.
13 Lyotard: 14 f.
14 Zu den philosophischen Voraussetzungen vgl. die prägnante Darstellung bei Grassi. In: Kopperschmidt 1991: 107–126.
15 Gadamer macht deutlich, daß Vico seine Topik wesentlich durch den Anschluß an den altrömischen Begriff des *sensus communis* begründet. Zugleich rechnet Gadamer den *sensus communis* zu den humanistischen Leitbegriffen, an denen die Hermeneutik orientiert ist, dort erscheint er als »tragendes Einverständnis«. Vgl. Gadamer: 16 ff.
16 Blumenberg 1981: 124.
17 Vico: 27.
18 Grassi: 109.
19 Vgl. Gadamer: 16 ff.

20 Gadamer: 18.
21 Kopperschmidt hat dafür die Formel »Prius der Topik und Primat der Kritik« gefunden. Sie macht deutlich, daß es Vico nicht um den Ausschluß, sondern um die Erweiterung kritisch-rationaler Verfahren geht.
22 Vico: 29.
23 Zit. nach Grassi: 122.
24 Grassi: 125.
25 »Motoori may never have known about his great eighteenth-century Italian contemporary Giambattista Vico, but he would have agreed with him that the source of all that was truly human and enduring (what Vico called ›poetic wisdom‹) lay in the mythopoetic expression of primitive consciousness. It is not surprising that nativists concentrated on early poetry, language and myth (history) in the same way that Vico identified mythopoetic apprehensions of the world with the age of the gods.« Harootunian 1978: 81.
26 Moritz: 247. Auch Moritz legt die »intrinsische Logik« als Topik aus. »Mensch und Welt werden zu *einer* Topik, das Weltganze wird auf das Subjekt Mensch bezogen erfaßt, Gesellschaft in die Natur hinein geweitet.« (: 246) An anderer Stelle spricht er von »Feld«. »Die Wirklichkeit wurde zum ›Feld‹, in welchem die Dinge als Focus erscheinen.« (: 248).
27 Grassi: 125.
28 Moritz z. B. hat diesen Ausdruck bei Juttka-Reise aufgenommen und als Merkmal chinesischer Philosophie ausgelegt. »Wie im Weltbild das Einzelding, so hatte in der Gesellschaft das Individuum Verweisungscharakter, es verwies mit seinem Handeln auf die Ordnung von Familie und Staat. Diese Ordnung wurde zu seinem Wesen, so daß das Individuum eigentlich ein Dividuum war.« Moritz: 249.
29 Berque 1987: 25 f.
30 Enz. I., § 151.
31 Eine Einführung in das aristotelische Vokabular der Topik bietet Kemper. In: Breuer/Schanze 1981: 17–32.
32 Cicero: 6/7.
33 Cicero: 6/7. Aristoteles hätte Topoi wohl nicht als »sedes et quasi domicilia omnium argumentorum« definiert, wie Cicero es getan hat, sondern hätte sie eher charakterisiert als »Elemente« oder »Ausgangspunkte« (*arche*) einer rhetorischen Argumentation, die er »enthymem« nennt.
34 Lausberg: 146.
35 Vgl. Lausberg: 740 ff.
36 Schmidt-Biggemann: 21.
37 Barthes: 67. Cicero hatte den Diskurs über Topoi um das Bild der Jagd bereichert; seither jagen wir nach Argumenten. Renaissance-Autoren, die über das Thema der Topik schreiben, benutzen gerne die Metapher einer Jagdszene und sprechen von Topoi als von Orten, an denen Tiere

wohnen, die durch die äußeren Markierungen und Merkmale dieser »Örter« identifizert werden können. Vgl. Lechner: 67f.

38 Barthes: 68.

39 Bornscheuer: 103.

40 Bornscheuer: 53.

41 Schmidt-Biggemann: 58.

42 Sakai: 33. An diesem extremen Punkt stellt sich heraus, daß das topische Denken konstruktivistisch verfährt. Es macht sich die Welt, die es verstehen will, und diese Welt ist die einzige, die *es* – im ganzen Doppelsinn des Wortes – zu verstehen *gibt*. In diesem Sinne kann Topik, mit einem Ausdruck der neueren Theoriediskussion, durchaus als autopoietische Gedankenarchitektur bezeichnet werden.

43 Bornscheuer: 104f. Vgl. zum folgenden: 91ff.

44 Lechner: 22f.

45 Bornscheuer: 104.

46 Barthes: 69.

47 Schmidt-Biggemann: 71.

48 Han Fei-tzu (ca. 280–233 n. Chr.) vertrat im Gegensatz zu Konfuzius die Auffassung, der Mensch sei von Natur aus böse, Sittlichkeit sei nur durch ein dichtes Netz von Gesetzen möglich. Das ist die Grundidee des Legalismus.

49 Das Argument, der Konfuzianismus habe die japanische Gesellschaft entscheidend geprägt, muß in diesem Kontext zu der Aussage modifiziert werden, daß der Konfuzianismus angestammte Dispositionen der Japaner nur konturiert, verstärkt und gefestigt hat. Die philosophischen Traditionen des Konfuzianismus sind auffallend topisch, in ihrer Weltsicht und in ihren Methoden, in Inhalt und Form.

50 *Lun-yü* VII, 1.

51 Ch'ian Chungshu, zit. nach Roetz: 163, Fußnote 16.

52 Chen: 62.

53 Schmidt-Biggemann: 106.

54 Und dies mit der ganzen Zweischneidigkeit des »Analogie-Räsonierens«, dem Knorr-Cetina, indem sie es als ein zutief topisch-rhetorisches Verfahren beschreibt, »Opportunismus und Konservativität« attestiert: »Analogieübertragungen liefern einen festen Boden für [...] kontrolliertes Risiko, da sie Lösungsmöglichkeiten mobilisieren, die sich in einem anderen Kontext bereits bewährt haben. Analogieausgelöste Innovationen sind somit konservativ, und zwar in zweierlei Hinsicht: Erstens beginnt man mit einer nichtrealisierten Lösung anstatt mit einem offenen Problem; und zweitens überläßt man sich derjenigen ›Idee‹, die größte Aussicht auf Erfolg hat, anstatt sich Risiken und Unsicherheiten auszusetzen. Anders gesagt, das Interesse einer ›innovativen Idee‹ besteht nicht darin, daß sie neu ist, sondern daß sie alt ist – sie mobilisiert vorhandenes, womöglich etabliertes Wissen. Analogieübertragungen lassen frühere Selektionen zirkulieren, und diese werden dadurch ebenso reproduziert wie transformiert. Daher sind analogieerzeugte ›Entdeckungen‹ – sofern es sich dabei

um eine Expansion früherer Selektionen in neue Territorien handelt – gleichzeitig Teil des Prozesses der ›Konsensbildung‹ und Erhärtung von Wissen.« Knorr-Cetina: 112.

55 Maruyama Masao: *Denken in Japan*. Herausgegeben und übersetzt von Wolfgang Schamoni und Wolfgang Seifert. Frankfurt a. M. 1988.

56 Zum Kontextualismus in der sozialwissenschaftlichen Diskussion vgl. Hamaguchi Eshun: *Ein Modell zur Selbstinterpretation der Japaner – ›Intersubjekt‹ und ›Zwischensein‹*. In: J. Heise (Hg.): *Die kühle Seele – Selbstinterpretationen der japanischen Kultur.* Frankfurt a. M. 1990.

57 Gadamer: 18.

58 Paul: 9.

59 Vgl. Paul: 22.

60 Paul: 23.

61 Die Bedeutung des Paradoxes auch für die europäische Tradition wird zumeist unterschlagen. Daß das Paradox nicht nur als eine Idiosynkrasie der Mystiker bewertet werden darf, zeigt z. B. die für Martin Luther so zentrale Formulierung: »Ein Christenmensch ist ein freier Herr über alle Ding und niemand untertan. Ein Christenmensch ist ein dienstbarer Knecht aller Ding und jedermann untertan.« Soeffner verdeutlicht die diskursive Funktion des Paradoxes – Auflösung eines Widerspruchs durch Temporalisierung – auch und gerade innerhalb eines Diskurses, der den Widerspruch auszumerzen oder auszuschließen versucht: Paradoxe »veranschaulichen bildhaft eine (neben anderen) grundlegende Form des Umgangs mit Widersprüchlichkeit und Gegensätzlichkeit: Sie repräsentieren gleichzeitig einen punktuellen Widerspruch und den Prozeß seiner Harmonisierung. Sie markieren einen bedeutsamen Schritt innerhalb eines Problemüberwindungsprozesses, an dessen Anfang die Erfahrung von Unsicherheit, gefolgt von reflexiv festgestellter Widersprüchlichkeit und Zweifel stehen, die dann aber von uns in angestrengter Arbeit der Vorstellungskraft zu einem spielerisch aufgehobenen Gleichgewicht der Gegensätze, zu einer ästhetischen Balance der Widersprüche geglättet werden« (Soeffner 1992: 132). Bei Niklas Luhmann heißt es, die Bedingungen der Möglichkeit von Erkenntnis überhaupt ins Auge nehmend und mit explizitem Bezug auf den Zen-Buddhismus: »Offenbar symbolisiert (aber darf man ›symbolisiert‹ sagen?) die Paradoxie die Welt. Sie stoppt den Beobachter, bevor er es unternimmt, etwas über die Welt auszusagen, was nur dazu führen könnte, daß die Welt sich der Aussage entzieht. […] Aber auch Bezeichnungen wie ›Welt‹ oder ›Paradoxie‹ sind nur (aber müssen wir sagen: ›nur‹? und was vermissen wir, wenn wir sagen ›nur‹?) Komponenten einer Unterscheidung. Mithin scheint die Abhängigkeit des Bezeichnens vom Unterscheiden dasjenige Problem zu sein, das die europäische Entwicklung in Richtung auf eine Beobachtung zweiter Ordnung gelenkt hat. Wenn so formuliert wird, tritt zutage, daß die fernöstliche Mystik (wenn dies europäische Wort überhaupt paßt) anders reagiert, nämlich mit einer direkten Rejektion des Unterscheidens, in besonders drastischer Form

mit der kommunikativen Praxis des Koan im Zen-Buddhismus«. Luhmann 1992: 89.

62 Den Topos der »paradoxen Identität« hat Freud dargestellt, als er die radikale innere Gegensinnigkeit und Ambivalenz der Topik des Unbewußten zu formulieren versuchte: »In der Traumarbeit fällt der Darstellung durchs Gegenteil eine noch weit größere Rolle zu als beim Witz. Der Traum liebt es nicht nur, zwei Gegensätze durch ein und dasselbe Mischgebilde darzustellen; er verwandelt auch so häufig ein Ding aus den Traumgedanken in sein Gegenteil, daß hieraus der Deutungsarbeit eine große Schwierigkeit erwächst.« Freud 1970: 163 f.

63 Eine axiomatischen Aussage wie »Himmel und Mensch sind ursprünglich nicht zwei« (Ch'eng Hao) erweist sich als ein Kombinat aus der topischen Homologie Himmel-Mensch, dem Topos des Ursprungs und dem Topos der Nicht-Dualität. Zu den einzelnen Topoi vgl. weiter oben.

64 Der Taoismus ist von Lao-tzu (6. Jahrhundert v. Chr.) und Chuang-tzu (ca. 369–286) begründet worden. Er keist um den Begriff des *dao* (Weg), der als allumfassendes Prinzip gilt, sich aber nicht ohne meditative Praxis erschließt.

65 Vgl. Forke: 50.

66 Vgl. Forke: 54.

67 Lackner: 141. Lackner (: 149) zitiert einen Satz des Chu Hsi, der das Werk Chou Tun-is ediert hat (aus dem *Chu-tzu ch'üan-shu*), der sämtliche Schriften des Chou Tun-i zu Interpretationen des *T'ai chi t'u* erklärt: »Wie hätte man das von Meister Chou hinterlassene *T'ai-chi t'u* im Unterricht verständlich machen können, wenn wir sein *T'ung-shu* nicht besäßen? nur weil weil es zum *T'ai-chi t'u* ein *T'ung-shu* gibt, ist ersteres klar geworden.«

68 *Santokushô*, NST 28: 161. Übersetzung von Brüll: 69 f. und 72.

69 Es überrascht nicht, daß die Begriffe *soku* und *funi* im Tendai-Buddhismus, der ein umfassendes, ungehindertes, gegenseitiges Durchdringen, Durchwirken aller kosmischen Elemente behauptet, eine zentrale Rolle spielen. Der Tendai unterscheidet drei Arten von *soku*: 1) *nimotsusôgôsoku* 2) *haimensôhansoku* 3) *tôtaizenzesoku*.

70 Vgl. Ricoeur: 240 f. und 290.

71 Vgl. Laube: 213 f.

72 Ein Bruch, der von größter philosophischer und kultureller Bedeutung war. David Pollack glaubt, was für das japanische Mittelalter die buddhistische metaphysische Polarität Leere (= Himmel, *kû*) / Erscheinung (= Farbe, *shiki*) war, im Diskurs der Edo-Zeit als die Polarität von Leere (= Fiktion, *kyo*) / Fülle (= Wahrheit, *jitsu*) wieder auftauche. Während die mittelalterlichen Künstler, Dichter und Denker – zumeist Mönche – dazu tendierten, die Leere statt der Farbe zu betonen und in ihren Gedichten und Tuschezeichnungen die bunte Welt der Illusionen auf eine monochrome Vision der Realität reduzierten, haben die Schriftsteller und Künstler der Edo-Zeit geradezu instinktiv auf die Farbe gesetzt »and most often reinterpreted the word in

its most common Edo meaning of a hedonistic preoccupation with ›sex‹ (*iro*). To this inner native element of content, to which they ascribed the realistic status of human emotions, they opposed the external ›Chinese‹ formal element of abstract principle.«

73 Roetz: 178 f.
74 Moritz in *Konfuzius*: 26.
75 Roetz: 174.
76 Übersetzung von Roetz: 110.
77 Forke 1938: 32.
78 Chan 1973 (4.): 481 f.
79 Vgl. Henderson: 122.
80 Chu Hsi (1130–1200) hat den klassischen Konfuzianismus systematisiert und als Neokonfuzianismus formiert.
81 Roetz: 113.
82 Naumann 1988: 35.
83 Dettmer 1987: 67.
84 Die Yin-Yang-Schule war in China vor allem im 3. Jahrhundert v. Chr. erfolgreich. Sie legt das Universum als Zusammenspiel des Männlichen und des Weiblichen (*yin/yang*) aus. Im *I-Ching* werden Yin und Yang durch die Trigramme für Himmel und Erde symbolisiert; aus dieser Kombination lassen sich die anderen sechs Trigramme erzeugen, die insgesamt das Gefüge der Welt ausdrücken.
85 Nakamura: 350.
86 Kreiner: 49.
87 Kreiner: 49.
88 »Gemeint war, die *alten* Stufen hierachisch gestaffelter Abhängigkeit in der Gesellschaft wieder zu etablieren.« Moritz: 49.
89 Mit Konfuzius beginnt sich in China systematisch-diskursives Wissen zu etablieren. Deswegen steht die Topik auch noch in keinem Gegensatz zu kritisch-rationalistischen Verfahren, sie bestimmt sich wesentlich im Verhältnis zum Mythos.
90 Moritz: 48.
91 *Lun-yü* XII, 11.
92 Diese Widersprüche sind bis ins 20. Jahrhundert virulent geblieben und haben zuletzt in der chinesischen Kulturrevolution für Munition gesorgt. Vgl. Schickel: *Konfuzius – Materialien einer Jahrhundertdebatte*. 1976.
93 Wieweit die konfuzianische Aufforderung zur starken moralischen Person, die sich im »Edlen« manifestiert, das Individuum meint, ist verschieden interpretiert worden. Wilhelm hat darin eine »Kunst der Persönlichkeit« gesehen (vgl. 1974: 23), die das Indivuduum ganz erfaßt; Beauvoir sieht darin den »Moralismus von Bürokraten« vgl. 1976.
94 *Lun-yü* VIII,17.
95 D.h. eines Sets von Voraussetzungen: »of which the forecaster himself is a constituent and participatory factor. This definition of chih as an ability to anticipate and predict the future on the basis of known conditions is common in the early literature. For example in the Pai-

hu-t'ung: ›Wisdom‹ means ›to realize‹: simply on the basis of what one has seen and heard to have no doubts about events, to see a sign and realize what will ensue.« Hall/Ames: 51.

96 Moritz: 59.

97 Moritz: 49.

98 *Lun-yü* III,1.

99 Schwartz: 67.

100 *Lun-yü* III,14.

101 *Lun-yü* II,1.

102 Der Begriff der Tugend (*toku*) hat im chinesischen Denken einen energetischen Aspekt.

103 Diese außerordentliche Qualitäten bezieht der Herrscher aus seiner Nähe zum Himmel; sein Wissen hat er nicht erworben, es ihm als »Sohn des Himmels« angeboren. Es dient dazu, »ihn als Herrscher zu legitimieren und ihn zum größten politischen und geistig-kulturellen Ordnungsfaktor unterhalb des Himmels auszuweisen«. Moritz: 59.

104 »The [rites] provide the constraining pattern.« Schwartz: 82.

105 Moritz in *Konfuzius*: 23 f.

106 Hall/Ames: 22.

107 *Lun-yü* IV,13.

108 Moritz: 53.

109 Moritz in *Konfuzius*: 19.

110 Moritz in *Konfuzius*: 25.

111 *Lun-yü* XIII, 3.

112 Granet 1985: 26.

113 Cassirer 1988: 56.

114 Moritz: 51.

115 *Lun-yü* XII,1.

116 *Lun-yü* VIII,2.

117 Moritz: 61.

118 »Not only does a person perform ritual actions, but in the sense that ritual action can be said to ›perform‹ or ›accomplish‹ the person.« Hall/Ames: 99.

119 Hall/Ames: 84.

120 Moritz: 63.

121 Brüll in Hammitzsch: 1274.

122 Die Lehren Chu-Hsis wurden in Japan zuerst von Fujiwara Seika (1561–1619) und Hayashi Razan (1583–1657) vertreten. Sie bilden die Grundlage der Shushi-Lehre, die im japanischen Konfuzianismus bis ins 19. Jahrhundert wirksam blieb.

123 Vgl. Chen: 60.

124 *Chu-tzu ch'üan-shu*, Kap.49: 9b, 13a.

125 Chen: 63 f.

126 *Chu-tzu ch'üan-shu*, Kap.49: 5b.

127 NST 28: 161.

128 Forke: 171.

129 Spae: 128.

130 *Chu-tzu ch'üan-shu*, Kap.49: 8b.
131 *Ken'en zuihitsu, Miszellen der Ken'en[-Schule].*
132 Moritz: 147.
133 Menzius, II,i,6.
134 Munro: 124.
135 Munro: 158.
136 Der japanische Gelehrte Itô Jinsai (1627–1705) sah in Menzius den authentischen Denker des Konfuzianismus und betonte dessen Kritik am sungzeitlichen Rationalismus.
137 *Gomô jigi*, 24.
138 *Kyokei* kann verstanden werden als eine Variante des *sontokusei* (*Chûyô*) und des *sonshin yôsei* (Menzius); *kyûri* als eine Variante der *dômongaku* (*Chûyô*) und des *chichi kakubutsu* (*Daigaku*).
139 Sakai: 39.
140 Sakai: 40.
141 Vgl. Sakai: 40.
142 Sakai: 40.
143 Sakai: 41.
144 Sakai: 42.
145 Sakai: 43.
146 Sakai: 44.
147 *Chu-tzu yü-lei*, 14: 15.
148 Lackner: 151.
149 Sakai: 46.
150 Sakai: 46.
151 Foucault hat diese intrinsische Logik »Sprache der Dinge« genannt und daran den epochalen Wechsel zur Neuzeit demonstriert: Gegen die Modelle der Repräsentation, die sich im 17. Jahrhundert durchsetzen, konnte sich die Sprache der Dinge nicht erhalten. Vgl. *Die Ordnung der Dinge*, Frankfurt a. M. 1974.
152 Foucault: 93.
153 Cassirer 1987: 87.
154 Foucault: 64.
155 Naumann: 234.
156 Dettmer 1972: 85.
157 Für China bezeugt Granet: »Heavenly Providence showed itself in human guise in dreams in which an envoy of Heaven, who was at the same time an Ancestor, often brought earnings or gifts. Thus were diviners appointed for dreams and traditional rules for interpreting them. In exceptional circumstances and, for example, during fasting, it was also possible to enter into communication with the mind of Heaven. Moreover, without waiting for the actions of Nature to portend the judgment of the Souvereign On High, it was possible to know it by divination. For that purpose the tortoise or milfoil was used.[...] ›Wise and bearing characters upon its shell‹, which was round as Heaven, the tortoise responded immediately. It sufficed to inspect the cracks induced by passing the shell through fire; they showed whether Heaven

replied ›auspicious‹ or ›inauspicious‹ to the question put to it.« Granet 1975: 70.

158 Lackner: 135.
159 Lackner: 139.
160 Vgl. Forke: 203.
161 Nach Henderson: 124.
162 *Meteorologie* I 1, 338a.
163 Vgl. Lévi-Strauss: 1968.
164 Elvin: 167.
165 Vgl. Schwartz: 355.
166 Schwartz: 356.
167 Schwartz: 357.
168 *Lun-yü* VI,18.
169 *Confessiones*: 10.6,9.
170 Chen: 62.
171 Moritz: 248.
172 Hall/Ames: 19.
173 Moritz: 247.
174 Schmidt-Biggemann 1992: 21.
175 Palumbo-Liu: 161.
176 Palumbo-Liu: 162.
177 Palumbo-Liu: 162.
178 Palumbo-Liu: 160.
179 Palumbo-Liu: 164.
180 »Quoniam pulchra traiecta per animas in manus artificiosas ab illa pulchritudine veniunt, quae super animas est«. Augustinus: *Conf.* X, 34.
181 Enn. in ps. 79, 14.
182 Lackner: 149.
183 Schwartz: 368.
184 Perpeet: 324.
185 Faure: 72.
186 Faure: 72.
187 Mather in Munro: 199.
188 Henderson: 27.
189 Moritz: 245.
190 Porkert: 12 f.
191 Vgl. Kôtei Daikyô, Abschnitt: *Inyôôzô dairon hen daigo*.
192 Unschuld: 64.
193 Nankei/Nankyô, zweibändiger Kommentar zum *Nei ching* von Pien Chi'ao.
194 Insgesamt läßt sich sagen, daß die Einführung und Übernahme der chinesischen Medizin, da es letztlich keine autochthone Alternative gab und die bestehenden Ansätze durchaus mit der chinesischen Medizin koexistieren konnten, ungleich unproblematischer vonstatten ging als die Adaption der westlichen Medizin im späten 19. Jahrhundert. Im alten Japan bildete sich kein alternatives Begriffs- oder Ord-

nungsmodell aus, das mit der Beschreibungs- und Erklärungsrelevanz der mit der Fünf-Phasen-Lehre (*gogyô-setsu*) kurzgeschlossenen Yin-Yang-Lehre hätte konkurrieren können.

195 Cassirer 1987: 82.

196 Cassirer 1987: 83.

197 Cassirer 1987: 83.

198 Cassirer 1987: 83.

199 Moritz: 246.

200 Nosco: 25.

201 Moritz: 244.

202 Pollack: 228.

203 Übersetzung in: Derrida 1983: 419.

204 In Kitabatakes *Jinnôshôtôki*, Aufzeichungen über die legitime Linie der Göttlich Erhabenen, aus dem 14. Jahrhundert hat die *Kokugaku* einen Vorläufer.

205 Pollack: 47.

206 Pollack: 49.

207 Conze: 324.

208 Zit. Conze: 328.

209 Conze: 329.

210 Zit. Conze: 330.

211 Als Beispiel dafür können die *Upanishaden* gelten. Sie bilden den Hauptbestandteil der Hindu-Schriften (Veden).

212 LaFleur: 30.

213 *Nehan-kyô* ist der japanische Titel für das *Mahâparinibbâna-Sutra* über das Nirvâna, das gegen Ende des 5. Jahrhunderts v. Chr. entstand.

214 Stcherbatsky: 53.

215 Mittlerer Weg bezeichnet im allgemeinen die Lehre des historischen Buddha, die auf die Vermeidung aller Extreme abzielt; im besonderen bezeichnet ist damit die Mâdhyamika-Schule, von Nâgârjuna und Âryadeva begründet.

216 v. Glasenapp 1940: 83.

217 »The asmi, thus, is nothing but an abbreviation of asmîti mâna (to concieve I myself as the five aggregates). [... The three terms:] mâna (conception ›I am‹), chanda (desire ›I am‹), anusaya (latent bias ›I am‹) represent a psychologigal process in a way that one will conceive at first, when he wants to do, then, proceed to desire, and finally he will be captured by latent bias – the most strongest affection in a Buddhist sense.« Sasaki 1967: 53.

218 Sasaki 1967: 181.

219 v. Glasenapp 1940: 89.

220 Gemeint sind die zwei Schriften: Nâgârjunas – das *Mâdhyamaka-sastra (Chûron), Traktat über die Mitte*, und das *Dvâdasadvâra-sastra (Jûnimonron), Traktat über die Zwölf Tore* – sowie das *Sata-sastra (Hyakuron), Traktat über die Hundert (Lieder)*, von Âryadeva (3. Jahrhundert), der Überlieferung nach dem fünfzehnten der vierundzwanzig Nachfolger Nâgârjunas.

221 Haas: 161.
222 Die Fa-hsiang Schule wurde von im wesentlichen von Hsüan-tsang (600–664) begründet und schließt an die Yogâcâra-Lehre an.
223 Die Hua-yen-Schule wurde in China von Fa-Tsang (643–712) endgültig etabliert, daran schließt in Japan die Kegon-Schule an.
224 Paramârtha (499–569) kam 546 nach China und übersetzte Werke des Yogâcâra ins Chinesische.
225 Conze: 187.
226 »Buddhist philosophy is an analysis of separate elements, or forces, which unite in the production of one stream [...] of events. The unphilosophic mind of common people supposes this stream to represent a personality or an individual (pudgala). Viewed as components of such a stream, the elements are called dhâtus.« Stcherbatsky: 9.
227 v. Glasenapp 1985: 397.
228 v. Glasenapp 1985: 13.
229 Nach Mylius 1985: 201.
230 Vergleichbar mit dem chinesischen Topf in: T. S. Eliot: *Four Quartets*. Dort heißt es: »a Chinese jar still/ Moves perpetually in its stillness.«
231 Asvaghosa (1. bis 2. Jahrhundert n. Chr.) zählt als Dichter und Philosoph zu den bedeutendsten Autoren des Buddhismus.
232 Die Sarvâstivâda-Lehre ist die einzige der achtzehn Schulen des Hînayâna, deren gesamter Kanon in chinesischer Sprache überliefert ist. Alle Hînayâna-Schulen besaßen ein kanonisches Textkorpus, das aus drei Teilen, sogenannten Körben (*sanzô*) bestand: die Predigten des Buddha (*kyô*), die Mönchsregeln (*ritsu*) und die Traktate, in denen die Doktrin dargestellt wurde (*ron*).
233 Luhmann/Fuchs: 45.
234 Vgl. oben den Schlußvers des Herz-Sutra. Die Bedeutung von *gate* ist nicht eindeutig zu klären. Es könnte sich um den Vokativ, Lokativ oder Imperativ einer Verbform von »gehen« handeln. Insofern erfüllt der Ausdruck seine Funktion, das nichtdualistische Wirkliche zu evozieren.
235 Hakeda: 89.
236 Der Shingon-Buddhismus versteht in der als weiblich vorgestellten Buddhalocanâ (Butsugenbutsumo) die Personifikation von Buddhas Auge.
237 Ellingson-Waugh: 39.
238 Saunders: 6.
239 Luhmann/Fuchs: 47 und 58. *Satori* oder *kenshô* sind japanische Ausdrücke für die Erfahrung der Erleuchtung.
240 Herbert Giles, nach Wu: 40.
241 Luhmann/Fuchs: 46.
242 Tsung mi (780–841) Patriarch der Hua-yen-Schule, die in Japan im 8. Jahrhundert als Kegon-Schule eingeführt wurde.
243 Daher noch einmal: »The founding paradigm – sudden/gradual – is always already erased; it appears only as a ›trace,‹ never in its ›pure‹, original form (precisely because there is no such form). Speaking of the

›sudden‹ is already gradual; even dismissing both subitism and gradualism in the name of a higher, truer ›subitism‹ is already derivative and therefore gradual.« Faure: 42.

244 Denn: »Sudden awakening is perfectly aporetical in the sense that there is no way (*poros*) leading to it – hence the criticism of a type of Beckettian Chan called ›waiting for awakening‹ (*daiwu chan*).« Faure: 47.

245 Faure: 41.

246 Buddhistischer Tempel, der 477 von Kaiser Hsiao-wen erbaut wurde.

247 *Chuang-teng-lu, Dentôroku*, 3.

248 *Chuang-teng-lu, Dentôroku*, 3.

249 Faure: 60.

250 Faure: 75.

251 Faure: 56.

252 Die Ritsu-Schule hat ihren Schwerpunkt in den Ordensregeln, philosophisch ist sie wenig prägnant, so daß sich eine Darstellung hier erübrigt.

253 Conze: 195 f.

254 Vgl. die philosophisch pointierte Darstellung bei Conze 1988: 188–203.

255 Sautrântika: Schule des Hînayâna-Buddhismus, um 150 v. Chr. aus der Sarvâstivâda-Schule hervorgegangen.

256 Conze: 188.

257 v. Glasenapp 1985: 339.

258 Vasubandhu scheint sich im Laufe seiner Auseinandersetzung mit den buddhistischen Doktrinen vom Hînayâna ab- und dem Mahâyâna zugewandt zu haben; es sei denn, man nimmt mit Erich Frauwallner an, daß es sich bei dem Autor des *Vijñâptimâtratâshâra* um einen »Älteren« Vasubandhu handelt, der um 320–380 gelebt haben soll; der »Jüngere« wäre dann ins 5. Jahrhundert zu datieren.

259 Conze: 372 f.

260 Vgl. Conze: 373.

261 Kochumuttom schreibt zum Nur-Bewußtseins-Konzept Vasubandhus: »(i) *Vijñapti-mâtra* does not stand for the absolute state of reality / existence / realization. On the contrary, (ii) it means only that what one in the state of *samsâra* experiences as objects are mere representations of consciousness, (iii) the realization of *vijñapti-mâtra*, far from being itself an absolute state, is only an intermediary step towards final enlightenment, and, therefore, should eventually be transcended. In other words, the belief in *vijñapti-mâtra* is the same as the belief in subjectivity, which is as much a hindrance to enlightenment as the belief in objectivity.« Kochumuttom: 204.

262 Brüll: 33.

263 Brüll: 28.

264 Conze 1988: 315.

265 Yoshida: 10. Vgl. Tanabe, George J./Tanabe, Willa Jane (Hg.): *The Lotos Sutra in Japanese Culture.* Honolulu: University of Hawaii Press 1989.

266 »This sûtra is both a literary tour de force and expressive of a fundamental philosophical persepective in Mahâyâna Buddhism.« LaFleur: 20.
267 LaFleur: 22.
268 LaFleur: 24.
269 Chan 1973: 396.
270 LaFleur: 26.
271 Faure: 69.
272 LaFleur: 32.
273 Vgl. Hakeda: 81 ff.
274 Hakeda: 89.
275 Paul: 188.
276 Vgl. Paul 1986: 190.
277 *Schriften*: 25.
278 Vgl. *Schriften*: 46.
279 Pörtner 1988: 269.
280 Der japanische Ausdruck Amida meint den Buddha Amitâbha. Für die Erleuchtung setzt der Amida-Buddhismus auf die Hilfe eines Buddhas: Nicht durch eigene Kraft, sondern durch die Kraft eines anderen ist Erleuchtung möglich.
281 Lehre Nichirens (1222–1282), die sich vor allem auf das Lotus-Sutra stützt und ihren rituellen Kern im Rezitieren des Titels dieses Sutras hat (*namu myôhô renge-kyô*).
282 Ashikaga Takauji wurde 1338 Shôgun und sicherte seiner Familie für einige Zeit die politische Herrschaft.
283 *Gozan* (fünf Berge) bezeichnet nach chinesischem Vorbild den Zusammenschluß der wichtigsten Zen-Klöster der Rinzai Schule in Kamakura und Kyôto. Die »Fünf-Berge-Literatur« steht für die Schriften der Zen-Meister aus diesen Klöstern.
284 Zit. Dumoulin 1976: 119.
285 Zit. Dumoulin 1976: 126.
286 Vgl. dazu Dumoulin 1976, Abschnitte IX, X.
287 Zit. Dumoulin 1976: 120.
288 »the antagonism of speech and writing in a society by now both highly oral and complexly literate is reinforced by he Japanese adoption of the Zen hostility to ›words‹ that, while in some sense necessary, will always ultimately betray meaning, often portrayed in koans as a baffling silence.« Pollack: 229.
289 Pollack: 230.
290 Shakespeare. *The Tempest*, Act III, Scene III.
291 Dettmer 1987: 103.
292 Goch: 86 f.
293 Goch: 86.
294 Goch: 81.
295 Giesen: 63.
296 Chen: 60.
297 Luhmann 1992: 102.

298 Goch: 88.
299 Dettmer 1987: 112.
300 »Der Großminister Horikawa, ein hübscher und reicher Mann, liebte in allem den Luxus. Als sein Sohn, Mototoshi no Kyô, zum Dairi befördert wurde, bemerkte der Großminister, daß in dessen Arbeitsraum der Aktenbehälter schlecht aussah, und er regte an, in ausbessern zu lassen. Aber die Beamten, die von den alten Gebräuchen (*kojitsu*) viel verstanden, gaben zu bedenken, der Aktenbehälter [in chinesischem Stil] (*karabitsu*) stamme aus ältester Zeit, sein Ursprung sei unbekannt, er habe schon viele Jahrhunderte überlebt, und man sei stolz, wenn öffentliches Gerät (*kumotsu*), das von Generation zu Generation vererbt wird, ein ehrwürdiges Alter besitze und abgenutzt aussehe. Es sei also sehr schwer, den Behälter einfach auszubessern. Daraufhin gab der Großminister seinen Plan auf.« Yoshida: 71 f.
301 Yoshida: 122.
302 Goch: 88.
303 Goch: 89.
304 Yoshida: 6.
305 Yoshida: 14.
306 Yoshida: 86.
307 Übersetzung von Nelly und Wolfram Naumann.
308 Yoshida: 5.
309 Konishi: 182.
310 Vgl. Konishi: 182.
311 Vgl. Konishi: 183.
312 Konishi: 183.
313 Konishi: 184.
314 Konishi: 187.
315 Konishi: 193.
316 Umgekehrt sollten Dôgen im *Shôbô genzô zuimonki*, *Wortgetreue Niederschrift (der Belehrungen Meister Dôgens) über (das Buch) Schatzkammer der Erkentnis des Wahren Buddhagesetzes* (verfaßt von Ejô um 1235–38), Yoshida Kenkô in seinem *Tsurezuregusa*, *Betrachtungen aus der Stille* (1330/31), und Zeami Motokiyo in seinem *Kadensho*, *Schrift zum Überliefern der Blüte* (1400–02), davor warnen, sich mehr als nur einem *michi* mit Leidenschaft zu widmen.
317 Ooms in Nosco: 38.
318 Ooms in Nosco: 38.
319 Aus dem *Asakura Sôteki waki*, entstanden um 1552, *Nihon Kyôiku bunko 2*, Kunkai, Dôbunkan 1910: 127; hier zit. nach Ooms in Nosco: 38.
320 Text in: Kakei Yasuhiko: *Chûsei buke kakun no kenkyû, Shiryôhen*, Kazama 1967.
321 Vgl. Kakei (*Kenkyûhen*): 262–266, 279–280, 283–286; (*Shiryôhen*): 291–295.
322 »Oblique and elaborate«, Ooms in Nosco: 39.
323 Ooms in Nosco: 39.

324 Ooms in Nosco: 40.
325 Ooms in Nosco: 41.
326 Murakami Naojirô (Hrsg.): *Ikoku ôfuku shohanshû – zôtei ikoku nikkisho*. Yûshôdô 1966: 26–28, 78–79.
327 Das *Kojiki* nennt Japan das »Mittlere Land der üppigen Schilfgelände« (*TOYOashihara no nakatsu KUNI*). Toyotomis Nachfolger, Tokugawa Ieyasu (1542–1616), schließlich wurde nach seinem Tod als »Göttlicher Herr« (*shinkun*) in Nikkô (»Sonnenglanz«), wo 1616 ein Mausoleum für Ieyasu errichtet wurde, verehrt, und sogar der Kaiserhof mußte dem »Göttlichen Herrn«, der auch als »Große Buddha-Inkarnation« und »Sonnengott des Ostens« (*Tôshô daigongen*) bezeichnet wurde, kultischen Tribut leisten.
328 Ooms in Nosco: 42.
329 Ooms in Nosco: 44 f.
330 Harootunian: 76.
331 Abgedruckt in: *Nihon kyôiku bunko, Kakunhen*, Dôbunkan 1910: 252–342.
332 Vgl. Ooms in Nosco: 47.
333 Weniger als »the system's theologian than as its sacristan«. Ooms in Nosco: 50.
334 Ooms in Nosco: 49.
335 Kracht: 148.
336 Vgl. Robertson: 89.
337 Robertson: 91.
338 Robertson: 97.
339 Interessant ist in diesem Zusammenhang ein Vergleich mit der Debatte der Form historischer Protestbewegungen in Europa (In: Luhmann, Niklas: *Soziologie des Risikos*. Berlin/New York 1991: 140 ff.). Trotz dieser lokalen Unruhen war die Tokugawa-Zeit, vor allem deren zweite Hälfte, eine Epoche relativen Friedens.
340 Goethe: *Lehrjahre*. 10. Kapitel.
341 Um 1720 hat Japan 30 Millionen Einwohner; bis 1850 blieb diese Zahl stabil, während die Produktivität in allen Wirtschaftsbereichen anstieg.
342 NST 63: 327.
343 Kriton: 307 f.
344 Pollack: 195.
345 Vgl. Pollack: 196.
346 NST 33: 86 f.
347 NKBT 97: 73.
348 Ooms in Nosco: 30.
349 Ooms in Nosco: 33.
350 Ooms in Nosco: 35.
351 Vgl. Ooms in Nosco: 35 f.
352 Ooms in Nosco: 37.
353 Pollack: 217.
354 NKBT 94: 173.

355 »the nascent School of National Learning«. Pollack: 220.
356 NKBT 94: 173.
357 Mo-tzu (ca. 468–376 v. Chr.) begründete den Mohismus, der die sittlichen und kosmologischen Prinzipien nicht von den gesellschaftlichen Instanzen Staat und Familie aus dachte und sich als Kritik am Konfuzianismus verstand.
358 Morris-Suzuki: 8.
359 Vgl. Aristoteles, *Physik* II 3, 194b 23–195a 3.
360 Morris-Suzuki: 12.
361 *Shûgi washo: Japanische Schrift über die Ansammlung rechtschaffener Taten* (1672). In: NST 30: 249; in mod. jap. Übersetzung auch abgedruckt in: *Nihon no meicho* 11 (NnM).
362 NnM 11: 437 f.
363 NnM 11: 448.
364 *Arai Hakuseki zenshû 3*. Kakusho Kankôkai 1977: 673 (AHZ).
365 AHZ 6: 191.
366 NST 36: 333.
367 NST 36: 337.
368 NST 37: 16.
369 NST 36: 329.
370 *Seigaku mondô (Fragen und Antworten zur Lehre der Weisen)*, Ihen V: 235.
371 Nosco 1990: 15.
372 Nosco 1990: 24.
373 »The merchant class of mid-Tokugawa was certainly no group of malcontents or potential revolutionaries.« Morris-Suzuki: 26.
374 Roberts: 502f.
375 Vgl. Robertson: 88.
376 NST 42: 173 f.
377 Vgl. NST 42: 173 f.
378 Robertson: 97.
379 Vgl. Robertson: 96.
380 Robertson: 106.
381 NST 44: 247 f.
382 Vgl. NST 44: 243 ff.
383 NST 44: 222.
384 NST 44: 222.
385 Das *Kokusho sômokuroku (Gesamtverzeichnis der Bücher des Landes [Japan])* zählt einundachtzig Titel auf.
386 NKBT 97: 237.
387 Pollack: 200, FN 21.
388 Vgl. Nosco 1990: 38.
389 *Gomô jigi*, 11–13.
390 *Gomô jigi*, 12.
391 NKBT 97: 141.
392 *Gomô jigi*, 13.
393 *Gomô jigi*, 11.

394 Spae: 105.
395 *Gomô jigi*: 15.
396 Pollack: 200 f.; vgl. NKBT 97: 254.
397 Sakai: 32.
398 Vgl. Sakai: 55.
399 Sakai: 57.
400 Sakai: 58.
401 NKBT 97: 157.
402 Pollack: 204.
403 Vgl. Sakai: 58.
404 *Dôjimon*: 83.
405 *Dôjimon*, NKBT 97: 72.
406 NKBT 97: 62.
407 Sakai: 61.
408 Sakai: 61.
409 *Gomô jigi, Empfindungen* 1,2; zit. nach Sakai: 64.
410 Vgl. Gomô jigi, 39.
411 Spae: 138.
412 *Seikyô yôroku* 3, nach Leinss: 45 f.
413 »Die Weisen haben das Wesen nicht in ein vom Himmel verliehenes und ein materielles Wesen geteilt. Wenn wir es teilen, führt dies schließlich zu einer Trennung von Himmel und Mensch, Prinzip und Materie. Das Wesen entsteht beim gefühlsmäßigen Austausch zwischen Prinzip und Materie (*riki kôkan*). Dies ist bei allem so: bei Himmel und Erde, bei Menschen und Dingen.« *Seikyô yôroku* 3, nach Leinss: 47.
414 *Seikyô yôroku* 1, nach Leinss: 21.
415 *Seikyô yôroku* 3, nach Leinss: 46 f.
416 Vgl. Yamashita in Nosco: 139.
417 Vgl. Yamashita in Nosco: 138.
418 Sakai: 53.
419 *Benmei*, NST 41: 11.
420 Den alten, vorbildhaften Stil besaßen die Konfuzianischen Klassiker, die vorkonfuzianischen Texte und einige Autoren der Han- und der T'ang-Epoche. Zu den von der Sorai-Schule hochgeschätzen chinesischen Werken gehören: *Hsün-tzu, Han-fei-tzu* und das *Lü-shih ch'un-ch'i, Frühling und Herbst des Herrn Lü.*
421 *Bendô* in: *Nihon rinri ihen* VI, Ikuseikai 1910–3: 13 (NRI).
422 *Benmei*, NRI VI: 45.
423 Vgl. Michel Foucault: *Die Sorge um sich. Sexualität und Wahrheit,* Dritter Band. Frankfurt a. M. 1986.
424 Spae: 79.
425 *Benmei* I.
426 Spae: 79.
427 *Nippon keizai sôsho* III: 517 ff. (NKS).
428 Vgl. Maruyama: 159 ff.

429 Das enspricht *ri*. Lidin übersetzt: »Now, a thing (*mono*) is a conglomeration of all the inscapes (pertaining to it).«
430 NKS: 24.
431 *Rongo* XX, 3.
432 *Rongo* VIII, 8.
433 *Rongo* III, 23.
434 Moritz: 65.
435 Sakai: 298.
436 NST 37: 179.
437 Pollack: 224.
438 *Nankaku sensei bunshû,* NST 37: 227.
439 Sakai: 298.
440 Vgl. Sakai: 299.
441 Schmidt-Biggemann: 58.
442 Vgl. dazu Nosco. In Nosco: 18 f.
443 NKBT 94: 175.
444 Harootunian 1978: 63.
445 »This tactic was to return to the pure meaning of words so that their relationships might be better understood in the present.[...] Metonymic reduction was, I believe, the device used by nativists to account for the fact that Neo-Confucianism could not cover the multiplicity of objects perceptible by the mid-eighteenth centruy, nor explain things under the category of similitude.« Harootunian 1978: 79.
446 Harootunian 1978: 68 f.
447 *Motoori Norinaga zenshû* X. Chikuma shobô 1968: 316 (MNZ).
448 Matsushita: 197.
449 Vgl. zum folgenden: Nosco 1981: 81 ff.
450 NKBZ 50: 540.
451 *Saihôtô kongokun, Kôhon Kamo Mabuchi zenshû: Shisôhen* 1. Kôbundô 1942: 64 (KKMZ: SH).
452 Vgl. Nosco 1990: 160.
453 Vgl. KKMZ: SH 1: 52.
454 *Kokkaron okusetsu,* KKMZ: SH 1: 35.
455 Vgl. Nosco 1981: 90 f. und 180 f.
456 Ebersole: 17.
457 Das Aufrufen im Sinne eines Aktivierens der Wirkmacht dieses *kotodama* wurde *kotoage* genannt.
458 »By thus knowing one another's most intimate thoughts as well as those of their subjects, rulers were able to formulate policy on a more informed basis, and in this way poetry contributed indirectly to the betterment of government.« Nosco 1990: 170.
459 MNZ II: 25.
460 MNZ II: 25.
461 MNZ I: 86.
462 Nosco 1990: 176.
463 MNZ II: 99.
464 MNZ II: 108.

465 Harootunian 1978: 82.
466 MNZ IX: 52.
467 MNZ IX: 53.
468 Vgl. MNZ IX: 53.
469 Vgl. MNZ IX: 63.
470 MNZ I: 59.
471 Vgl. MNZ IX: 56.
472 Vgl. MNZ IX: 49.
473 Nosco 1990: 193.
474 MNZ IX: 59.
475 Nosco 1990: 195.
476 Nosco 1990: 195.
477 MNZ IX: 52.
478 MNZ XI: 50f.
479 Vgl. MNZ IX: 57.
480 Vgl. MNZ IX: 52.
481 MNZ VII: 158.
482 MNZ VIII: 160.
483 MNZ XVII: 323.
484 Nosco 1990: 13.
485 MNZ IX: 49.
486 Nosco 1990: 201.
487 Brüll: 118.
488 Piovesana: 61.
489 Hirai 1979: 128.
490 In Japan hat Nakamura Voraussetzungen für ein solches Interpretationsmodell bereitgestellt. Vgl. dazu die Schlußbemerkungen.
491 Vgl. Aeba: 377ff.
492 Zur Einführung in das Werk Nishidas: V. H. Viglielmo: *Nishida Kitarô*. In: *Kodansha Encyclopedia of Japan*, Bd. 6 (1983). P. Pörtner: *Nishida Kitarô's Zen no kenkyû (»Über das Gute«)*. Hamburg 1990.
493 Zur Lebens- und Werkgeschichte Nishidas bis zu *Zen no kenkyû* vgl. die detaillierte Darstellung bei Pörtner (1990: 55–103).
494 Einen kritischen Bericht zu den historischen und philosophischen Voraussetzungen der Kyôto-Schule hat Ohashi vorgelegt (1990: 11–45).
495 Vgl. dazu die aspektenreiche Analyse bei Pörtner: *Nishida Kitarô's Zen no kenkyû* (*»Über das Gute«*), 1990: 202ff. Im Kern ist »reine Erfahrung« als »unmittelbare Erfahrung« bestimmt oder als »unmittelbare Erkenntnis«, »solange darunter keine auf diskursiv-rationalem Wege errungene Erkenntnis gemeint ist.« (1990: 202).
496 Nishida 1989: 29.
497 Pörtner 1990: 197. Dort finden sich auch Belege für die Reichweite dieses Begriffs in Nishidas Werk. Zu philosophischen Fragen der Übersetzung von *jikaku* vgl. auch Weinmayr. In: Ohashi 1990: 50.
498 Schriften II: 112, Nr. 14.
499 Nishida 1989: 9.

500 Nakatomo bezieht sich hier auf die Arbeiten Yuasas. Vgl. Shaner/Nagatomo/Yuasa 1989: 187 ff.
501 Nishida 1989: 165.
502 Nishida 1989: 194.
503 Das Selbst bleibt der Bezugspunkt für alle Phasen der Philosophie Nishidas; so sehr, daß Parallelen zur literarischen Tradition des Ich-Romans in Japan sichtbar werden. Vgl. Hamada. In: Hammitzsch 1990: Sp. 1299.
504 Ohashi 1990: 60 f.
505 Gadamer: 406.
506 Das bildet auch den Ausgangspunkt für solche Aktualisierungen Nishidas, die seine Philosophie jenseits der Metaphysik vermuten. So hat Nakamura Yûjirô z. B. in Nishidas Ablehnung des neuzeitlichen Subjekts eine Position des Dekonstruktivismus gesehen. Vgl. *Nishida Kitarô* (1983).
507 Zur Einführung in das Werk Mikis: G. K. Piovesana: *Miki Kiyoshi. A Representative Thinker of an Anguished Generation*. In: J. Roggendorf (Hg.): *Studies in Japanese Culture*, Tôkyô 1963; Y. M. Kim: *Miki Kiyoshi. A Representative Thinker of His Times.* Diss. University of Berkely 1974.
508 Pascal: 347.
509 Pascal: 272.
510 Pascal: 281.
511 Pascal unterscheidet drei Ordnungen: die der Sinne, der Vernunft und des Herzens. Miki ist vor allem am Unterschied von Vernunft (Logos) und Herz (Pathos) interessiert. Diese Zweiteilung und das Interesse, darin keinen Antagonismus zu sehen, bleibt für sein Werk verpflichtend.
512 Allerdings hat Miki in den *Philosophischen Heften* (*Tetsugaku nôto*) eine kürzere Arbeit über den *Geist der Rhetorik* veröffentlicht, in der auch Vico erwähnt wird.
513 Zit. Aeba: 250.
514 Zit. Aeba: 289.
515 Zit. Aeba: 288.
516 Zur Einführung in das Werk Tanabes: J. Laube: *Dialektik der absoluten Vermittlung. Hajime Tanabes Religionsphilosophie als Beitrag zum »Wettstreit der Liebe« zwischen Buddhismus und Christentum.* Mit einem Geleitwort von Yoshinori Takeuchi, Freiburg 1984; T. Unno/J. Heisig (Hg.): *The Religious Philosophy of Tanabe Hajime: The Metanoetical Imperative*, Berkley 1990.
517 Zit. Laube: 253.
518 Zit. Laube: 30 f.
519 Zit. Ohashi: 149.
520 Zit. Laube: 283.
521 Zit. Laube: 275.
522 Zur Einführung in das Werk Watsujis: D. A. Dilworth: *Watsuji Tetsurô. Cultural Phenomenologist and Ethican.* In: *Philosophy in East*

and West 24/1 (1974); J. Heise: *Nihonron – Materialien zur Kulturhermeneutik.* In: U. Menzel (Hg.): *Im Schatten des Siegers. Japan*. Bd. 1, Frankfurt a. M. 1989.

523 Watsuji 1961–63, Bd. 10: 81.

524 Dilworth 1974: 17.

525 Dilworth verweist auf den Diskussionszusammenhang im Japan der dreißiger Jahre. Zu den philosophischen Themen gehörte vor allem die Kritik am westlichen Begriff von Zeit; auch Watsujis Klimatologie ist auf diesem Hintergrund zu sehen. Vgl. Dilworth 1974: 12 ff.

526 Watsuji 1992: 6.

527 Watsuji 1992: 9.

528 Watsuji 1992: 13.

529 Vgl. Watsuji 1992: 12–14.

530 Daß der Vorrang der Zeit zugleich als kulturelles Muster verstanden werden soll, entspricht den Intentionen der Klimatologie. Dilworth spricht von Watsujis »konkretem Universalismus«, der sich auch in der Kritik an Heidegger durchsetzt. »The conrete universality of Watsuji's thought can be properly grasped only in the context of ideas and influences. As a critique of the limitations of Heidegger's notion of Dasein, as connoting human existence in a one-sidely individualistic and temporal mode, Watsuji's concept of fûdo tranlates Daseins's ›there-Being‹ in the mode of ›ex-istere‹ into the concrete spatial-historicality of cultural existence.« (1974: 13).

531 Watsuji 1961–63, Bd. 10: 17.

532 Watsuji 1961–63: 24 f.

533 Watsuji 1992: 194.

534 Watsuji 1992: 57.

535 Watsuji hat seiner *Klimatologie* ein Kapitel zur Geschichte der Klimatheorien beigefügt, in dem er vor allem Herders Klima-Begriff aus den *Ideen zu einer Philosophie der Geschichte der Menschheit* darstellt. Zur Tradition der Klimatheorien vgl. Fink 1987.

536 Watsuji 1992: 118.

537 Watsuji 1992: 67.

538 Watsuji 1992: 127.

539 Watsuji 1992: 129.

540 Watsuji 1961–63, Bd. 10: 187 f.

541 Watsuji 1961–63, Bd. 11: 94.

542 Watsuji 1961–63, Bd. 10: 194.

543 Bellah hat im Partikularismus den Kern antirationalistischer Tendenzen bei Watsuji gesehen, vor allem aber das Motiv für eine faschistische Ideologie. »The ideology of that movement, referred to by some Japanese scholars as emperor-system fascism, was the most explicit statement of japanese particularism which had ever appeared.« (1965: 593 f.).

544 Watsuji 1961–63, Bd. 10: 26.

545 Zur Einführung in das Werk Kukis: J. Hamada: *Kuki Shûzô und die Ästhetik.* In: Hammitzsch (Hg.): *Japanhandbuch*, [3]1990, Sp. 1261–1264;

M. Viswanathan: *An Investigation into Essence: Kuki Shûzô's »Iki no Kôzô«*. In: *The Transactions of the Asiatic Society of Japan*, 4/4 (1989).

546 Kuki 1980–82, Bd. 1: 8.

547 Kuki 1980–82: 131.

548 Heidegger 1979: 90.

549 Zur Einführung in das Werk Moris: Y. Nakamura: *Nishida. Le premier philosophe original au Japon*. In: *Critique* Nr. 428–429 (1983); J. Heise: *Nihonron – Materialien zur Kulturhermeneutik*. In: U. Menzel (Hg.): *Im Schatten des Siegers. Japan*. Bd. 1, Frankfurt a. M. 1989.

550 Humboldt: 239.

551 Mori 1978–82, Bd. 5: 46 f.

552 Mori 1978–82, Bd. 12: 63 f.; 87.

553 Mori 1978–82, Bd. 5: 361.

554 Die psychoanalytischen Aspekte dieses Ausdrucks hat Sasaki dargestellt, vgl. 1987.

555 Mori 1978–82, Bd. 5: 361 f.; 363.

556 Hamaguchi: 143 f.

557 Hamaguchi: 144.

558 Eine topische Ausrichtung nimmt er aber auch an der modernen japanischen Philosophie wahr, die letzten Seiten der Arbeit *Vom gemeinschaftlichen Sinn* demonstrieren das an Nishidas Theorie der Orte und an dessen Prädikaten-Logik. Diesen Faden hat Nakamura in seinen Arbeiten zu Nishida wieder aufgenommen, 1983. In: *Nishida Kitarô*, 1987. In: *Nishida testsugaku no datsu kôchiku (Dekonstruktion der Philosophie Nishidas)*.

559 Nakamura: 98 f.

Literaturverzeichnis

Aeba T.: Keiken to chôetsu. Ozawa shoten. Tôkyô 1985.
Ames, R. T./Hall, D.L.: Thinking through Konfucius. New York 1987.
Assmann, Jan: Das kulturelle Gedächtnis. Schrift, Erinnerung und politische Identität in frühen Hochkulturen. München 1992.
Augustinus: Confessiones/Bekenntnisse. Lateinisch/Deutsch. Darmstadt [4]1980 .
Barthes, Roland: Das Reich der Zeichen. Frankfurt a. M. 1981.
Barthes, Roland: Das semiologische Abenteuer. Frankfurt a. M. 1988.
Beauvoir, Simone de: Konfuzianische Ideologie. In: Schickel, Joachim (Hg.): Konfuzius. Materialien zu einer Jahrhundert-Debatte. Frankfurt a. M. 1976.
Berque, Augustin: Das Verhältnis der Ökonomie zu Raum und Zeit in der japanischen Kultur. In: Barloewen/Werhahn-Mees (Hg.): Japan und der Westen. Frankfurt a. M. 1987.
Berque, Augustin: Identification of the self in relation to the environment. In: Rosenberger, Nancy R. (Hg.): Japanese Sense of Self. 1992. S. 93–104.
Blumenberg, Hans: Wirklichkeiten, in denen wir leben. Stuttgart 1981.
Breuer, Dieter/Schanze, Helmut (Hg.): Topik. Beiträge zur interdisziplinären Diskussion. München 1981.
Bornscheuer, Lothar: Topik. Zur Struktur der gesellschaftlichen Einbildungskraft. Frankfurt a. M. 1976.
Brüll, Lydia: Die japanische Philosophie. Eine Einführung. Darmstadt 1989.
Cassirer, Ernst: Philosophie der symbolischen Formen. Erster Teil: Die Sprache. Darmstadt [9]1988.
Cassirer, Ernst: Philosophie der symbolischen Formen. Zweiter Teil: Das mythische Denken. Darmstadt [8]1987.
Cicero, Marcus Tullius: Topik. Lateinisch/Deutsch. Übersetzt und mit einer Einleitung herausgegeben von Hans Günter Zekl. Hamburg 1983.
Chan, Wing-Tsit: A Source Book in Chinese Philosophy. Translated and compiled by Wing-Tsit Chan. Princeton/New Jersey [4]1973.
Chan, Wing-Tsit: Chu Hsi. Life and Thought. Hongkong/New York 1987.
Chen, Robert Shanmu: A Comparative Study of Chinese and Western Cyclic Myths. New York 1992.
Conze, Edward: Buddhistisches Denken. Drei Phasen buddhistischer Philosophie in Indien. Frankfurt a. M. 1988.
Derrida, Jacques: Grammatologie. Frankfurt a. M. 1983.
Dettmer, Hans A.: Die Urkunden Japans vom 8. bis ins 10. Jahrhundert. Bd. 1: Die Ränge. Wiesbaden 1972.
Dettmer, Hans A.: Einführung in das Studium der japanischen Geschichte. Darmstadt 1987.

Dilworth, David A.: Watsuji Tetsurô, Cultural Phenomenologist and Ethican. In: Philosophy in East and West. Vol. 24. No. 1. 1974. S. 3–22.

Doi, Takeo: Amae. Freiheit in Geborgenheit. Frankfurt a. M. 1982.

Dumoulin, Heinrich: Geschichte des Zen-Buddhismus. Bd. II: Japan. Bern 1986.

Ebersole, Gary: Ritual and the Politics of Death in Early Japan. Princeton 1989.

Ellingson-Waugh, Ter: Algebraic and geometric logic. In: Philosophy East and West. Vol. 24. No. 1. 1974.

Faure, Bernard: The Rhetoric of Immediacy: A Cultural Critique of Chan/Zen Buddhism. Princeton 1991.

Forke, Alfred: Geschichte der neueren chinesischen Philosophie. Abhandlungen aus dem Gebiet der Auslandskunde. Bd. 46 – Reihe B: Völkerkunde, Kulturgeschichte und Sprachen. Bd. 25. Hamburg 1938.

Foucault, Michel: Die Ordnung der Dinge. Frankfurt a. M. 1974.

Gadamer, Hans Georg: Wahrheit und Methode. Grundzüge einer philosophischen Hermeneutik. Tübingen [4]1975.

Giesen, Bernhard: Die Intellektuellen und die Nation: eine deutsche Achsenzeit. Frankfurt a. M. 1973.

Glasenapp, Helmuth von: Buddhistische Mysterien. Die geheimen Lehren und Riten des Diamant-Fahrzeugs. Stuttgart 1940.

Glasenapp, Helmuth von: Die Philosophie der Inder. Eine Einführung in ihre Geschichte und ihre Lehren. Stuttgart [4]1985.

Goch, Ulrich: Abriß der japanischen Geschichtsschreibung. München 1992.

Granet, Marcel: The Religion of the Chinese People. Translated, edited and with an Introduction by Maurice Freedman. Oxford 1975.

Granet, Marcel: Die chinesische Zivilisation. Frankfurt a. M. 1985.

Granet, Marcel: Das chinesische Denken. Frankfurt a. M. 1985.

Haas, William S.: Östliches und westliches Denken. Eine Kulturmorphologie. Reinbek bei Hamburg 1967.

Hamaguchi, Eshun: Ein Modell zur Selbstinterpretation der Japaner, ›Intersubjekt‹ und ›Zwischensein‹. In: Heise, Jens (Hg.): Die kühle Seele. Frankfurt a. M. 1990.

Harootunian, H. D.: The Consciousness of Archaic Form in the New Realism of Kokugaku. In: Najita, Testuo/Scheiner, Irwin (Hg.): Japanese Thought in the Tokugawa Period 1600–1868. Methods and Metaphors. The University of Chicago Press. Chicago/London 1978.

Hartmann, Jürgen: Politik in Japan. Das Innenleben einer Wirtschaftsweltmacht. Frankfurt a. M./New York 1992.

Hegel, Georg Wilhelm Friedrich: Theorie Werkausgabe Bd. 18. Frankfurt a. M. 1971.

Heise, Jens (Hg.): Nihonron – Materialien zur Kulturhermeneutik. In: Menzel, Ulrich (Hg.): Im Schatten des Siegers: Japan, Kultur und Gesellschaft. Frankfurt a. M. 1989.

Heise, Jens (Hg.): Die kühle Seele, Selbstinterpretationen der japanischen Kultur. Frankfurt a. M. 1990.

Henderson, John B.: The Development and Decline of Chinese Cosmology. New York 1984.

Hendry, Joy: Individualism and individuality: Entry into a social world. In: Goodman, Roger/Refsing, Kirsten (Hg.): Ideology and Practice in Modern Japan. London/New York 1992. S. 55–71.

Hirai, Atsuko: Self-Realization and Common Thought: T. H. Green. In: Meiji Ethical Thought. In: The Journal of Japanese Studies, Vol. 5. No. 1. Winter 1979.

Humboldt, Wilhelm von: Werke in fünf Bänden, Bd. 5. Darmstadt [6]1988.

Ishida, Ichirô: Tokugawa Feudal Society and Neo-Confucian Thought. Reprinted from: The Philosophical Studies of Japan. Vol. V. 1964.

Kinzley, W. Dean: Industrial Harmony in Modern Japan. The Invention of a Tradition. London/New York 1991.

Knorr-Cetina, Karin: Die Fabrikation von Erkenntnis. Zur Anthropologie der Naturwissenschaft. Frankfurt a. M. 1984.

Kochumuttom, Thomas A.: A Buddhist Doctrine of Experience. A New Translation and Interpretation of the Works of Vasubandhu the Yogâcârin, Motilal Banarsidass. Dehli Varanasi Patna 1982.

Konishi, Jin'ichi: Michi and Medieval Writing. In: Miner, E. (Hg.): Principles of Classical Japanese Literature. Princeton 1985. S. 181–208.

Koschmann, J. Victor: The Mito Ideology. Discourse, Reform, and Insurrection in Late Tokugawa Japan, 1790–1864. Berkeley/Los Angeles/London 1987.

Kracht, Klaus: Studien zur Geschichte des Denkens im Japan des 17. bis 19. Jahrhunderts. Chu-Hsi-konfuzianische Geist-Diskurse. Veröffentlichungen des Ostasien-Instituts der Ruhr-Universität Bochum, Bd. 31. Wiesbaden 1986.

Kreiner, Josef: Japanisches Denken: Die geschichtliche und weltanschauliche Basis des heutigen Japan. In: Wehling, Hans Georg (Red.): Japan. Stuttgart/Berlin u. a. 1985. S. 45–59.

Kuki, Shûzô: Kuki Shûzô zenshû, Bd. 1. Tôkyô 1980–82.

Kumon, Shunpei: Japan as a Network Society. In: Kumon, Shunpei – Rosovsky, Henry, The Political Economy of Japan, Vol. 3: Cultural and Social Dynamics. Stanford 1992. S. 109–141.

Lackner, Michael: Die »Verplanung« des Denkens am Beispiel der *T'U*. In: Schmidt-Glintzer (Hg.): Lebenswelt und Weltanschauung im frühneuzeitlichen China. Stuttgart 1990. S. 134–56.

LaFleur, William R.: Symbol and Yûgen: Shunzei's Use of Tendai Buddhism. In: Sanford, James H. u. a.: Flowing traces: Buddhism in the literary and visual arts of Japan. Princeton/New Jersey 1992. S. 16–46.

Laube, Johannes: Dialektik der absoluten Vermittlung, Hajime Tanabes Religionsphilosophie als Beitrag zum ›Wettstreit der Liebe‹ zwischen Buddhismus und Christentum. Freiburg im Breisgau 1984.

Lausberg, Heinrich: Handbuch der literarischen Rhetorik. Eine Grundlegung der Literaturwissenschaft. Stuttgart [3]1990.

Lechner, Joan Marie: Renaissance Concepts of the Commonplaces. Westport Connecticut (Reprint 1974) 1962.

Leinss, Gerhard: Yamaga Sokôs »Kompendium der Weisheitslehre« (Seikyô Yôroku): Ein Wörterbuch des neoklassischen Konfuzianismus im Japan des 17. Jahrhunderts. Wiesbaden 1989.
Lévi-Strauss, Claude: Das wilde Denken. Frankfurt a. M. 1973.
Luhmann, Niklas: Beobachtungen der Moderne. Opladen 1992.
Luhmann, N./Fuchs P.: Reden und Schweigen. Frankfurt a. M. 1989.
Lyotard, Jean-François: Essays zu einer affirmativen Ästhetik. Berlin 1982.
Maruyama, Masao: Studies in the Intellectual History of Tokugawa Japan. Trans. Mikiso Hana. Princeton/Tôkyô 1974.
Matsushita, Tadashi: Edo jidai no shifû shiron. Meiji Shoin. Tôkyô 1972.
Mori, Arimasa: Mori Arimasa zenshû. Bd. 13. Chikuma shobô. Tôkyô 1981.
Moritz, Ralf: Konfuzius. Gespräche. Frankfurt a. M. 1983.
Moritz, Ralf: Die Philosophie im alten China. Berlin 1990.
Morris-Suzuki, Tessa: A History of Japanese Economic Thought. Ondan/ New York 1989.
Munro, Donald J.: Images of Human Nature. A Sung Portrait. Princeton/ New Jersey 1988.
Mylius, Klaus: Gautama Buddha. Die vier edlen Wahrheiten. München 1985.
Najita, Tetsuo: Visions of Virtue in Tokugawa Japan, The Kaitokudô, Merchant Academy of Ôsaka. Chicago/London 1987.
Nakamura, Yûjirô: Nishida Kitarô, Iwanami shoten. Tôkyô 1983.
Nakane, Chie: Die Struktur der japanischen Gesellschaft. Frankfurt a. M. 1985.
Naumann, Nelly: Die einheimische Religion Japans. Teil 1. Bis zum Ende der Heian-Zeit, Leiden. New York/Köln 1988.
Nishida, Kitarô: Nishida Kitarô zenshû. Tôkyô 1966.
Nishida, Kitarô: Über das Gute. Frankfurt a. M. 1989.
Nosco, Peter: Nature, Invention, and National Learning. In: Harvard Journal of Asiatic Studies 41. Harvard 1981. S. 75–91.
Nosco, Peter (Hg.): Confucianism and Tokugawa Culture. Princeton/New Jersey 1989.
Nosco, Peter: Introduction: Neo Confucianism and Tokugawa Discourse. In: Nosco, Peter (Hg.): Confucianism and Tokugawa Culture 1989. S. 3–26.
Nosco, Peter: Remembering Paradise: Nativism and Nostalgia in Eighteenth-Century Japan. Harvard-Yenching Institute Monograph Series 31. Cambridge/London 1990.
Ohashi, Ryôsuke (Hg.): Die Philosophie der Kyôto-Schule. Texte und Einführung. Freiburg/München 1990.
Ooms, Herman: Tokugawa Ideology, Early Constructs, 1570–1680. Princeton/New Jersey 1985.
Ooms, Herman: Neo-Confucianism an the Formation of Early Tokugawa Ideology: Contours of a Problem. In: Nosco, Peter (Hg.): Confucianism and Tokugawa Culture. 1989. S. 27–61.
Palumbo-Liu, David: Schrift und kulturelle Potentiale in China. In: Gumbrecht, H. U./Pfeiffer, K.L. (Hg.): Schrift. München 1993. S. 159–168.

Pascal, Blaise: Pensées/Über die Religion. Übertragen und herausgegeben von E. Wasmuth. Darmstadt [8]1978.
Paul, Diana Y.: Philosophy of Mind in Sixth-Century China. Paramârtha's ›Evolution of Consciousness‹. Stanford/California 1984.
Paul, Gregor: Klischee und Wirklichkeit der japanischen Kultur. Frankfurt a. M./Bern/New York 1986a.
Paul, Gregor: Zur Geschichte der Philosophie in Japan und zu ihrer Darstellung. Tôkyô 1986b.
Paul, Gregor: Die Anfänge der Philosophie in Japan. Die Rezeption chinesischer Kultur in vorbuddhistischer Zeit. Tôkyô 1991.
Paul, Gregor: Zur buddhistischen Logik und ihrer Geschichte in Japan. Tôkyô 1992.
Pinguet, Maurice: Der Freitod in Japan. Ein Kulturvergleich. Berlin 1992.
Piovesana, Gino K.: Recent Japanese Philosophical Thought, 1862–1962. A Survey. Tôkyô 1968.
Pörtner, Peter: Zu Kûkais Sprachphilosophie. Notizen zu »Shô-ji-jissô-gi.« In: Referate des VII. Deutschen Japanologentages. Hamburg 1988.
Pörtner, Peter: Nishida Kitarô's Zen no kenkyû (Über das Gute). Hamburg 1990.
Pollack, David: The Fracture of Meaning – Japan's Synthesis of China from the Eighth through the Eighteenth Centuries. New Jersey 1986.
Porkert, Manfred: Die theoretischen Grundlagen der chinesischen Medizin. Stuttgart [2]1982.
Rainolde, Richard: The Foundation of Rhetorike. Introd. Francis R. Johnson, Scholars' Facsimiles and Reprints. New York 1954.
Ricoeur, Paul: Die lebendige Metapher. München 1986.
Roberts, John G.: Mitsui: Three Centuries of Japanese Business. New York 1973.
Roberston, Jennifer: The Shingaku Woman: Straight from the Heart. In: Bernstein, Gail Lee (Hg.): Recreating Japanese Women, 1600–1945. Berkeley/Los Angeles 1991. S. 88–107.
Roetz, Heiner: Die chinesische Ethik der Achsenzeit. Eine Rekonstruktion unter dem Aspekt des Durchbruchs zu postkonventionellem Denken. Frankfurt a. M. 1992.
Rosenberger, Nancy R. (Hg.): Japanese Sense of Self. Cambridge 1992.
Sakai, Naoki: Voices of the Past. The Status of Language in Eighteenth-Century Japanese Discourse. Ithaca/London 1992.
Saunders, E. Dale: Mudrâ. A Study of Symbolic Gestures in Japanese Buddhist Sculpture. Princeton/New Jersey 1985.
Sasaki, Genjun H.: Zen und Shin. Indische Grundlagen des japanischen Buddhismus. In: Oriens Extremus. Jahrgang 14. Heft 2. Dezember 1967. S. 179–198.
Sasaki, Genjun H.: Linguistic Approach to Buddhist Thought. Motilal Banarsidass. Delhi Varanasi Patni Madras 1986.
Sasaki, Takatsugu: Yomigaeru furoito shisô. Tôkyô 1987.
Schmidt-Biggemann, Wilhelm: Topica Universalis. Eine Modellgeschichte humanistischer und barocker Wissenschaft. Hamburg 1983.

Schmidt-Biggemann, Wilhelm: Sinn-Welten Welten-Sinn. Eine philosophische Topik. Frankfurt a. M. 1992.
Schopenhauer, Arthur: Die Welt als Wille und Vorstellung. Zürcher Ausgabe, Werke in zehn Bänden, Bd. II. Zürich 1977.
Schwartz, Benjamin I.: The World of Thought in Ancient China. Cambridge/Massachusetts/London 1985.
Soeffner, Hans-Georg: Auslegung des Alltags – Der Alltag der Auslegung. Zur wissenssoziologischen Konzeption einer sozialwissenschaftlichen Hermeneutik. Frankfurt a. M. 1989.
Soeffner, Hans-Georg: Die Ordnung der Rituale. Die Auslegung des Alltags 2. Frankfurt a. M. 1992.
Spae, Joseph John: Itô Jinsai. A Philosopher, Educator and Sinologist in the Tokugawa Period. New York 1967 (An unabridged reprint of the First Edition originally published by the Catholic University of Peking in 1948 as Monograph XII of Monumenta Serica).
Stcherbatsky, Theodore: The Central Conception of Buddhism and the Meaning of the Word »Dharma«. London 1923.
Takakusu, Junjirô: The Essentials of Buddhist Philosophy. Edited by W.T. Chan and Charles A. Moore. Honolulu ^{2}1949.
Tanabe, Hajime: Tanabe Hajime zenshû. Tôkyô 1963.
Tominaga, Nakamoto: Emerging from Meditation. Translated with an introduction by Michael Pye. Honolulu 1990.
Unschuld, Paul U.: Medizin in China. Eine Ideengeschichte. München 1980.
Vico, Giambattista: De nostri temporis studiorum ratione. Lateinisch/Deutsch. Darmstadt 1984.
Wakabayashi, Bob Tadashi: Anti-foreignism and Western learning in Early-modern Japan. Harvard East Asian Monographs 126. Harvard 1986; ^{2}1991.
Watsuji, Tetsurô: Watsuji Tetsurô zenshû. Tôkyô 1961–63.
Watsuji, Tetsurô: Fudo. Wind und Erde. Darmstadt 1992.
Weinmayr, Elmar: Entstellung, Die Metaphysik im Denken Martin Heideggers mit einem Blick nach Japan. München 1991.
Wilhelm, Richard: Einführung in Kungfutse: Gespräche, Lun Yü. Düsseldorf/Köln 1974.
Wu, John C. H.: The Golden Age of Zen. Taipei 1967.
Yoshida, Kenkô: Betrachtungen aus der Stille – Tsurezuregusa. Aus dem Japanischen übertragen, erläutert und mit einem Nachwort versehen von Oscar Benl. Frankfurt a. M. 1963.
Yoshikawa, Kôjirô: Jinsai Sorai Norinaga. Three Classical Philologists of Mid-Tokugawa Japan. The Tôhô Gakkai, The Institute of Eastern Culture. Tôkyô 1983.

Siglen

AHZ: Arai Hakuseki zenshû
KKMZ: SH: Kôhon Kamo Mabuchi zenshû: Shisôhen
MNZ: Motoori Norinaga zenshû
NKBT: Nihon koten bungaku taikei
NKBZ: Nihon koten bungaku zenshû
NKS: Nippon keizai shôsho
NnM: Nihon no meisho
NRI: Nihon rinri ihen
NST: Nihon shisô taikei

Glossar

Das Vokabular der Philosophie in Japan ist von Anfang an mit Chinesisch und Sanskrit verbunden. Das Glossar enthält Konkordanzen für zentrale japanische Ausdrücke mit ihren Entsprechungen in Chinesisch oder Sanskrit (kursiv).

Abidatsuma, *Abhidarma*, frühestes Kompendium der buddh. Lehre.
Amida, *Amitâbha*, einer der volkstümlichen Buddha des Mahâyâna.
arayashiki, *âlaya-vijñâna*, (buddh.) Speicherbewußtsein.

banbutsu, wan wu, (konf.) die Zehntausend Dinge, die Welt.
bonnô, *samsâra*, (buddh.) die Welt der Verblendung nach dem Gesetz der Vergeltung.
bosatsu, *bodhisattva*, (buddh.) Erleuchtete, die in der Welt bleiben, bis alle Wesen erlöst sind.
Bunshin chôryô, Wen-hsin tiao-lung, »Der literarische Geist und das Schnitzen von Drachen«.
bun, wen, Figuration, Muster, Textur, Zeichen, Kultur, Schrift.

chi, chih, (vorrangig konf.) Wissen.
chikaku, chi hsüeh, (nkonf.) kognitive Wahrnehmung.
chû, chung, (konf.) Loyalität gegenüber dem Herrn.
chûdô, *madhyamâ pratipad*, (buddh.) der mittlere Weg.
Chûgan, *Mâdhyamika*, Mahâyâna-Schule.
Chûyô, Chung-yung, »Das Buch der Mitte«.

Daigaku, Ta-hsüeh, »Große Gelehrsamkeit«.
Daijô, *Mahâyâna*, der »große Wagen« der buddh. Überlieferung.

Daijô kishi-ron, Ta-sheng ch'i-hsin lun, »Traktat über das Erwachen des Glaubens im Mahâyâna«.
Dainichi Nyorai, *Vairocana*, der Sonnenbuddha.

Ekikyô, I Ching, »Das Buch der Wandlungen«.
ekô, *parinâma, parinâmanâ,* (buddh.) Übertragung von Verdienst.
en, yüan, *pratyaya*, (buddh.) Bedingung, das bedingende Moment der Kausalität.
Engaku, *Pratyeka*, Buddha, der noch nicht vollkommen erleuchtet ist.
engi, *pratîtya-samutpâda*, (buddh.) Kausalkette, das Hervorgehen in gegenseitiger Abhängigkeit.

Fugen bosatsu, *Samantabhadra*, »Der allumfassend Gute«, »Boddhisattva im Mahâyâna«.
funbetsu, *vikalpa*, (buddh.) Medium des unterscheidenden Denkens.
funi, *advaya*, (buddh.) Nicht-Dualität.
fuse, *dâna*, (buddh.) Gabe, Almosen, Spende.

ga, *atmân*, (buddh.) Selbst, Ich.
gaku, hsüeh, (vorrangig konf.) Lernen.
gedatsu, *moksha, vimukti, vimoksha*, (buddh.) Erlösung.
gi, i, (konf.) die verpflichtende Angemessenheit des Verhaltens.
gô, *karma*, (buddh.) jedes Tun, das weiteres Tun bewirkt.
gogyô, wu-hsing, (konf.) die fünf Wandlungsphasen, Wandelzustände.
gorin, wu-lun, (konf.) die fünf Normen oder Grundtugenden.
goon, goun, *skanda*, (buddh.) die fünf Bewußtseinszustände, die fünf Daseinselemente.
gyô, *samkâra*, (buddh.) Willensregung, Gestaltungskraft.

hakke, pa kua, die acht Grundtriagramme des → Ekikyô.
hannya, *prajñâ*, (buddh.) das höchste Wissen.

hannya haramitta, *prajñâ-pâramitâ*, (buddh.) Zustand der vollkommenen Wahrheit.
Hannya-shingyô, *Prajñâpâramita-sûtra*, »Das Herzsutra vom höchsten Wissen«.
hô, *dharma*, (buddh.) (1) Gesetz, (2) Existenzelemente, Grundbestandteile der gegenständlichen Welt.
hôben, *upâya*, (buddh.) Hilfsmittel der Erleuchtung.
hokkai, *dharma-dhâtu*, (buddh.) Welt des essentiellen Gesetzes.
Hokke-kyô, Myôhôrenge-kyô, *Saddharmapundarîka-sûtra*, »Lotussutra«.
hongaku, *bodhi*, Erwachen, vollkommene Erkenntnis.
honnen, honzen, pen chih, (nkonf.) Ursprung, Wesensnatur.
hosshin, *dharmakâya*, (buddh.) absoluter Buddhakörper, Gesetzeskörper.
Hossô, Fa-hsiang, *Yogâcâra*, (buddh.) Nur-Bewußtseins-Lehre.

ihatsu, wei fa, (nkonf.) das Manifeste, der Akt.
imitsu, *citta-guhya*, (buddh.) das Geheimnis des Geistes, → sanmitsu.
in, yin, *hetu*, (buddh.) Ursache, → inga.
in, yin, der passive Aspekt der Yin-Yang-Lehre.
in, *mudrâ*, (buddh.) Siegel, symbolische Handhaltung.
inga, *hetu-phala*, (buddh.) Ursache und Wirkung.

jihi, *maitrî-karunâ*, (buddh.) Mitleiden.
jin, jen, (konf.) Mitmenschlichkeit.
jishô, tzu hsing, (buddh.) die Selbst-Natur der Wirklichkeit-als-solcher.
jissô, shih-hsiang, (buddh.) [Lehre von der alleinigen] Wirklichkeit der Bilder.
jô, ch'ing, (konf.) Empfindungen.
Jôjitsu, Ch'eng shih, buddh. Schule der Nara-Zeit.
ju, vedanâ, (buddh.) Wahrnehmung, Gefühl.
jûni innen, *pratîtya-samutpâda*, (buddh.) die zwölffache Ursachenkette.

ka, *phala*, (buddh.) Folge.
kakubutsu kyûri, ko-wu ch'ing, (nkonf.) Erkenntnisregel: die Dinge ordnen und das Prinzip durchdringen.
kakumei, ko-ming, Entzug des Himmelsmandats, → tenmei.
Kanjizai bosatsu, → Kannon bosatsu.
Kannon bosatsu, Avalokiteshvara, »Bodhisattva im Mahâyâna«.
kanzen chôaku, ch'üan-shang ch'-o, (konf.) »das Gute belohnen und das Böse bestrafen«.
Kegon-gyô, *Avatamsaka-sûtra*, »All-Eins-Blumen-Sutra«.
kei, ching, (konf.) Reverenz, Ehrerbietung.
keijijô, hsing-erh-shang, (nkonf.) das über-alle-Formen-Erhabene, Transzendente.
ki, ch'i, (nkonf.) Materie-Energie.
kishitsu, ch'i- chih, (nkonf.) Pneuma-Materie, Pneuma-Energie.
kô, hsiao, (konf.) Loyalität gegenüber den Eltern.
kôan, kung-an, (buddh.) Paradox als Ausdruck nichtdualer Wirklichkeit.
kokoro, shin, hsin, Herz, Geist, Bedeutung.
Kongôjô, *Vajrayâna*, (buddh.) Diamantfahrzeug.
ku, *dukha*, (buddh.) das Leiden.
kû, *shûnyatâ*, (buddh.) Leere.
kunshi, chün-tsu, (konf.) der Edle.
Kusha, Chü-she, buddh. Schule der Nara-Zeit.

Maka shikan, Mo-ho chih-kuan, (buddh.) »Große Sammlung und Einsicht«, ein Hauptwerk der Tendai-Schule.
mandara, *mandala*, (buddh.) Kultbild als Darstellung der Welt und Gegenstand der Meditation.
mihatsu, mi-fa, (nkonf.) das Latente, Potenz.
Miroku bosatsu, *Maitreya*, Buddha der allumfassenden Liebe.
mon → bun.
Monju bosatsu, *Mañjushrî*, Boddhisattva der Weisheit.
Môshi, Meng-tzu, »Das Buch Menzius«.

mufunbetsu, *nirvikalpa*, (buddh.) Denken jenseits aller Unterscheidungen.
muga, wu wo, *anâtman*, (buddh.) Nicht-Selbst, Nicht-Ich.
mujô, *anitya*, (buddh.) Unbeständigkeit, Vergänglichkeit.
mumyô, wu-ming, *avidya*, (buddh.) Nicht-Wissen.
mushin, wu-hsin, (buddh.) Nicht-Geist.
mukyoku, wu-chi, (nkonf.) das äußerste Nichts.
myô-shiki, *nâma-rûpa*, Name und Form.

nehan, *nirvâna*, (buddh.) »Verlöschen«, Zustand der Erlösung.
Nehan-gyô, *Mahâparinirvâna-sûtra*, Nirvâna-Sutra.
nyoraizô, *tathâgata-garbha*, (buddh.) verborgener Keim der Buddhaschaft in allen Wesen.
nyoze, *tathatâ*, (buddh.) das Sosein, die Soheit des Wirklichen.

ô, wang, König.
Onmyôdô, Onyôdô, japanischer Name der Yin-Yang-Lehre.

Raiki, Li-chi, »Aufzeichnungen über die Riten«.
rei, li, (konf.) die Riten.
rikugei, liu-i, (konf.) die sechs Künste eines konfuzianischen Edelmannes.
Ritsu, Lü, buddh. Schule der Nara-Zeit.
rokkon, *sad-indriya*, (buddh.) die sechs Sinnesorgane.
Ryôgakyô, *Lankâvatâra-sûtra*, »Sutra über das Herabsteigen nach Ceylon«.
Rongo, Lun-yü, »Erörterungen und Gespräche des Konfuzius«.

Saden, Tso chuan, Kommentar zu den »Frühlings- und Herbstannalen«.
sanmitsu, *triguhya*, die drei Geheimnisse (des esoterischen Buddhismus).
Sanron, San-lun, »Die drei Abhandlungen des Nâgârjuna«, zugleich Name einer buddh. Schule der Nara-Zeit.

sanshin, *trikâya*, (buddh.) die drei Buddha-Leiber.
santai, san-ti, (buddh.) die drei Ansichten der Wirklichkeit im Tendai-Buddhismus.
satori, wu, (vor allem zen-buddh.) Erleuchtung.
sei, hsing, (konf.) das Wesen der Dinge und des Menschen.
sei, makoto, ch'eng, (konf.) Ernsthaftigheit, Wahrhaftigkeit, Aufrichtigkeit.
seijin, sheng-jen, (konf.) der Weise, der Heilige.
seimei, cheng-ming, (konf.) die Richtigstellung der Namen/Bezeichnungen.
Setsuissaiubu, *Sarvâstivada*, Schule des Hînayâna.
shichijô, ch'i-ch'ing, (konf.) die sieben Empfindungen.
shikan, *shamatha vipashyanâ*, (buddh.) ruhiges Verweilen/besondere Einsicht.
shiki, *rûpa*, (buddh.) Gestalt, Körper, Form, Erscheinung.
shiki, *vijñâna*, (buddh.) Erkenntnisfunktionen, Bewußtseinsarten.
Shikyô, Shih-ching, »Das Buch der Lieder«.
shingon, *mantra, darani*, (buddh.) »wahres Wort«, sakrale Formel.
shinnyo, *tathatâ*, (buddh.) Soheit, die Wirklichkeit-als-solche.
shintai, *paramârtha-satya*, absolute, überweltliche Wahrheit, → zokutai.
shitai, *catvâri ârya-satyâni*, (buddh.) die vier edlen Wahrheiten.
shitoku, ssu-te, (konf.) die vier Tugenden oder Wirkkräfte.
shizen, tzu-jan, das aus-sich-selbst Hervorgehende, Natur.
shôgi, *paramârtha*, (buddh.) höchste Wahrheit.
shohô, *dharmatâ*, (buddh.) alle Erscheinungen, Gegebenheiten.
Shôjô, *Hînayâna*, das kleine Fahrzeug.
Shokyô, Shu-ching, »Das Buch der Dokumente«.
shômon, *shrâvaka*, (buddh.) »Hörer«, Schüler Buddhas.
shûji, *bîja*, (buddh.) Keime im Speicherbewußtsein.
Shunjû, Ch'un-ch'iu, »Die Frühlings- und Herbstannalen«.
sô, *samjñâ*, (buddh.) unterscheidende Wahrnehmung.

taikyoku, t'ai chi, (nkonf.) das Allumfassende.
tai-yô, tai-yô, Substanz und Funktion.
ten, t'ien, Himmel.
tenchi, t'ien ti, Himmel und Erde, die Welt.
tenka, t'ien-hsia, alles, was unter dem Himmel ist; die Welt.
tenmei, t'ien-ming, das Himmelsmandat des Kaisers.
tenri, t'ien-li, (nkonf.) das himmlische Prinzip.
tensei, t'ien-hsing, die »himmlische« Natur des Menschen.
toku, te, (konf.) Tugend.

wa, he, Harmonie.

yô, yang, der aktive Aspekt der Yin-Yang-Lehre, → in.
Yugakyô, (buddh.) *Yogâcâra*.
yuishiki, wei-shih, *vijñapti-mâtratâ,* (buddh.) Nur-Bewußtsein.
yuishin, wei-hsin, (buddh.) Nur-Geist.
yuishin engi, wei-hsin yüan-ch'i, (buddh.) Nur-Geist-und-Bedingtes-Miteinanderhervorgehen.

zazen, *dhyâna*, (buddh.) Zen-Meditation.
zokutai, *samvriti-satya,* weltlich-relative Wahrheit im Gegensatz zur absoluten, → shintai.

Register

AUS DEM VERLAGSPROGRAMM

Philosophisches Wörterbuch

Begründet von Heinrich Schmidt. Neu bearbeitet von Georgi Schischkoff. 22. Auflage 1991. XI, 817 Seiten. Leinen

ISBN 3 520 01322 3 (KTA 13)

Das altbekannte Wörterbuch beantwortet mit 2900 Stichwortartikeln zuverlässig unzählige Fragen aus dem Gesamtbereich der Philosophie und ihrer Grenzgebiete. Für die Neuauflage wurden insbesondere die biographischen Daten und die bibliographischen Angaben gründlich überprüft und auf den neuesten Stand gebracht.

Ernst von Aster
Geschichte der Philosophie

Durchgesehen und ergänzt von Ekkehard Martens. 17. Auflage 1980. XXIII, 520 Seiten. Leinen

ISBN 3 520 10817 8 (KTA 108)

Eine wissenschaftlich erstklassige Philosophiegeschichte, die nirgends in Einzelheiten steckenbleibt und den philosophischen Ideen und Problemen, die stets in den Zusammenhang der allgemeinen Kultur gestellt werden, nichts von ihrer Tiefe nimmt.

Lexikon der philosophischen Werke

Herausgegeben von Franco Volpi und Julian Nida-Rümelin. Redaktionell verantwortliche Mitherausgeber Maria Koettnitz und Harry Olechnowitz. 1988. XVI, 863 Seiten. Leinen

ISBN 3 520 48601 6 (KTA 486)

Das »Lexikon der philosophischen Werke« gibt in 1147 Artikeln Auskunft über die bekanntesten und wirkungsgeschichtlich bedeutsamsten Werke der Philosophie. Im gesamten Zeitraum von Antike bis Gegenwart wird vorwiegend, aber nicht ausschließlich die westliche Philosophie berücksichtigt.

Julian Nida-Rümelin (Hg.)
Philosophie der Gegenwart in Einzeldarstellungen

Von Adorno bis von Wright.
1991. XXVI, 659 Seiten. Leinen
ISBN 3 520 42301 4 (KTA 423)

Dieser Band kreist das philosophische Wissen unserer Tage mit dem Blick auf das Lebenswerk von 131 führenden, die Diskussion prägenden Denkern und Denkerinnen ein. Nach einem knappen Überblick über die Vita wird der Leser mit den Gedankengängen der wichtigsten Werke vertraut gemacht; ein Werkverzeichnis und zahlreiche Literaturhinweise erleichtern das weitere Eindringen.

Wolfgang Stegmüller
Hauptströmungen der Gegenwartsphilosophie

Band I, 7. Auflage 1989. LV, 736 Seiten. Leinen
ISBN 3 520 30807 X (KTA 308)

Band II, 8. Auflage 1987. XX, 564 Seiten. Leinen
ISBN 3 520 30908 4 (KTA 309)

Band III, 8. Auflage 1987. XXI, 351 Seiten. Leinen
ISBN 3 520 40908 9 (KTA 409)

Band IV, 1. Auflage 1989. XV, 524 Seiten. Leinen
ISBN 3 520 41501 1 (KTA 415)

Band I: Philosophie der Evidenz, Methodische Phänomenologie, Angewandte Phänomenologie, Existenzialontologie, Existenzphilosophie, Kritischer Realismus, Moderner Empirismus, Wittgenstein.

Band II: Sprachphilosophie, Hermeneutik und Wissenschaftstheorie, Phänomenologie und Analytische Philosophie, Philosophische Logiken, Holistischer Naturalismus, Mögliche Welten, Interner Realismus, Strukturalismus.

Band III: Evolution des Kosmos, Theorie der Materie, Evolution des Lebens, Evolution des Wissens.

Band IV: Kripkes Wittgenstein, Empiristischer Vorstoß ins Normative und Transzendente (Moralphilosophie ohne Metaphysik. Mackies Wunder des Theismus).

Immanuel Kant
Die drei Kritiken

In ihrem Zusammenhang mit dem Gesamtwerk. Mit verbindendem Text zusammengefaßt von Raymund Schmidt. Neudruck der 11. Auflage (1975) 1993. VII, 528 Seiten. Leinen

ISBN 3 520 10411 3 (KTA 104)

Diese Auswahl bringt alle wesentlichen Teile der drei Kritiken sowie Auszüge aus den Schriften zur Religions-, Rechts-, Geschichts- und Erziehungsphilosophie.

Georg Wilhelm Friedrich Hegel
Recht, Staat, Geschichte

Eine Auswahl aus seinen Werken. Herausgegeben und erläutert von Friedrich Bülow. Nachdruck der 7. Auflage 1981. VIII, 519 Seiten. Leinen

ISBN 3 520 03907 9 (KTA 39)

Die hier gebotene Auswahl aus verschiedenen Werken des großen Philosophen sucht das Verständnis für Hegel zu erschließen, indem sie die Entfaltung seines philosophischen Systems in ihrer zeitlichen Entwicklung aufzeigt. Dieser Band bietet eine Einführung für jedermann.

Arthur Schopenhauer
Aphorismen zur Lebensweisheit

Herausgegeben von Rudolf Marx. 15. Auflage 1974. XXXII, 283 Seiten. Leinen

ISBN 3 520 01615 X (KTA 16)

Nirgends kommen wir der menschlichen Erscheinung Schopenhauers so nahe wie hier, wo der weltkluge Philosoph die Erfahrungen seines Lebens und seine Einsichten über Lebenssinn und Lebensführung zusammenfaßt.

Stand 1995/96.
Fordern Sie unser Gesamtverzeichnis an.